只有正确执法，才能免于责任。要正确执法，必须全面考虑执法要素、程序、行为，必须坚持依法执法、绩效执法、简明执法原则。

立法在更大程度上是自然法学的，执法在更大程度上是实证法学的，行政执法有必要加快技术化。

建设法治政府，推进依法行政，严格规范公正文明执法。

陕西中实弘扬法治教育基金资助项目

PUTONGXINGZHENGZHIFAXUE

普通行政执法学

夏云峰 / 著

中国法制出版社
CHINA LEGAL PUBLISHING HOUSE

序

姜明安

陕西省人民政府法制办公室夏云峰同志所著《普通行政执法学》一书即将出版，他希望我写几句推荐的话。我与云峰同志素未谋面，但从多次书信交流中我可感受到他对行政法治和行政执法研究的执着与真诚。通过对本书内容的阅读，我认为本书对行政执法的理论和实践进行了比较全面和比较深入的研究，对从事行政执法实务工作的同志有一定的指导或参考价值；研究行政法的学者在探讨相应问题时阅读一下本书也能获得一定启示，故乐于做此推荐。

本书以行政执法为基本研究对象，充分吸收各学科特别是行政法学的理论成果，紧密结合行政执法实践，在系统研究行政执法原理的基础上，重点研究行政执法思维、性质、技术、原则，行政执法要素和必要关系、行为、程序，行政执法案件、文书、管理、环境、改革等问题，其中对行政执法要素的研究大为丰富了行政法学关于行政（执法）行为和行政（执法）程序的内容，完善了行政法学的相关理论。

党的十八届四中全会要求推进法治理论创新，为中国特色依法治国提供理论指导和学理支撑。我国的行政法学理论是社会主义法治理论的重要组成部分，推进行政法学理论的创新和发展是促进我国行政立法、行政执法和行政法制监督，建设法治政府的特别需要。

关于行政执法，目前我国法律实务界和学术界对之内涵和外延有不同的界定。有的将之等同于行政行为，谓行政执法乃行政行为之全部；有的将之区别于行政行为，谓行政执法仅为行政行为之一部。至于一部之大小，又有各种说法，有仅指行政行为中的行政处罚的，有指行政监督检查加行政处罚的，有指行政监督检查加行政处罚再加行政执行（主要指强制执行）的，还有认为行政审批亦应属行政执法范畴的。总之，有关行政执法的概念，存在着广义、较广义、狭义、较狭义的不同认识和主张。

许崇德、皮纯协教授主编的《新中国行政法学研究综述》归纳了行政执法广义论的观点："行政执法是就国家行政机关执行宪法和法律的总体而言的。因此，它包括了全部的执行宪法和法律的行为，既包括中央政府的所有活动，也包括地方政府的所有活动，其中有行政决策行为，行政立法行为以及执行法律和实施国家行政管理的行政执行行为"。①

罗豪才、应松年教授主编的行政法教科书《行政法学》提出了行政执法较广义的观点："行政执法是行政机关执行法律的行为，是主管行政机关依法采取的具体的直接影响相对一方权力义务的行为；或者对个人、组织的权利义务的行使和履行情况进行监督检查的行为"。②

杨惠基博士所著《行政执法概论》一书对"行政执法"的界定则是较狭义的："行政执法是指行政机关及其行政执法人员为了实现国家行政管理目的，依照法定职权和法定程序，执行法律法规和规章，直接对特定的行政相对人和特定的行政事务采取措施并影响其权利义务

① 许崇德、皮纯协主编：《新中国行政法学研究综述》，法律出版社 1991 年版，第 293 页。

② 罗豪才主编，应松年副主编：《行政法学》，中国政法大学出版社 1989 年版，第 133 页。

的行为”。行政执法不包括“行政机关制定行政法规和规章等行政立法行为”以及“解决和处理争议和与行政管理密切相关的民事争议的行政司法行为”，“行政执法是与行政立法、行政司法相对应的”。①

国务院办公厅2002年10月11日转发中央编办的《关于清理整顿行政执法队伍，实行综合行政执法试点工作的意见》中使用的“行政执法”显然是狭义的涵义，即仅指政府部门监督检查、实施行政处罚等职能。该文件提出，要“将制定政策、审查审批等职能与监督检查、实施处罚等职能（即行政执法）相对分开”，“将监督处罚职能（即行政执法）与技术检验职能相对分开”。也就是说，行政执法不包括制定政策、审查审批和技术检验，而仅指监督检查和实施处罚。②

原国家经贸委法规司2002年7月23日完成的《关于国家经贸委行政执法职责调查情况的报告》中使用的“行政执法”则属较广义的范畴，“具体包括行政许可、行政处罚、行政确认、行政裁决和行政强制等职责”。③

交通部科技教育司、体改法规司和上海海运学院2002年12月20日完成的《交通行政执法综合实施模式研究报告》中使用的“行政执法”概念的内涵似乎更丰富些，外延似乎更广泛一些：“行政执法是行政机关为实现行政管理职能，依据法律、法规、规章以及其他规范性文件的规定，通过发布命令、许可、提供指导、订立合同等方式，针对特定事物所作的影响相对人权利义务的行为”。④

北京市海淀区人民政府2003年1月16日提出的《综合执法改革思路》中使用的“行政执法”概念则主要指行政处罚及与之相关职能，

① 杨惠基：《行政执法概论》，上海大学出版社1998年版，第1~3页。

② 参见该《意见》第二、三部分。

③ 见该《报告》第一部分。

④ 见该《研究报告》中“主报告”部分的“引言”。

原则上不包括行政审批。《思路》中有一节专门阐述执法与审批的关系，提出处理二者关系遵循下述五项要求：(1) 凡按照权限实行层级管理的审批事项，原则上谁审批谁负责；(2) 如果是审批与执法（处罚）相分离的，执法部门对审批事项有知情权，审批机关要通过正常的工作机制通报执法部门；(3) 凡涉及海淀区域内有关事项的市级审批，区政府有知情权；(4) 对已知审批项目，执法部门要及时行使监管职权，审批不当，执法部门有监督反馈建议权；(5) 在审批与管理和执法的关系上，区政府与街乡（镇）的关系和处理原则同上述要求。① 可见，《思路》是将审批与执法并列，而不是将审批纳入“执法”范畴之内的。

以上关于行政执法概念的理解、认识、界定和实际使用，何者正确，何者是错误的呢？我们能否在其中找出或归纳出一个关于行政执法的唯一正确的，能为学界和实务界普遍接受，并能适用于任何时间、任何地点的普遍性的定义呢？恐怕不能。因为社会科学不同于自然科学，人们研究的许多问题往往不是或不只是“是什么”的问题，而是或主要是“应该是什么”的问题。对“应该是什么”的问题往往难于有唯一正确的和普适的答案。人们对这类问题虽然也能达成共识，但这种共识往往是以特定时间、地点和条件为前提的，离开了特定时间、地点和条件，其共识就可能不再存在。就“行政执法”这一概念来说，在不同的场合，针对不同的事物，人们对它的内涵和外延会有不完全相同的界定。这种不完全相同的界定在社会科学中，在法学中应该是允许的。当然，在特定的场合，我们使用任何概念必须确定。否则，我们就会出现形式逻辑混乱，人们之间就无法进行思想的或学术的交流，说话者就不可能说清楚任何问题，不可能让别人明白你所说的任

① 见该《思路》第五部分第三节第四项。

何问题。

人们通常在下述三种场合使用“行政执法”，并赋予其以相应的涵义：

其一，为说明现代行政的性质和功能而使用“行政执法”。此种场合使用这一术语，旨在强调，（1）行政是执法，是执行法律，而不是创制法律，因此，行政从属于法律；（2）行政是执法，是依法办事，而不是和不能唯长官意志是从；（3）行政是执法，是基于法定职权和法定职责对社会进行管理，依法作出影响行政相对人权利义务的行为，而不能对相对人任意发号施令，对相对人实施没有法律根据的行为。在这种场合，在这个意义上，“行政执法”即等于“行政”。

其二，为区别行政的不同内容而使用“行政执法”。在行政法学研究中，许多学者习惯于将行政的内容一分为二或一分为三。一分为二即将行政的内容分为两类：一类为制定规范行为（行政机关制定规范的行为在性质上不同于立法机关的立法行为，在实质上仍属行政而不属立法）；一类为直接实施法律和行政规范（包括行政法规、规章和其他规范性文件）的行为。前者谓之“行政立法”，后者谓之“行政执法”。一分为三即将行政的内容分为三类：一类仍为制定规范行为，另两类即将前述“行政执法”行为再一分为二：一类为直接处理涉及行政相对人权利义务的各种事务的行为；一类为裁决行政相对人与行政主体之间或行政相对人相互之间的与行政管理有关的纠纷的行为。在这两类行为中，前者仍谓之“行政执法”，后者则谓之“行政司法”。在这种场合，在这个意义上，行政执法只是行政行为的一类。

其三，作为行政行为的一种特定方式而使用“行政执法”。行政行为有各种各样的方式，如许可、审批、征收、给付、确认、裁决、检查、奖励、处罚、强制等。在行政实务界，人们一般习惯于将行政监管、监督检查、实施行政处罚和采取行政强制措施一类行为方式称为

“行政执法”。某种行政行为方式被确定为“行政执法”并无完全统一的标准，大致的依据有：（1）法律、法规或规章对这类行为的条件、标准、程序以及相对人的权利、义务和违法责任通常有比较明确的规定，便于理解和适用。从而实施这类行为一般较为快捷，许多情况下是当场发现问题，当场处理。而行政机关实施许可、审批、征收、给付行为，往往需要较多时间：几天、十几天、几十天，甚至更长时间；（2）这类行为的目的通常是直接维持某一行政管理领域（如治安、交通、城建、环境、卫生、文化等）的秩序，而行政征收、行政给付等行为的目的并不直接与秩序相关，更多地是为了保障公正，协调国家、社会公共利益与私人利益的关系；（3）这类行为通常由相应行政机关中一个相对独立、相对专门的机构（如行政执法局、执法处、执法大队等）行使，而行政审批、许可等行为通常由相应行政机关内的一般业务主管机构办理；（4）这类行为通常在行政机关办公室之外进行，执行公务的地点往往是流动的和不固定的，而且实施此类公务的人员一般统一着装和佩戴专门标志，而行政机关公职人员办理其他公务通常在固定的办公地点进行，一般也不要求统一着装；（5）这类行政行为与行政相对人关系最为密切，最经常、最广泛地涉及相对人权益，也最易于侵害相对人权益。因而这类行为的实施最直接影响人民对政府的评价，对政府的信任。也正因为如此，政府对这类行为特别重视，通过制定很多规范性文件对之加以规范。根据各级政府规范性文件的规定和实践中的作法，归入“行政执法”的行政行为方式大致包括：检查、巡查、查验、勘验、给予行政处罚、即时强制、查封、扣押及采取其他强制执行措施等。可见，在这种意义上，行政执法只是行政主体采取特定方式实施的部分行政行为，其范围不仅小于第一种场合使用的行政执法，而且也小于第二种场合使用的行政执法。

因此，我们在探求“行政执法”的涵义时，一定要明确使用者是在什么场合使用这一概念。只有明确了使用者使用该概念的场合，我们才能比较准确地把握其所使用概念的内涵和外延。同样，我们自己在使用“行政执法”这一概念时，也应首先明确自己使用的场合，然后再决定自己在何种意义上使用这一概念，以不至于发生逻辑混乱。

由于目前我国专门研究行政执法理论的专家学者不多，相应的理论研究成果较少。据统计，改革开放近四十年来，从行政法学角度专门探讨行政执法的理论专著不超过10本，更鲜见已形成完善理论体系的专著。但是，行政执法在行政法治乃至整个法治系统中具有十分重要的地位和作用。法律的生命力在于实施，法律的权威也在于实施。因此，加强对法律实施，特别是对行政法实施——广义的行政执法——的研究是当前摆在我们广大法学工作者面前一项十分重要而迫切的任务。

云峰同志开了个好头，本书虽有不足，因定位于应用理论体系又系初创，作为学术专著尚不是特别深入，很多观点亦有可商榷之处，但是，本书的出版无疑可以带动和促进学界对行政执法这一领域的深度研究。我祝贺云峰同志在这一研究领域已经取得的可喜成果，我也期待着这一领域更多优秀成果的问世。

2017年7月1日

于北京大学法学院陈明楼

前　言

全面依法治国需要加强行政执法研究，加快形成行政执法理论知识体系。行政执法工作做不好，就难以实现法治国家的宏伟目标，没有行政执法理论知识体系，就难以做好行政执法工作。

理论上不清楚，实践中就要犯糊涂，甚至犯错误。不懂行政执法，难言懂立法，难以对行政执法领导、指导、监督和管理，更不用说去行政执法了。懂行政执法是开展行政法治、政府法制及相关工作的前提，更是去行政执法必须具备的基础。

本书的任务就是正式提出行政执法学①，系统性对行政执法活动进行偏重于实践的理论认识研究，力争将行政执法基本理论知识体系化，为行政执法学的形成做初步尝试，以便更加有力、有效的指导行政执法实践。对行政法学而言，就是为行政法学提供一个本体论即要素论，一个方法论即活动论。

一门独立的科学与其它科学的主要区分在于研究对象或研究方法。对行政执法学来说两者都有，但主要以研究对象作为区分要素。行政执法学以行政执法现象为中心事物，从行政执法本身出发，其研究对象是行政执法活动。行政执法活动包括要素、结构和形式三个方面，行政法学在行政执法研究层面主要研究行政执法的结构和形式（程序和行为），与行政法学不同，行政执法学主要侧重于行政执法活动的要

---

① 在作者之前的《行政执法重点实物业务工作》一书中已经初步论及行政执法学问题。

素研究以及行政执法技术化问题，特别是从行政执法实际和法规范所规定的职责职权行使条件角度阐发行政执法。在研究方法上，行政执法学的根本研究方法是从法规范到法理论再到法事实，与行政法学从法理论到法规范再到法事实不尽相同，此外还有些具体的研究方法。这些问题在本书导论中讨论。

从行政执法本位出发去研究行政执法，就必须确定其本质属性，行政执法的本质属性使行政执法理论知识系统化、体系化成为可能。行政执法活动的思想基础是行政执法思维问题，这是一个前提，是在本书中作为第一节讨论的内容。在实践中总体把握行政执法需要依靠从行政执法本质属性推演出的行政执法原则。行政执法活动的要素是行政执法的基本问题，也是当前行政法研究方面主要缺失的内容。如果一种活动我们无法清楚认识其要素就无法开展，尤其是规定性强的活动，行政执法要素在行政执法学和行政执法活动中居于基础和核心的地位。对于行政执法要素的确定，必定涉及行政执法事物哲学意义上的分析。行政执法活动的另一个基本问题是现实实现路径。本书认为，从最大范围、最好实效、最普遍意义上实现行政法律规范，需要借助行政执法技术，也即要将行政执法过程视为一个技术性过程。我们只有在先通过行政执法技术在大面上取得法律实施好的效果基础上才宜更加突出行政执法的“人性化”问题。行政执法技术不否定行政执法人性化，其可以是实现“人性化”执法的载体。为了纠正行政执法过度技术化的倾向，必须强调行政执法伦理。这些问题作为前几节问题予以讨论。

本书用大量篇幅讨论了行政执法要素及其必要关系，即组织、依据、根据、证据、决定要素和理由关系。要素问题均属于静态意义，关系问题在静态意义上就是结构，我们只有深刻认识行政执法要素及其必要关系才能够深刻认识作为行政执法结构的行政执法程序和作为行政执法形式的行政执法行为。行政执法所涉及的行政程序和行政行为在本书中只做有限讨论，它们属于行政法学的传统研究内容，也是行政执法技术化的对象。行政执法成立与有效是行政执法的关键问题，单独列为一节。此外重要且专属于行政执法的问题就是关于行政执法案件、文书、管理、环境和改革的问题，这些问题都在相关节中作了讨论。

这本书不想写的太长太深，有两个原因，一则是本书主要是给行政执法人员以及行政执法领导、指导、监督、管理人员读的，他们大多很忙，其中爱读专业书者也不过十之二三，加之受一些浮躁和官本位等等不好的行政氛围的影响，热爱学习专业知识的氛围未必很浓厚，如果所学知识的难度太高就更不易于取得好的效果。因此，本书定位在基础理论的层次上，故为“普通”行政执法学。基本知识是重要的，是我们成就任何较复杂事业的出发点和基础，所谓“基础不牢、地动山摇”。二则这本书也面向行政执法和行政法研究人员，作为一门科学的提出，第一部行政执法学，一开始先研究讨论主要的问题，从基本问题入手比较有利于行政执法学的发展，能够留下思考的余地，有利于更高水平的行政执法研究者施展才华。行政执法活动要素，以行政法视角，基本等同于行政法活动要素，行政法活动要素无论是理论上还是实践上都不可或缺，其作为行政法活动的基本内容应当予以明确、体系化，并放在行政法和行政法学突出的位置。写作风格上，尽量不写成教科书的模式，更注重实质意义的理解，尽量符合大众阅读习惯。同时，基于实践需要和相关理论的丰富程度对不同问题作了详略安排，对学界和实务界讨论较多和明显的问题予以简要讨论，阅读时可参考相关著作文章和规定。

我国行政法学大家姜明安教授在百忙之中专门抽出时间指导、审定了全书并欣然作序。① 姜明安教授将全部精力奉献给我国行政法学和行政法治事业，矢志不渝，思想深邃，提携后学，令我深感鼓舞、敬仰，尽管通过学习姜明安老师的著作文章和书信交流深受教益，但尚未有机会在老师身边聆听教诲仍是一件憾事。这本书从某种意义上也是对姜明安教授关于行政执法研究的传承，我想这是对姜明安老师无私关心、关怀我的最好报答。此外，国家行政学院李勇研究员，西北政法大学姬亚平教授也为本书的完善提出了宝贵意见。

2015 年《行政执法重点实务业务工作》的创作完成后，陕西省分管政府法制的张道宏副省长专门抽出时间，当面询问创作过程和工作生活情况，充分体现了对政府法治和行政执法研究工作以及政府法治人员的重视和关怀，深表感谢。本书创作过程中，中国法制出版社江凌社长、国务院法制办公室赵振华司长和谢莉处长，陕西省政府法制办王占峰主任，闫三选、赵卫军副主任、洪汉平副巡视员，一如既往给予了支持，经常过问创作情况，提供了较好的创作、出版条件，以及应用层面的指点。陕西省政府法制办原副主任郑仲（现陕西省委巡视组组长）、副主任姚会芳为人正直，博学多识，多年来给了我很大帮助。柞水县原县长王山稳（现陕西省纪委驻省政府办公厅纪检组长）、原常务副县长李选良（现商洛市人大副主任）对我的工作和研究影响深刻。对本书有贡献的其他人员另页致谢。

谢莉处长几年前曾对我说，“法制系统就缺乏你这样的人才”，这当然只是一句鼓励的话，我个人是否是人才不重要，重要的是，如何从“缺乏”到“充足”？我认为以问题为导向，想办法让更多的法治人员、行政执法人员和其他有关人员热衷于思考研究工作问题，有点事

① 在审定本书期间，姜明安老师正在紧张修订《行政法》专著第四版，已由北京大学出版社于 2017 年 6 月出版，这是我国行政法领域一部重要著作，是深入学习研究行政法的必读书。

业心，多注重事功，少注重权位，结合实践从理论研究这个最薄弱、最艰难、最重要的工作入手，在更高水平、更长时间和更大范围上为行政法治事业做些事情，毕竟人多力量大，这才是最有意义的。而于我个人而言，在研究和实践两个方面也只能尽自己最大努力了，这也是我在繁忙行政工作之余克服种种困难夜以继日执着于此的原因吧！

如果说法律是理性发展的经验，经验检验的理性，基于政府法治工作的地位和作用，法治人既应有以理论为表现的理性优势，也应有经验的优势，但从另一角度说，法治人的理性与经验都不足，在有些方面甚至还很欠缺。因此，法治人必须注重学习，敬畏知识，谦虚谨慎。尽管这本书是我多年面向政府法治工作实践思考研究，以解决行政执法问题为主要目的的理论成果，而我也视学习为生活，但鉴于自己学力不足、在行政机关进行理论研究的困难和从事法治工作的局限，错误疏漏难免、敬请批评指正就不是一句套话了。

2017 年 6 月

于西安新城大院

目　录

导　论

第一题　为什么要建立行政执法学

行政执法已经成为最常见的政府活动。任何一个法治国家或者追求法治的国家，都以行政执法作为行政法律规范实现的基本方式和最主要途径。[①] 没有行政执法，就没有行政法律规范的实现，行政法律规范也就失去了生命，进而法治政府就会成为空谈，所以行政执法对法治政府的建成和行政法律规范的实施的作用是不可替代的。基于政府作为权力机关的执行机关的定位，将既定的作为权力机关意志形式的法律落实到位是法治政府建设最紧要的事，这种落实的过程，我们称之为行政执法，可以说行政执法是法治政府建设的中心工作。

法治政府是依法产生、依法运行、依法评价，受法律约束的政府。法律不仅规定政府活动的方式，而且规定政府活动的内容。法律是人民意志的集中体现形式，政府受法律的约束，就是受人民的约束，依法律行政就是依人民意志行政。政府不受法律约束，不依法行政就是专制独裁。“政府如果可以脱离法律行政，即不以人民

---

① 参见张文显：《法理学》，高等教育出版社 2007 年版，第 246 页。

意志而是以自己的意志行动，其政体就不再是民主而是专制。”① 政府依法行政、受法律约束就是最广义的行政执法。

行政执法对于行政法律的实现具有本体的意义。这就在于，行政法律终究是行政执法组织执行之法。虽然行政法律的实现也可以通过其它方式，比如行政审判、行政法律的遵守，但这些是司法监督、公民守法层面的方式，其核心仍是行政执法，依靠行政执法起作用。

作为法治政府基础性、反复性活动的行政执法，每天发生的次数数以万计，如果它长期没有专门指导的理论体系是不可思议的，这也是行政执法实践问题频发的重要原因。我们习惯于仅从法律实施（法学）的角度去考虑行政执法，或者将其作为行政执行（行政学）的一部，社会控制（社会学）的一环，等等，而没有将这些理论融合，更没有从行政执法本身出发，深入研究其基本原理，进而形成体系化的理论认识来指导实践，不能不说这对行政执法实践是一个重大的缺失。

本书的任务，就是系统性对行政执法活动进行偏重于实践的理论认识研究，力争将行政执法基本理论知识体系化，为行政执法学的形成做初步尝试。行政执法学作为理论体系，是一种创新，本书对于行政执法理论体系这个新鲜事物而言，肯定不是完整的，也不是完善的，一门科学从提出到完善乃至精致，往往需要几十年甚至几百年的时间，需要无数杰出人才的共同努力。行政执法学作为一门科学与技术密切相关，必须对行政执法技术予以充分关注，加快推进行政执法活动全面深入技术化。

---

① 姜明安：《行政法》，北京大学出版社 2017 年版，第 16 页。

第二题　行政执法学可以是一门独立的科学

对一类现象，我们可以从不同角度进行研究，揭示它的不同性质和规律。比如，对于行政执法这类现象，我们可以从法理学、行政法学、行政学、社会学、组织行为学、技术哲学、法经济学等等角度进行研究，从而揭示行政执法的不同性质。这其中，性质属于本体论范畴，不同的角度属于方法论范畴。

当我们从一类现象的本身出发，确定其本质属性和运行规律（对行政执法而言就是行政执法原理），从而形成系统性理论知识体系并对实践具有指导意义的时候，我们说，这种理论知识就具备了成为一门独立科学的实质条件，而不在于它是否能被其它科学所包含，这只是定位问题。

行政执法学作为一门独立的科学，有其严格的研究对象，即行政执法现象，我们将行政执法现象规定为行政执法活动。行政执法活动既不完全是行政学上的现象，也不完全是法学上的现象或者社会学上的现象。行政执法现象就是行政执法活动，使用现象来表述活动，是哲学意义上对理论研究的规定，行政执法活动是实践，行政执法学是关于行政执法活动实践的理论知识体系，是真理性与价值性的统一。行政执法活动与行政执法学必须分清。

行政执法学的基本立场是将法律对行政权力的外部控制通过行政执法内化，将行政法律规范的规定作为行政执法活动的标准内容从而决定行政执法，[①] 更好地实施行政法律规范，更好地进行行政管理和行政服务，更好地实现社会控制。行政执法学以行政执法为本位，从行政执法活动本身出发，来解决行政执法活动是什么，为什么和怎么办等问题。它不同于其它科学从某一个侧面对行政执法活动的研究。这种不同，既是出发点的不同，也是侧重点的不同，还是目的的不同。

行政执法学的一般研究方法，首要的一点就是对现存的有关行政执法理论的综合研究，先将既有的相关行政执法理论体系化，它是一门综合现有理论、紧密指导实践的高度应用交叉科学，这种紧密性就在于行政执法活动与行政执法学之间不应再有其他理论或者科学，其他行政执法理论或者科学应是行政执法学的组成部分或者分支，而非下级科学。其次就是探索——描述——解释性研究，深入行政执法活动，研究行政执法规律，指导行政执法实践。最后是实证研究，以行政执法数据为基础，探索行政执法规律。

一套理论，最终能否形成一门科学，不仅仅在于它是否形成体系，还在于，理论体系是否成熟以及是否为实践所需。前者主要是指对特定类对象的科学研究的深度，就行政执法研究目前情况而言，深度不够。就是否为实践所需而言，是指这套理论体系在实践需要的基础上是否有能力解释实践、指导实践，从行政执法实际看，它

---

① 在法理学的范畴里，当我们问法学的研究对象是什么的时候，实证主义法理学的回答是由法律规则（规范）构成的法律体系（制度），它的核心是法律规则（规范）。但在行政法学范畴里，当我们问行政法学的研究对象是什么的时候，它主要并不是研究行政法规则（规范），而主要是行政行为（动态意义），实际上是从法学意义研究行政活动。这里面区别很大，比如法律效力问题，在法理学，法律效力指向的是法律规则（规范）的效力，而不是立法活动的效力，在行政法学，法律效力主要指向的是行政行为的效力，而不是行政法律规则（规范）或行政决定（静态意义）的效力。行政法学与行政执法学虽然都从动态意义上定义行政（执法），但是研究角度是不一样的，见下题。

急需系统化、体系化的行政执法理论指导。

第三题 行政执法学与行政法学

行政执法学与行政法学既有联系也有区别。从联系的角度看，行政法学是行政执法学诸多指导科学中最重要的指导科学，这不仅在于它们的目的本质都是控权，① 还因为行政执法活动广义上被行政法学研究所涵盖，即其是行政法实施活动。行政法学主要从法的角度认识行政执法，揭示了行政执法的第一属性即法律性的一般内涵。由于行政执法指向行政行为中除抽象行政行为以外的所有行政行为，所以这些行为成为行政法学和行政执法学的共同研究对象。行政法学对行政执法学的指导是具体的、关键的、主要的，但是，行政法学与行政执法学的区别也是明显的。

首先，行政法学具有自然法学意义，行政执法学主要是实证法学意义。② "行政法是调整行政关系的法，这是就行政法的内容而言的。行政法就其实质而言，则可以界定为控制和规范行政权的法。"③ 为什么要控权以及如何控权是行政法学必须解决的基本理论问题，尽管具有很多具体的背景和条件，但总的说这种理论根据主

---

① 对于控权不能狭隘理解，而应当全面理解。控权不是一味的限制行政权力，而是防治行政权力的行使偏离行政法原则和规则，使行政权力在法律之下而非法律之上，其实质是依法行政。这里的"法"自然是良法。

在当代，行政法的本质从传统的控权发展到规范和控制行政权，从规范行政权的角度来说，在实质上仍是依法行政。见下引。

② 如果行政法学没有自然法学意义就不可能完成它的控权目的，因为它是从外部对行政权力进行控制，这就决定它必须依赖于一定的自然正义标准。这与行政执法学内化法律对权力的控制的机制是不同的。

③ 姜明安：《行政法》，北京大学出版社 2017 年版，第 35 页。

要源于自然法学的思想。自然法学派“反对神性和神权，主张人性和人权；反对专制和等级特权，主张自由和平等；反对人治，要求法治。”[①] 行政法学的这种理论根基不是说随着反对神权解放人性，取得反神权革命胜利之后就消失了，它还必须与其他法学部门一道[②]保持这种反神权成果的存续和深入，这在不同国家、不同时期和不同法治发展阶段有不同的表现，但都突出表现为对实定法不符合自然法学思想的“恶法”的理论纠正上，这种理论纠正对于行政法学而言，不仅是可以的，而且是应当的。对于法规范而言，法规范在行政法学视野中还有价值合理性、正当性问题，行政法学对法规范研究的基本脉络是先明确什么是符合行政法学价值的善法什么是恶法，然后据此对行政实定法的善恶作出理论判断，再对善法的确立和推行予以理论证成，对恶法的确立和实行予以理论纠正，这是一种理论——规范——实现的过程，这一点，并不因为行政法学被定位为应用法学而被削弱。而行政执法学研究的是行政实定法的执行问题，主要探讨的是给定的行政法律规范如何依法执行的问题，

---

① 张文显：《法理学》，高等教育出版社2007年版，第5页。

② 按照鲁道夫·冯·耶林《为权利而斗争》的观点，“法的目标是和平，而实现和平的手段是斗争”，斗争的直接目的是获得权利，“为权利而斗争就是为法律而斗争”，这是一种“（私）权利本位”的观念。从历史看，这种斗争是没有止境的，“因为总有人要妨碍法的实施，要千方百计地侵害法律所规定的权利。”（梁慧星语）就保障权利而言，这是法的基本任务，在这一点上各个法学部门并无不同，所不同的是在各自领域里面采取的方法，比如三大主要的法学部门民法学、刑法学和行政法学，民法学主要是扩充权利，确定契约自由原则，尊重个人财产亦即所有权绝对原则，自己责任亦即过失责任等原则和规则这种直接的方式保障权利。而刑法学和行政法学主要是以间接的方式通过控制权力来实现对权利的保障，如确定了罪刑法定、疑罪从无（刑诉），依法行政等原则以及一些具体的规则控制权力。即便是从权力存在基于公益这种现代法学的观点看，公益亦是权利的本质私益和法律上之力中私益的重要部分和实现条件。如果从比较的角度看，可能行政法学和刑法学对于保障权利的作用更有效些，因为“古今中外大规模严重侵犯人权的事件，都发生在公法领域，都是公权力滥用的结果。提高人权保护的水准，要靠整个法治的进步，特别要靠限制和杜绝公权力的滥用。”（梁慧星语）

对于规范而言，它主要考虑的是形式合法性，主要是规范——理论——实现的过程。当然，在讨论行政执法问题时，行政执法学也可能采用一些自然法学或者社会学法学的方法，但就基本观点和行政执法过程而言，其主要是实证法学的，是分析法学的，规范法学的，纯粹法学的，其次才是社会学法学的，[①] 自然法学在行政执法过程中一般不起指导作用。[②] 行政执法作为整体也具有其价值追求，但是这种价值追求融合于行政执法过程之中，特别是行政执法规范、行政执法技术规范之中。也就是说，行政执法过程具有道德因素，但是它只能由法而非道德进行评价。我们基于行政执法的性质将行政执法价值从行政执法过程中分离出来，是为了便于认识研究，但这不意味着行政执法价值可以脱离行政执法过程而单独存在。行政执法学虽然也对恶法在执行过程中予以纠正，但这是从行政法学对行政执法学的指导意义上去纠正的，而非以行政执法学本身去纠正。

其次，行政法学首先是对行政立法起作用，然后才是对行政执法起作用，而行政执法学主要是对行政执法起作用。从行政法学理论——规范——实现的脉络看，要保证行政法控权的性质，就首先要使行政法规范符合行政法价值，保证作为法治源头的法规范是善法，行政法学理论首先的作用对象是行政立法行为，为善法的确立提供理论保证，这是保证良法善治的关键，只有在这一关键环节无法达到目的时才涉及到对恶法的实行进行理论纠正。而行政执法学主要是从法规范出发研究行政执法活动，它对行政立法的作用是一

---

① 这不代表完全同意或采用这些学派的观点。

② 自然法学对法的道德评价问题，在行政执法中主要是一个立法问题而不是一个执法问题。当行政法规范具有道德因素的时候，行政执法从内容标准角度讲必然应当具有道德因素，但是单纯从行政执法过程而言，它首先是技术性的，实证主义的，实现行政法规范的道德因素过程，也必须是技术性的。

种反作用，其是通过执行法律来检验法律并反作用于行政立法的，通过对行政执法学的理论总结来推进行政法律规范的立改废释，而不是像行政法学那样对行政立法是一种正向作用。

第三，行政法学主要从行政法律关系中去分析讨论行政行为，①而行政执法学主要是从行政执法职责职权的角度去分析讨论行政执法行为。法律关系是法学的重要范畴，对行政法学而言也不例外，在整个行政法学理论体系中，从行政法学的历史发展看，行政行为主要是放在行政法律关系中去进行理论分析的（尽管在行政法学中行政行为的重要性要高于行政法律关系），并发展出“控权论”、“管理论”、“平衡论”。② “行政法的最主要、最基本的调整对象是行政主体与行政相对人的关系。对于行政法应如何调整此种关系，如何配置双方当事人的权利、义务，从而构成怎样的法的秩序，行政法学者有不同的主张、观点、理论，这些主张、观点、理论通过较长时间的相互争论和在争论中的不断完善、发展，逐渐形成了行政法学的各种流派。其中主要的、较有影响的流派有三个，即控权论学派、管理论学派和平衡论学派。”③ 以行政法律关系认识行政行

---

① 当我们思考“归属于行政的独断权力主张，在个案中为被统治者确定权利与义务”这一具体行政行为概念的时候，就已经蕴含了法律关系的意义。对这个概念的讨论参见第十三节行政执法决定，行政执法决定内涵一题。

② 三种理论特别是控权论与行政法的控权本质是两个概念，关于行政法的任何理论均具有控权性质，只是有程度和侧重点以及方式等方面的不同，一种理论如果不具有控权性质，从法学的角度看，都不能称为行政法或者说行政法学上的理论。控制权力是法的性质之一，尽管对法的解释不同，但是无论是自然法学派还是实证法学派都强调了法律对权力的控制约束，这自然包括行政法。另外，法学上的控权指向行政权力和私权力两方面控制，这其中对行政权力的控制研究是行政法和行政法学的基本任务。

③ 姜明安：《行政法》，北京大学出版社 2017 年版，第 82 页。

为这种方式坚持了法学传统，具有极其重要的法律意义和社会意义。[①] 但是，这种认识方式也造成了基于法律关系而涉及的一些问题在法学理论中难以安排，这些问题由于不存在行政法律关系而难以讨论，比如行政事实行为。行政执法学它主要讨论的不是行政法律关系，它不以行政法律关系为主要视角去实现控权目的，而是以行政执法为本位，直接进入行政法学的核心问题即如何有效控制行政权力，以法定行政权力即行政执法职权为讨论中心，通过研究确定行政执法要素和必要关系，规定职责职权行使的组织条件，依据条件，根据条件，证据条件，理由条件，决定条件等来实现对行政权力的控制，特别是实体性控制。尽管在涉及行政法律关系时也会使用相关行政法学理论来讨论规制行政权力，但这不是主要的。在行政执法学上，无论是具体行政行为还是双方行政行为、行政事实行为，都是一种履行职责职权的行为，因此不存在基于行政法律关系而形成的理论障碍。如果我们把行政执法学定位为行政法学的下级科学，可以认为行政执法学的这种以职责职权为理论中心的定位是行政实定法供给相对充足，行政法学发展到一定阶段的理论精细化，也是行政法学在行政执法学领域里对行政法现象研究范式的转变。[②]

---

① 在法学的初始和发展阶段必须从法律关系中论述法学现象，法学必须从保护人民的角度初始和发展，法学和法律并非天生具有权威，法学和法律的权威力量归根结底来源于理性和人民，所有真正的法学家都是人民的理论家，正是人民的承认和推动才使法学和法律具有了权威力量。但是，这并不妨碍在某些法学分支中对法学的某些方面进行精细化发展。

② 科学的发展未必是一种直线式的上升，也可能是基于范式即基本问题和基本方法改变的螺旋式发展。参见［美］托马斯·库恩：《科学革命的结构》，金吾伦、胡新和译，北京大学出版社2003年版。但是，作为学科的科学，问题和方法虽然是可以改变的，但是性质是不可以改变的，性质决定科学学科本身。

第四，行政法学中法与行政是两种事物，行政执法学中法与行政是一种事物。行政法学是以法的视角审视行政，以法律原则和法律规则控制行政权。基于法的性质和目的，法对特定行政权力活动既可以承认也可以不承认，现代行政的法律性是法对行政影响的结果而非行政天生具有。“作为行政法学研究对象的行政是公共行政，主要是国家行政、形式行政，即国家行政机关进行的执行、管理活动，包括国家行政机关进行的准立法和准司法活动”，① 法与行政作为两种事物在行政法学中是明确的。而在行政执法学中，作为法与行政充分结合后的行政执法，从一开始就被规定为具有法律性的事物，行政执法的职责职权是法定义务和法定权力，行政执法要素及其结构主要是从行政法律规范上研究确定的。没有法律性就不能成为行政执法，而没有法律性的行政仍可以是行政。这种区别我们还可以从术语使用上看到，比如在行政法学上，对于行政法律事实，我们使用的术语是法律适用，是将法律适用于既存事实上，是事实到规范的过程；而在行政执法学上，对于行政法律事实，我们使用的术语是法律执行，是规范到事实的过程，是有什么样的由行政法规范所规定的事实条件才能执行什么样的法律，采取什么样的行政执法行为，从而改变事实状态，这是不同的。②

第五，行政法学的研究对象是行政法现象，而行政执法学的研究对象是行政执法现象。行政执法活动（现象）包括要素、结构和形式三个方面，这其中行政执法学主要侧重于对行政执法要素的研究，而行政法学主要侧重对行政执法结构（行政程序）和行政执法形式（行政行为）的研究。如果从行政执法学重要的研究对象即行

① 姜明安：《行政法》，北京大学出版社 2017 年版，第 9 页。

② 参见第二节行政执法的本质属性，行政执法概念和本质属性一题。

政执法技术角度看，则行政执法要素、结构和形式均是行政执法技术化对象。行政执法形式即行政执法行为仅指行政法学上抽象行政行为以外的行政行为，从行政法学的角度看这些行为属于行政行为的一部分，从行政执法学的角度看它们是行政执法活动的一个方面。同时，行政法学上的抽象行政行为，其静态形式即行政法律文件大体上相当于作为行政执法活动要素的行政执法依据。行政法学对抽象行政行为以外的行政行为的研究侧重于动态的行为过程和法律效果，而行政执法学研究行政执法行为主要是将其作为行政执法的外在运动表现形式，其有来源于法规范和法实践不同的要素和结构。

如果从行政法学看行政执法学的主要研究内容——要素，可以看作是传统行政法学本体之原理论、原则论、主体论、行为论、程序论、监督救济论，以及方法之形式论、关系论、过程论、作用论之外的要素论。如果我们把行政法现象视为行政法活动，① 以活动的要素、结构和形式来分析行政法理论，要素对应于要素论，结构对应于程序论，形式对应于行为论，可以看到，行政执法学的要素研究实际上是行政法学的要素论，它包含行政法学主体论并扩展了传统行政法学研究内容（行政执法组织要素对应于主体论，此外还有行政执法依据、根据、证据和决定要素）。通过要素研究，可将传统行政法学本体之原理论、原则论、行为论、程序论、监督救济论融会贯通，关涉各个部分，使其形成一个有机整体。通过对要素、细分要素的深入研究，可以将行政法学要件论体系化。而这种以活动为研究视角去分析行政法现象，可以称为行政法学的活动论，属

① 归根结底，行政法是规定行政活动中具有法律意义的那一部分，行政法学是研究行政活动中具有法律意义的那一部分。至于那一部分是多大的范围，侧重于那一部分中的哪一个方面，则在不同时代社会、不同人的认识有不同。行政活动中具有行政法意义的那一部分，我们称之为行政法活动。

方法论范畴。① 从行政法学范式转换的角度，我们可以看到，经行政执法学发展后的行政法学可以表述为本体之原理论、原则论、要素论、程序论、行为论、监督救济论，以及方法之形式论、关系论、过程论、作用论、活动论。以要素论和活动论看一些行政法疑难问题可能提供了一种不同的分析视角，可能会更容易分析这些问题。要素与程序（结构）确定以后，行为（形式）就是确定的。② 从行政法学看，行政执法学的重要研究内容——技术，可以作为行政法学的技术论，属于方法论范畴，广义上是对行政法学方法论之形式论的深化。行政法学的技术论主要关涉行政法学本体除原理论以外的各个部分，将其技术化，这是为作为应用法学的行政法学的法应用服务的，在内容上主要是指行政法解释与行政法应用技术。此外，作为行政执法必要关系的行政执法理由，属行政法行政程序的重要内容，本书作了深化、确定认识，将其作为行政执法要素之间的演绎逻辑关系予以固定。

我们还可以从行政程序这个现代行政法学最重要的控权方式③看行政执法要素问题。行政程序之所以能够有力控权就在于它是对行政法活动的结构性控制，④ 它所规定的是行政法活动各要素、细

---

① 有什么样的方法就会有什么样的结论。方法论始终是支撑本体论的。比如行政法学，形式论支撑行为论，关系论支撑程序论。根据不同的方法可以发现某一事物的本体不同内容。比如行政法学，我们用活动论视角去分析研究行政法活动，就会发现，以活动的要素、结构和形式三分而言，传统行政法学缺少或者说未突出要素研究这一大块。

② 要素加结构为内容，内容决定形式，内容与形式绝对统一。参见第六节行政执法事物（事项）；第十四节行政执法行为及其程序。由此我们可以理解为什么行政法学特别重视行政程序问题，因为它是行政法活动的结构。

③ 关于行政程序，参见姜明安：《行政法》，北京大学出版社 2017 年版，第 441 ~ 513 页。

④ 关于行政程序的性质，参见第十四节行政执法行为及其程序，行政执法程序的性质——行政执法要素结构一题。

分要素之间的关系即动态结构，这种关系必须建立在各要素之上，认识要素是规定关系的基础。如果我们不深入研究和准确把握行政法活动要素，就不可能正确确定行政程序。当然，行政法活动要素与行政执法要素有一定的不同，除了行政执法各要素以外，至少还包括行政相对人，但在行政执法要素中，行政相对人要素依然存在，只是在以行政执法为本位、为视角的情况下，被细分为行政相对人的行为，人身、人格，精神产品，① 是一种细分要素，被包含在行政执法根据要素之中。当然，无论从哪一个角度，哪一种标准去确定要素、细分要素，对于行政程序而言，要素问题都是基础问题。另一方面，以行政实体控权看，由于传统行政法主要着眼于组织权限即组织要素条件对行政法活动控制，对于其他诸如依据、根据、证据、决定要素和细分要素以及它们之间的理由关系（程序意义）没有系统认识、很好归纳、加以固定、更加突出，所以与行政程序相比在控权方面在现代显得不那么有力，但是，一旦对行政法活动要素的认识提升到应有高度，行政实体的控权功能将毫不逊色于行政程序，其作为行政程序的基础对于控权可能有更大的作用。对于控权，要素控制和程序控制都是必要且有力的。

如果从行政执法学角度完整意义上看自己的研究对象，其也有本体之原理论、原则论、要素论、程序论、行为论和方法论之技术论，而且随着研究的深入可能还会充实更多内容。因行政法学对行政执法学的指导，行政执法学不着重研究作为行政法学研究重点的

---

① 这不代表将行政相对人客体化，在本书中多次强调了行政（执法）相对人与行政执法组织（主体）法律地位平等，均是行政法律关系的主体。只是在行政执法中，以行政执法为本位视角，将行政（执法）相对人要素细分为相对人的行为，人身、人格和精神产品作为行政执法职责职权的作用对象，这是行政执法学精细化行政法学所必须的，也是开展行政执法活动所必须的。关于行政执法相对人参见第八节行政执法相对人。

程序和行为问题，而是直接在行政法学程序论和行为论基础上进行适合行政执法学的理论改造，特别是技术化改造，因此，可能看起来会研究的少些，但是不代表不包括这些内容，因为作为行政执法学研究对象的行政执法活动必须同时具备要素、结构和形式三方面，自然行政执法学理论也必须包括这三方面的内容。

第六，行政法学相对偏重理论性、规定性，行政执法学则更重实践性、技术性。仅就研究行政执法组织执行行政法律规范的活动而言，行政法学相对于行政执法学理论性和规定性更强一些，具有法学理论典型的特点和色彩。行政执法学由于直接指导行政执法实践，更偏重于实践性和技术性，它不仅是法学理论，还借助行政学、社会学、哲学等等科学的理论来研究解决行政执法实践中的问题，其交叉性、应用性要更强一些。

行政法学与行政执法学的这些不同在本书不同地方基于理论的需要会有充分体现。

第四题　行政执法研究依靠的人员力量

人是社会科学研究的核心要素，既是社会科学研究的主体，也是社会科学研究的对象。加强行政执法研究，建成行政执法学需要依靠行政执法人员、与行政执法有关的人员和以行政执法专家学者为主体的理论研究人员。

行政执法人员是指直接从事着行政执法实践的人，在我国有几百万人，是最大的行政执法研究群体，特别是对部门行政执法学而言，是重要的研究群体。在工作中，他们要面对各种各样行政执法问题，要解决这些问题，需要进行思考。这种思考，从整体上看，既是细微的，又是片面的，但却是最接近行政执法实际的。这种思考一旦进入思维层面，形成语言，进行交流，就成为一种广义的研究活动，进而推进行政执法问题的解决。行政执法人员的研究可能并不很深，因为大部分精力在行政执法实践，他们的研究主要是探索性研究或者为行政执法研究提供素材，但是，由于工作需要，他们对行政执法的研究具有直接动力因素。

与行政执法有关的人员主要是行政执法的监督人员、指导人员和管理人员，比如行政审判人员、政府法治人员等。工作需要也是他们研究行政执法的初始目的，而且在某些方面要研究的更深，否则就无法开展工作，要监督、指导和管理别人就要比别人更懂，比如行政执法的主体、根据、依据、证据等等。这些人员的研究主要是行政执法合法性和合理性问题的研究，偏重于法学角度，这对于深化行政执法法律性方面的研究是很有益处的。他们的研究具有一定的综合性，并且有从探索性研究向描述性研究过渡的特征，对行政执法的类的概念和局部性质有一定的认识。

以行政执法专家学者为主体的理论研究人员是行政执法研究的主要群体，目前看，主要是行政法学专家，他们在各自细分的研究领域内推进着行政执法研究的广度和深度，并且是使之体系化、系统化的主体，他们主要是进行解释性研究。就作者知识范围而言，行政法学专家从法学角度直接探讨行政执法相对较多，其他理论研究领域，法理学、行政学和社会学专家学者对行政执法的直接探讨较少，法经济学和组织行为学等专家学者偶有涉猎。仅从各门科学角度去研究行政执法是有缺陷的，是无法从整体上认识行政执法的，比如行政执法的本质属性、主要形式特征、要素等等，因此不能仅从各门科学的角度孤立的看待。再者，每门科学内都有其自己的核心研究领域，对行政执法是否研究，研究到什么程度，往往跟本门科学核心研究领域的关联程度有关。每个专家学者的精力都是有限的，旨趣亦不相同。理论研究作为创新性工作，不同于重复性事务性工作，有较高素质和意志力要求，也是艰辛的，理论专家学者需要长期的培养与坚持，是稀缺资源，如何让有限的与行政执法相关的理论研究人员的兴趣转向行政执法研究，形成行政执法专家学者群，是一个很大的问题。

这只是一个大概的分类。通常，研究水平和研究层次决定实质的位置身份，而非位置身份决定研究水平和研究层次，前两类人员通过自己的努力可以成为行政执法专家学者。从某种意义上说，在建立行政执法“理论共同体”以前，以上人员对行政执法的研究都是一份“额外”的工作，不能仅靠个人兴趣，尽管为实践急需。如何让行政执法研究从自发到自觉，从分散到集中，从片面到体系，从零碎到系统，以回应行政执法实践的理论需求，进而建成行政执法学，这又是一个十分重要的问题。

第一节　行政执法思维

当我们说行政执法这个词语，它的意义既包含对行政执法的理论研究，也包含了行政执法实践活动，既包含行政执法的历史演进，也包含行政执法的现实状态。在行政执法理论研究中我们说行政执法，通常指向现代行政执法实践活动，或者称之为行政执法活动，这是主要的。我们开展行政执法研究或者行政执法活动，是以具有行政执法思维为前提的。

第一题　行政执法理论研究思维

行政执法虽然是现代才使用的词语，但不代表只有现代的意义。如何对行政执法理解，这主要涉及到对“法”如何理解。如果我们将法只定义为具有实际国家强制力的规则，那么从国家诞生起，伴随着国家暴力，行政执法就一直存在，比如“与父老约，法三章耳；杀人者死，伤人及盗抵罪”的执行。这与国家形态没有关系，只强调规则实际的国家强制力、执行力。如果我们把这套规则体系的来源进一步区分为“神治”下的法、“人治”下的法和“法治”下的法，并且仅仅承认后者，那么只有众人之治下所形成的行政法律且由行政组织执行才叫做行政执法，这是现代社会对行政执法的通常理解，也是本书所指称的最广义的行政执法。这是一种历史性思维。

研究行政执法现象的行政执法学作为一种高度应用的理论体系，它是真理性的。是真理性体现在它是主观高度联系客观、能够正确反映客观的。行政执法理论体系必须深入研究作为社会存在的行政执法规范和行政执法活动，主要是现代行政执法活动，正确反映其本质属性和基本规律。“活动是人类思维产生和发展的社会基础，也是最一般、最简单、最抽象的逻辑范畴。”① 同时，行政执法理论体系也是价值性的。行政执法理论体系主要是为了正确认识行政执法现象、妥善解决行政执法问题、有力指导行政执法实践而存在的。它主要的研究内容是如何运用法律、行政和社会等方法去实现作为行政执法标准内容的行政法律规范，体现作为标准内容的法律规范对行政执法的要求，这既是形式性的，也是内容性的。行政执法研究应当坚持形式与内容、真理与价值统一的思维。没有了真理性，行政执法理论体系将会失去存在的基础，没有了价值性，行政执法理论体系将会失去存在的意义。

第二题 行政执法实践思维

仅就行政执法活动而言，我们也必须归结出思维模式，形成思维定式，这样才能符合行政执法标准内容与价值的要求。这是因为，“思维是客观存在的反映”，② 不同行政执法人员的经历、文化、年龄、知识和所处的环境等不同，会有不同的思维内容，对属于社会的行政执法人员而言，作为存在的过程，不仅仅只有法律或者行政

① 曾杰:《试论社会思维学的对象和体系》，载《学术交流》，1994 年第 5 期。

② 马佩主编:《逻辑哲学》，上海人民出版社 2008 年版，第 11 页。

执法，多种客观存在都会在其思维中得到反映，并进而影响行政执法活动。“在整个执法过程中，可能还贯穿了法律思维之外的其他思维方式，如政治思维方式、伦理思维方式、政策思维方式、经济思维方式等等。”① 因此从社会成员、行政人员到行政执法人员转变的过程，也是行政执法职业思维内容和思维形式改造的过程。

理性思维。② 行政执法活动总体而言是一种理性活动，这不仅仅是因为作为行政执法标准内容的“法律是最高的理性，”③ 还在于行政执法全过程都充分体现了理性主义色彩。从规范执行角度看，行政执法是将法律的理性内核还原于社会的过程。法律虽然是理性与经验的复合体，但是由于经验的个别性和理性的普遍性，在行政

---

① 关保英：《论行政执法中法治思维的运用》，载《社会科学战线》2014 年第 10 期。

② 在社会控制的诸多因素中，法律固然是理性的最主要表现形式，但是行政亦可表现理性，即行政理性。行政国家和法治国家都可以解决社会问题，关键是是否理性，作为形式的法律仍然也可能是任性的。尽管历史一再证明行政因其权力因素而经常任性（这正是行政法控权的原因），但不能否认行政仍可以表现理性，从一般意义而言，当行政对社会文明进步和正义起促进作用时，往往是因为其具有了理性的内核。对于行政人而言，在处理公务中是否理性，是其基本素质的主要判断标准之一。关于理性的具体含义参见第十二节行政执法理由。

③ 西塞罗语，转引自刘平：《行政执法原理与技巧》，上海人民出版社 2015 年版，第 468 页。

执法上，我们能准确还原的仅是法律理性而非法律经验。① 从行政执法过程看，从动因到实现，不因行政执法人员的个人意志、情感和欲望而开始和进行，一旦出现相应的法定条件，行政执法就必须做出相应的反应，其全过程均在一整套严密的规范标准下运作，是一个逻辑推理的实现过程，很少允许非理性因素在其中起作用。这个过程中，也是行政执法人员作为社会人、行政人到执法人角色转换的过程，是个人意志被法律意志替换的过程。在具体的行政执法行为中，也能充分体现行政执法的理性主义，比如通常行政执法决定应当说明理由，行政执法不是武断专制，“行政执法决定不说明理由，仅简要记载当事人的行为事实和引用执法依据的，当事人有权要求行政机关予以说明”。① 如果我们不重视行政执法的理性思维，就很难保证行政执法正确，也容易出现一些其它问题，比如由于行政执法人员情绪支配表现为行政执法态度不好，会产生不当执法，

① 经验起作用的领域主要是立法而非执法。“当霍姆斯法官提出其‘法律的生命并不在于逻辑而在于经验’这一经典格言时，他所关注的乃是如何‘确定人们应当受其支配的规则’的问题，而不是在讨论这样一种情况，即法官有责任按照某一明显应适用于一个诉讼案件的法律规则来审判该案件。在这种性质的情形中，形式逻辑是作为平等、公正执法的重要工具而起作用的。它要求始终如一地和不具偏见地执行法律命令。”［美］E·博登海默：《法理学：法律哲学与法律方法》，邓正来译，中国政法大学出版社1999年版，第496~497页。“凯尔森划分认识与意志领域，将受到利益、感情、心理等复杂因素影响的法律创造活动归于意志领域，而把将任何大体有实效的法律秩序作为其研究对象的法学认识活动归入认识领域。法律规范的创造和适用过程中的情感、利益、心理等复杂因素是法学所不能认识的，也不属于法学认识的范畴。法律科学应当是一种价值中立的认识活动，而不是创造和评价法律的活动。”李桂林、徐爱国：《分析实证主义法学》，武汉大学出版社2000年版，第132页。尽管如此，在法律经验被法律理性充分发展并表现为法律形式之后，这种具备法律理性的法律经验仍可被行政执法还原，也就是，法律经验的个别性经法律理性发展而成为普遍性后，这种法律经验就成为法律理性，就可被行政执法还原。但是，如果立法质量不高，法律经验没有被法律理性充分发展并转化为法律理性，即使这种法律经验以法律的形式存在，那也无法被执行。

① 袁曙宏主编：《全面推进依法行政实施纲要读本》，法律出版社2004年版，第201页。转引自宋大涵主编：《行政执法教程》，中国法制出版社2011年版，第114页。

甚至违法执法，这样的事例有很多。尽管我们只能有限理性，但在行政执法活动中我们要追求最大理性。

系统思维。行政执法是一套知识系统、规范系统和实践系统。就知识系统而言，行政执法关涉法学、行政学、社会学、哲学、逻辑学、组织行为学等等的科学门类。以处理具体的行政执法案件而言，至少涉及到行政执法基础知识、法律知识和相关行政领域内的专业知识三套知识系统，不同知识领域对行政执法有着不同的功能和作用。就规范系统而言，行政执法作为落实法律规范的活动，其所执行的行政执法规范是一套严密的、有机的、分等级的、具有价值倾向的规范体系和秩序。就实践系统而言，首要一点就是对法律规范体系的学习、理解和运用。其次就是针对专门的行政执法技术规范进行操作和演练。同时，行政执法作为一种活动由多个要素和关系构成，比如组织、依据、根据、证据、理由、决定等，任何一个要素和关系都对行政执法产生影响。而且，每一行政执法活动都不是孤立的，需要其它行政系统乃至于各社会子系统配合支持，广义上的行政执法系统是社会系统的子系统。

技术思维。行政执法技术思维不仅仅在于行政领域固有的专业性、技术性，还在于行政执法活动是一个价值实现的过程，对于行政执法的价值要求在形式上体现于理念、理论、伦理、原则、规则等等方面，在内容上主要是为民（源于行政执法的社会性）、高效（源于行政执法的行政性）和正义（源于行政执法的法律性），在行政执法行为过程上就表现为有效率、有质量的行政执法。这些价值的实现最终都要落实到特定的行政执法组织和行政执法人员身上，落实到具体的行政执法活动当中。一方面，如果价值要求不能转化为具体的直接可以操作的技术规程，转化为非常具体的行政执法技术规范，就不能有效实现价值要求，只能停留在思想和文字范畴。

另一方面，根据经验可知，行政执法组织及其行政执法人员在工作中并无过多精力去思考这些价值问题，在实践中，他们只按照也只能按照确定的、具体的规程规范操作执法。第三方面，行政执法作为技术，能够极大的提高行政执法质量和效率。第四方面，通过行政执法技术化，借助行政执法解释，确定法律概念，能够有效保护行政执法人员。技术思维对于保证实现行政执法法律价值、行政价值和社会价值，提高行政执法质量效率，保护行政执法者是至关重要的。

理性思维在行政执法思维中占有最主要的位置，发挥最重要的作用，系统思维和技术思维都有赖于理性思维才能够形成并表现于行政执法活动当中。

第二节　行政执法的本质属性

"任何一门科学的出发点都是其研究对象的本体性质或问题。"①

行政执法的本质属性决定了哪些行政活动属于行政执法，从而确定了行政执法理论研究的范围，决定了行政执法学研究的范围，也框定了本书的范围。

第一题　关于行政执法概念的分析

对行政执法现象的研究，需要从其概念入手。逻辑学认为，"概念是事物本质的反映",② 只有确定了行政执法现象的本质属性，才能够确定行政执法的外延，即由其本质属性规定的事物范围，为行政执法现象和其它社会现象划定一个边界。这个边界也是行政执法理论适用的范围界限。

人们通过语言概括现象，研究现象也必须从概括特定现象的语言开始。行政执法作为概括行政执法现象的语言，有其特定的含义和结构。查阅《辞海》，行政执法尚未成为其中一个单列词条，但是，"行政"与"执法"分别是单列词条。因此，我们可以将行政执法分解为行政与执法来探索行政执法的一般意义，并根据理论和

---

① 张文显主编:《法理学》，高等教育出版社2007年版，第73页。

② 马佩主编:《逻辑哲学》，上海人民出版社2008年4月第1版，第82页。

实践的需要赋予其特定含义，进而分析其本质属性。

行政，《辞海》释为：各种管理工作或公共行政。①

执法，《辞海》释为：执行法律、法令；执法吏；一切国家机关及其公职人员依照法定权限和程序，贯彻执行和实施法律的活动；专指行政执法，即国家行政机关及其公职人员在行政管理的过程中，依照法定权限和程序，贯彻执行和实施法律的活动。②

从上可知，《辞海》虽然没有将行政执法作为一个单独的词条列出，但在"执法"词条中对行政执法给出了一般意义，即国家行政机关及其公职人员在行政管理的过程中，依照法定权限和程序，贯彻执行和实施法律的活动。

在学理上，法理学认为，"执法有广义狭义两种理解。广义的执法是指一切执行法律、适用法律的活动，包括国家行政机关、司法机关和法律授权、委托的组织及其公职人员，依照法定职权和程序，贯彻实施法律的活动。狭义的执法仅指国家行政机关和法律授权、委托的组织及其公职人员在行使行政管理权的过程中，依照法定职权和程序，贯彻实施法律的活动，"即行政执法。③ 行政法学上认为，"行政执法是行政机关执行法律的行为，是主管行政机关依法采取的具体的直接影响相对一方权利义务的行为；或者对个人、组织的权利义务的行使和履行情况进行监督检查的行为。"④

我国行政法学家姜明安教授主编的《行政执法研究》一书，对行政执法的含义做了归纳，"有的将之等同于行政行为，谓行政执

① 夏征农、陈至立主编，上海辞书出版社2010年版缩印本，第2131页。

② 夏征农、陈至立主编，上海辞书出版社2010年版缩印本，第2443页。

③ 张文显主编：《法理学》，高等教育出版社2007年版，第246页。

④ 罗豪才主编：《行政法学》，中国政法大学出版社1989年版，第133页。转引自姜明安主编：《行政执法研究》，北京大学出版社2004年版，第7页。

法乃行政行为之全部；有的将之区别于行政行为，谓行政执法仅为行政行为之一部。至于一部之大小，又各有说法，有仅指行政行为中的行政处罚的；有指行政监督检查加行政处罚的；有指行政监督检查加行政处罚再加行政执行（主要指强制执行）的；还有认为行政审批亦应属行政执法范畴的。总之，有关行政执法的概念，存在着广义、较广义、狭义、较狭义的不同认识和主张”，并列举了许崇德、皮纯协、罗豪才、应松年教授和杨惠基先生等对行政执法的不同理解。①

姜明安教授认为，应当区分行政执法使用的不同场合来确定行政执法的含义。为说明现代行政的性质和功能而使用行政执法，行政执法即等于行政；为区别行政的不同内容而使用行政执法，行政执法只是行政行为的一类；作为行政行为的一种特定方式而使用行政执法，其范围不仅小于第一种场合使用的行政执法，而且也小于第二种场合使用的行政执法。②

在实务上，有学者对行政执法的内涵和外延作了归纳，“从内涵上看，行政执法是指行政机关依照法律的规定对行政管理相对人实施的影响其权利义务的外部具体行政行为；从外延上看，行政执法包括行政许可、行政征收、行政强制、行政处罚等等。”③

对于概念，仅就理论研究而言，既有理论上的规定性，也具有实践性。对于概念的确定，只要反映事物的本质，并能够达到特定的理论研究目的且能够理论自足即可。不同概念的区别对于理论而言，仅仅是该理论适用概念所指向的外延范围的不同而已。

---

① 参见姜明安主编：《行政执法研究》，北京大学出版社 2004 年版，第 6 页。

② 参见姜明安：《论行政执法》，载《行政法学研究》2003 年第 4 期。

③ 青锋：《关于深化行政执法体制改革的几点思考》，载《行政法学研究》2006 年第 4 期。

本书考虑到行政执法实践的需要和理论的严谨性，将行政执法中的行政执法行为，主要指向于行政法学中的具体行政行为。即“是指具有行政权能的组织运用行政权，针对特定相对人设定、变更或消灭权利义务所作的单方行政行为”。[①] 将行政执法指向行政学中的行政执行，即“从公共行政的科学管理的意义上理解，是指按照行政管理的客观规律，为实现行政决策目标而进行的行政活动”。[②] 指向社会学中的社会控制即“广义的社会控制是指社会组织运用社会规范以及与之相应的手段和方式，对社会成员（包括社会个体、社会群体及社会组织）的社会行为及价值观念进行指导和约束，对各类社会关系进行调节和制约的过程。”[③]

行政执法中的行政执法行为主要指向行政法学上的具体行政行为，但并不限于具体行政行为，同时也指向双方行政行为和行政事实行为，在行政执法概念上不对因单双方意志不同的行政法律行为作单方和双方行政执法行为的特别区分。也就是说，在行政法学行政行为的体系中，只要有制定法上的法律原则或者法律规则的规定，除抽象行政行为以外，其他行政行为均属于本书所称行政执法行为的指向范围。[④] 这是因为，无论从理论角度还是实践角度看，无论是具体行政行为、双方行政行为还是行政事实行为，在有法律规定的情况下，均需依照法律的规定实施，都属于法律执行的范畴。

行政执法是行为、活动还是过程？行政法学、行政学和社会学上作出了不同规定。一般而言，行为偏于动作，受限于单一目的，

---

① 姜明安主编：《行政法与行政诉讼法》，北京大学出版社 2011 年版，第 191 页。

② 夏书章主编：《行政管理学》，中山大学出版社 2003 年版，第 214 页。

③ 郑杭生主编：《社会学概论新修》，中国人民大学出版社 1994 年版，第 436 页。

④ 参见姜明安主编：《行政法与行政诉讼法》，北京大学出版社 2011 年版，第 154 页。

而在实践中，为了完成一个行政目标，行政执法往往要由很多不同的行为构成，同时，将行政执法定义为行为，严格意义上似乎仅能解释为行政执法组织一方的行为，很难将行政执法相对人法律行为概括在内，定义过于单一。而且，行政执法行为作为行政执法形式，仅是行政执法的一个方面，除了行政执法形式之外，还有行政执法的要素和结构问题，这两个问题仅用行政执法行为显然是不能涵盖的。故仅将行政执法定性为行为，似有局促。过程偏于动态，可以表征行政执法多行为的特点，但是过程多指环节、阶段、程序，对实体内容难以概括。采用活动一词指称行政执法，似可弥补两者不足，活动既可表征行为，亦可表征过程，既有实体内涵，也有程序内涵，其属于哲学上的一般概念，便于分析。行政执法过程有关专论亦采此说，“一般而言，行政执法是行政机关实施法律的活动”。[①]本书将行政执法定义为一种活动。

第二题 行政执法的概念和本质属性

从行政法而言，行政执法是行政立法、行政执法、行政监督中的行政执法，[②] 从法律执行而言，是民事执法、行政执法、刑事执法中的行政执法。本书所称行政执法，是指行政执法组织为实现法

---

① 肖金明、冯威主编：《行政执法过程研究》，山东大学出版社 2008 年版，第 4 页。

② 这里的行政监督是行政法制监督的含义，即监督行政的含义。本书所称的行政执法包含行政司法，如行政裁决，这是因为行政司法具有显著的行政执法四个本质属性，在行政司法中，行政性高于司法性，行政司法主要是处理而不是判断。“行政司法是指法律、法规授权特定行政机关作为某些特定争议、纠纷双方当事人之外的第三者，按照准司法程序审理特定具体案件，裁决或处理特定争议的活动。”姜明安：《行政法》，北京大学出版社 2017 年版，第 310 页。

律秩序,[①] 主要是行政法律秩序，履行行政执法职责职权而进行的管理、服务和控制社会的具体行政活动，具有以下本质属性：

（一）法律性

行政执法是履行行政执法职责职权，以行政法律规范为标准内容，实现法律秩序的活动。这个性质将行政执法与非法律性的行政活动区别开来。

第一，行政执法的基本目的是实现法律秩序，主要是行政法律秩序，行政执法是行政法律秩序的主要状态。

秩序是有序的常态,[②] 从社会学看，具有社会的可控性，社会生活的稳定性，行为的互动性，社会活动中的可预测性等内涵,[③] 是人类社会存在、延续的基本条件。法律秩序是法学的基本命题，主要是作为法的形式价值，属于基础价值。“人类社会是以法律秩序为重要纽带而生存发展的。法律秩序是由法所确立和维护的，以一定社会主体的权利和义务为基本内容的，表现出确定性、一致性、

---

① 法律与秩序的总体关系可以借助于下面的两句话来理解。对于法律这一事物而言，法律秩序是法律形式，“秩序，一如我们所见，所侧重的乃是社会制度和法律制度的形式结构，而正义所关注的却是法律规范和制度性安排的内容、它们对人类的影响以及它们在增进人类幸福与文明建设方面的价值”；因为法律秩序是法律的形式，因此，法律秩序就是法律本身，在这里，法律秩序与法律同义，在内容上涵盖正义价值，而非仅指次序意义上的秩序。“法的问题，都作为秩序问题而提出，作为秩序问题而解决。”［美］E·博登海默：《法理学：法律哲学与法律方法》，邓正来译，中国政法大学出版社 1999 年版，第 252 页；［美］凯尔森：《纯粹法学》，刘燕谷译，中国文化服务社 1943 年版，第 62 页。从法律实施角度讲，行政执法的直接目的是实现法律秩序，而法律秩序的实现最终目的还是为了人。“现代国家治理和公共治理的目标应该是以人为本，追求人的可持续发展、人的自由、幸福。无论是经济、政治、社会、文化和生态环境的治理，其最终目标均应是国民的福祉。”姜明安：《行政法》，北京大学出版社 2017 年版，第 20 页。

② 参见陈兵：《“法律秩序”形义研究》，载《云南大学学报法学版》2010 年第 2 期。

③ 参见科亨：《现代社会理论》，伦敦，英文版，1986 年，第 18 ~ 19 页。转引自邢建国、汪青松、吴鹏森：《秩序论》，人民出版社 1993 年版，第 2 页。

连续性的特征，是具有特殊强制力的一种社会状态。法律秩序为社会主体提供安全保障，为社会关系提供依循的界限和规则，使社会可以稳定、繁盛和持续发展。法律秩序不是在任何条件下都能很好的实现法律秩序价值，它需要确认秩序和创设秩序的完好结合。确认应当确认的秩序，便能固化经验和提升生活；创设应当创设的秩序，便能创造生活和引领生活。”① “与秩序相对的是无序。当无序状态出现时，关系的稳定性消灭了，结构的有序性混淆不清了，行为的规则性和进程的连续性被打破了，偶然的和不可预测的因素不断地干扰人们的社会生活，从而使人们之间信任减少、不安全感增加，为了保护正常的社会秩序，人类必须采取措施消除无序状态或预防其发生。在文明的社会中，法律是消除无序状态或预防无序状态的首要的、经常起作用的手段。”②

法律秩序不仅指向法律规范上的已经由法所规定的社会秩序，也指在社会中已经形成或者需要形成的由法律所规定的秩序，同时，法律规范作为一种事物，其本身也必须是一种秩序，形成了统一的

---

① 周旺生：《论法律的秩序价值》，载《法学家》2003 年第 5 期。

② 张文显主编：《法理学》，高等教育出版社 2007 年版，第 308 页。关于法律与秩序关系的更深层理解可以参考这样一段话，“法律在本质上是对专断权力之行使的一种限制，因此它同无政府状态和专制政治都是敌对的。为了防止为数众多的意志相互抵触的无政府状态，法律限制了私人的权力。为了防止一个专制政府的暴政，法律控制了统治当局的权力。法律试图通过把秩序与规则性引入私人交往和政府机构运作之中的方式，而在我们上节所描述的两种社会生活的极端形式之间维持一种折中或平衡。一个完善且充分发达的法律制度，对于无政府状态和专制政治这两种截然相对的形式来讲，处于居间的位置。通过一个行之有效的私法制度，他可以界定出私人或私人群体的行动领域，以防止或反对相互侵犯的行为、避免或阻止严重妨碍他人的自由或所有权的行为和社会冲突。通过一个行之有效的公法制度，他可以努力限定和约束政府官员的权力，以防止或救济这种权利对确保保障的私人权益领域的不恰当侵损、以防止任意的暴政统治。这样，最为纯粹的和最为完善的法律形式，便会在这样一种社会制度中得以实现。在该制度中，人们成功地排除了私人和政府以专断的或暴虐的方式行使权力的可能性。”［美］E·博登海默著《法理学：法律哲学与法律方法》，邓正来译，中国政法大学出版社 1999 年版，第 233 ~234 页。

秩序体系。就法律规范规定的社会秩序而言，法律秩序是一种静态秩序，是某一社会条件下充分理性的产物；就社会实际存在的法律秩序而言，它是法律实施的结果即法律实现状态，在这一点上行政执法具有举足轻重的作用；就法作为一个统一的秩序体系而言，它是法的社会价值实现的首要条件，只有法本身首先形成一个统一的秩序体系，才可能去有效的规定和实现社会秩序，法作为秩序的统一体，不仅是形式上的，也是实质上的。[①] 法律秩序依照法部门的分类，可以有民事法律秩序、行政法律秩序、刑事法律秩序等等。

行政法律秩序不是行政法学对行政活动分类而形成的行政秩序的概念，也不仅仅是行政实定法中所规定的社会秩序，而是由行政法所确立和维护的，以一定行政主体的权力和义务为基本内容的，表现出确定性、一致性、连续性和控权性的一种行政权力运作状态。行政法律秩序是抽象的、概括的，而不是具体的，是具有价值性的，并且是行政法的基础价值，[②] 在这个意义上，它涵盖行政实定法所追求的实现维护社会秩序、公共利益以及保护公民、法人和其他组织的合法权益的状态，行政实定法所追求的这些状态，都有赖于静态意义上的行政法律秩序作为基础条件，它首先必须具备相应的行政法律规定，这些规定还必须形成一个统一的行政法律规范秩序体系。同时，动态意义上的行政法律秩序不是自发实现的，不是一经

---

① 参见第九节行政执法依据（规范），作为行政执法规范的法律——既是一个法律形式秩序统一体也是一个法律实质秩序统一体一题。

② 参见宋功德：《行政法哲学》，法律出版社 2000 年版，第 73 页。该书构建了行政法的三级价值，即行政法律秩序、行政法治、公民自由，并将行政法律秩序作为行政法的初级价值。应当说，实现行政法律秩序是行政法首先要实现的价值，也属于必经阶段，但是在实现行政法治和公民自由价值时，行政法律秩序的价值实现仍然是作为行政法价值存在的，不是说实现行政法治、公民自由价值时，行政法律秩序的价值就不存在了，仍然要靠行政法律秩序价值的支撑，从这个意义上说，行政法律秩序是一种行政法基础性价值。

法律规定就在行政系统和社会自然形成，它必须与行政权力的实际行使相伴而成、相伴而行，它主要通过行政执法来实现在社会实践中行政法律秩序的确定性、一致性、连续性和控权性。只有立法而没有执法，那么静态的行政法律秩序便没有意义，动态的行政法律秩序就不会形成。行政法律秩序通过行政实体法维护社会秩序、公共利益，保护公民、法人和其他组织的合法权益的具体规定和执行，即行政立法和行政执法，通过规范——执行得以实现。所以，作为体现行政法律秩序价值的行政法律规范才能成为行政执法依据，[①] 规范所关涉的社会实际事实状态才能够成为行政执法根据。[②] 由此，行政执法的基本目的主要是实现行政法律秩序。

行政执法并不仅仅关涉行政法律秩序，它还在行政执法过程中直接或者间接形成民事法律关系、刑事法律关系、诉讼法律关系等法律关系，[③] 并因此而关涉其他法律秩序。所以说行政执法在实现行政法律秩序的同时也实现其它法律秩序，同时，作为动态的法律秩序，行政执法是行政法律秩序的主要状态，行政执法本身就是动态法律秩序的重要方面，在行政法律秩序上是主要方面。

第二，履行行政执法职责职权是行政执法的主要特征。

在上文的法律秩序含义中，我们必须单独特别强调的是，行政法律秩序主要指向的是行政权力的法治状态，是通过对行政权力的法律控制实现法律秩序，而不主要指向在社会中形成法定社会秩序，当然如上所言，其与法定社会秩序有着不可分割的联系。

借由法律的规定，而法律又是人民的意志形式，表现出社会成

---

① 参见第九节行政执法依据（规范）。

② 参见第十节行政执法的根据。

③ 参见第十四节“行政执法行为及其程序，作为法律事实的行政执法行为”一题。

员对行政权力运作的基本要求，表现为行政法律秩序。行政法律秩序以行政主体的权力和义务为基本内容，行政权力义务经法律规定后成为职权职责，① 是行政执法活动的一体两面，职责意味着职权，职权意味着职责，我们可以在不同的语境下以一方指代双方。

行政法律秩序的确定性、一致性、连续性的要求，是通过控权性要求实现的。从历史经验看，不对行政权力进行控制，就无法形成行政法律秩序的确定性、一致性和连续性。② 对行政权力的控制方法，在行政立法上就如上段所言，是通过将行政权力义务转化为行政法上的职责职权，并且通过确定职权法定的原则来实现，而且通过将职责职权的履行情况与法律规定相对比，确定一套监督制约的机制来实现。③

在法治政府状态下，行政执法不仅以具有相应职责职权为基本前提，而且行政执法过程本身就是履行职责职权的过程，就是实现职责职权的过程。同时，尽管行政执法主要是存在于行政主体与行政相对人之间的行政法律关系中，并由行政法律关系的内容，即权利（权力）义务来考量行政执法，但这并不是全部。在不存在行政法律关系的行政执法中，其仍是一种履行职责职权的活动，④ 所以说，履行行政执法职责职权是行政执法的主要特征，而不在于是否

---

① 参见第七节“行政执法组织，行政执法组织的职责与职权”一题。

② 参见第九节“行政执法依据（规范），针对行政权力的规范体系”一题。

③ 从行政法学角度，控制和规范行政权的方式主要有三种形式，即通过行政组织法，控制行政权的权源；通过行政程序法规范行政权行使的方式；通过行政法制监督法、行政责任法、行政救济法制约行政权滥用。参见姜明安：《行政法》，北京大学出版社 2017 年版，第 37 页。组织是要素问题，程序是结构问题，要素加结构作为内容即可决定形式即行政行为。但是，从行政执法学角度看，在要素方面，仅有组织要素似不完整。

④ 参见第十四节“行政执法行为及其程序，作为法律行为的行政执法行为”一题；第十三节“行政执法决定，作为行政执法决定的行政事实决定”一题。

具有行政法律关系。行政执法职责职权问题贯穿行政执法学和行政执法活动各个方面和整个过程。

第三，行政法律规范是行政执法的标准和内容。

严格的说，在法治国家、法治政府状态下，行政法律规范是判断行政执法是否正确的唯一标准，行政执法正确与否的表现就是其组织权限、程序实体、行为活动是否符合法律规定。人们可以因为对行政法律规范的理解不同而对行政执法是否正确作出不同判断，但不能脱离行政法律规范去判断行政执法是否正确。同时，从静态意义上来看，行政法律规范还是行政执法的内容，行政执法组织所执之法就是行政法律规范，行政执法的要素和结构及其形式均源于行政法律规范的规定。行政执法通过执行行政法律规范来实现行政法律规范所确定的行政法律秩序，通过行使和履行行政法律规范规定的权力和义务，来影响行政执法相对人和行政事实，进而管理、服务和控制社会，这不仅是管理、服务和控制的必经方式，也是行政执法的工作内容。如果没有行政法律规范及其规定的权力、权利和义务，行政执法就失去工作内容，也就不能称之为行政执法。

基于行政执法的法律性，行政执法基于履行职责职权，将自己融入行政法律秩序，将行政法律规范完全内化为标准内容。由此，行政执法执行的主要是法律意志、公共意志，而不是行政执法组织或者行政执法人员自己的意志。①

（二）行政性

行政执法是行政组织履行行政职能，依法管理和执行法律的行政活动。这个性质将行政执法活动与司法执法活动区别开来。

第一，行政执法是一种行政管理活动。通常，人们将行政与管

① 参见第九节“行政执法依据（规范），针对行政权力的规范体系”一题。

理等同，在广义上行政管理是指公共行政或者公共管理，在狭义上仅指国家行政管理，[①] 行政执法属于国家行政管理活动。行政作为一个独立的概念源于威尔逊和古德诺对政治与行政的界分，并由此建立了行政管理学。“威尔逊被公认为是开行政学研究先河的先驱者；古德诺创立了‘政治’与‘行政’的两分法，有人称他为‘行政学之父’”。[②]

作为管理的行政，在西方资产阶级革命以前，是指管理整个国家事务，资产阶级革命以后，仅指立法、行政、司法中的行政，是指除立法、司法以外的国家管理。行政管理的主体是国家行政机关，对象是社会，国家与社会的关系是管理与被管理的关系。“主其事曰管，治其事曰理。”基于这样的认识，行政法曾一度被定义为“管理法”。[③]

行政作为管理活动，总要依一定的标准进行，而标准的不同，行政的性质也有别。以统治者的意志为标准管理社会是一种“人治国”的状态，而以体现全体社会成员意志的法律为标准管理社会则是一种“法治国”的状态，而后者就是行政执法的涵义之一。行政执法是现代国家实现管理、服务和控制社会的基本手段和方式，是行政文明和行政现代化的重要标志，是国家对与人民契约的履行，“人们说：做不正义事是利，遭受不正义是害。遭受不正义所得的害超过干不正义所得的利。所以人们在彼此交往中既尝到过干不正义的甜头，又尝到过遭受不正义的苦头。两种味道都尝到了之后，那些不能专尝甜头不吃苦头的人，觉得最好大家成立契约：既不要

① 参见夏书章主编：《行政管理学》，中山大学出版社 2003 年版，第 1 ~ 3 页。
② 参见夏书章主编：《行政管理学》，中山大学出版社 2003 年版，第 4 页。
③ 参见姜明安主编：《行政执法研究》，北京大学出版社 2004 年版，第 1 页。

得不正义之惠，也不要吃不正义之亏。打这时候起，他们中间才开始订法律立契约。他们把守法践约叫合法的、正义的。”① 在现代社会，不通过行政执法，人们就认为管理方式是不正义的，就无法有效管理社会，行政管理的权威性就会受到质疑，就难以服众，就会造成行政管理秩序和社会秩序的混乱。

第二，行政执法是一种行政执行活动。行政执法作为执行活动，是法律执行，法律执行的过程也是法律适用的过程。② 一般对法规范而言，从应然规范到实然事实是法律执行，从一般规范到个别应用是法律适用。从应然到实然强调的是行动，以行动实现应然，行政执法就是以行政执法行为实现行政执法规范的行动，是规范到事实（实际的行政执法行为）的过程，因而行政执法就是法律执行。③ 同时，在开展行政执法行为之前，我们必须研究确定行政法规范对行政执法内容和形式的规定（一般性），依照规定开展行政执法行为，对于特定行政执法行为而言（个别性），这又是法律适用的过程。④

---

① ［古希腊］柏拉图：《理想国》，郭斌和、张竹明译，1986 年版，第 46 页。为表示对被引文作者的尊重和引文意义的完整理解，在本书中，凡对本书观点有重要影响的引文均尽量采用完整直引形式，除非难以直引，尽量不采用间引转述形式。

② 行政执法既是法律执行活动，也是法律适用活动。“在法律体系中，政府官员履行义务或调整权力的行为通常被认为是法律适用行为。”［英］约瑟夫·拉兹：《法律的权威：法律与道德论文集》，朱峰译，法律出版社 2005 年版，第 93 页。

③ 当我们提到“依法行政”这一概念时，就有着明显的法律执行的含义。

④ 就法院司法与行政执法行为过程在各自对象上的区别一般而言，法院司法是基于给定事实，由审判人员在法规范中作出选择并将法规范适用于给定事实，是事实到规范的过程，而行政执法是从法规范出发，分析确定特定案件构成要件要素，然后以行政执法行为查明这些要件要素，是规范到事实的过程，在这个过程中，行政执法组织面对的事实首先是规定上的事实，其次才是给定的事实，是要以行政执法行为调查取证确定事实。如果仅从这一点看，行政执法的难度似乎要高于法院司法，因为它不仅要求对规范具有正确的理解能力，还要直接查明事实、取得证据。这种过程上的区别也是法律适用与法律执行的区别。

作为执行的行政，在法治国家，行政执行就是行政执法，行政执法就是行政执行。“行政执行，从公共行政的法制管理的意义上理解，是指行政机关依法对国家事务直接具体的组织、指挥和控制的过程，即通过执行、适用规范行政管理活动的法律、法规，实现行政决策目标，完成行政管理任务的全部行政活动和过程。简言之，行政执行即为行政执法活动。”①

行政执行总有其所要执行的内容，在形式上有行政领导的命令、行政规定和行政法律，在实质上主要是个人的意志、少数人的意志或者是社会全体成员的意志，我们将执行体现社会全体成员意志的法律的活动称为行政执法。

作为行政执法标准内容的行政法律规范，直接指向行政管理和执行活动，“行政法是调整有关国家行政管理活动的法律规范的总和”②，是“有关行政管理和管理行政两个方面事项的规范性法律文件的总称”。③

第三，行政执法是行政组织的行政活动。在现代，行政组织是“为推行政务，依据宪法和法律组建的国家行政机关体系，是国家机构的重要组成部分”。④ 行政执法组织因行政管理需要而产生，因履行行政职能而存在。但是，行政组织要存续发展，还必须有一些民事活动，比如根据履行行政职能的需要购置办公设施、行政装备，有的行政组织还要依法承担刑事职能，开展刑事活动，比如我国公安行政机关依照刑事诉讼法和刑法开展的犯罪侦查活动，我国司法行政机关开展的刑罚执行活动等，这类活动都不属于行政执法。我

---

① 夏书章主编：《行政管理学》，中山大学出版社 2003 年版，第 215 页。
② 张文显主编：《法理学》，高等教育出版社 2007 年版，第 132 页。
③ 张文显主编：《法理学》，高等教育出版社 2007 年版，第 98 页。
④ 夏书章主编：《行政管理学》，中山大学出版社 2003 年版，第 58 页。

们将行政组织所开展的履行行政执法职能的活动称为行政执法。

(三) 社会性

行政执法是管理、服务和控制社会的活动。这个性质将行政执法与内部行政活动区别开来。

第一，行政执法的对象是社会。从系统论的观点看，如果将行政系统视为一个独立的系统，则行政有内部和外部之分，内部行政指向行政系统内部，内部行政活动仅对行政系统起作用，不直接影响社会。外部行政指向行政系统以外的社会，外部行政活动直接作用于行政系统以外的社会。内部行政是外部行政的基础，外部行政是内部行政的目的。

行政执法主要是指向外部行政，特别是指向行政执法组织与行政执法相对人建立行政管理法律关系的行政活动。行政执法相对人的性质可以是行政机关，也可以是社会组织或者个人，它的主要意义在于其属于"被管理方"。① 同时，在没有行政执法相对人或者虽然具有行政执法相对人但不具有行政管理法律关系的情况下，行政执法指向具有社会事物意义的活动。②

行政系统不是一个封闭系统，具有开放性，其必须与社会产生交互行为才能发挥作用，在这个过程中，内部行政必然产生变化。从这个意义上说，行政执法也指向部分内部行政，即内部行政中间接影响社会的那一部分，比如关于行政执法的内部行政规定，行政执法决定的内部形成过程等。纯粹内部行政，比如行政系统的内部人员、财物等管理行为不属于行政执法。

依照依法行政的行政原则，内部行政仍应当依法进行，只是在

---

① 参见第八节"行政执法相对人"。

② 参见第十四节"行政执法行为及其程序，作为法律行为的行政执法行为"一题。

行政执法学上不将纯粹内部行政中执行法律的活动规定为行政执法。

第二，行政执法与社会的关系是管理与被管理、服务与被服务和控制与被控制。

政府行为模式从农业经济时代的统治行政到适应工业经济时代的管理行政，再到知识经济时代的服务行政是一个基本的发展脉络。①

通常在现代国家政府行为中，统治行政、管理行政和服务行政模式都会不同程度的存在，它们不是非此即彼的关系，而是程度大小和作用领域的不同。三种模式所占比例高低，代表着政府的先进性和现代性，统治行政比例越高代表相应的政府越落后、越传统，服务行政比例越高代表相应的政府越先进、越现代。而管理行政更具有实现性、技术性特征，在一定意义上，可以视为统治行政和服务行政的实现方式。如果将管理行政作为一种独立的政府行为模式，其性质特点更偏向于统治行政，也深刻影响着政府的性质。我国政府也存在统治行政，比如政府统治政治职能的履行，少数领域存在的计划经济，少数领域存在的国有垄断经济等。除去政府的统治行政，在绝大多数领域和绝大多数状态下，我国政府行为以管理行政和服务行政为主。

“‘管理行政’的理论渊源为马克思·韦伯的官僚制组织理论和威尔逊、古德诺的政治与行政二分法。官僚制管理行政范式是机器大工业时代的产物。在韦伯看来，官僚制管理是现代文明所内含的维持法律、经济和技术理性的必要条件或组织手段，它从技术上依靠严密的等级关系结构维持理性原则，并且把可靠的法律规则以逻

① 参见柏维春、芦刚：《从管理行政走向服务行政——新一轮开放背景下中国政府行为模式变革的应取路向》，载《东北师大学报（哲学社会科学版）》2003 年第 6 期。

辑严密、机械古板的方式应用于实际的情景。因此，‘准确、速度、知识、连续性、灵活、统一、严格的服从、摩擦少，是严格的官僚制行政的属性’”。[①]“‘服务行政’理念来源于以人本主义、民主与公民权和公共对话理论为基础的新公共服务理论。服务行政可以从观念、功能与本质三维角度来考察其内涵。从观念上讲，服务行政应以社会公众的需求为出发点，确立亲民意识，以社会公众的意志为根本向度。确立责任意识，以责任意识为主要先导，彻底改变过去那种只对上级负责、不对社会公众负责的局面；从功能上讲，服务行政就是要转变政府的角色，使政府成为公共服务的供给者，服务行政就是要出于公心、服从民意、设身处地为人民着想、以努力提高服务质量为已任，以社会公众的满意程度为最高标准，而不应该过分强调‘特殊集团’的意志，不应该以政府自身的规则为导向；从本质上讲，服务行政应以人民为主体，使政府充分发挥社会公共事务的服务性功能，而不能过分强调维护政治统治的工具，更不能是高高在上的管理机构和脱离社会的‘异己力量’”。[②]很明显，行政执法具有管理行政和服务行政的性质。具体的行政执法作为管理行政或者服务行政在形式上取决于行政执法行为的性质类别，通常人们将行政处罚、行政强制、行政征收、征用等具有强制性的行政活动视为管理行政，而将行政给付、行政指导、行政奖励等不具有强制性的行政活动视为服务行政，这从管理行政和服务行政的含义来看并不准确，当然这样看待也有它的意义。

行政执法控制社会，不是一种强制或者维持统治秩序的含义，

---

① 白德全:《构建复合行政模式：“管理行政”加“服务行政”》，载《中国行政管理》2007 年第 2 期。

② 白德全:《构建复合行政模式：“管理行政”加“服务行政”》，载《中国行政管理》2007 年第 2 期。

而是一种实现制度控制的含义，尤其是指实现法律制度控制，这包括对控制者本身的控制，与管制型政府的控制社会是不同的。[①]“制度控制手段是指以全社会的名义颁布行为准则，并对全体社会个体、社会群体和社会组织的社会行为进行调节与制约的方式”。[②] 社会法律控制既可以是积极的，也可以是消极的，[③] 从这个意义上，作为管理行政的行政执法和作为服务行政的行政执法都是社会法律制度控制的手段。“在今日，法律秩序已经成为一种最重要、最有效的社会控制形式。其他所有的社会控制方式，都从属于法律方式，并在后者的审察之下运作。”[④]

第三，行政执法本身是社会一部分。行政执法组织属于社会组织，行政执法人员属于社会成员，行政执法活动属于社会活动，行政执法不仅是一种社会控制的方式，其作为社会的一部分也需要被管理、被服务、被控制。这是显而易见的。

（四）具体性

行政执法是一种具体行政活动。这个性质将行政执法与行政立法活动区别开来。

对具体行政行为与抽象行政行为的区分是行政法学重要课题，因为这关系到不同行为的法律监督和救济方式的不同。它们之间的区分在行政法学上是有特定含义的，具有较强的规定性。理论上主要从行政管理法律关系出发，与行政相对人是否具体相联系，以行

① 参见姜明安：《行政法》，北京大学出版社 2017 年版，第 176 页。

② 郑杭生主编：《社会学概论新修》，中国人民大学出版社 1994 年版，第 443 ~ 444 页。

③ 郑杭生主编：《社会学概论新修》，中国人民大学出版社 1994 年版，第 439 页。

④ ［美］罗斯科·庞德：《法律与道德》，陈林林译，中国政法大学出版社 2003 年版，第 37 页。

政相对人是否具体来确定是否为具体行政行为,[1] 这对解决大部分行政行为在具体与抽象问题上的界分具有重要意义。但是，从行政执法学看，行政执法的具体性并不限于具体行政行为范围，还包括行政事实行为和双方行政行为，且行政执法活动主要定义为履行职责职权的具体活动，而非仅限于行政管理法律关系之中，行政执法学研究的行政执法活动对象与行政法学研究的行政行为对象是很不相同的。在行政执法学上，行政执法的具体性主要从行政执法组织履行行政执法职责职权角度确定，在作为行政执法行为的具体行政行为的具体性确定上，则主要按照行政法学的标准确定。从行政执法学看具体性：

第一，行政执法必须具有具体的行政执法组织。[2] 行政执法组织是具有行政执法职能的组织。制定行政执法规范的组织和行政执法组织都必须具体确定，但是它们的范围却有不同。作为主要制定行政执法规范活动的行政立法主体主要在国务院及其部门和省、市人民政府，他们虽然在某些领域也是行政执法组织，但不是主要的行政执法组织，它们对行政执法的主要职责是领导、指导和监督。具体的行政执法组织主要在省、市、县政府所属部门、法律法规授权的组织和受委托行政执法组织，特别是市、县政府所属的行政执法组织。

第二，行政执法必须具有具体的行政执法依据。[3] 行政执法依

---

① 参见应松年主编：《行政法与行政诉讼法》，法律出版社 2009 年版，第 115 ~ 116 页。姜明安主编：《行政法与行政诉讼法》，北京大学出版社 2011 年版，第 154 ~ 156 页。胡建淼主编：《行政法学》，复旦大学出版社 2003 年版，第 125 页。马怀德主编：《行政法与行政诉讼法》，中国法制出版社 2007 年版，第 97 ~ 98 页。

② 参见第七节行政执法组织。

③ 参见第九节行政执法依据（规范）。

据是行政执法正当性的凭据，行政执法依照依据所规定的特定的职责职权开展活动，每一项行政执法活动都必须有具体的、特定的、确定的法律依据授权，没有法律依据就不得开展任何行政执法活动。而作为抽象行政行为的制定行政执法规范的活动也必须有法律依据，但这种法律依据可以是概括的授权。职权性行政立法上在宪法和法律规定的职权范围内，制定行政执法规范不需要具体的法律授权。

第三，行政执法必须具有具体的行政执法根据。① 行政执法根据是由行政法律规范（主要是行政实体法）所确认的，行政执法据以开展的事实状态。任何行政执法活动都必须具有行政法律事实，行政执法是履行职责职权，对具体的、特定的、确定的、现实存在的行政法律事实的处理活动。而在行政执法规范中，法律规范创设法律事实，是规定上的法律事实，其不必然以具有法律事实为前提。所以说，“按行政相对人是否特定为标准，可以将行政行为分为抽象行政行为和具体行政行为。认定行政相对人是否特定，可与一定的法律事实相联系。一般来说，处于已经发生的法律事实中的行政相对人是特定的行政相对人，而处于将来可能发生的法律事实中的行政相对人则是不特定行政相对人。”② 当然，在行政执法根据上，不仅仅包括有关于行政执法相对人的法律事实，还包括其它法律事实。

第四，行政执法必须具有具体的行政执法证据。③ 行政执法证据是证明行政执法根据的事实材料。行政执法组织必须以证据证明其所认定的事实是行政执法依据所规定的事实，并依职责职权开展

---

① 参见第十节行政执法根据。
② 胡建淼主编：《行政法学》，复旦大学出版社 2003 年版，第 125 页。
③ 参见第十一节行政执法证据。

取证活动，这种事实和活动都是具体的、特定的、确定的。而制定行政执法规范的活动的证据可以是概括的。

第五，行政执法必须具有具体的行政执法理由。[①] 行政执法理由是行政执法法律依据、事实根据、确凿证据三者之间的逻辑关系。在有法律规定的情况下，行政执法组织须依职责职权说明行政执法理由。行政执法理由作为逻辑关系并基于具体的依据、根据和证据，均是具体的、特定的、确定的。制定行政执法规范也需要理由，但是这种理由是基于法律要求或者现实的需要，可以是概括性的、预见性的，具有一定的主观成分，而非像行政执法理由那样客观。

第六，行政执法必须具有具体的行政执法决定。[②] 行政执法决定是行政执法组织支配处分具体行政执法职责职权并产生外部法律效果的确定主张。行政执法决定体现具体职责职权的类别，即由行政法学、行政执法学和行政实定法模式化、类型化的职责职权种类。从行为角度上来看，在行政法学上主要被称为行政处理的分类，在行政执法学上被称为行政执法类别、类型，在行政实定法上表现为行政处罚权行为、行政许可权行为、行政强制权行为、行政指导权行为等等。

行政执法决定的内容具有特定性，以特定行政执法职责职权为特定的行政执法相对人设定或处分特定的法律权利和法律义务，或者就特定管辖事项作出具体决定（比如行政指导、行政事实行为，其并不为行政执法相对人设定或处分权利义务，而是就其管辖范围履行具体职责职权的行为），这种职责职权不履行或者权利不行使、义务不履行都可能对特定行政执法组织、行政执法相对人产生特定

① 参见第十二节行政执法理由。
② 参见第十三节行政执法决定。

的法律后果或者其它不利影响。同时，行政执法决定的特定性还表现在决定的适用具有一次性的特征，在特定时间、对特定事项、对特定行政执法相对人的行政执法决定只有一次性适用效力。

行政执法决定的内容具有确定性。在关涉行政执法相对人的行政执法决定中，行政执法相对人及其身体、财物等是确定的。这种确定性，无论范围有多大，对依职权行政执法而言，都是可数的，对依申请行政执法而言，就是对确定申请行为的处理。这种确定性，未必是行政执法一开始就已经确定，也可通过查证过程逐渐确定，但是在行政执法结果，即行政执法决定和行政执法决定执行阶段，它一定是确定的。在作为行政执法决定的行政事实决定中，决定指向的对象的物理性质是确定的，比如位置、范围、大小、质量等等。在作为行政执法决定的行政指导决定中，决定事项的构成要素是确定的，即行政指导的职责职权、指导事项、指导对象等是确定的。

行政执法决定的形成过程具有直接性，对行政执法组织而言，其不依靠非行政执法的任何中间环节，依据其职责职权通过行政执法决定直接作用于行政执法相对人的精神、身体、财物或者其它事实对象，行政执法规范与行政执法决定之间没有非行政执法的其他行为。行政执法决定具有直接执行性，依法成立有效的行政执法决定可以由法定行政执法组织或者法院直接予以执行。①

对制定行政执法规范的活动而言，行政执法规范也可以以行政决定的形式发布，但是并不同时具有上述特征。制定行政执法规范

---

① “在社会管理功能方面，行政规范性文件与具体行政行为有相同的作用，具体行政行为也是行政机关对社会实施管理的手段。二者之间的区别在于：具体行政行为的管理功能通常是直接实现的，而行政规范性文件的管理功能通常是间接实现的，行政规范性文件确定的规则、要求，大多要通过具体行政行为实现。”姜明安：《行政法》，北京大学出版社 2017 年版，第 272 页。

相对于行政执法，其主要是为行政执法设定职责职权及其行使条件的行为，而不是支配处分行政执法职责职权的行为，是一种为行政执法相对人设定行政法权利义务的行为，而不是一种处分行政法权利义务的行为，是一种行政立法活动，而不是一种行政执法活动，且必须事前发布、采用书面形式，而行政执法决定可以依法在事后交付，可以使用口头、书面或者行为等方式表示。

具体性是行政立法活动、制定行政执法规范活动与行政执法活动的关键区分特征，不具备具体性的行政执法组织执行行政法律规范的行为在行政法学上称为抽象行政行为，在行政执法学上称为制定行政执法规范的行为，这种行为也受行政法原则和规则的限制约束，只是限制约束的方式不同。我国宪法第五条第四款规定，“一切国家机关和武装力量、各政党和各社会团体、各企业事业组织都必须遵守宪法和法律。一切违反宪法和法律的行为，必须予以追究”，这涵盖了所有行政执法组织执行法律的所有活动都必须依法进行。我国立法法、行政诉讼法，行政法规制定程序条例、规章制定程序条例等法律、法规规定了对抽象行政行为和制定行政执法规范的行为的监督。

同时具备上述法律性、行政性、社会性和具体性四个本质属性的活动是行政执法活动。

第三题　本质属性之间的关系以及行政执法概念的外延

行政执法的法律性、行政性、社会性和具体性是相互统一的，它们都统一于法律性。行政执法活动的行政性、社会性和具体性是从法律规范中抽象出来的，法律规范规定了行政执法的行政性、社会性和具体性。行政执法的法律性实际是法规范抽取了一部分行政活动并赋予其社会性和具体性的内涵。基于行政执法的四个本质属性，我们可以确定行政执法概念的外延，任何同时具备这四个本质属性的现象，我们称之为行政执法活动，这些现象包括：行政处罚、行政许可、行政强制、行政裁决、行政征收、行政给付、行政合同、行政确认、行政命令、行政检查、行政奖励、行政指导等等。任何不同时具备这四个本质属性的现象不是行政执法，不是行政执法理论的范围，也不是本书研究的范围。

行政执法四个本质属性决定着行政执法理论的各个方面，并使之成为内在统一的理论体系。

第三节 行政执法作为社会技术的根本形式特征*

当我们在实际行政执法工作中，可以称规范行政执法、行政执法标准化、职业化、专门化，或者对行政执法实行责任管理、质量管理等等，其原因就在于行政执法具有社会技术这样一个根本的形式特征。理解了这个特征，既可以解释上述现象，从现有知识范围看，也为行政执法的实践操作找出了一条切实可行的有效路径。这里的行政执法技术，不是指行政执法中所使用的为了查明事实取得证据的技术手段，或者法律规范中的技术标准，而是指，行政执法活动在形式性质上，就是社会技术，行政执法技术是行政执法理性的重要表现形式。

技术是人类理性的产物，跟人类的历史一样漫长。柏拉图认为，技术即形式。亚里士多德认为，技术即制作。① 技术提升了人类活动的效率和质量，分为自然技术和社会技术，② 社会科学技术也是

---

* 我们提到严格执法这一概念时，就已经蕴含了显著的技术性成分。

① 参见徐琪："从技术本质中探析技术的可控性问题"，载《淮海工学院学报（人文社会科学版）》2012 年第 8 期。

② 参见田鹏颖、万舒全："论社会技术存在"，载《沈阳师范大学学报（社会科学版）》2015 年第 1 期。关于技术哲学视野中的社会技术的问题，可参考田鹏颖教授的系列论文。

生产力。①

第一题 技术哲学与行政执法

技术哲学认为，社会技术是“（主要是）由一定社会的政府或执政党创造、发明（制定）的，由全体社会成员或一定社会阶层（主要是）接受、使用的，调整人与人、人与社会关系的，解决社会矛盾和问题进而实现改造社会目的的实践性知识体系。”② 由于研究角度的不同，不同学者对社会技术的特征有不同解读，本书采用社会技术的规范性、系统性、主体际性、可操作性和规律与价值的统一性特征来说明行政执法作为社会技术这一根本形式特征。③

行政执法的规范性。技术哲学认为，“与社会科学的理论命题的描述性比，社会技术具有规范性。即给定特定社会目的前提下，人们应该‘怎么作为’。具体地说，就是通过形成一系列的可以操作的规章、制度、准则来规范和调整社会关系和社会行为，以保障良好的社会交往程序和交往效果。换言之，社会技术就是在为人们社会活动提供各种范式。”行政执法的规范性非常明显，这是由行政执法的法律性和行政性决定的。行政执法以行政法律规范作为活动的标准内容，而行政法律规范是一套严密的科学规范体系，“法是人的行为的一种秩序。一种‘秩序’是许多规则的一个体系”。④

① 参见钱学森：“从社会科学到社会技术”，载西安交通大学图书馆网站，http：//www. lib. xjtu. edu. cn/lib75/qxs/lxtgch/158. htm，最后访问日期2016年7月4日。

② 田鹏颖：“社会技术概论”，载《社会科学辑刊》2002年第2期。

③ 参见赵大宇、田鹏颖：“试论社会技术的本质”，载《科学技术与辩证法》2006年第2期。本节以下未标注来源的引用均来自此文。

④ ［奥］凯尔森：《法与国家的一般理论》，沈宗灵译，中国大百科全书出版社1996年版，第3页。

尤其是行政法律规范的控权性质，以行政执法组织的行政执法行为为中心，规定了行政执法组织的权力和义务、程序和实体，进而达到了调整社会关系和社会行为的目的，为人们的社会活动提供了法律范式，主要是为行政执法组织的行政执法活动提供了法律范式。行政执法组织是按照行政法律规范的要求来完成行政执法活动的。

行政执法的系统性。技术哲学认为，“一项具体的社会技术在创造和实施过程中涉及多方面条件，既要以社会科学研究的成果为基础，又涉及许多自然科学理论及其思维模式和规律，还需要其他社会条件作保障。因此，作为应用社会科学和自然科学知识解决社会问题的社会技术必然就具有系统性和综合性。从未来学观点看，随着社会发展、科技进步，社会科学和自然科学的研究对象、研究方法完全可能在社会实践层次上统一起来，其所涉及的社会问题将更加多维复杂，而作为直接面对社会问题的社会技术，其系统性和综合性可能更强。”就行政执法而言，其与自然科学技术有着必然的联系，一方面作为标准内容的法律规范虽然以调整人的行为为核心范畴，但也将调整人与自然关系作为重要内容，行政法律规范也不例外。另一方面，行政执法在解决事实问题，尤其是证据问题时，经常采用自然科学技术手段方式进行调查取证。这就决定了在行政执法中必然存在运用自然科学理论及其思维模式和规律的情况，以未来学观点，在社会实践层次，行政执法科学与自然科学知识是统一的。行政执法综合性上，突出体现在充分运用行政法学、行政学、社会学、技术哲学、组织行为学等多学科理论知识来解决行政执法问题。就社会条件保障而言，既有行政执法“供给侧”要素的问题，也有行政执法外部环境的问题，① 任何行政执法要素、结构、

① 参见第十九节行政执法环境。

环境因素不合理或者缺失，都会制约行政执法的效果。因此行政执法具有高度的系统性。

行政执法的主体际性。技术哲学认为，“社会技术的创造者、使用者、接受者无一不是具有意识活动和主观能动性的人。每个人都是社会交往网络上的关节点，因此，社会技术在调整（改造）社会关系时，人与人之间应体现为一种主体际性关系（互主体）。同时，社会技术具有可通约性，也就是说，同一社会技术，在不同的社会群体中几乎都能得到理解，至少都能理解‘这一社会技术’为何物，它的本质及其意义。”在行政执法中，行政执法组织和行政执法相对人都是行政执法社会关系中的主体，行政执法组织依法享有和行使行政执法职权，履行行政执法职责，行政执法相对人同样享有行政法律权利并须履行行政法律义务。行政执法组织与行政执法相对人是一种互动关系，互为主体，互为对象。同时，作为社会活动的行政执法，已经成为社会成员普遍承认的国家管理、服务和控制社会各个方面的基本活动，从应然角度而言，其是有客观标准内容的，是不同于“人治”下的行政管理的，是进步的。从实然角度而言，尽管人们对行政执法这种活动没有异议，但是对行政执法的社会效果存在不同评价，这既有行政执法本身存在问题的原因，也有社会认知不足的原因。因此可以看出行政执法的主体际性是明显的。

行政执法的可操作性。技术哲学认为，“社会技术的本质特性是实践性，核心在于操作性，不管以何种形态存在，社会技术总是提供一种或数种调整、改造、控制、规范社会行为、社会关系的方法体系。”行政执法就是依照以行政法律规范为主要内容的行政执法技术规范进行实践操作的活动，法律规范的性质之一就是具有可操作性，这源于法律的技术性。行政执法可以负载各种价值，这种价值必须通过行政执法的具体操作得以体现，就如同法价值必须依靠法规范和法实践实现一样。没有可操作性，就没有行政执法。

行政执法的规律与价值的统一性。技术哲学认为，“社会主体在创造和发明社会技术时，一方面要以社会科学为基础，尊重社会规律，以保证社会技术的科学性；另一方面又要充分体现人的价值理性，没有对某种价值的追求，也就失去了人们创造社会技术的内在动力。因此，符合规律性和符合目的性是我们评价社会技术的两个基本的维度。”作为指导行政执法的行政执法学，深深植根于现有科学门类，广泛吸收各门科学理论研究成果，其一般性研究方法中首要的就是对各相关科学理论的综合研究，高度联系行政执法实践，正确反映行政执法本质属性和基本规律，同时，又通过行政执法的本质属性将这些理论融合为有机整体，通过行政执法学的有力指导，能够保证行政执法活动的科学性。行政执法活动是有明确价值目的的，其突出表现在通过指向社会的行政执法技术活动实现其社会价值、行政价值和法律价值，行政执法价值经高度概括，即为民、高效、正义。

第二题 行政执法的法律性和行政性对行政执法技术性的规定

行政执法作为社会技术，明确的体现了行政执法的社会性和具体性的本质要求。同时，除技术哲学角度外，我们从法律技术和行政技术角度也可以很清楚的看到行政执法这种接近于本质属性的技术性特征。作为法律实施的行政执法，必然具有法律的技术性。“法律的法学定义是不包含任何道德成份的。它只是指示一种社会组织的技术。当我们把法律的问题当成法学的问题时，它是社会技术，而不是道德问题。”① “法律技术代表着法律适用中的实践技能，也是从事法律工作所必需的基本手段。”② 作为行政执行的行政执法，必然具有行政的技术性。“在正常的情况下，只有接受专业培训者的成绩合格，才有资格参加一个团体的行政管理班子，才允许被任命为‘官员’。”③ “公共行政学科自产生的时候起，就有着明显的技术主义特征，从这一学科在20世纪的发展来看，尽管有许多学者试图改变它的这一特征，但是，在实践部门的引诱下，技术主义特征却有增无减。”④

第三题　行政执法作为社会技术的理论和现实意义

行政执法作为社会技术这一根本形式特征，对规制行政权力具有极大的作用。在行政执法技术层面，行政权力只是行政执法予以考虑的一个技术因子，能够极大淡化权力色彩，使其“扁平化”。

行政执法作为社会技术这一根本形式特征，能够填充法律与作为法律实施的行政执法之间的鸿沟，并充分考虑到行政执法行政、社会等各个因素。法律作为规范体系，对任何一个人来说都是很难精确掌握的，特别是一线行政执法人员，他们不是不需要是法学家。在这一点上，不能过分苛求行政执法人员，因为他们的大部分精力都在一线执法实践，人的精力都是有限的。作为实践人员，他们需

---

① ［美］凯尔森：《纯粹法学》，张书友译，中国法制出版社2008年版，第2页。转引自尹伊君：《论法律技术》，载《法律科学》1991年第5期。

② 胡玉鸿：《法律技术的内涵及其范围》，载《现代法学》2006年第5期。

③ ［德］马克斯·韦伯：《经济与社会》，林荣远译，商务印书馆出版1997年版，第244页。

④ 张康之：《公共行政研究中的技术主义》，载《理论与改革》2008年第2期。

要的是全面、简明、有效、正确的直接操作的技术规范。通过集中各方智慧，制定行政执法技术规范和技术标准，能够很好的衔接法律、行政和社会三个方面的因素，能够满足行政执法实践的需要。也正由于行政执法作为技术凝结了大量法学、行政学和社会学知识，这使行政执法成为高度专业性的职业。

行政执法作为社会技术这一根本形式特征，通过制定全国统一的行政执法技术规范和技术标准，按照执法领域和地域的不同，制定不同的行业和地方的行政执法技术规范和技术标准，能够解决行政执法领导、指导、监督、管理、培训、考核内容标准缺失、不系统、不全面、不连贯、不确定、不稳定等等问题。①

行政执法实践和研究，不排斥行政执法的哲学、价值、伦理道德等等，但是所有价值层面的要求都需要通过行政执法作为社会技术这一根本形式特征来体现，都需要通过行政执法人员的思维逻辑、身体动静来体现，将行政执法作为社会技术的过程，就是实现行政执法价值的过程。

从行政执法实践看，可以说，行政执法要想做好，尤其是在行政执法公开要求下，必须深刻认识行政执法作为社会技术这一根本形式特征，必须对行政执法进行全面深入的技术化，这不仅是行政执法实践和规范行政执法行为的需要，也是社会技术、法律技术和行政技术对行政执法的要求。

---

① 存在的具体问题可参见夏云峰：《行政执法重点实务业务工作》，中国法制出版社2015年版，各相关章节。

第四节　行政执法伦理*

行政执法不仅是社会技术，也有伦理道德问题，技术非道德，但从事技术活动的人是有道德的。行政执法伦理是指行政执法组织及其行政执法人员在行政执法活动中的道德，主要是行政执法人员的内在心理道德因素对行政执法活动的影响问题。美国最初几任总统如乔治·华盛顿、托马斯·杰斐逊，“他们坚信只有具有良好道德品质的管理者才能维持政府的顺畅运转和良好的政府形象。”① 行政执法伦理主要是用以调和行政执法过度技术化倾向，我们要将行政执法技术化，但不是要搞行政执法技术主义，两者是很不相同的。行政执法作为社会技术，其本身无法完全解决行政执法的伦理道德问题。“如果没有法律职业伦理，那么法律人纯粹技术性的功能也

---

* 行政执法中的道德问题可以有三个角度，即对执法者、执法规范和执法相对人。这其中，主要是针对行政执法者的伦理问题，也是本节所主要讨论的问题。行政执法规范中的道德问题主要是立法问题，当然，在执法过程中，执法者也须在规范的边界之内对具有道德性质的规范作出判断并体现于执法行为之中。这种判断和行为的标准就是以裁量基准为内容的行政执法技术规范，而不是基于执法者个人的道德意识，这紧密相关于法的确定性要求。就针对行政执法相对人而言，行政执法中的道德很大的程度上系指“人性化”执法，基于法律的非人格化、形式性、理性、整体上的强制性以及行政执法的基本属性和形式特征等等，“人性化”是行政执技术中的“人性化”，而不能是“人性化”中的行政执法技术，否则基于道德因素的弹性，行政执法将无法评价。另外，将“人性化”与行政执法方式相连亦不甚确当，从某种意义上说，在行政执法上，行政执法方式就是行政执法形式，就是行政执法行为，从法的要求来看，从行政执法身份角色来说，我们始终要追求的是行政执法行为的确定性，而不是基于“人性化”的可选择性。

① 夏书章主编：《行政管理学》，中山大学出版社 2008 年版，第 297 页。

会受到威胁，甚至变得十分可怕。通过职业伦理来抑制其职业技能中显示出来的非道德成分，使之控制在最低程度；另外通过职业伦理还能够保障其职业技术理性中的道义性得以彰显。”①

第一题 行政执法的伦理因素与行政执法的伦理规范

行政执法伦理道德指向两个对象，行政执法组织和行政执法人员，两者内在统一，行政执法组织的伦理道德主要表现在行政执法组织的主要负责人和其他行政执法人员的伦理道德。行政执法伦理道德主要是用两种机制调控，即内部控制和外部控制，前者表现为行政执法人员内在道德因素，这是核心问题，是文化和素质的问题，以“善恶”为中心，“从善如登，从恶如崩”，在此基础上看，这是一个公益重于私利和“知行合一”、“致良知”的过程。后者表现为法律规范体系和道德规范体系，它是行政执法规范的组成部分，它们指向行政执法人员的内在道德因素，其通过改善内在道德因素起作用。行政执法伦理道德目标是基于行政执法人员内在道德因素表现出来的，行政执法活动符合行政执法职业道德，即由行政执法道德规范体系表现出来的职业道德内容。

第二题 行政执法伦理存在的原因

行政执法归根结底是人的活动，必然具有伦理道德因素。任何规范制度，包括道德规范和法律规范，都是外在的，都需要靠人的内在道德因素起作用。“子曰：‘道之以政，齐之以刑，民免而无

① 张文显主编:《法理学》，高等教育出版社2007年版，第266页。

耻；道之以德，齐之以礼，有耻且格。’”人们有意识的遵守法律包括依法执法，一般是两个原因，要么是内心认同，要么是惧怕不利的后果。伦理道德偏向于教化内心，而法律制度偏向于制裁行为。法律要得到良好的执行和遵守，最终需要依靠人们的内心道德承认。没有人是天生的“法律人”，但是所有人都是天生的“道德人”，道德让你遵守法律。行政执法伦理作为职业伦理，其核心问题是让行政执法组织和行政执法人员的内心伦理道德因素符合职业要求。

同时，行政执法伦理道德之所以存在，在客观上还因为任何一种规范以及对规范执行的监督，都无法细致到可以评价所有行政执法活动中的道德行为。但凡有行政经验的人都知道，在行政执法实际活动中存在大量可选择行为，即对于相同的执行内容，可以有不同的行为选择，行为的后果就是是否公正，是否效率，是否负责等等，要达到公正行为、效率行为、负责行为，就需要行政执法伦理道德的介入，即行政执法组织及其行政执法人员的内在心理道德因素要起作用。比如，在行政处罚裁量中，哪种裁量是公正的？行政检查中，检查的频次多少是合理的？检查的是否仔细？行政许可中，是到期才作出处理还是可以提前处理就提前处理？长官意志与法律意志不符时，服从哪种意志？这些行为很难说完全是是否合法的问题，都具有是否合理的因素，合理与否主要靠行政伦理道德起作用。高效工作甚至加班加点的工作与低效工作区别很大，但是前者未必能得到奖励，而后者未必能受到制裁，甚至得到褒奖，这就是行政实际。这种情况下，如何让高效执法者继续高效，低效执法者变为高效？这需要 靠行政执法人员内心道德因素起作用。由于行政激励措施较之企业激励措施在实质上少了报酬激励一大块，并且作为行政激励措施的职位晋升也是极其有限的，行政执法伦理道德的作用就更加重要。

第三题 使行政执法伦理发挥作用的方法

要让行政执法人员行政执法活动符合职业伦理道德要求，一方面需要行政激励，主要是尽量细化道德规范并有效监督惩戒，比如不同行政执法职位的不同道德规范，并以法律责任和纪律责任作为保障。同时，探索符合行政实际的奖励措施，“科学的激励工作需要奖励和惩罚并举”①，比如对行政执法实行类似于技术等级的管理机制，② 拓宽职位晋升空间，比如相对集中绩效工资，对不同绩效的行政执法人员作不同发放，而不是平均或者依级别发放。在实施上，必须“赏当其劳，无功者自退；罚当其罪，为恶者咸惧。”另一方面，需要加强对行政执法人员的职业道德教育，引导形成职业道德氛围，使道德规范真正转化为行政执法人员的内在心理道德因素。对行政执法人员的职业道德教育实行素质教育（素质亦以知识为基础）与行政执法知识教育相结合的方式，在机制上应着眼于当前行政执法人员教育存在的问题，建立适应行政执法特点的教育机制。③ 基于行政体制，以上两个方面的重点是行政执法组织负责人。第三个方面，就是制定细致的行政执法技术规范，减少内在道德因素起作用的空间。

---

① 徐全忠主编：《政府组织行为学》，对外经济贸易大学出版社2010年版，第99页。

② 参见夏云峰：《行政执法重点实务业务工作》，中国法制出版社2015年版，第355页。

③ 参见夏云峰：《行政执法重点实务业务工作》，中国法制出版社2015年版，第358页。

第四题　行政执法伦理的规范内容

关于行政执法人员的道德规范，整体上可以概括为忠于法律、服从命令、公道正派、文明严整、爱岗敬业、团结协作、英勇善战、崇尚荣誉八个方面。[①] 如果将其作为行政执法技术规范内容和行政执法道德准则，尚有继续研究、细化的必要和空间。

---

① 参见夏云峰：《行政执法重点实务业务工作》，中国法制出版社 2015 年版，第 385 页。

第五节　行政执法原则*

在研究行政执法原则之前，需要明确一个问题，即针对行政执法，有一套自己的规则体系。行政执法的规则体系包括行政执法原则、行政执法规则和行政执法规范，是规范行政执法活动的规则体系，一如针对法律活动的法律基本原则、法律原则和法律规则一样，但行政执法规则体系与法律规则体系是不尽相同的。

广义的行政执法规范是指一切与行政执法有关的规范，包括行政执法原则、行政执法规则和行政执法技术规范，狭义的行政执法规范仅指行政执法技术规范，行政执法规则是对行政执法原则的具体化，但高于并在一定范围内指导行政执法技术规范和行政执法实践活动。行政执法原则、规则和行政执法技术规范与法律基本原则、法律原则和法律规则是两套不同的规则体系，在行政执法学上，法律基本原则、法律原则和法律规则是作为行政执法标准内容，作为广义的行政执法规范存在的，它们与行政执法原则、规则和规范有必然联系，但是并不当然可以直接作为行政执法原则、规则和规范。

---

* 在法理学和行政法学上，有基本原则和具体原则之分，前者是后者的上位概念。考虑到行政执法学是在法理学、行政法学等科学指导下的科学，在行政执法学上，使用“原则”，不使用“基本原则”。

第一题　行政执法原则的来源与作用

行政执法原则是行政执法本质属性对行政执法的宏观规定性，贯穿于行政执法始终，对行政执法各方面和全过程起指导和判定作用。行政执法本质属性解决行政执法是什么的问题，而行政执法原则不仅体现行政执法的本质属性，还在一定程度上体现人们的价值选择，即“行政执法应当是什么”，它为行政执法活动提供了根本的准则。

综合法理学、行政法学、行政学和社会学等科学有关行政执法原则的论述，可以将行政执法原则概括为依法执法、绩效执法、简明执法三原则。

第二题　行政执法的依法原则①

从行政法学角度看，即从行政执法的法律性而言，行政执法具

① 行政执法有合理性问题，在行政执法学上，行政执法的合理性问题包含于依法执法原则之中。行政执法的合理性问题从规范角度说，是由法律规则中的标准性规则引起的（见下文），对于标准性规则的执行，行政执法的方法是制定以裁量基准为内容的行政执法技术规范，使其成为或者接近规范性规则，从而适用依法执法原则。因此，合理执法原则不单独作为一个执法原则。另一方面，合理执法从法律规则角度说亦是其范围内的合理，法律规则存在裁量时，亦须在法律原则指导下裁量，从这方面说合法执法原则也包含合理执法原则。

有法治原则,[1] 即依法执法原则，体现行政执法正义价值取向。[2]“在法治国家中，行政机关的执法活动不仅需要遵循法律规则的控制，还要接受法律原则的制约”。[3] 行政法原则指导行政立法、行政执法和行政司法等有关行政法的活动。

在行政执法上，我们不说合法执法原则，而说依法执法原则是因为，当我们说合法执法时，隐含着行政执法与作为其标准内容的法律的分离，合法执法实际是法律对执法行为的要求，是外在的，其需要一个合法性判断的过程，而行政执法的内容是不能与承载它的形式分离的，称依法执法而不是合法执法原则，实际是一个行政将法律内化的过程，比如我们现在说行政的原则之一是依法行政，当它成为行政的原则时，从现代行政的角度，它就不是法律对行政的要求，而是行政对自己的要求。依法执法原则是行政执法法律性的直接体现，“依法”突出了行政执法的依据是法律，而不是其它规范，“执法”的含义是指行政执法活动，是行政活动的一部分。

依法执法原则就是行政执法活动应当依据法律。这里的法，在

---

① 参见王连昌、王学辉:《析行政执法的概念和基本原则》，载《湖南省政法管理干部学院学报》1999 年第 1 期。

② 行政执法中的正义就是合法律性，即依法执法。“凯尔森认为法律理论无法回答何为正义的问题，因为这个问题是根本无法用科学的方法加以回答的。如果要给正义一个具有科学意义的名称的话，那么它就肯定是合法律性。根据凯尔森的观点，正义就是把某个一般性规则确实适用于据其内容所应当适用的一切案件。”［美］E・博登海默:《法理学:法律哲学与法律方法》，邓正来译，中国政法大学出版社 1999 年版，第 122 页。要注意的是，合法律性就是正义正如行政执法伦理一样，是对行政执法这种身份角色的行为模式的要求，而不是行政执法者这个具体的人的要求，人可以有多种身份和角色。基于特定身份角色的合理需要，对其的要求可能会超越该身份角色及于的场域，但是这种要求始终是针对基于该特定身份角色的行为的。

③ 姜明安主编:《行政执法研究》，北京大学出版社 2004 年版，第 73 页。这句话体现了法律与行政在法治国的主要关系，即法律控制制约行政，这是法律对行政的要求，而作为行政执法原则的依法执法原则是行政执法本质属性对行政执法自身的要求，两者角度不同，意义也不一样。

我国，内容上是指行政法律规则和行政法律原则，在形式上包括宪法、行政法律、行政法规、行政地方性法规、规章等。依法执法原则有以下几层含义。

行政执法应当依照法律规则。法律规则在行政执法实务中被称为法律规范。“法律规则是规定法律上的权利、义务、责任的准则、标准，或是赋予某种事实状态以法律意义的指示、规定。”① “我们也将规则和规范作为同一概念使用”。② 法律规则具有微观的指导性、可操作性较强、确定性程度较高的特点。法律规则从不同的角度可以做不同分类，对行政执法研究与实务有重要意义的主要有四类。从法律规则内容看，可分为授权性规则、义务性规则和权义复合性规则。授权性规则是指示人们可以作为、不作为或要求别人作为、不作为的规则。义务性规则是直接要求人们作为或不作为的规则。权义复合性规则指兼具授予权利、设定义务两种性质的法律规则。作为行政执法依据的法律规则主要是权义复合性规则。③ 从法律规则形式特征上看，可分为规范性规则和标准性规则。规范性规则是指规则的内容明确、肯定和具体，且可直接适用的规则。标准性规则指法律规则的部分内容或全部内容（事实状态、权利、义务、后果等）具有一定伸缩性，须经解释方可使用且可适当裁量的法律规则。作为行政执法依据的法律规则既有规范性规则也有标准性规则，对于规范性规则，行政执法必须严格执行，不得增加、减少或者改变。对于标准性规则，行政执法必须在相关法律原则的指导下执行，如果从行政执法规范角度讲，就是要细化量化这些法律

---

① 张文显主编：《法理学》，高等教育出版社 2007 年版，第 117 页。

② 张文显主编：《法理学》，高等教育出版社 2007 年版，第 117 页。

③ 这一点对理解行政执法决定的法律效果非常重要，参见第十三节“行政执法决定各题”。

规则，使其更加明确、肯定和具体，达到接近或者可以直接执行，它的表现形式是以裁量基准为内容的行政执法技术规范。从法律规则的功能上看，可分为调整性规则和构成性规则。调整性规则是对已有行为方式进行调整的规则，它的功能在于控制行为。构成性规则是组织人们按规则规定的方式去活动的规则。作为行政执法依据的法律规则包括两者，其中关于行政执法组织的规则属于构成性规则，关于行政执法行为的规则属于调整性规则，占绝大多数。从法律规则的强制性程度来看，可分为强制性规则和指导性规则。强制性规则是指行为主体必须作为或不作为的规则。指导性规则指行为人可自己决定是否按规则指定的行为办事，只具有指导意义而不具强行性，这是一种命令性较弱的义务性规则。作为行政执法依据的法律规则主要是强制性规则，而指导性规则一般是作为行政执法类别之一的行政指导依据。① 我们必须注意的是，作为行政执法依据的法律规则有时在表面上仅针对行政执法组织及其人员，比如行政组织法，② 但在绝大多数情况下同时指向行政执法组织及其人员和行政执法相对人，比如行政行为法下的行政实体法和行政程序法均是如此。

行政执法应当依照法律原则。“法律原则是法律的基础性真理、原理，或是为其它法律要素提供基础或本源的综合性原理或出发

---

① 以上关于法律规则的分类，参见张文显主编：《法理学》，高等教育出版社 2007 年版，第 118 ~ 120 页。

② 这种情况在实质上在多数情况下还是指向行政执法组织与行政执法相对人双方，因为只有符合行政组织法的组织才能对行政执法相对人开展行政执法活动，行政执法相对人在主张行政执法决定无效时，这是一个重要法定情形。这里面也有例外情况，比如行政执法组织作出的与行政执法相对人无关的决定，这时的法律规则就仅是对行政执法组织的规定而不涉及行政执法相对人。

点。”① 行政执法通常以法律规则为依据，但是当行政法律规范对行政执法规定的并不明确，或者在同等条件下，行政法律规范规定行政执法组织可以依法有不同行为模式、法律后果的选择，或者行政法律规范之间，行政法律规范与法律原则相抵触，或者行政法律规范对行政执法事项的规定缺失部分要件要素等，这时的行政执法应当依照法律原则确定。不同的部门法有不同的法律原则，在行政执法上，主要是行政法原则。行政法原则包括实体性和程序性原则，行政法的实体性基本原则包括依法行政原则、尊重和保障人权原则、越权无效原则、信赖保护原则、比例原则等，行政法的程序性基本原则包括正当法律程序原则、行政公开、公正、公平原则等。②

应当注意的是，在制定法国家，比如我国，这里的法律原则主要是具体法律、法规和规章中以法律条文的形式规定的法律原则，在缺失实定法原则时才可参考法学理论中归结的尚未被制定法吸收的法律原则。法律原则通常在专门规定某类事项的法典“总则”部分，但是也有可能在其它相关法典中做出规定。同时，对同类事项的法律原则可能有多个，这就需要比较不同法律原则与所处理事项的关联性，从而确定不同法律原则适用的程度，这体现了行政执法组织及其行政执法人员的素质和知识，是一种价值选择。

行政执法在内容标准上的最大边界就是制定法法律原则。对行政执法而言，如果针对某一事项，制定法法律原则和法律规则均未作出规定，基于行政“法无授权不可为”的理念，从严格意义上说，这类事项应当认为与行政执法无关。一般而言，行政执法只能

① 张文显主编：《法理学》，高等教育出版社2007年版，第121页。

② 姜明安教授主编的《行政法与行政诉讼法》对行政法基本原则做了很好的阐释，具体内容可以直接参考，这里不再展开，详见第67～81页，北京大学出版社2011年版。

执行适用法律而不能创制法律，行政执法不同于法院司法，它并没有法院司法所具有的法律创造或者法律发现的职能。行政执法以外的行政事项的处理应当遵循行政政策、行政惯例、社会公德、行政道德等。

依法执法原则要求行政执法依照法律原则和法律规则，它所指示的意义还包括行政执法必须全面考虑法内因素，并且不得考虑法外因素，“法律如果允许司法机关和行政执法机关在个案中考虑法律之外的所有其他因素并进行逐一权衡，那么就会为此付出高昂的代价：这就会破坏法律的确定性，挫败人们对法律的预期，妨碍社会成员的生活计划，鼓励利用法律的边缘情况钻法律的空子、滥用法律。法律所排除的并非所有的其他理由，而是未得到法律确认并与法律相违背的理由。”①

违反依法执法原则，在法律上具有不同的不利后果。依法执法原则在组织权限上具有绝对性，在法律对行政执法组织授权或者委托有明确规定的情况下，越权即无效。② 在行为过程上，严重违反依法执法原则的，也会成为无效或者可撤销行为，比如，我国行政处罚法规定，“没有法定依据或者不遵守法定程序的，行政处罚无效。”

---

① 李桂林、徐爱国：《分析实证主义法学》，武汉大学出版社2000年版，第300页。这段话来源于对拉兹相关观点的理解，参见［英］约瑟夫·拉兹：《法律的权威：法律与道德论文集》，朱峰译，法律出版社2005年版，第27页。

② 参见姜明安主编：《行政法与行政诉讼法》，北京大学出版社2011年版，第71页。

第三题 行政执法的绩效原则[①]

从行政学角度看，即从行政执法的行政性而言，行政执法具有绩效原则即绩效执法原则，体现行政执法高效[②]价值取向。“绩效，是效率和效能的总和，其中效率就是投入和产出的比率，效能则是将实际成果与原定的预期成果进行比较，前者适用于能将投入和产出值量化的场合，后者则可用于那些收益无法用货币来计量的场合。”[③]

绩效执法原则要求行政执法具有实绩，比如行政执法行为、案件的多少，均得予以计量，这是行政执法组织存在的意义。行政执法实绩以行政执法在组织结构和行为过程上的效率性，结果上的效能性实现。绩效执法原则具有以下几层含义：

经济执法。行政执法经费皆取之于民、用之于民，“一厘一毫，民之脂膏”，行政执法必须经济节约。“组织在既定的时间内，花费了多少钱？是否按照法定的程序花钱？”[④] 一个方面，行政执法组织必须得有用于行政执法活动的专项经费，在财政预算中予以列支，这不仅仅是指行政执法人员的薪酬或者普通的行政办公经费，而是

---

① 基于行政执法的绩效原则，在行政执法组织内部实行大幅度或者严格的诸如“审裁分离”的制度是值得商榷的，“行政司法化”是有界限的，当然，必要的分权也是应当和可行的。提高行政执法水平的关键还是在于切实提高包括行政首长在内的行政执法人员的职业化和专业化素质能力，我们当然要特别重视制度的作用，但是始终不能忘记关键在人。

② 高效具有高质量的含义，从某种意义上，效率（能）包含质量，质量也包含效率。

③ 夏书章主编：《行政管理学》，中山大学出版社2008年版，第453页。

④ 夏书章主编：《行政管理学》，中山大学出版社2008年版，第458页。

“执法办案”的专项经费，用于购置行政执法装备、开展行政执法活动等专项开销。这种经费对行政执法组织而言是常态化的、预算内的、必须予以充分保障的。另一个方面，因行政执法在某些方面具有被动性，对于预算内经费无法满足行政执法实际需要的，应当依法在预算外予以追加，上不封顶、下要保底，以保障行政执法的顺利开展。在法治国家，国家防御的军费，社会控制的执法费用，必须予以全额保障。第三个方面就是对行政执法专项经费的管理，要遵循财经制度和审计规则，严格决算，针对每一个行政执法事项，使其花费必要且符合规定。

效率执法。行政执法人员永远是社会成员中的少数，他们要管理服务控制数百倍于自己的社会成员，因此必须具有效率。“机关或组织在既定时间内的预算投入，究竟产生了什么样的结果。”① 将行政执法作为一个统一的整体系统而言，无论是宏观的行政执法体制或者微观的行政执法组织结构、人员配置或者行为过程，在行政执法事项一定的情况下，使行政执法成本达到最低。同时，行政执法权力、公共财政、组织人员作为稀缺资源在分配时，应当充分对应社会需求，优先满足急需的行政执法领域和行政执法地域需求，使行政执法发挥最大效用。第三个方面，行政执法组织应当在现有权限、经费和人员等条件下，在单位时间里完成最大行政执法工作量，在力所能及的范围内尽力而为。

效能执法。行政执法的本质属性决定其直接作用是实现法律、实现行政目标和实现社会秩序，在行政执法结果上必须体现行政执法的作用。“情况是否得到改善”，② 作用是否得到充分发挥。在实

① 夏书章主编：《行政管理学》，中山大学出版社 2008 年版，第 453 页。
② 夏书章主编：《行政管理学》，中山大学出版社 2008 年版，第 453 页。

现法律上，必须将法律原则和法律规则具体运用到行政执法实际中，必须实实在在的将法律规定的权力和义务、责任在行政执法中具体履行，切实变成行政执法组织和行政执法人员自身的行政执法行为，使法律在最大程度上得以实现。在实现行政目标上，必须反复斟酌是否使用，使用哪种行政执法行为，这不仅要在行政决策、计划中考虑，而且要在行政执行过程中考虑，比如行政执法的强度、频率、进止等等以应变不同情况，尤其是需要修正行政目标的情况，务求更好地实现行政目标。在实现社会秩序上，行政执法组织及其行政执法人员必须慎用行政执法权力，竭力履行行政执法义务，努力维护社会秩序、公共利益和合法权益。

违反绩效执法原则，行政执法就难以有良好的行政效果，会造成行政资源的极大浪费，难以达成行政目标。

第四题　行政执法的简明原则

从社会学角度看，即从行政执法的社会性而言，行政执法具有简明原则，即简明执法原则，体现行政执法为民的价值取向。① 这里的简明执法原则不是指行政执法的简易程序，而是在行政执法全过程中应当遵循的以行政执法技术为依托的简易、适度准则。

有这样几个原因：一个方面，作为行政执法相对人的社会成员绝大多数都不是熟知法律的，为了取得良好的社会效果，行政执法

① 另见德国1976年《行政程序法》。“简单、合目的的原则。按德国《行政程序法》规定，行政程序有正式程序和非正式程序之分。但无论哪种行政程序的实行，都应‘力求简单，且合乎目的之要求’。”胡建淼著：《比较行政法：20国行政法评述》，法律出版社1998年版，第287页。关于行政执法合行政目的问题，见第六节“行政执法事物（事项），行政执法与行政任务”一题。

组织及其行政执法人员必须以行政执法相对人易于理解的形式进行行政执法互动，比如表达方式。另一个方面，行政执法作为法律实施的形式，如果过于复杂，会增加制度交易成本，不利于经济社会发展，特别是在依申请的行政执法活动中。第三个方面，从常理而言，越简明的事务，做起来越容易有实效，特别是对行政执法这种量大面广线长的普遍性法律实施的活动。第四个方面，简明执法能够降低行政执法成本，节约公共财政资金。第五个方面，简明执法能够提高行政执法效率，使行政执法组织及其行政执法人员在单位时间内完成更多的行政执法工作，从而有益于社会。

简明执法原则具有以下几层含义：

简易执法。在行政执法互动中，应当尽量使用行政执法相对人易于理解、非常明晰的表达方式，以文本或者口头告知行政执法的依据和理由，使行政执法相对人知晓每一个行政执法行为均于法有据、于理不亏，除非是紧急情况。比如，方言的使用，法律术语的解释，正反两个方面的比较等等。在行政执法办公场所、违法易发地点应当张贴详细的办事流程、标准条件和关于打击违法的法律规定、投诉举报途径等等，方便行政执法相对人、相关人和违法线索的提供人。除了法律明确的程序规定和实体要件以外，不增加额外的程序、标准、条件等。

适度执法。社会学认为，社会控制有一个“度”的问题，行政执法作为社会控制技术也有一个“度”的问题。“社会控制的度具体包含三个维度：控制力度、控制刚度和控制网络的致密度。”① 就简明执法原则而言，就是行政执法组织要明确管辖地域和领域内对应的社会状况，正确把握行政执法的量与质、多与少、软与硬的关

① 郑杭生主编：《社会学概论新修》，中国人民大学出版社 1994 年版，第 449 页。

系，视执法领域和地域社会秩序情况和稳定程度来决定行政执法的度，采取不同的执法力度、刚度和致密度，既不能欠度执法，也不能过度执法，达到一种动态平衡。对行政执法人员而言，就是要准确把握行政执法环境因素，尤其是现场环境因素，采取恰当措施完成执法任务。

技术执法。理论艰深，法律繁浩，① 不通过分门别类的制定具体的行政执法技术规范，就不能将行政执法相关理论和法律规范落到实处，就没有办法很好的实现简明执法以及依法执法和绩效执法原则，尤其是针对我国目前行政执法技术程度很低的现状。通过明确、具体的行政执法操作技术，综合考虑法律、行政、社会相关因素，明确程序和实体要求，才能为简明执法提供实现路径，极大降低行政执法难度和成本，节约时间，提高效率，才能全面正确的实现法律。

违反简明执法原则，行政执法就难以有良好的社会效果，无法与社会深度结合，这也是一个行政执法社会化的问题，是一个行政法律实现的问题。

在法治国家，依法执法原则具有优先性，即针对某一行政执法事项，在关涉依法执法原则的同时，也关涉绩效执法和简易执法原则时，应当在更大分量上遵循依法执法原则。

---

① “行政法庭的判决材料现在已经装满了图书馆，再加上定期涌流进来的各种行政规章。有人说得好，法的统治已变成了法的倾盆大雨了。这种情况已经成了执行法律的一个严重问题。”［美］罗·庞德：《通过法律的社会控制法律的任务》，沈宗灵、董世忠译，商务印书馆 1984 年版，第 112 ~ 113 页。

第六节　行政执法事物（事项）

在行政执法学中，我们不单独将行政执法社会关系列为一节，因为在行政执法问题上，行政执法社会关系蕴含于行政执法事物要素关系当中，行政执法事物的要素关系要远复杂于行政执法的社会关系。行政执法社会关系是对行政执法活动在社会关系基础上理论的高度抽象，是行政执法组织与行政执法相对人之间的法律关系。作为对行政执法活动解释、指导的行政执法学，不能过于抽象的去理解和反映行政执法活动，否则它不会很好的指导行政执法活动，无法完整理解行政执法要素及其结构，会造成行政执法实践中要素的缺失和要素关系的简单化，从而产生错误的行政执法形式，即行政执法行为。

在行政执法学中的行政执法关系主要是指行政执法事物要素之间的关系，而不是指行政执法在社会关系中所形成的法律关系。只有从行政执法事物角度，这个可以完整理解行政执法要素的角度，这个以行政执法要素为基础的关系角度，这个接近于行政执法实际的角度去理解行政执法关系，才能够有力的解释和指导行政执法活动。

第一题　事 与 物

事物是社会科学中极端重要的基础概念，尤其是在作为社会科学基础的哲学中。我们在生活和工作中经常用事物这个词，在哲学上，它有规定的意义。

首先，事物是认识的对象，“对象在现实中既有共性又有差别。这二者的统一就构成事物。作为对象的具体性存在即事物，所以在这一意义上应当说，对象即是事物，事物是对象的进一步规定。事物的本质特性，是它的个体性，事物也就是一种具有个体性的确定存在。”① “一个实物可以作为对象，一类实物可以作为对象，属性和关系以及观念的东西也可以作为对象，它们作为确定的认识对象，都可以称为事物。只是在认识进一步深化以后，才能对不同的事物作出更具体的规定，把上述不同事物作为不同对象区别开来。”② 从这个意义上说，行政执法活动作为行政执法学的认识对象，当我们将其基于本质属性个体化、确定化之后即成为行政执法事物。

其次，对于事物中的“物”而言，就是实体。“物就是实体，就是系统。系统论指出：物质总是以某种方式相互联系而组成的具有某种功能的系统，存在于一定的时间和空间，即系统是物质存在的形式。”③ “只要某些物质能独立整体地进行某种运动，或能独立整体地以某种方式作用于外界，那么这些物质就是组成了一个系统，即物。”④ 在行政执法这个系统中，实体指向了行政执法要素，即行政执法的物。我们称行政执法的物为要素。

---

① 高清海：《哲学体系改革》，吉林大学出版社 1977 年版，第 225 页。转引自张法：《哲学基本概念“事物”在中文里应为何义》，载《社会科学》2013 年第 3 期。

② 高清海：《哲学体系改革》，吉林大学出版社 1977 年版，第 225 页。转引自张法：《哲学基本概念“事物”在中文里应为何义》，载《社会科学》2013 年第 3 期。

③ 徐伟荣：《论事和物的关系——兼论矛盾的本质》，载《上饶师专学报（社）》，1985 年第 4 期。

④ 徐伟荣：《论事和物的关系——兼论矛盾的本质》，载《上饶师专学报（社）》，1985 年第 4 期。

第三，事物中的“事”是“物”的相互作用和相互关系。“事就是自然界（包括人类社会）现象的总称，而现象的实质就是物质之间的相互作用和相对关系。由于系统是物质存在的形式，因此事具体地表现为系统与系统之间的相互作用和相对关系。”① 在行政执法中，作为行政执法的物的要素之间产生的关系就是行政执法的事，亦即行政执法要素之间的关系。

第四，事与物的关系是，事是物之间的关系，物是事作为关系中的要素，物与物因为运动而产生事，即物之间的关系。“事与物是两个词，物用来指实在的东西，事则是物在时空的运动中形成的一个整体。事总是物之事，而物总是在天地大化的运动中。因此物必然有事，事肯定是物之事。二者是统一的。偏重于物的运动与关联，称为事；偏重于运动和联系中的实体，称为物。当二者并重之时，可称之为‘事物’。”② 在行政执法中，因为行政执法行为这种运动，产生行政执法中的物即行政执法要素之间产生行政执法关系。

综上，简要的说，行政执法要素、关系和形式的关系是行政执法要素因行政执法行为（运动形式）产生行政执法要素之间的关系。

行政执法行为作为现实运动为什么会产生？原因在于其必须具有驱动力，这种力就是法律上之力，法律上之力对行政执法行为产生驱动籍于法律规定上的以行政执法职责职权表现的权能以及法律条件的设定，一旦现实社会具备法律所设之条件，则权能就被触发为在现实社会中表现出的行政执法行为，亦即履行行政执法职责职

---

① 徐伟荣：《论事和物的关系——兼论矛盾的本质》，载《上饶师专学报（社）》1985年第4期。

② 张法：《哲学基本概念“事物”在中文里应为何义》，载《社会科学》2013年第3期。

权的行为。法律上之力源于法权威和国家强制力。

这其中，重要的一点是，我们将行政执法作为一种事物看待，是作为一个整体对外发挥作为整体的行政执法功能作用，这种功能作用是行政执法分体所不具备的，在这个意义上，行政执法是事物。

对事物，事，物，事与物之间的关系的理解是论述行政执法问题甚至绝大多数社会科学问题的基础，尽管在本书中没有处处标明。

第二题 类与项

首先，无论事还是物，只要具有相同属性，就可以构成一类。但是事作为关系，物作为实体，它们之间不能成为一类，只能在各自的范畴里面成为一类，即事类或者物类。同时，在一个特定复杂的系统中，通常既有事类也有物类，只有两者结合才能构成一个特定的复杂系统。“我们知道，世界上的事物可以分为许许多多的类。类是根据事物属性的相同或相异形成的。凡具有相同属性的就形成一个类，譬如，所有的人都具有能够制造生产工具等相同的属性，因此就形成了‘人’这个类；凡具有相异属性的就形成不同的类，例如，男人，女人，两者具有不同的性别，因此也就形成了‘男人’和‘女人’两个不同的类。事物之间的相同、相异乃是相对的，任何两个事物从某一角度看可以属于不同的类，而从另一角度看又可以属于相同的类。因此，世界上千千万万不同的事物，也就从不同的角度构成了千千万万个不同的类。”① 从这个角度理解，行政执法也是类概念，即其外延范围：行政检查、行政处罚、行政征收、行政强制、行政给付、行政许可、行政确认、行政奖励、行政

① 马佩主编：《逻辑哲学》，上海人民出版社 2008 年版，第 120 页。

裁决等等都具有相同的行政执法的四个本质属性：法律性、行政性、社会性和具体性。行政执法之所以能成为行政执法，就是归结了其外延对象的共同属性，从而使它们形成一类。当我们问行政执法是什么这个本体问题时，就是指同时具有这四个属性的事物（注意，不是指同一内容）。

同时，行政执法作为一个复杂系统既包含事类也包含物类，在确定行政执法本质属性这个总体上，主要体现的是事类即关系问题，即从行政执法与法律、行政和社会的关系中确定本质属性。而在行政执法系统内部，既从事类即关系也从物类即要素区分，两者是统一的，只是在不同场合根据需要有所侧重，比如当我们的研究强调行政执法程序时，其作为行政执法关系的静态形式即行政执法结构，我们可能就要侧重于事类对行政执法作出区分。如果我们的研究强调行政执法要素，我们可能就要侧重于物类对行政执法作出区分。但是，行政执法的事离不开物，物也离不开事，在分析行政执法关系时要兼顾要素，在分析行政执法要素时要兼顾关系。比如行政处罚，当我们强调事类作为一种关系时，它是一种程序。当我们强调物类作为一种要素时，它是一种实体，尤指作为行政执法要素的行政处罚决定。两者是密不可分的，行政处罚程序中有行政处罚决定要素，行政处罚决定要素也必须是行政处罚程序中的要素。

其次，类分为集合体与非集合体。“集合体是其分子都是集合体的类；非集合体是其分子都是非集合体的类。什么是集合体？集合体就是由许多同类的可以独立存在的个体构成的统一整体。”①“非集合体就是由许多非同类的不能独立存在的对象构成的统一整

① 马佩主编：《逻辑哲学》，上海人民出版社2008年版，第120页。

体。"[1] "所谓集合概念就是反映分子都是集合体的类的概念；所谓非集合概念，就是反映分子都不是集合体的类的概念。"[2] 理解是集合体还是非集合体最关键的是理解其组成分子"独立存在"的实质意义，用系统论的观点，组成分子能够独立发挥由其组成的系统的整体功能作用，该系统就是集合体，反之就是非集合体，而不是说它们无法"存在"。行政执法既可以是集合体概念，也可以是非集合体概念，这要看从哪个角度，在哪种场合使用。"同一语词可以表达不同的概念。语词不过是表现概念的形式，当一个语词被赋予不同的意义时，它就表达着不同的概念内涵。而集合概念与非集合概念正是从意义的不同角度去区分的，不是从语词的逻辑形式出发去研究问题。所以我们分析一个概念是集合概念还是非集合概念，不能够像分析单独概念与普遍概念、实体概念与属性概念一样，孤立地、离开语言环境去分析。只有把一个概念放进特定的语言环境，联系上下文进行分析理解，才能区别出一个概念是集合概念还是非集合概念，也只有在语言环境中区分是集合概念还是非集合概念才有意义。"[3] 作为非集合体的行政执法，从其作为一个整体发挥作用功能而言，其构成要素包括行政执法组织、行政执法依据、行政执法根据、行政执法证据、行政执法决定，这些要素并不能单独的反映行政执法这个非集合体的类的概念的整体作用功能，它们单个也未必完全具有行政执法的四个本质属性，它们只有集合到一起成为行政执法这个非集合体的类的事物后，才具备这四个本质属性，从而发挥行政执法作为整体的功能作用。作为集合体的行政执法，它

---

① 马佩主编：《逻辑哲学》，上海人民出版社 2008 年版，第 120 页。

② 马佩主编：《逻辑哲学》，上海人民出版社 2008 年版，第 121 页。

③ 吴龙：《对集合概念与非集合概念的再认识》，载《贵州教育学院学报（社会科学版）》2001 年第 1 期。

是由行政检查、行政处罚、行政征收、行政强制、行政给付、行政许可、行政确认、行政奖励、行政裁决等等个体集合而成的。上面每一种行政执法活动，都同时具有行政执法的四个本质属性，都能单独反映行政执法作为集合体的类的概念的整体功能作用，只是它们每种在这四个本质属性之外，又有其它不同的属性，并在行政执法这个大类下相互区分，因为这些不同的属性而成为行政执法这一大类下的小类，同时，它们各自作为一个系统又有自己独特的功能作用。理解行政执法作为集合体和非集合体的概念对进一步理解行政执法非常重要。

项，在作量词使用时，就是类的含义，比如项目，事项等。但是项与类相比，偏重于指示特定的作为类的事物，而不是作为事物的类。即，项强调的是事物，而不是事物的属性。在可以使用类并可以使用项的场合，使用项表示更加具体的事物。比如，在行政执法这个语境下，使用行政执法事项就是指某一具体的行政执法活动，比如行政处罚活动，甚至是某一具体的行政处罚行为。在行政执法中，使用行政执法事项而不使用行政执法事类，就是突出某一行政执法的具体事物，尤以突出具体的行政执法关系，行政执法之物只有成为行政执法之事才能发挥行政执法作为整体的功能作用。越具体，行政执法关系和要素才越清晰，越具有操作性。

第三题　行政执法的要素及要素之间的关系

行政执法作为一种事物，一个整体，作为一个非集合体，其要素及要素之间的关系是行政执法活动的基础，是行政执法学的重要研究内容。

对于行政执法活动的要素，我们可以从两个角度进行分析，即从行政执法组织角度和行政执法相对人角度。但是我们必须明确的是，无论从哪个角度去分析，行政执法活动的要素的来源在于行政实定法。①

行政执法的要素是行政执法作为一个整体系统发挥功能作用时必不可少的物或者说是实体（它们在自己的类中也可以成为一个系统，但是这个系统不具有行政执法这个整体所具有的功能作用），是必要条件，缺失任何一个要素，行政执法就无法作为一个整体发挥功能作用。作为一个整体，在行政执法活动上是指完整意义上的行政执法活动，所谓完整意义上的行政执法活动是指在规范上涉及行为模式与法律后果两部分，在要素上涉及行政执法全要素，在职责职权的作用对象上，必须以行政执法决定实际设定、处分法律权利义务或者改变法律事实状态。同时，在行政执法中存在各种各样要素之间的关系，在本书中我们主要研究具有决定意义的要素关系，所谓决定意义亦是一种必要条件的含义，即没有这种关系，特定行政执法就不能发挥其作为整体的功能作用。

从整体上看，作为非集合体的行政执法首先是人的活动，涉及到行政执法人员和行政执法相对人，这里的行政执法人员是以行政执法组织的方式存在并发挥作用的，所以在行政执法中，人作为行政执法的物或者实体，作为行政执法要素是行政执法组织。其次，行政执法是以行政法律规范作为标准内容的活动，但是仅有行政法律规范对行政执法来说还远远不够，还有一个围绕行政法律规范而形成的行政执法规范体系。行政法律规范在行政执法上属于行政执法规范的一种，当然，其是最主要的行政执法规范，我们将其规定为行政执法依据，所以，行政执法依据（规范）也是不可缺少的要

① 参见本节第五题“行政执法的应然与实然”。

素。第三，行政法律规范的适用，是一个涵摄的过程，必然关涉行政执法事实，一个方面是与行政执法组织有关的事实，另一方面是与行政执法相对人有关的生产、生活事实，还有的事实与行政执法相对人无关，但具有社会意义，具有行政执法意义，后两者在行政执法学中我们称为行政执法根据。因此，行政执法根据是行政执法要素。第四，行政执法规范中的法律规范作为行政执法的依据，其与行政执法根据发生关系的形式连接就是证据，用证据来证明行政执法根据符合行政执法依据，没有证据就无法使依据和根据建立关系，也就无法实施法律，因此，行政执法证据属于行政执法要素。第五，行政执法作为一个过程必然有其结束之点，否则就不能称为过程，它必须是一个线段型，而非一个射线型，更不是直线型。行政执法作为过程，其结束之点就是行政执法决定，在实质意义上是行政执法组织支配处分自己职责职权的确定主张，对职责职权的作用对象而言就是赋予法律效果，在形式意义上是决定的明确表达。行政执法决定的执行不能作为行政执法过程的结束之点，因为它从属于行政执法决定。因此，行政执法决定是行政执法要素。第六，行政执法是基于法律意志而非行政执法组织自己的意志进行，行政执法组织自己的意志必须符合法律意志，因此，必须证明自己的意志是法律意志，要证明这种符合性，就必须关联行政执法的依据、证据和根据，使三者建立逻辑关系，即行政执法理由，因此，行政执法理由是行政执法的必要关系。

行政执法行为作为事物的运动形式，连接行政执法各个要素，使它们产生关系。行为是什么呢？我们在前面讨论了它的驱动力问题，在行政执法上，行政执法行为就是行政执法权能的表现方式，是行政执法活动的形式，“权力本身是一种作为的能力”,① 之所以具有行政执法权能就是因为法律授予，法律设定了某种行政权力，其在行政执法上被称为行政执法职权，这种设定的职权在法律上就是一种作为的能力，同时，这种能力基于法律规定和法定条件必须实现，是一种法律义务，被称为行政执法职责，而这种作为的能力在实际上实现了，实现的过程所表现出来的形式就是行政执法行为。

行政执法行为是如何连接各要素并形成行政执法要素之间的关系呢？从法定权能即规定上的行政执法职责职权角度看，就是法律授予特定组织是否为行政执法组织的判断权，行政执法依据的执行权，行政执法根据的认定权，行政执法证据的取得权、行政执法理由的形成权，行政执法决定的作出权。从实际活动角度看，就是这些权力的授予变成一个个实际的行政执法行为，比如行政执法根据的认定行为，证据的取得行为等等。所以我们说，行政执法行为作为一个整体连接各个行政执法要素并建立它们之间的关系。

我们再反推一下，如果不从实际行为而从规定上的职责职权的角度来看各个要素的连接，我们可以看到的是，连接各个要素在实质上是行政执法职责职权，因为行政执法行为是以具有职责职权这样的权能才会表现出来的，行为是表现形式，职责职权是内容。行政执法组织一旦支配处分其行政执法职责职权，就会表现为行政执法行为，就会与行政执法各要素关联。

同时，我们说，对行政执法职责职权的支配处分不是随意的，是受法律限制的，法律靠什么限制呢？从法规范本身来说，就是靠其所规定的各个行政执法要素条件，当社会中具备了法规范所规定

① 张文显主编：《法理学》，高等教育出版社 2007 年版，第 119 页。

的行政执法要素条件，才能并且必须对相应的行政执法职责职权予以支配处分并表现为行政执法行为。所以行政执法职责职权不仅仅是会连接行政执法各个要素，而且其支配处分与行政执法的各个要素具有条件关系。

行政执法要素关系是指行政执法要素因行政执法行为而相互联系、相互作用和相互影响的关系。行政执法要素之间的关系不仅仅是都与行政执法职责职权发生条件关系，以行政执法五个要素分别作为中心事物，它们之间也可以发生联系、作用，产生相互影响。对于行政执法组织而言，行政执法规范是其职责职权履行的标准内容和依据条件，行政执法根据是其影响行政执法相对人的法律权利义务，对特定事实状态作出处分的事实条件，行政执法证据是其证明行政执法根据符合行政执法依据的证据条件，而行政执法决定是其发挥功能作用的决定条件。对于行政执法规范而言，其它四个要素都是其内容。对于行政执法根据而言，它是行政执法组织需要查明的事实，是行政执法规范的内容，是行政执法证据证明的对象，是行政执法决定针对的主要对象。行政执法证据是行政执法组织履行职责职权的证据条件，是行政执法规范的内容，是证明行政执法根据的材料，是行政执法决定的重要内容。行政执法决定是行政执法组织作出的处分其职责职权的确定主张，在构成上包含组织、依据、根据、证据等各个要素。而行政执法理由本身就是行政执法必要关系，即依据、根据和证据之间的逻辑关系，在行政执法要素确定的情况下具有特别的、独立的意义。

前面我们谈到行政执法行为连接各个行政执法要素，形成行政执法要素关系。与此同时，绝大部分行政执法行为还连接行政执法组织和行政执法相对人（其主要是作为行政执法根据存在），形成行政执法社会关系（注意与要素关系区别）。行政法律规范不仅规定行政执法组织，也规定行政执法相对人，在行政执法相对人角度上，与规定行政执法组织一样是以行为为核心，这是因为只有行为才能产生交互，产生对其它事物的影响，如果没有行为，或者不能产生交互，没有发生影响，行政执法组织就不得干预。通过规定行为来规定行为主体、实行行为、行为对象、行为结果等行政执法相对人法律行为构成的各个要素。没有了社会交互行为形成的关系也就无所谓社会事物，因为社会事物本身就包含社会关系。而法律就是通过对行为的规定，要求为与不为，介入事物关系，进而介入事物，进而对事物的内容要素和结构形式作出规定，发挥作用。

如上所言，法学理论和制定法是对行为要素的研究和规定，主要以行为为核心，着眼于这些要素的法律意义，分清主次和增减取舍。这就给人一个印象，以为法律只是对行为作出规定，而实际上，法律是通过对行为的规定实现对事物的规定。当然，法律作为一门科学，在对事物作出规定时，是有一套基于概念形成的术语体系，并因为部门法的不同而有所侧重，但它的内核始终是通过对行为的规定实现对事物的内容和形式的规定，所以我们说，法律反映事物的内容与形式，也反映事物的性质和现象，对事物性质的反映是对事物内容和形式的进一步反映。这些事物的要素有的时候在某一范畴里是缺省的，这不代表被缺省的要素不必须，是否必须是要进一步去分析这个范畴的。它可能是基于客观的难以实现的原因，比如在立法技术中，某一法典对某一事物就不能将所有要素和关系作出规定，这个时候就需要根据法学理论和法律原则、法律规则去分析缺省的要素。有的时候是不言而喻的，比如行政执法活动中，任何行政执法案件都必须标明、查明时间要素，尽管这并不是在所有行政执法规范中都被要求的。

除了行政执法上面这些要素以外，事物作为时间和空间中的概念，还具有时间和地点要素，这是所有事物都共有的。

行政执法要素包括行政执法组织角度的要素和行政执法相对人角度（行政执法相对人法律行为构成要件要素）的要素，就行政执法而言，要以行政执法组织角度的要素为主。这两方面的要素不能截然分开，我们在理论上把它们作出区分只是为了分析的方便，在实践上，它们是统一于行政执法行为当中的。

在本书中，为了完整认识行政执法活动要素，将从行政执法组织行政执法活动的整体角度，特别是其行为权能的职责职权和法定条件的角度，对各类要素分节讨论，同时，在行政执法根据要素中对行政执法相对人法律行为的构成要件要素进行说明。

第四题　行政执法内容、形式、本质、现象之间的关系

内容、形式、本质、现象与事物关系和要素之间的关系密切，但它们都是不同范畴内的概念，不能混淆。

内容和形式与本质和现象是哲学的两对重要范畴，它们是交叉关系而不是对应关系。本质和现象既可以指向内容，也可以指向形式。当我们说某事物是某事物时，指的是该事物具有该类事物的本质属性，而不是指该事物的内容和形式。但我们说某一或者同一事物时，在该事物是该类事物的前提下，主要是指该事物的内容和形式，两者绝对统一，任何一个方面改变，则改变后的事物不是原事物，① 但此时我们仍可以从类的角度说该事物是某事物，只要它的内容和形式仍然具备该类事物的性质，哪怕只有一个要素一种关系或者一种外部表现方式具备该事物的性质。有的哲学文章书籍和教

① 参见董锋：《内容与形式关系质疑》，载《丹东师专学报》2001 年第 1 期。

材表述内容与形式的关系时说，同一内容可以有不同形式，同一形式可以表现不同内容，应该是混淆了本质和现象与内容和形式的关系，也违背了形式逻辑的同一律。但凡在哲学或者社会科学意义上使用同一，都是那个唯一的存在，从这个角度上，那个唯一的存在在内容与形式上是绝对统一的。① 而上面说的，同一内容可以有不同形式，同一形式可以表现不同内容，这里的同一应该是从事物的性质类的概念上说的，但是使用同一这个词可能并未很好的指示它的实际意义。

"按照通常的解释，作为唯物辩证法基本范畴之一的'内容'，系指事物内在要素的总和，而'形式'则是指内容诸要素的结构（即内部形式）和外部表现方式（即外部形式）。"② 问题在于形式，哲学界有不同看法，③ 其中重要的实质问题是，作为静态意义的事物要素之间关系所表现出来的结构属于内容还是属于形式，本书采用结构属于内容的观点。

就行政执法而言，行政执法的内容是行政执法要素及其结构的

---

① 这是从内容与形式的关系角度而言。从认识表达的角度而言，则形式具有绝对性，语言是事物的指代符号，相对于事物而言，语言是形式的，由于人的认识均需靠语言表示，所以形式具有绝对性。因此，当我们用一种语言来表示事物的内容的认识的时候，从表示方式看其仍然是形式的，而内容是什么呢？就是该语言表达的意义，这种意义只能去理解，而不能去表达，因为所有的表达都要依靠语言都是形式的。正因为如此，当我们归结行政执法的内容要素的时候，我们所表达的只能是它的形式，而它的内容是需要行政执法者去理解的。换一个角度说，在一个给定的范畴里，比如行政执法，它必有要素，结构和形式，这三者要想表达出来，都得靠语言这种形式，但是不能说行政执法只有形式，行政执法的内容寓于表达要素和结构的语言形式的意义的理解之中。我国传统文化中讲悟性，讲只可意会不可言传，大抵与此有关。

② 王鹏令：《内容和形式范畴新议》，载《中国社会科学》1983 年第 6 期。

③ 见上文，并汪信砚：《从系统论看内容与形式范畴——与王鹏令同志商榷》，陈新汉：《也谈内容和形式与本质和现象两对范畴的规定性——与王鹏令同志商榷》，王鹏令：《答汪信砚、王孝哲、陈新汉同志》，载《中国社会科学》1986 年第 1 期。王孝哲：《论内容和形式范畴》，载《安徽大学学报（哲学社会科学版）》1984 年第 3 期。

总和，而行政执法的形式是要素与其结构的外部表现方式。对某一行政执法活动而言，行政执法要素、结构和外部表现方式具有规定性，行政执法的要素及基于其关系的结构和外部表现方式是确定的，当这些要素、结构和外部表现形式发生变化后，这一行政执法活动就不再是原行政执法活动。但是，对于作为类的行政执法而言，其中的某一行政执法的要素和结构及外部表现方式发生变化，只要它们还具有行政执法的本质属性，从类的意义上说，它仍是行政执法，只是该行政执法活动不再是原行政执法活动，这个原理对于理解行政执法各个概念，特别是行政执法改革具有非常重要的意义。

行政执法内容决定行政执法形式。在某一行政执法活动上，有什么样的行政执法要素结构，就有什么样的行政执法外部表现方式。在行政执法内容上，一方面要特别突出作为公共意志和国家意志的行政法律规范，在其作为行政执法内容的要素之一的意义上，在行政执法要素结构关系上，对其它要素具有最重要的作用，也因此对行政执法外部表现方式具有最重要的作用。另一方面，对于行政执法内容不能做狭隘理解，应当以法规范为根据，从类的角度，从完整意义上理解行政执法应当具有的所有要素，这样才能够正确执法，提高行政执法质量。

行政执法形式总是适应行政执法内容。在某一行政执法活动上，行政执法形式总是承载其所反映的行政执法内容，总是适应行政执法内容，总是体现行政执法内容。通过对行政执法形式的观察和分析，我们就能够掌握与之相对应的行政执法内容。

第五题　行政执法的应然与实然[1]

应然是应当的状态，负载价值。实然是实际的状态，同于存在。在法学领域，自然法学派和实证法学派对于法规范是应然法还是实然法的观点截然相反。仅就法规范自身而言（不同于两学派的应然实然，其是讨论法规范与正义的关系），实际上法规范既是应然法也是实然法，从存在形式和发挥实效看，属于社会存在，其是实然法；从规定内容和价值追求看，对于社会存在，其是应然法；[2] 在行政执法上也存在应然与实然的问题，这是一个很重要的问题。

首先从行政执法的本质属性看，必须兼顾应然与实然，即兼顾行政执法规范规定的行政执法应当的状态和在社会中实际存在的行政执法状态，以应然为主来认识行政执法的本质属性。这是因为行政执法作为一种事物，其是执行法规范的活动，从这个意义上它从属于法规范，而法规范具有应然法意义。其次，在行政执法的要素及要素之间的关系确定上要根据法规范对行政执法要素的规定去确定，因为行政法律规范是行政执法的内容，在社会中实际存在的行政执法行为只是行政执法的形式。第三，行政执法从实然到应然是

---

① “一个法律制度，从其总体来看，是一个由一般性规范同适用与执行规范的个殊性行为构成的综合体。它既有规范的一面，又有事实的一面。法律的规范性结构，可以说是一种‘应然’体的集合，这当然是从这些规范要求人们服从但在现实生活中并不总是得到遵守或执行的意义上而言的”；“但是另一方面，从一个不同的视角看，把法律规范制度称之为‘实然’的东西也是正确的。因为它反映了在一个国家中实际有效的法律，而这种法律显然与那种被某些哲学家视为一个完美社会的蓝图的理想法律系不尽相同。”［美］E·博登海默著《法理学：法律哲学与法律方法》，邓正来译，中国政法大学出版社 1999 年版，第 238～239 页；第 249 页。

② 参见［美］凯尔森：《纯粹法学》，刘燕谷译，中国文化服务社 1943 年版，第 21～23 页。

行政执法的发展过程，两者间的不一致是行政执法改革的对象。当然行政执法的应然方面也存在发展的问题，这就需要行政执法理性对行政执法价值进一步深化认识，加强行政执法规范的发展完善，以此来推进行政执法的改革发展。

弄清应然与实然的关系是非常重要的，在哲学和其他社会科学上有很多问题争论不清就跟这个问题有关。比如内容与形式的统一问题，这方面之所以有争论除了上题讨论的原因外，很重要的一方面是将应然的内容对应于实然的形式，将应然的形式对应于实然的内容，这样当然很难统一了。对于行政执法学而言，我们首先要搞清的是规范上应然的行政执法内容与其形式的统一，在此基础上，要求实然的行政执法内容与形式的统一符合规范上应然的行政执法内容与形式的统一，对于实然的行政执法在不考虑规范上的应然行政执法的情况下，其内容与形式是绝对统一的，现实中的行政执法行为完全反映行为者所认知的行政执法内容，即要素和结构，当然这未必是符合行政执法内容形式应然要求的。

在实践中，我们必须把握行政执法本质和现象与行政执法内容和形式的关系，行政执法应然与实然的关系，以深化理论研究，坚持以科学高质立法为引擎，以行政执法本质确定行政执法活动，在立法上推进应然行政执法内容形式的完善，在认识上推进应然行政执法内容形式的完整，在管理改革上推进实然行政执法要素结构形式的完美，进而充分发挥行政执法有益的功能作用，实现行政执法的存在价值。这也是行政执法学的重要意义之一。

第六题 行政执法与行政任务

任务是指需要完成的劳作，这种劳作如果是行政活动的一部分，即为行政任务。我们也可以这样理解，行政任务是在任务概念之中附加的行政性质。从狭义上，完成行政任务即为行政目的，而广义上的行政目的指向实现社会对行政之要求，借由行政职能加以规定，并因此而成为具体的行政任务。行政任务与行政事务同义，前者强调的是行政事务需要完成，而后者更强调事务本身，两者主要的区别在于不同使用场合对不同方面的侧重。

为了简便易用,[①] 在实践中，对某一特定行政任务或者说对行政任务的通常分类是以该任务的性质特别是主要性质来确定的，对这种性质的表述我们通常称为行政职能，比如交通管理职能，管理是交通管理任务的行政性质，而交通则是交通管理任务中作为交通事物的类的主要性质，即在特定空间的往来，尤指运输工具的往来。行政组织的名称即由行政职能和行政任务高度概括后得来。

当我们将行政任务规定为具有法律性、社会性和具体性时，它就成为行政执法任务的含义。显然，行政任务的外延要大于行政执法任务，它们是包含与被包含的关系。在行政执法的范畴里，行政法所规定的行政任务与行政执法任务同一，而以行政法学上法与行政是两种事物的观点看，则会形成行政任务与法律任务不同的分类，并因而有了两者之间区别与联系的诸多命题，由于这主要是一个立法问题，因此不是行政执法学的研究重点。

行政执法学研究行政任务的重点是对纳入行政执法的行政任务在不同价值条件下的不同取向的研究。行政执法任务作为一种事物，因为兼具法律性、行政性、社会性，必然具有法律正义、行政高效和社会为民价值的冲突和取舍。由于这是一个价值问题，因此完全

---

① 由于直接处理社会问题，行政具有简单和通俗的性质，因此，也必然失去部分准确性和确定性。这种缺失在行政执法中因法律性而得到一定程度的弥补。

在于人们所作出的选择。当我们在更大程度上强调法治的时候，高效和为民的价值均得通过法律所规定的方式实现，也就是在完成行政执法任务时，发生法律价值与行政价值和社会价值冲突时，法律价值具有优先性。以行政或社会的角度看，这当然可能造成难以接受的结果，这是无法避免且应当承受的。因为历史经验告诉我们，选择法律价值优先比较而言损失最小，更能促进社会的文明进步。任何一种价值选择都不可能是完美的，在一种执行性的活动中实现所有的价值要求也是不现实的，尽管我们所追求的是兼顾各方面的价值要求。同时，尽最大可能的兼顾和整合行政执法各方面价值的有效方法只能是制定和实施行政执法技术规范，因为这是一个在考虑各种因素的前提下事先、理性、衡量、选择和确定的过程。

在行政执法中，我们要以行政执法的视角去看待行政任务，用行政执法的方法处理行政任务，而不是相反。比如作为行政任务载体的行政文件，在很多情况下是对行政执法的规定，可以将其整理后纳入行政执法技术规范，这并不困难，因为作为行政执法标准内容的行政法律规范已经从整体上和主要方面对法律与行政进行了深度融合，用法的方法规定了行政任务，在行政执法中，我们只是将这种行政任务以法的视角进行整理、细化和必要的扩展。困难的并不是这项工作，而是用法治思维、法治方式、行政执法思维和行政执法方式实际的处理行政任务。

明白了行政执法事物（事项）的原理，对于行政执法活动和行政执法学具有基础的意义，尤其是对行政执法要素、结构和形式的认识。接下来我们将重点以要素这种静态意义认识行政执法，并重点探讨作为行政执法必要关系的行政执法理由，行政执法的其他结构问题和形式问题尽管是行政执法技术化的对象，但主要是行政法学的研究内容，在本书中暂不作重点予以讨论。

第七节　行政执法组织*

行政执法活动是组织活动。行政执法组织是行政执法职责职权行使的组织条件，是行政执法活动的组织要素。对于行政执法组织而言，行政执法职责职权是其属性，即其必存在行政执法职责职权才能成为行政执法组织，同时，法律授予特定组织对其是否为行政执法组织的判断权，可以就本组织是否为行政执法组织，是哪种行政执法组织在符合其它法定条件的情况下作出决定。

行政执法职责职权在行政规定上表现为行政执法职能，我们称具有行政执法职能的组织为行政执法组织，在组织的主要属性上，它可能是行政性的，也可能是社会性的，但是，它们都具有法律性。

第一题　行政机关作为行政执法组织

行政性的行政执法组织的典型是行政机关。行政机关是主要承

---

* 行政执法组织不仅是法律执行机关，依照拉兹的观点行政执法组织也是主要的法律适用机关之一。拉兹虽然重点强调了法院是主要的法律适用机关，但他并没有否定行政机关尤其是行政执法机关是主要法律适用机关，按照拉兹给定的判断标准，我们可以作出行政执法组织是主要法律适用机关的判断。拉兹说“我描述一下主要规范适用机关的特征：它们是有权决定个人规范状况的机关，它们必须通过适用现行规范来行使这些权力，但是它们的判决即使错误也具有约束力。这些特征在此可恰当表述为：……。”［英］约瑟夫·拉兹：《法律的权威：法律与道德论文集》，朱峰译，法律出版社 2005 年版，第 95 ~ 96 页。

担国家行政职能的组织。从行政法学看，“行政机关是指依宪法或者组织法的规定而设置的行使国家行政职能的国家机关”。[①] 从实际看，行政机关是否全部都是依法产生？回答是否定的。[②] 因为行政机关产生的主要根据是社会需要和行政需要，且属于行政管理事项并转化为行政职能，行政职能改变则行政组织改变。“行政职能随国家社会生活及行政环境的变化而变化，社会发生变迁，行政职能的范围、内容、主次关系、作用、对象等也必然发生变化。”[③] 行政职能根据社会需要的变化而变化，比如我国现在的行政职能定位于宏观调控、社会管理、市场监管、公共服务、环境保护，是有一个变化过程的，以后随着社会需要的变化还会变化。行政职能的确定主要是科学性的问题，[④] 法律要做的是对科学设定行政职能的确认，并授予相应的职责职权。因此，组成政府的行政机关是不可能完全依照法律来设立的，法律的滞后性无法充分满足这样的变化。但是，法律可以规定行政机关设置的条件和程序。

行政机关也并非都是行政执法组织，在行政机关中还有纯粹的内部行政机关和完全执行国家政策的机关，即不同时具有法律性和社会性，这些都不属于行政执法组织。同时，作为行政执法组织的行政机关也未必只具有行政执法职能，在承担行政执法职能的同时，他们可能还承担着执行国家政策等任务。

行政机关是否具有行政执法职能进而成为行政执法组织，关键

---

① 姜明安主编：《行政法与行政诉讼法》，北京大学出版社 2011 年版，第 91 页。

② 最狭义的政府除外，在法治国，最狭义的政府即作为单独法律主体的一级政府必须依法产生，不包括组成政府的机构。这里的行政机关主要是指作为独立主体的组成政府的机构，行政执法主要是由它们进行的。

③ 夏书章主编：《行政管理学》，中山大学出版社 2008 年版，第 55 页。

④ 夏书章主编：《行政管理学》，中山大学出版社 2008 年版，第 59、60 页。

在于其是否具有行政执法权限，即行政法律规范是否规定了该组织的行政执法职责职权及其范围，这是实质的，同时，在形式上还需要政府通过“三定”规定将行政执法权限分配给特定行政机关。同时具备了这两个方面，我们说这个行政机关是行政执法组织。

第二题　社会组织作为行政执法组织

由于经济社会发展的多元性和公共行政管理与服务的专业性、多样性，行政执法组织具有发散性特征，即由行政机关向非行政机关的社会性组织发散。社会组织“是指人们为了达到某种共同目标，将其行为彼此协调与联合起来所形成的社会团体。组织活动是一种整体性和结构性活动”。① 行业组织、事业单位、企业和非政府组织等作为行政执法组织是社会性的，因为它们主要是依据其章程和组织规则承担社会职能，社会性是他们的主要性质。当社会组织被赋予行政执法职责职权，并且符合行政执法条件，取得行政执法组织和人员形式证明以后，它们就具有了行政执法的组织职能，并因此而成为行政执法组织。

对具有行政执法职能的组织必须认定为行政执法组织并依行政执法组织的特点予以保障，② 否则会严重影响法律实施，后果严重。③

---

① 郑杭生主编：《社会学概论新修》，中国人民大学出版社 1994 年版，第 244 页。

② 特别是三定规定对行政组织和事业组织的行政执法性质的认定以及据此的行政执法财政、设施、人员等的保障。

③ 比如车改中对行政执法组织的不当认定就极易影响法律实施。法律实施具有政治性、行政性、社会性等重要性质。参见第十八节“行政执法管理，行政执法职位角色管理是行政执法行为管理的基础”一题。

第三题 组织与权限

权力的限度和范围就是权限，它的表现形式就是职责职权。使用权限概念突出对权力的控制。在行政执法学中，当我们突出对权力的控制意义时多称权限而不是权力。

权限与组织是行政执法组织一个问题的两面，两者不可分割。组织因为具有行政执法权限而成为行政执法组织，行政执法组织必须具有行政执法权限。所以我们将组织权限并称。对行政执法权限作出规定，即是对行政执法组织作出规定，这是法律对行政执法组织的规定方式。因为，正如前文所述，由于组织的行政职能和社会职能是应社会需要不断变化的，法律对行政执法组织的规定不能一一对应，否则就会造成一旦因为行政职能和社会职能变更而改变行政执法组织，就必须修改法律，甚至仅仅因为变更了行政执法组织的名称，这会造成很大的立法成本，也不利于行政组织和社会组织及时调整其职能，发挥其作用。所以，对行政执法权限在不同行政执法组织之间的分配就成了政府需要做的事。所以，行政执法权限的来源是法律问题，而行政执法权限的分配则是行政问题。这是现实，但是这种现实忽视了行政特别是行政执法的专业性，这就在于对行政执法组织条件的法律规定的缺失。

第四题 组织与条件

法律以规定行政执法权限和条件来实现对行政执法组织的规定。从目前法律规范体系看，似乎只重视权限的规定，而忽视条件的规定。特别是在部门行政实体法中，对于特定行政执法组织及其行政执法人员特定执法领域的行政执法专业知识，即行政专业知识和法律专业知识条件没有规定或者很少有规定。这也符合我国行政机关在人员配备的实际情况中，似乎主要考虑吸纳就业而非行政管理服务的专业性，这与法治发达国家相去甚远，也造成了行政机关人浮于事，效率低下，成本大增并高度依赖专家意见。专家意见主要是为行政决定提供方案和理由，行政机关在决定时需要对专家意见作出判断，[①] 前提是行政机关依靠更高水准的专业知识有能力作出判断，然而在多数情况下，行政机关特别是承担主要行政执法任务的市县行政执法组织似乎并没有这个能力。[②] 在法律专业知识上，行政程序法对组织条件有要求，在执法人员方面主要体现在行政执法资格管理上，由于规定的不具体，在实际中流于形式。于是，在实际当中，任何知识水平的人都可能去行政执法，出现了很多“临时工”执法。这几个方面直接造成了行政执法人员行政执法专业知识

---

① 但是，专家并不因此而承担行政责任。

② 行政的专业性是一个大问题。行政专业性的需要从根本上说是因为行政管理对应于社会分工，社会专业化程度越高、细分领域越多，对行政的专业性要求就越高，如果两者不大体对应，则行政管理难以有效。一般而言，对高级和政府行政人员的政治性和综合性方面的要求要更高，对中低级和部门行政人员的专业性要求要更高，他们更多的处理具体问题。政治性和综合性要求更高不是说就不要求专业性，而是专业性基础上的政治性和综合性，没有专业性就不可能有政治性和综合性，这是从职业需要而言。从能力素质培养而言，只有在长期的专业性环境中熏陶，才能更好的培养理性思维能力和敬业精神，而这又是跨专业性的，它的产生是依赖于专业性的。没有专业性，就不会有专业精神，就不会有工匠精神，没有这些精神就不会有科学技术和行政管理的进步。行政的专业性在行政人员上不能简单地等同于具有专业学历，行政人员的专业性是可塑的，可观察、可检验的。第三个方面，现代专业知识的理论性和体系性极强，没有长期的专业学习和实践经验积累很难具备专业性，那种认为在短期内就可以具有专业性知识的观点是人的全能论观点，是没有说服力和有害的。没有专业知识却能够做好相关工作是“神”不是人，只有“神”是全知全能的。显而易见，没有专业性就一定不会有高质量和高效率。

另外，应当明确区分政治人员与行政人员，行政人员必须具有所从事行政工作的专业性。

严重不足、行政执法问题频发。不让懂的人干懂的事，这件事就永远不会有质量和效率，对行政执法更是如此。在这方面，我国行政组织法由于相关规定的缺失，没有起到引导和规范的作用。

从另一个方面我们还可以考虑，对既有行政执法职责职权在不同组织中进行分配的根本标准是什么？它只能是特定组织所具备的专业性条件，而不是某个组织的职能，即使我们表面上依职能分配行政执法的职责职权，该组织还是必须具备相应的专业性条件。行政执法条件与权限是行政执法组织的两个实质性标准。

如果我们充分考虑行政执法组织的专业性条件，并由行政组织法明定，则行政执法组织的权限分配问题也会成为法律问题，因为它要受制于法定的专业性条件，而这必将大大提高行政执法质量与效率。

第五题　行政执法主体与受委托的行政执法组织

在行政法学和行政法律上，将行政执法组织区分为行政执法主体和受委托的行政执法组织。他们的主要区别是在行政执法中，以谁的名义进行，行政执法的后果由谁承担，也就是谁来承担行政执法责任。行政执法主体对外以自己的名义开展行政执法活动，独立承担行政执法的后果和责任。受委托的行政执法组织以委托他的行政执法组织的名义开展行政执法活动，其后果和责任由委托他的行政执法组织对外承担。当然，这不影响对受委托的行政执法组织责任人的内部（比如行政处分）和外部（比如刑事责任）追责。

行政执法的责任不能只简单的理解为违法或者犯罪所应承担的法律责任，行政执法组织的责任归根结底是看是否实现了行政执法的功能作用，即其法律效果、行政效果和社会效果。[①] 所以，有的时候，行政执法组织负责人即使没有明显过错，还是要代表其所在的组织承担责任，主要是政治责任。[②] 之所以由行政执法组织负责人而非其他行政执法人员来承担这个责任，是因为负责人对其所在的行政执法组织正确执法负有管理和保证的权利义务。

行政执法主体在我国又可进一步区分为行政机关和法律、法规授权的组织，这对行政立法是有重要意义的，而仅就行政执法而言，这种区分意义不大。[③]

行政执法组织依法取得行政执法主体地位，不等于在所有行政执法领域当中都具有主体地位，也不代表永远都是行政执法主体。它可能在行政处罚上是行政执法主体，而在行政许可上却是受委托的行政执法组织，即便在某类行政处罚上，它可能也只是这部分行政处罚事项的主体，而不是那一部分的行政处罚事项的主体，这一切要看法律对这个组织权限与条件的具体规定。

无论对行政执法组织如何区分和规定，它的核心问题始终是权限和条件。规定行政执法组织的权限和条件是立法问题，弄清作为一个组织是不是行政执法组织及其权限和应当具备的条件则是行政执法问题。

---

① 参见夏云峰：《行政执法重点实务业务工作》，中国法制出版社 2015 年版，第 42 页。

② 这与法律责任有区别，法律责任可以涉及负责人和直接责任人，但是政治责任只能由负责人承担而不能由直接责任人承担。

③ “行政机关享有的某些职权和管理手段是被授权组织不能享有的，如行政立法权，行政处罚权中的行政拘留权，行政复议受理、裁决权等”参见姜明安：《行政法》，北京大学出版社 2017 年版，第 190 页。

第六题　行政执法组织的职责与职权

行政执法组织的职责和职权是行政执法权限的表现形式，是行政执法组织职能一个问题的两个方面，使行政执法职能具体化。职责要求行政执法组织履行行政执法职能，行使职权，而职权为职能的实现和职责的履行提供条件。

“行政职权就是行政权力法定化的具体表现。”① 在行政执法上，行政执法组织的职责就是行政执法组织的法定义务，行政执法组织的职权就是行政执法组织的法定权力，并因此而成为行政执法权限，法律主要是通过规定职责职权来实现对行政权力的限度和范围的限定。在宏观上，行政执法组织总是担负着一定领域和一定地域内社会秩序的维护义务，使之与法律秩序相统一。在微观上，行政执法组织为维护社会秩序而开展行政执法活动时，具有保护、实现行政执法相对人权利的义务，这些都可以称为职能，而开展行政执法活动履行这些职能要以具有行政执法职权为前提条件。这是行政执法职能、职责、职权、权限之间的关系。

行政执法组织行使职责职权在绝大数情况下会涉及到行政执法相对人的义务，这与保护、实现行政执法相对人权利需要有一个平衡，这主要是一个行政立法问题。我们需要注意的是，行政执法要求一个人去履行义务，目的是实现法秩序，法秩序是行政执法相对人私益的一部分或者私益实现的条件，这种私益，在行政执法中的体现，就是行政执法相对人的权利，要求履行义务与保护权利是统一的。在一般认识中，由于总是强调行政执法组织行使行政权力和

---

① 胡建淼主编：《行政法学》，复旦大学出版社 2003 年版，第 72 页。

行政执法相对人履行义务，往往会忽略行政执法相对人义务与权利的统一性。

对既定的行政执法组织职权和职责的分解和实现是一个行政执法问题。对于分解而言，主要的方式就是行政执法职责职权与行政执法职位的对应，把作为整体的行政执法职权职责分解到每一个行政执法职位之上，在职位之上设置职务，通过职务的设置来体现行政执法组织的人员条件，并以此确定行政执法人员。由此，实现行政执法的权限和条件统一。为了突出行政执法职责，我们要对行政执法组织和行政执法职位、职务实行责任制度。行政执法职权和职责的确定性，较其它行政事务更有利于实行责任制度，当然，由于行政执法的重要，它更需要实行和落实责任制度。①

对于法律规定的行政执法职权，为了便于规定其限度和范围，需要采取分类的方式，从法规范规定的法律后果层面，按照它们的不同属性，可以大体归结为以下几大类：行政许可权、行政给付权、行政奖励权、行政确认权、行政裁决权；行政命令权、行政征收权、行政处罚权、行政强制权、行政指导权，订立行政合同权等。从行为过程的角度，基于要素，可以归结为：特定行政执法组织的判断权，特定行政执法依据的执行权，特定行政执法根据的认定权，特定行政执法证据的取得权，特定行政执法理由的形成权，特定行政执法决定的作出权。这些行政执法职权中，又有若干具体的法定权力。基于这些行政执法职权，行政执法组织开展相应的行政执法行为。从行政执法职责来看，这些权力也是行政执法组织必须履行的法定义务，一旦出现法律规定的条件，行政执法组织就要履行这些

① 参见第十八节“行政执法管理，行政执法责任管理是开展行政执法行为管理的前提”一题。

职权来实现行政执法职责。从行政执法相对人的权利角度来看，这些行政执法职权是行政执法相对人权利针对的对象，通过权利抵御权力，通过权力来实现权利，以维护自己的合法权益。从行政执法相对人的义务角度来看，就是行政执法相对人对行政执法组织行政执法职权的服从和实现。

上文宏观的行政执法职责即实现法律秩序的义务，往往在行政执法实际中被认为没有充足的行政执法职权保障，如果是必要的，需要通过行政立法解决，要么，我们只能认为，在法律赋予行政执法组织职权范围内所能履行的职责进而形成的社会秩序就是法律秩序，这种法律秩序对于当时的社会来说，已经足够了。

通常，行政执法职责在法定职能之内。但是，有时行政执法组织行政执法之外的职能仍然可以产生行政执法职责，这种职责即使没有被明文规定为法律义务，其也会成为行政执法职责的一部分。一般而言，没有被法律规定为义务的行政义务并非法定职责，但是基于行政法的诚信原则，当行政执法组织的非行政执法的职能体现为对社会的行政义务时，这种义务就属于行政执法职责。行政执法职责不同于行政执法职权的一点是，它并不仅仅源于法律的规定。从规定形式上，我们说行政执法职权必须实行“职权法定”，这与行政法的控权本质紧密相关，但是行政执法组织的职责却既可以来源于法律的规定，也可能源自行政执法组织职能或者其它行政规定，这是因为作为行政执法组织的一部分的行政机关存在的根本目的是解决社会问题，这并不限于法律的具体规定，所以我们不能说“职能法定”或者“职责法定”。从这点看，行政执法组织的职责与职权并不绝对对称。这就需要在不由法律设置职责时，应当兼看是否有对应的行政执法职权，否则就会造成行政执法职能职责与职权不匹配，出现“有责无权”的情况，使行政执法职责落空，出现行政执法组织失信于民等各种问题，这在行政实际中是经常存在的，比如在乡镇管理中、设区的市所设的区行政管理中。职责必须以职权作为保障。此外，行政执法组织的行政执法职责还因行政合同、先行行为等原因而产生。[①]

是否为履行行政执法职责职权的行为，是是否是行政执法行为的主要判断标准，行政执法行为均为履行行政执法职责职权的行为。行政执法职权与行政权力有区别，后者突出的是强制性和执行性，而前者不一定表现为强制性和执行性，比如行政指导权，其内涵是由法规范决定的，它还包括行政执法组织的管辖权，它属于行政执法职权的范围方面，这个问题会在下文中详细讨论。

第七题　行政执法职权的本质

仅就行政职权而言，因其在行政法学上被确定为法定权力，其本质必有法律因素。从法的核心范畴权利义务看，法定权力即法定权利。[②] 从法理学上看，权利的本质有资格说、主张说、自由说、利益说、法力说、可能说、规范说、选择说等不同学说，[③] 从民法学看，法力说属现今通说，即“权利由特定利益和法律上之力两要素构成”，[④] 只是民法权利之特定利益为特定私益，而行政法上作为法律权利的行政职权之特定利益为特定公益，我们可以借鉴民法学对权利的界定做一个归结，行政职权的本质是由公共利益和法律上之力两要素构成。

---

① 胡建淼主编：《行政法学》，复旦大学出版社 2003 年版，第 88 页。

② 参见第九节“行政执法依据（规范），针对行政权力的规范体系”一题。

③ 参见张文显主编：《法理学》，高等教育出版社 2007 年版，第 140 ~ 142 页。

④ 梁慧星：《民法总论》，法律出版社 2011 年版，第 70 页。

广义的公共利益从性质看,① 是指与多个私益密切相关且不能归为特定人私益的利益，所谓与多个私益密切相关就是指要么公益属于特定私益的组成部分，要么是私益实现的必须条件，仅限于两者且至少必居其一。由于公共利益超出私益的范围，其实现必须依靠公共权力，而公共权力在行政法学中就是行政职权，在行政执法学中就是行政执法职权。广义的公共利益涵盖法秩序，法秩序本身就是一种公共利益，当然也就包括行政法律秩序以及一切行政执法活动。广义的公共利益涵盖以行政执法的方式对行政执法相对人行为的干预以及对其它对象的处理，行政执法相对人行为和其它事实只有涉及到公共利益时，才被行政执法职权支配处分。当属不涉及公共利益的私益时，则系民事执法的范畴。

行政职权源于公益用于公益，公益的维护实现是行政组织存在的目的，如果放弃则行政组织就没有存在的意义，故行政职权不可放弃，这种不可放弃由法律规定而成为行政职责，是一种法定义务，所以行政职权具有义务性、职责性。因此，在多数情况下，除了基于职能的原因我们将职责职权相互指代，也从履行职权是一种法定义务的角度一般不对职责职权加以区分。

是否为公益是法律承认行政权力为行政职权、行政执法职权的主要标准，而一经法律承认，行政权力作为法律权利即具备了法律上之力，即“由法律所赋予，受法律的支持与保障的一种力量，依此力量既可以支配标的物，也可请求（行政法上是要求——引者注）他人为特定行为。”②

---

① 这里的公共利益与作为行政执法根据的公共利益不同，后者更加具体，见第十节“行政执法根据，作为行政执法根据的公共利益状态”一题。

② 梁慧星:《民法总论》，法律出版社 2011 年版，第 71 页。

以上，我们归纳出行政职权的法定性、公益性、职责性，亦即行政执法职权具有法定性、公益性和职责性。行政职权包括行政立法权和行政规范性文件制定权以及内部行政职权，基于行政执法的行政性、社会性和具体性，我们区分出行政执法职权的本质属性是法定性、公益性、职责性、行政性、社会性和具体性。

第八题　行政执法职权的性质

基于行政职权的本质属性，我们可以引申分析出行政执法职权的其它性质。

行政执法职权作为法定权力具有法定性是当然的，问题是在什么样的情况下法律才承认某种行政权力并予以法定化而成为职权，上文我们谈到是公共利益，行政执法职权的本质在实质上（内容意义上）是公益性。

为了更深入的理解公益性这个行政执法职权的实质本质，我们再进一步探讨一下公益性。行政职权作为法定化、具体化的行政权力，是作为国家意志和公共意志①在行政实定法中的最重要、最明显、最直接的表达，其主要依靠行政执法来执行这种意志。作为公共意志，其显然以行政权力是否具有公益性作为法律承认和法律执行的标准。“公益性，是指在目的上行政行为是为了实现国家和社会公共利益。行政管理活动是一种以社会公共事务为对象的活动。在本质上，在行政行为的过程中形成的行政法律关系，是国家、集体、个人三方利益相协调的关系，其中起主导作用的就是行政主体

① 参见第九节“行政执法依据（规范），作为行政执法规范的法律——既是一个法律形式秩序统一体也是一个法律实质秩序统一体”一题。

所代表的国家和社会公共利益。而公民、法人和其他组织作为行政相对人，是因为他们的特殊利益在享有和取得的过程中涉及到社会公共利益、国家利益，才被纳入到行政管理领域成为社会公共事务的。只有相对人服从和遵守行政行为所确定的具体的行政法律义务，才能实现社会稳定、有序和协调发展。”① 这段话说的是行政行为的公益性，而行政行为是行政职权的表现形式，行政行为的性质在这里就是行政职权的性质，行政职权在行政执法中是行政执法职权。行政执法职权的公益性具有“终极性、优先性、协调性”,② 行政执法职权的其它性质都由其产生，包括法定性。

除公益性和法定性之外，行政执法职权还具有专属性，即“行政职权的归属，在主体上具有专属性，也即只属于行政主体，行政相对人不具有行政职权，受委托组织也只能代行行政职权。”③ 国家意志性，即“虽然在行政职权的行使过程中难免会掺入行政职权具体行使者某种程度的个人因素，但行政职权本身的性质和内容仍是国家意志的体现，而非个人意志的体现。”④ 优益性，即“行政主体在行使行政职权时，相对于行政相对人而言处于优越的法律地位，依法享有行政优先权和行政受益权，这是一种特殊的法律保障与物质保障。”⑤ 至于是否具有单方性、强制性和不可处分性则需要进一步探讨。

所谓单方性，是指“行政职权的行使是行政主体单方意思表示的行为，而非双方行为（行政合同行为除外）。行政主体行使行政

---

① 石东坡：《行政行为及其特征的再探讨》，载《法学论坛》2000 年第 1 期。
② 石东坡：《行政行为及其特征的再探讨》，载《法学论坛》2000 年第 1 期。
③ 胡建淼主编：《行政法学》，复旦大学出版社 2003 年版，第 73 页。
④ 胡建淼主编：《行政法学》，复旦大学出版社 2003 年版，第 73 页。
⑤ 胡建淼主编：《行政法学》，复旦大学出版社 2003 年版，第 73 页。

职权取决于自身判断，不以相对人的意志为转移。”① 我们如果从实际的行政执法过程中看，承认行政执法相对人的权利并以协商行政、参与行政作为欢迎和鼓励的行政方式，恐怕我们不能再强调行政执法职权的单方性，便是相对行政执法行为的成立而言，如果我们承认行政合同行为是一种行政执法行为（行政行为），单方性也不能再成为行政执法职权的共有性质，而且这还不限于行政合同行为，比如我国行政许可法第四十八条第二款规定，“行政机关应当根据听证笔录，作出行政许可决定。”当然，这不妨碍我们就行政执法行为是否以双方合意为要件而区分出双方行政执法行为和单方行政执法行为。

所谓强制性，是指“行政职权的行使以国家强制力作保障，具有直接支配他方当事人的强制命令力量，也即可以通过行使行政职权迫使或禁止相对人作出某种行为、实施某些活动。”② 从传统行政看，强制性可以作为行政权力的性质，但是不能作为由法律规限后的行政权力即行政执法职权的性质，因为民事权利和行政执法职权的实现都可以采用法定强制方式，它们都是基于法律的强制性，而非自有的强制性，虽然行政执法职权的强制实现有少部分由行政执法组织自行通过行政强制实现，而民事权利的强制实现必须通过申请法院或者行政执法组织实现，但这种强制主体的不同并不足以改变两种强制必须依法得到授权的实质含义，因而也并非民事权利和行政执法职权的本质区别。这还可以从对非法强制制裁的实定法规定印证，比如作为典型非法强制的非法拘禁罪，我国刑法第二百三十八条规定，“国家机关工作人员利用职权犯前三款罪的，依照前

① 胡建淼主编：《行政法学》，复旦大学出版社 2003 年版，第 73 页。
② 胡建淼主编：《行政法学》，复旦大学出版社 2003 年版，第 73 页。

三款的规定从重处罚。”利用职权非法拘禁是非法拘禁罪的从重情节，而非一个独立的罪名。对行政权力进行法律规限成为职权的目的之一，就是削弱行政权力的自有强制性，这是实现行政法学控权目的重要方面，直至将行政权力变成法律权利。行政权力强制性由于法律的规制成为行政执法职权已经不再明显，行政执法职权的强制性是法律的强制性而非权力的强制性，由于行政执法法律性的原因，强制性已经不能成为行政执法职权（行政职权）的性质。①

所谓不可处分性，是指“行政职权不仅表现为法律上的支配力，还包含着法律上的职责要求，实际上是职权与职责的统一体，故行政主体对其拥有的行政职权不得任意转让和放弃。”② 这是从职权的职责性而言的，职责作为一种法律义务是不可处分的，能够处分的职权必须是不附带义务的职权。③ 但是，从行政执法职责职权的实际行使看，其是行政执法组织对其职责职权的支配处分活动，比如在具有行政法律关系的行政执法行为中，我们通过行政执法行为为行政执法相对人设定或者处分其权利义务，相对应的，对行政执法组织而言是什么呢？它只能是行政执法组织为行政执法相对人设定处分其权利义务所对应的具体职责职权的支配处分活动，没有行政执法职责职权的具体支配处分就不能为行政执法相对人设定处分权利义务，就无法开展行政执法活动。

谈到行政执法组织在行政执法活动中支配处分自己的职责职权，就不得不探讨行政执法组织就支配处分职责职权的意思意志问题。基于职责职权的国家意志性和职责意义上的职权的不可处分性，学

① 以行政法学观点看，在现代，强制性也不能再作为行政行为的基本特征。参见姜明安：《行政法》，北京大学出版社 2017 年版，第 6 页。

② 胡建淼主编：《行政法学》，复旦大学出版社 2003 年版，第 73 页。

③ 参见关保英：《论行政主体的职权处分权》，载《东方法学》2008 年第 1 期。

界有时否定行政执法组织就支配处分其职责职权具有独立意思意志，但是我们应当看到，“作为基本的国家意志是不存在的，不论将国家意志置于什么样的地位都不能否认这一事实，即国家意志永远是看不见、摸不着的，它是一个抽象概念。国家尽管是一个实体，但它是由若干生动实体集合形成的一种复杂的组合实体。他的意志是由诸如立法实体的意志、司法实体的意志、行政实体的意志共同构成的，正如古德诺将国家意志分成表达意志和执行意志，表达意志是由称之为立法的机构而完成的，执行意志是由称之为行政的机构而完成的。”① “行政主体在行使其职权时都具有独立的人格和意志，具有意思表示能力，具有独立承担责任的能力，这在行政诉讼法、国家赔偿法等法律上得到了印证。”②

行政执法组织基于其独立意思意志在行政执法活动中实际支配处分着职权，只是这种独立意思意志受到法律的严格限制，这种限制远高于民事权利的自由处分，以至于达到了支配处分职权是一种法律义务的程度。但是，组织是否有独立意思意志是一回事，这是一种事实存在，任一组织都有独立意思意志，这是不可规定的。表示独立意思意志的处分行为受到法律的限制程度是另一回事，它是可以被法律规定的，比如行政行为。民事主体与行政主体表示独立意思意志的处分行为在法律后果上的区别仅是被判断为违法的可能性大小而非有无，违背民法原则和规则的法律权利处分一样可以导致违法，合乎行政法原则和规则的职权处分一样有效。

由此，行政执法职责职权既有职责意义上的不可处分性，也有

① 关保英：《论行政主体的职权处分权》，载《东方法学》2008 年第 1 期。

② 解志勇、刘娜：《行政职权之处分研究》，载《中共浙江省委党校学报》2014 年第 2 期。

行使意义上的可处分性，为了区别职责意义上的职权的不可处分性，我们将行使意义上的可处分性称为行政执法职权的可支配性，即行政执法组织依自己的意思意志处分其职责职权的性质。这种处分行为基于国家意志性，严格受限于法律，主要表现在法律所规定的处分职责职权的组织条件、依据条件、根据条件、证据条件、理由条件、决定条件，实体限制与程序限制等等。这里的“处分”含义是什么呢？行政法学上的处分一词一般认为是行政法借用民法的概念，“广义的行政职权处分，是指行政主体在不改变行政职权性质和功能的前提下，对行政职权所进行的行使（包括裁量、判断余地等）、转让（行政授权、行政委托、集中行使等）、放弃（不作为、不管辖、权力下放等）或设定其他权利（担保等）的法律行为。狭义的行政职权处分，则主要是对行政职权所进行的转让、放弃等行为。”[①] 在行政执法学上，为了便于理解对职责职权的处分行为，并且与法律行为、法律关系、法律事实等概念衔接，我们将行政执法职责职权的处分行为的主要含义规定为：在行政执法活动中，行使行政执法职责职权并产生设立、变更和消灭特定职责职权效果的行为。理解这个概念，就涉及到行政执法职责职权的功能问题。

第九题 行政执法职责职权的功能[②]

行政法学界对行政（执法）职责职权的探讨往往止于其性质，很少探讨其功能，而在行政执法学上行政执法职责职权的功能是必

---

① 解志勇、刘娜：《行政职权之处分研究》，载《中共浙江省委党校学报》2014 年第 2 期。

② 参见第十三节行政执法决定中若干行政执法决定类别的探讨。

须探讨的问题。行政执法职责职权的功能就是其行使所表现出的作用效果，从宏观看，职责职权的行使最大的功能无疑于实现法律意志，但在行政执法上，我们要探讨的是其具体的功能，从行政执法组织角度看，主要表现在两个方面。

一方面是，行使职责职权可以消灭特定行政执法根据[①]相对应的职责职权。行政执法根据作为特定职责职权行使的事实条件，一旦具备就必须启动相应行政执法行为，履行职责职权，相反的，通过依据特定根据履行了职责职权，意味着启动该特定职责职权的事实条件消失，也就意味着依据该根据的特定职责职权消失，除有法定要求，不能对同一事实根据重复行使行政执法职责职权。在作为行政执法行为的具体行政行为中，行政执法组织通常都是通过有根据的为行政执法相对人设立、变更、消灭其行政法上的权利义务的方式表现出对职责职权的履行。在作为行政执法行为的行政事实行为中，体现为依法改变事实状态。在这两种情形中，随着特定职责职权的行使，产生了消灭与特定行政执法根据相对应的职责职权的作用效果。

另一方面是，行使行政执法职责职权可以设立新的职责职权，变更原职责职权。当一种职责职权的行使成为另一职责职权行使的法定根据时，就会产生设立新的职责职权的效果，比如行政处罚、行政命令决定作出以后，随即产生了决定机关监督行政执法相对人履行处罚、命令决定的职责职权，当处罚、命令决定没有被履行时，又会产生行政强制执行的职责职权。行政给付决定作出以后，随即产生了决定机关或其他行政执法组织兑现给付财物的职责。当某一特定职责职权行使根据变化为另一特定职责职权行使根据时，就会

---

① 参见第十节“行政执法根据”。

产生变更原职责职权的作用效果，比如履行行政检查职责职权过程中，出现行政命令、行政处罚、行政强制措施事实根据时，即从行政检查职责职权变更为行政命令、行政处罚、行政强制措施职责职权。

第十题　行政执法职责职权的作用对象

行政执法职责职权一定是有作用对象的。职责职权作为法律权利义务放在法律关系的里面探讨，其对象主要是法律关系的客体。

“从哲学上说，客体是与主体相对的范畴，是指主体的意志和行为所指向、影响、作用的客观对象。从这个意义上说，法律关系的客体是法律关系主体发生权利义务联系的中介，是法律关系主体的权利与义务所指向、影响和作用的对象。客体是法律关系不可或缺的构成要素，是法律关系产生和存在的前提。缺少法律关系客体，法律关系主体的权利和义务就成为毫无意义的东西。”① “行政法律关系客体，是指行政法律关系主体的权利义务所共同指向的对象或标的，也即联系主体双方之间的权利义务的媒介。没有行政法律关系的客体，则行政法律关系的内容无从体现和落实，因而行政法律关系也会难以成立。从本质而言，可以作为行政法律关系客体的是体现一定利益的载体（可以是物也可以是行为）”。② “按照民法理论上关于权利本质的通说，权利由特定利益与法律上之力两要素构成，本质上是受法律保护的特定利益。此特定利益之本体，即是权

---

① 张文显主编：《法理学》，高等教育出版社 2007 年版，第 163 页。

② 应松年主编：《行政法与行政诉讼法》，法律出版社 2009 年版，第 20 页。

利的客体，亦可称为权利的标的，或权利的对象。”① 在民法上，民事法律关系的客体或者说民事权利的客体②是私人利益之载体，在行政法上，行政管理法律关系的客体或者说行政职权的客体是公共利益之载体，亦即行政执法职权的作用对象是公共利益之载体。

从法学的观点看，客体联系着作为行政管理法律关系主体的行政主体和行政相对人两方，与双方均有关，这是必须的。但要注意的是，从行政执法学看，仅从行政执法组织一方职责职权的履行而言，职责职权的作用对象未必必须与行政执法相对人关联，未必是行政执法组织与行政执法相对人权利义务共同指向的对象，其可能仅是职责职权的指向对象，而非同时是相对人权利义务指向的对象，这时，职责职权的指向对象虽然与相对人无关，但这种对象基于行政执法的社会性，其必须是具有社会意义的。这有三个具体含义，一是职责职权的作用对象必须属于行政系统以外，二是作用对象直接或者间接对人类社会具有意义，三是这种对人类社会的意义主要表现在公共利益上。③ 按照法理学对法律关系客体的分类，职责职权的作用对象主要包括物，人身人格，行为，精神产品等。

“物。这里所说的物，是指以一定物理形态存在的可见之物。它可以是天然物，也可以是生产物；可以是活动物，也可以是不活动物。作为法律关系客体的物与物理意义上的物既有联系，又有不同，它不仅具有物理属性，而且应具有法律属性。并非所有物理意义上的物都能成法律关系客体。哪些物可以作为法律关系的客体或可以作为哪些法律关系的客体，通常由法律予以具体规定。在我国，

---

① 梁慧星：《民法总论》，法律出版社 2011 年版，第 149 页。
② 梁慧星：《民法总论》，法律出版社 2011 年版，第 59 ~ 60 页。
③ 参见第十四节“行政执法行为及其程序，作为法律行为的行政执法行为”一题。

大部分天然物和生产物可以成为法律关系的客体。”① 职责职权关于物的作用对象就在于行政法律规范的规定。需要注意的是，不能进入商品流通领域作为民事法律关系客体的物，比如公共物，文物，军事设施，危害人类之物等恰恰是职责职权的重要作用物。虽然大部分客体物可以作为不同法律关系的客体，但在某些客体物上，不同法律关系的客体物区别较大，往往具有相反关系，尤其是民事法律关系客体物与行政管理法律关系客体物和刑事法律关系客体物之间。依法对与行政执法相对人不发生关系的物增添、改变、消灭等改变其状态以及对无主物的接收处置，该物属职责职权的作用物。基于行政执法职权的公益性和优益性，对于同一物而言，其上的行政执法权通常优于物权，比如在物之上设定了行政执法权，如证据先行登记保存权、扣押权、查封权，该行政执法权可以依法构成对物权的限制，对被扣押、查封物依法变卖抵缴罚款剥夺了原所有人的所有权等等。也正是由于职责职权的公益性，才可以以行政执法职权设定、变更或者消灭包括特定物权在内的法律权利，这不仅仅是指行政确认中的物权登记，也是指广义的以行政执法职权处分物权。

“人身、人格。人身和人格分别代表着人的物质形态和精神利益，是人之为人的不可或缺的要素。在现代社会，作为人身和人格之统一体的人是法律关系的主体，不允许作为法律关系的客体。但是，人之身体和人格在某些法律关系中可以成为法律关系的客体。特别是随着现代科技和医学的发展，输血、植皮、器官移植、精子提取等现象大量出现，可与身体分离之物逐渐成为捐赠、买卖等法

① 张文显主编：《法理学》，高等教育出版社 2007 年版，第 164 页。

律关系的客体。”[①] 人身可以作为职责职权的作用对象，比较典型的就是对人身的行政检查和对人身的行政强制措施、行政拘留等。与人身分离之物可以作为职责职权的作用对象，人格在绝大多数情况下不得作为职责职权的作用对象，行政执法应当尊重人格尊严，我国宪法第三十八条规定，“中华人民共和国公民的人格尊严不受侵犯。禁止用任何方法对公民进行侮辱、诽谤和诬告陷害。”但是在法律有规定的情况下，人格亦可作为职责职权的作用对象，比如行政处罚中的警告，是一种声誉罚，但这是有限度范围的。当行政执法权与包括人格权[②]在内的民事权利发生冲突时，行使行政执法职责职权必须考虑法律位阶，对宪法和法律设立保护的民事权利进行处分，行政执法依据必须限定在法律，[③] 这同样适用于上述的物权。法规和规章在没有宪法和法律根据的情况下，其对宪法和法律设定的民事权利的处分规定无效，相应的行政执法行为无效。由此，在实践中存在的具体披露对个人的行政处罚决定由于涉及由宪法设定的人格权及其他权利，这种行为的合法性有待深入研究，[④] 在没有宪法和法律依据的情况下，实际是一种以职责职权扩大对行政执法

① 张文显主编：《法理学》，高等教育出版社2007年版，第164页。

② “人格权指存在于权利人自己人格上的权利，亦即以权利人自己的人格利益为标的之权利。人格权因出生而取得，因死亡而消灭，不得让与或抛弃，如生命权、身体权、健康权、自由权、姓名权、名誉权、肖像权、隐私权等。”人格权极其重要，“人格权，这是作为一个人所应享有的最基本的权利，是享有其他民事权利并进而享有政治权利的基础。没有人格权，就不能算是真正的人！”梁慧星：《民法总论》，法律出版社2011年版，第72页。对人格权的设立和保护见我国宪法、民法通则、刑法、侵权责任法等相关法律规定。

③ 比如我国宪法规定的公民基本权利，其由宪法设定并由法律具体规定，对其处分必须具有宪法和法律的依据，这不仅仅限于行政执法，司法执法相同。“有关全体公民基本权利和人身自由的事项，应当由最高国家权力机关决定。”乔晓阳主编：《〈中华人民共和国立法法〉导读与释义》，中国民主法制出版社2015年版，第97页。

④ 参见章志远、鲍燕娇：《作为声誉罚的行政违法事实公布》，载《行政法学研究》2014年第1期。

相对人人格权和其他权利处分范围的行为。

行为。“在通常情况下，作为法律关系客体的行为是指义务人按照法定或约定的义务而必须实施的行为，包括作为和不作为两种情形。”行为是职责职权的主要作用对象，在大多数行政执法活动中，都是围绕行政执法相对人行为开展的。以职责职权处分行政执法相对人行为必须符合相对人法律行为构成要件。① 之所以能够以职责职权处分行为，是因为该行政执法相对人具有法定或者行政执法决定所设定的义务或者权利。

“精神产品。精神产品是人通过某种物体（如书本、砖石、纸张、胶片、磁盘）或大脑记载下来并加以流转的思维成果。精神产品不同于有体物，其价值和利益在于物中所承载的信息、知识、技术、标识（符号）和其他精神因素。同时它又不同于人的主观精神活动本身，是精神活动的物化、固定化。精神产品属于非物质财富，西方学者称之为‘无体物’，我国法学界常称之为‘智力成果’或‘无体财产’。”精神产品是职责职权的作用对象，我国商标法、专利法、著作权法等法律非常明确的将精神产品规定为职责职权的作用对象。比如我国著作权法第四十八条规定对侵权行为“同时损害公共利益的，可以由著作权行政管理部门责令停止侵权行为，没收违法所得，没收、销毁侵权复制品，并可处以罚款”。

行政执法职责职权的作用对象是支配处分职责职权的必备要素，任何支配处分职责职权的行为都涉及到作用对象。行政执法职责职权的作用对象经抽象概括以后成为行政执法根据，而行政执法根据是行政执法的要素和事实条件，对职责职权支配处分也就意味着对

---

① 参见第十节“行政执法根据，作为行政执法根据的公民、法人和其他组织合法权益”一题。

行政执法根据的处分。

第十一题 行政执法裁量职权的规范

规范裁量行为的实质是规范裁量权，与行政法控权本质一脉相承，也因此它是价值依据层面，而非事实根据层面，将对根据事实层面的判断泛化为裁量行为是不正确的。行政执法事实根据的判断是基于依据的“是”与“不是”，是一种认定行为，这其中并没有合理性、适当性的问题，只有是否合法的问题。

在行政执法中规范裁量权是指规范行政执法裁量职权，在实践中简称为规范行政裁量权。必须且能够规范裁量职权的行政法原理在于职权的职责性等性质，即履行职权是一种义务。我们说职权也是一种法律权利，但是这种法律权利与民法权利和行政法上行政相对人权利有不同，这就在于后者是完全可以依自己意思而放弃，而职权因具有职责性、国家意志性和不可处分性等性质，它是不可以依行政执法组织的意思而随意放弃的。我们将职权作为法律权利是基于法学目的和法学理论体系，基于法学目的是说只有将职权作为权利，才能从根本上去除行政权力中的不当因素，从根本上以法的方法实现控权目的。基于法学理论体系是说法学理论以权利义务建构为主体内容，任何与权利义务有关的概念都必须纳入权利义务的范畴加以理论。我们将职权作为法律权利不是说它是可以作为或者不作为的权利意义，而是说在一定条件下必须作为或者不作为的意义。之所以设定裁量职权是为了解决行政管理事务的无限性与法律的有限性之间的矛盾，行政管理事务的专业性与立法者的非专业性之间的矛盾，政治、政策需要相对灵活性与法律需要相对稳定性之间的矛盾，形式正义要求公平性与实质正义要求公正性之间的矛盾,[①] 而不是说它作为法律权利可以随意放弃。基于权利与义务的关系，从严格意义上我们不能说权利就是义务，但是我们可以说职权就是职责。

规范行政执法裁量职权就是要将行政执法依据中以“有权”、“可以”等表示的具有法律权利意义的职权行使的事实条件规定具体化，使具体的规范行为模式对应于具体的规范法律后果，使职权行使的事实条件的规定选择可能性尽可能降低，以达到控制行政权的目的。同时，通过制定裁量基准规范，可以使不确定法律概念确定化，这对法律实施和行政执法是非常重要的。

第十二题　行政执法组织的管辖权

行政执法组织的管辖是行政执法组织权限和条件的重要外在表现。行政执法组织的权限决定管辖范围，行政执法组织的条件决定管辖能力。在行政执法组织确定以后，他要开展行政执法活动，首先需要考虑的问题就是管辖，而行政执法管辖所依据的行政执法管辖权，是重要的行政执法职权。

任何行政执法组织的管辖都有边界，这种边界以规范的形式做出规定。行政执法组织管辖具有高度的规范性，实际是通过行政执法规范对以行政执法职责职权为形式的行政执法事项在不同行政执法组织之间进行分配，主要通过法律规定和行政规定实现。行政执法管辖虽然是一种内部划分，但是对行政执法事项的规定直接关系外部行政，直接关系法律实施，在规定形式上指向法律效力范围。

① 参见姜明安:《论行政裁量权及其法律规制》，载《湖南社会科学》2009 年第 5 期。

也就是说，行政执法组织的管辖问题实际是行政执法规范，主要是行政法律规范的效力范围问题。“所谓法律效力的范围就是指法律效力在属人、属地、属时和属事四个方面的维度。法律效力之所以有范围是由法律效力的相对性决定的。从更为广阔的社会学意义上分析，任何的世俗权力都是有限的权力，世俗的法律秩序则依靠世俗的权力来建立和维护，法律效力则是世俗的法律秩序的体现，所以法律效力也是有其界限的。如果某一法律秩序宣称自己的效力无边无沿，这就不是世俗法律秩序，抑或属于宗教法律秩序的范畴，本质上属于宗教而非法律。”① 行政执法组织需要依照管辖规定，确定自己的管辖范围。

行政执法管辖在内容上主要是属人管辖，即何种行政执法组织对何人可以开展行政执法活动。属事管辖，即何种行政执法组织对何事可以开展行政执法活动。属时管辖，即何种行政执法组织对何时发生的事项可以开展行政执法活动。属地管辖，即何种行政执法组织对何地发生的事项可以开展行政执法活动。② 这其中，属事管辖是核心内容，广义上包括属人、属时和属地，事项的要素本身就包括人、时、地三个方面，只是后三者在行政执法管辖中具有特殊的意义，所以单列出来。

行政执法管辖在形式上主要是级别管辖，即同类行政执法事项在上下级行政执法组织之间的管辖划分。职能管辖，即行政执法事项在同级行政执法组织之间根据其行政职能进行的管辖划分。移送管辖，即对不属于本行政执法组织管辖的行政执法事项依照规定转移至有管辖权的行政执法组织管辖。指定管辖，即上级行政执法组

---

① 胡建淼主编：《法律适用学》，浙江大学出版社 2010 年版，第 174 页。

② 胡建淼主编：《法律适用学》，浙江大学出版社 2010 年版，第 174 ~ 182 页。

织依照规定，指定特定行政执法组织管辖原没有管辖权的特定行政执法事项。①

行政执法组织确定本组织的行政执法管辖，必须综合考虑行政执法管辖的内容和形式，同时，对于任何一种行政执法管辖形式，它的内容都是完整的，就是说，无论是级别管辖、职能管辖、移送管辖或者指定管辖，对于一个确定的行政执法组织而言，都包含属人、属事、属时、属地四个方面的内容。

第十三题　作为行政执法组织最小构成的行政执法单元

行政执法组织规模、结构等问题长期被各门科学所忽视，但是这些问题是行政执法学不可回避的问题。我们先讨论行政执法组织规模，然后在此基础上探讨结构问题，这实际也是行政执法组织职位和职务设置问题。

组织是社会群体的一种，“具有特定目标的群体就是组织”②，社会学研究表明，“一个小群体的最合适的规模是五个人”，③ 这与我国古代军队基层建制“五人为伍”不谋而合。据此，我们将五个人作为某一行政领域行政执法组织最合适的最小单元人员组成数目。

行政执法组织的主要目标任务就是实现行政法律规范。围绕这个组织目标，这五个人应当是什么样的人呢？这要从行政执法需要的知识体系分析。行政执法基本知识作为每个行政执法人员都必须

---

① 参见宋大涵主编：《行政执法教程》，中国法制出版社 2011 年版，第 102 ~ 103 页。

② ［美］戴维·波普诺：《社会学（第十版）》，李强等译，中国人民大学出版社 1999 年版，第 189 页。

③ ［美］戴维·波普诺：《社会学（第十版）》，李强等译，中国人民大学出版社 1999 年版，第 180 页。

掌握的知识体系自不待言，我们可以从需要的其它专门知识加以分析。由于行政执法最低涉及两套专门知识体系，即法律知识体系和特定行政专业知识体系，而又由于人不是全能的，所以这五个人当中最少应当有两个人分别擅长法律知识体系、特定行政专业知识体系。作为组织需要一个善于协调的人作为指挥人员，这是第三个人。这个指挥人员不仅需要擅长内部协调，也需擅长外部协调，且必须是一个素质较高、知识和经验丰富的人，这三个方面应在其他四人之上，至于原因下面会讲到。第四个人，可以考虑具有这样的特点，具有敏锐的观察力、善于速记、能熟练驾驶交通工具。第五个人员具有灵活性，以补充以上之不足，如果是一个具有行政强制职权的行政执法单元，则第五个人应当充分考虑他的行政强制能力。

这一最小行政执法组织的常态议事规则是协商制，因为他必须发挥每个人员的优势才能让组织的效用发挥最大，当然，基于效率，决定机制应当是由负责人决定的，只是这个决定必须建立在知识经验并有充分的理由的基础上。这个行政执法组织的负责人、指挥者即行政领导，由于必须保证行政执法决定正确，对行政执法决定承担责任，所以在素质、知识、理性和经验上必须是五人中最优。在非常态下的行政执法，即紧急情况下的行政执法，这种要求尤其明显，有时，他的指挥会直接影响到行政执法人员包括他自己和行政执法相对人的生命健康，不得不慎。在行政执法中，指挥人员的主要作用是把握简明执法原则下的适度执法规则。擅长法律知识的人主要解决行政执法中的法律问题，而擅长特定行政专业知识的人主要解决行政执法中的事实问题。

行政执法组织作为一个系统，就是由这样的一个个行政执法单元组成的，它是行政执法组织的最基本要素。行政执法组织的最小构成是行政执法单元，而非行政执法人员，因为行政执法是组织活动，行政执法必须以组织的名义开展，因此，它的最小构成也必须以组织的方式出现。行政执法单元因法律规定的权限条件和“三定”规定可以成为行政执法主体，也可以成为受委托行政执法组织，或者某一行政组织的内设机构。

第十四题 行政执法单元的结构，团队或是科层？

考察关于组织的理论，并结合行政管理特征，现代行政组织的结构主要是团队型和科层制，通过分析，它们都重视专业知识技术对于实现组织功能的作用，区别在于团队型组织是以目标为导向的，而科层制在以目标为导向的同时更注重规则对组织的控制，并且较团队型而言，官员设置较多。我们需要围绕行政执法组织的目标，结合团队型和科层制的特征表现出来的优缺点，确定行政执法单元的结构。

政府组织行为学认为，“团队型组织是为了实现某一目标而由相互协作的个体组成的正式群体。它有很多优点：团队型组织与矩阵型组织相似，其成员来至于不同的职能部门，不同的是团队型组织的领导者具备完整的权力指挥其成员，因此不会发生矩阵型组织中因双重命令体系引起的冲突。团队有充分的自主权，这使得组织获得了必要的灵活性。团队的成员是从组织的不同领域抽调来的具有不同的知识和技能的人，通过这种组合方式，团队可以有效利用各个职能领域在思维上的差异，获取更加方便快捷、更有创造性的问题解决方案”。① 缺点是：“团队型组织虽然能够使组织较迅速地

① 徐全忠主编：《政府组织行为学》，对外经济贸易大学出版社 2010 年版，第 264 页。

回应环境的变化与顾客的需求，使决策的制定更能够接近顾客，但是，这会在某种程度上降低决策制定的专业性，影响对问题的宏观把握；由于团队成员来自不同部门，相互间的沟通与协调需要一定的时间，以及团队的成立有可能引发不同部门间的冲突。”①

可以用这样几个关键词来概括团队型组织的优点，完整指挥权，充分自主权，灵活性，知识与技能的支撑，迅速适应变化，方便快捷的解决方案；缺点是降低专业性，影响宏观性，团队成员的沟通与协调困难，成立团队的部门冲突。从行政执法单元实现法律这个目标以及前文关于行政执法的讨论而言，优点都能吻合。缺点方面，从上题我们讨论的行政执法单元的人员构成要求看，是提高了行政执法的专业性，而非降低，因为行政执法单元人员构成强调了行政执法基本知识，法律知识和行政知识，这三者是行政执法专业性不可或缺的知识。行政执法活动主要是微观层面的活动，基本不涉及宏观性。在沟通与协调和成立团队的部门冲突上，行政执法单元的人员通常并非抽调，而是相对固定组成的，所以这方面的问题并不大。

我们再来看看科层制组织，以马克斯·韦伯的理性科层制为典型代表。“韦伯设计的这种理性科层制组织具有以下的五大基本特征：①专门化。在科层制组织中，作业是根据工作类型和目的进行划分的，具有很清楚的职责范围，它科学地划分每一工作单元和强调删除那些无用的重复工作，以及考虑到职能交叉的必要，各个成员将接受组织分配的活动任务，并按分工原则专精于自己岗位职责的工作。②等级制。在科层制组织中，拥有一大批官员，其中每个

① 徐全忠主编：《政府组织行为学》，对外经济贸易大学出版社2010年版，第264页。

人的权威与责任都有明确的规定。这些官员的职位按等级制的原则依次排列。部属必须接受主管的命令与监督，上下级之间的职权关系严格按等级划定。③规则化。在科层制组织中，组织运行，包括成员间的活动与关系都受规则限制。也就是说，每位成员都了解自己所必须履行的岗位职责及组织运作的规范。所以说，科层制组织所采取的手段能最有效地实现既定的目标，领导人一时产生的错误想法或已经不再适用的程序，都不大可能危害组织的整体发展。④非人格化。在科层制组织中，官员不得滥用其职权，个人的情绪不得影响组织的理性决策；公事与私事之间具有明确的界限；组织成员都按严格的法令和规章对待工作和业务交往，确保组织目标的实施。⑤技术化。在科层制组织中，组织成员凭自己的专业所长、技术能力获得工作机会，享受工资报酬。组织按成员的技术资格授予其某个职位，并根据成员的工作成绩与资历条件决定其晋升与加薪与否，从而促进个人为工作尽心尽职，保证组织效率的提高。韦伯认为，从纯技术的观点来看，科层制能为组织带来高效率。”①

从上面这段话中，我们简化下韦伯理性科层制的特征：专门化，分工基础上的专精，无重复工作。等级制，官员权责明确统一，命令与服从。规则化，成员了解岗位职责与组织规范，依职位职责做事，官员受制于规范。非人格化，情绪服从理性，公私分明，依照法律、规章行事。技术化，依专业技术能力所长获得地位机会、报酬、职位，依成绩与资历晋升。我们可以很清楚的看到，这套特征非常符合行政执法思维、本质属性、作为社会技术的根本形式特征和原则的要求。唯一需要注意的一点是，在任何一个行政执法单元，

---

① 卢荣春：《韦伯理性科层制的组织特征及其对我国行政组织发展的借鉴意义》，载《中山大学学报论丛》2005 年第 6 期。

只有一个指挥人员，这就避免了理性科层制向官僚科层制的转化。

综上，我们可以对行政执法单元这样一个组织的特征做如下描述：在分工基础上的，以实现法律规范为主要内容的，专业知识技术发挥主导作用的理性扁平化组织。除了上文专门别除的以外，都是行政执法单元的组织特征。它既是团队型的，也是科层制的，只是这种科层在管理层次上已经被扁平化了，之所以要扁平化并能够扁平化，其重要原因就在于现在我们更多的是依赖专业知识技术、规则、职位职责去决策、做事，尤其是行政执法，而非个人经验和非理性因素，专业知识技术、规则和职位职责的相对固定性、细致性和刚性决定了人们并不需要也无法有更多的选择，太多的管理层次和管理人员已经变得不再必要。

如果我们非要给这样的组织起一个名称，我们可以叫做团队科层型行政执法组织。

一个行政组织中可能有一个或者多个行政执法单元，这种执法单元实务中我们经常称作“队”，也可能某一个行政执法单元就是一个独立的行政执法组织，实务中我们称为“局”、“站”、“所”。可能一个行政组织中临时组成了某一行政执法单元去完成特定行政执法任务，或者跨行政组织去抽调，我们多称为“组”。无论何种原因和方式组成的行政执法单元，都应当具有上述组织特征。

第十五题　行政执法组织系统

行政执法组织系统与行政组织系统是有很大不同的，因为这不仅涉及行政职能的问题，还涉及行政执法权限的问题。行政职能是以行政事务的类的性质进行区分的，而行政执法权限基于其法律性更多的是突出权力的法律性质和范围，这是两种不同的分类标准，也是行政组织与行政执法组织不同的最重要原因。①

在计划经济模式下，行政组织通常以所管理的社会事务的性质设置横向系统和纵向系统，而在市场经济模式下，作为行政组织的特殊形态的行政执法组织的设置不仅考虑事务的性质，还要考虑行政执法职责职权的性质，因为对行政执法组织而言，事务的性质对其有规定性，规定行政执法职责职权的法律规范对其同样有规定性，而且是更强的规定性，正如前文所言，突出表现在规定权限和条件。正因为法律的更强规定性，我们才能集中行政执法权，并因此合并行政执法组织，开展行政执法机构方面的改革。

行政事务的性质与执法权力的性质是有机统一的，这是因为法律也必须反映作为事物的行政事务的属性，这一点把它们紧密的联系在一起。所不同的是，行政事务的性质在行政组织设置而言，它是作为事物的主要性质对行政组织的设置起作用，而行政事务的性质在行政执法组织的设置上，它不仅作为主要性质起作用，还要受制于法律性。当我们更看重行政组织行政事务的法律性时，即以法律性作为行政组织设置的根据。

行政事务的主要性质和法律性质是行政执法组织系统设置的主要因素。在此之外，人口与地域也是行政执法组织系统设置的重要因素。特定地域人口密度、分布特点、民族构成等等，以及我国到目前为止，仍是城乡二元社会，基于地域特征和形成的社会特征，这些对行政执法组织的设置都有重要影响。影响行政执法组织系统设置的具体因素主要是这四种。

如果我们突出行政执法职权与行政执法组织的关系，注重职权在组织间的不同分配和运行，进而形成的体系、制度、机制，我们

---

① 参见第六节“行政执法事物（事项），行政执法与行政任务”一题。

称为行政执法体制。相对集中行政执法职责职权是行政执法体制改革的一个方面，对解决执法交叉具有重要意义，但是由于事物的普遍联系性，执法交叉不是有或者无的问题，而是程度问题，就像行政执法组织系统设置时，突出四个具体因素中的任何方面都不是对其它方面的否定，只是不同因素所起的作用的程度不同。比如因社会需要，我们要突出城乡行政执法差异，进而形成城市行政执法和乡镇行政执法不同体制，此时我们仍然要考虑事物的主要性质、法律性质和人口因素。

突出事物主要性质因素作用于行政执法组织系统，更重视纵向组织系统设置，突出法律性质、人口和地域因素作用的行政执法组织系统，更重视横向组织系统设置。

在上面的讨论中，我们涉及到了行政执法组织的组织目标、机构设置、人员构成、权责体系、法规制度，从行政组织的基本要素看还有一个物质因素，① 这对行政执法组织是不言而喻的，在行政执法绩效原则中我们已经讨论过。法律应当明确规定国家财政必须全额保障行政执法费用，行政执法组织必须依法合理使用行政执法物质资源，并对不予保障和非法使用的行为落实法律责任。

---

① 参见夏书章主编：《行政管理学》，中山大学出版社 2008 年版，第 73 页；姜明安主编：《行政执法研究》，北京大学出版社 2004 年版，第 311 ~ 315 页。

第八节　行政执法相对人

行政执法相对人的合法权益是行政执法根据的一部分，行政执法相对人的物，人身、人格，行为和精神产品是行政执法职责职权的作用对象，但行政执法相对人不是行政执法的必备要素。尽管如此，在绝大多数行政执法中，行政执法相对人都是存在的，行政执法主要是行政执法组织和行政执法相对人的互动过程。由于在行政管理法律关系中，在行政执法社会关系中，其是一方主体，具有独立的意义，故单独列为一节。

在行政执法学中，我们称行政相对人为行政执法相对人，其与行政执法组织是一对范畴。行政执法相对人源于行政执法规范的规定，并在实际中与行政执法组织互动。

第一题　行政执法相对人

"行政相对人是指行政管理法律关系中与行政主体相对应的另一方当事人，即行政主体行政行为影响其权益的个人、组织。"①"'行政相对人'与'行政主体'一样，是行政法学上的概念，而非制定法上的概念。在制定法上，'行政相对人'一般称'公民、

---

① 姜明安主编：《行政法与行政诉讼法》，北京大学出版社2011年版，第137页。

法人和其他组织’，‘行政主体’一般称‘行政机关’、‘法律、法规授权的组织’、‘其他社会公权力组织’等”。[①] 在行政执法学上，基于行政执法的法律性，行政执法相对人与行政相对人含义相同。行政执法组织和行政执法相对人是行政执法学上的概念，在制定法上，行政执法组织除上面的称谓外，还有法律、法规和规章规定的行政机关委托的组织，行政执法相对人的表述方式与上面相同。

首先，行政执法相对人是行政法学和行政执法学对人和群体社会角色的一种抽象。在理论上，行政执法相对人并不是特指哪一个人或者哪一个群体，而是对人和群体的抽象，是一种类的概念，是一个行政执法学上的角色。人和群体在不同社会关系中有不同的地位和身份以及基于此的角色，“社会角色是指与人们的某种社会地位、身份相一致的一整套权利、义务的规范与行为模式，它是人们对具有特定身份的人的行为期望，它构成社会群体或组织的基础。”[②] 在作为社会关系的法律关系中，基于“法律面前一律平等”的宪法原则，人和群体在法律执行和适用时地位是平等的，这种平等是基于法律关系抽象出的行政执法相对人角色的平等，他们平等的享有法律权利、履行法律义务。除非法律另有规定，在行政执法中，并不考虑行政执法相对人在法律上的身份、地位和角色以外的身份、地位和角色因素。

其次，行政执法相对人状况是行政执法需要查明的事实对象。绝大部分行政执法活动都有行政执法相对人，在具体的行政执法事

---

① 姜明安主编：《行政法与行政诉讼法》，北京大学出版社 2011 年版，第 137 页。见脚注。另外，需注意的是，经修订的现行我国行政诉讼法已将“行政行为的相对人”纳入其中，即行政相对人已成为法律概念。同时，要注意在行政执法学上，行政相对人或者行政执法相对人不仅仅存在于行政管理法律关系中，还存在服务与控制关系中。

② 郑杭生主编：《社会学概论新修》，中国人民大学出版社 1994 年版，第 140 页。

项中，基于行政执法相对人的法律行为，都必须查明特定行政执法相对人的基本情况，对于个人而言，就是姓名、性别、年龄、住址和身份证号码等，对于组织而言，就是其成立证明、主要负责人、活动范围等因素。这些需要查明的因素仅限于具有法律意义的因素，对于没有法律意义的因素不需要查明，有时对于行政执法组织而言甚至无权查明。所谓具有法律意义，是指在法律规范中载明的，可以形成、变更或者消灭法律关系的事实因素，在规范上一般指向法规范的行为模式，在理论上就是行政执法相对人法律行为的构成要件要素。具体地说，就是这些因素可以影响到行政执法相对人的法律权利和法律义务，包括裁量因素，比如在行政处罚中，个人的年龄因素中是否年满十四周岁就导致不予处罚或者给予处罚的不同法律后果，已满十四周岁不满十八周岁就导致从轻或者减轻行政处罚的不同裁量法律后果。在行政许可中，有很多行政许可对于申请许可的组织条件有不同的规定，可以直接导致不予行政许可或者准予行政许可的处理结果。

第三，行政执法相对人是行政执法组织行政执法行为的目标人，行政执法决定的指向人，“是与行政主体职权职责具有对应权利义务的个人和组织”,① 是行政法律关系中行政执法组织的相对方。行政执法行为一般都有特定目标人，即使是直接针对特定物或者交通信号,② 是行政执法组织围绕的查明的人物对象，是行政执法决定的对象指向，也是行政执法组织欲将法律权利法律义务作用到其身上的人物对象。行政执法相对人与行政执法组织处于行政法律关系

① 肖金明、冯威主编：《行政执法过程研究》，山东大学出版社 2008 年版，第 129 页。

② 姜明安主编：《行政法与行政诉讼法》，北京大学出版社 2011 年版，第 156 页。

当中，这里的行政法律关系是指行政法上的行政管理关系，“行政管理关系是行政主体在行使行政职权过程中与行政相对人发生的各种关系。”① 在行政执法中，不能仅将行政执法相对人视为行政主体或者说行政执法主体的相对人，在实践中，受委托的行政执法组织的相对人亦是行政执法相对人，否则他是什么呢？当然，我们可以说他是委托的行政执法组织的相对人，但是这抹杀了在行政执法实际中受委托的行政执法组织实际操作委托行政执法的事实，且不利于受委托的行政执法组织开展委托执法活动。也就是，受委托的行政执法组织和行政执法人员在行政执法过程中可称行政执法主体意义上的行政执法相对人为行政执法相对人。

在这里需要特别强调的是，如第一点所述，行政执法相对人是因为法律的规定而成为行政执法相对人，具有规范抽象性，但是在实践上，确定行政执法相对人还必须是法律权利和法律义务受到行政执法组织行政执法行为实际影响的个人或者群体，“任何个人、组织，只有其权利、义务受到行政行为影响时，才能成为行政相对人，如果某一个人、组织虽处在被管理地位，但其权利、义务未受到行政行为实质影响，那么该个人、组织还不能具有行政相对人的地位。当然，影响可能是直接的，也可能是间接的，但无论影响是直接的还是间接的，只要其权益受到实质影响，该组织或个人就具有了行政相对人的地位。”② 也就是在行政执法中，行政执法相对人还必须是与行政执法组织在行政执法活动中实际产生交互行为的公民、法人或者其他组织。

---

① 姜明安主编：《行政法与行政诉讼法》，北京大学出版社 2011 年版，第 19 页。

② 姜明安主编：《行政法与行政诉讼法》，北京大学出版社 2011 年版，第 20 页。这是指在实际的也就是实然的行政执法活动中。在应然的也就是规范上的行政执法，也是存在行政执法相对人概念的，否则就不会有对应的实然意义上的行政执法相对人。

在行政执法学中，我们不强调行政执法组织对行政执法相对人的单方意志性或者说主导性，不承认行政执法组织与行政执法相对人法律地位不平等。我们说行政管理关系时，可以说行政组织占主导地位，其行使行政权力的行为有单方意志性，其与行政相对人的地位不平等。① 但是，在行政执法上，基于行政执法的法律性，行政执法组织与行政执法相对人的关系主要是行政法律关系，而不是行政管理关系，是经行政法律调整后的行政管理关系，特别是确立职权法定原则以后，他们之间只能表述为法律上的权利和义务不对等，而不能认为他们的法律地位不平等。行政管理关系经过法律调整以后，特别是行政法律调整以后，行政组织的意志就不再是单纯的行政意志，主要是法律意志，是法律体现的公共意志和国家意志，是全体人民的共同意志，从这个角度来说，行政执法组织的意志不是单方意志。比如，给予行政执法相对人行政处罚，是法律允许和要求的，而不是行政执法组织单凭自己的意志，在没有法律依据的情况下就可以进行的。

同时，在行政执法上，行政法律关系下的行政执法组织如果从行政执法全过程而不是决定看，也不具有主导性，仅从依申请的行政执法行为这个基本分类类型来看，行政执法组织的主导性就不明显，并且其主导性在很大程度上还依赖于其所谓的单方意志性。

就法律地位而言，行政法律关系下的行政执法组织与行政执法相对人的法律地位是平等的，“法律地位的平等，是指主体双方的权利义务都是由法律所规定的，任何一方都不享有法律规定以外的

① 即便在行政管理关系中，随着现代行政发展，行政也不再完全是消极的执行或者是单方行为。参见姜明安：《行政法》，北京大学出版社 2017 年版，第 5 页。

特权，也不承担法律规定以外的义务，双方在法律面前是平等的。”① 行政执法组织依法享有和行使执法职权、履行行政执法职责，行政执法相对人依法享有行政法权利，依法履行行政法义务。

在行政法学中，行政主体与行政相对人法律地位是否平等，在法规范而言是一个价值选择问题，而不是一个事实问题。行政法以“控权”为本质，重要的内容就是通过行政法律调整行政组织和行政相对人之间的不平等性，采取控制行政程序和行政实体权力，逐步提高行政相对人法律权利，逐步让行政主体与行政相对人法律权利和法律义务相对对等，来保证行政主体和行政相对人在法律地位上的平等，经过法律调整以后，行政主体变成行政执法组织，行政相对人变成行政执法相对人，两者在法律地位上平等。“施瓦茨指出，行政法的目标是要纠正个人与国家的不平等”。② 如果我们在行政法上承认行政主体和行政相对人法律地位的不平等，就等于承认行政主体具有法外特权，行政相对人具有法外义务，就会否定行政法的“控权”本质和目的追求，使行政法成为行政权力的奴仆，丧失行政法的主要存在价值，而且也违背了“法律面前一律平等”的宪法原则。

就行政执法而言，如果在行政执法学上承认行政执法组织与行政执法相对人法律地位不平等，就等于从根本上否定了行政执法学将法律对行政权力的外部控制通过行政执法内化的基本立场，违背了行政法律规范内容决定行政执法活动的逻辑。总而言之，行政法承认并改变行政管理关系中的行政组织与行政相对人的不平等地位，

---

① 向群雄、徐银华：《“行政法律关系主体法律地位不平等性”质疑》，载《中南政法学院学报》1992 年第 3 期。

② 姜明安：《行政法》，北京大学出版社 2017 年版，第 87 页。

但不应承认行政法律关系中两者的不平等法律地位；行政执法基于行政法律规范作为行政执法内容决定行政执法的逻辑，在基于行政法律关系的行政执法中，行政执法组织与行政执法相对人法律地位平等。

第二题　行政执法相关人

在行政执法学中，我们称行政相关人为行政执法相关人。

“所谓行政相关人，是指参与到业已发生的行政法律关系中，与行政行为有法律上利害关系的个人或组织。行政相关人不是行政行为明指或行政主体主观意思表示指向的人，而是行政行为客观上影响其正当权益的人，往往是因为权益被影响而参与到行政主体与相对人之间业已形成的行政法律关系中来的个人或组织。”① 行政相关人是行政法学上较新的概念，是对间接行政相对人②在理论上的进一步厘清和更新，在实定法上，称为利害关系人。

在理论上提出一个新的概念，需要具有理论意义或者现实意义，两者兼而有之更佳。对于行政相关人这个概念的提出，首先就行政执法上的意义来说，是有利于明确行政执法利害关系人的内涵外延，赋予利害关系人确定的含义，这对行政执法的重要性不言而喻，任何在行政执法实际中使用的概念，其含义都必须是确定的。比如说，在行政执法实际中，行政执法组织向谁作出行政执法决定？我们说一般是向行政执法相对人，但是如果行政执法相对人有直接和间接

① 肖金明、冯威主编：《行政执法过程研究》，山东大学出版社 2008 年版，第 131 页。

② 参见姜明安主编：《行政法与行政诉讼法》，北京大学出版社 2011 年版，第 139～140 页。

之分，我们可能要进一步明确是向行政执法直接相对人作出，而这个判断又与向行政执法相对人作出不一致。如此，不如将行政执法相对人固定为直接相对人，而把间接行政执法相对人归为行政执法相关人。其次是丰富了行政管理相对方的理论内容，无论是缩小行政相对人的内涵，将间接行政相对人发展为行政相关人，还是将行政相关人理论纳入间接行政相对人，都无疑扩充了行政管理相对方的理论内容。就行政执法而言，在理论上承认行政相关人概念是有利的。

对于行政（执法）相关人的理解，主要是行政相关人是参与到已经存在的行政法律关系的个人、组织，这个已经存在的行政法律关系已经有了行政相对人，而行政相对人是直接与行政组织建立行政法律关系的个人、组织；行政相关人与行政行为有法律上的利害关系，不是与行政相对人的行为有利害关系，这是构成行政相关人的实质要件，就是说，该行政行为在针对行政相对人（而不是针对行政相关人）权利义务的处分的同时，也直接实际处分了行政相关人的权利义务，且具有客观性和强制性，而不是指权益受到该行政行为结果影响的个人、组织；行政相关人与行政主体之间是行政法律关系，与行政相对人之间是民事法律关系，前者法律关系的形成是行政相对人与行政主体行政法律关系附带的客观结果，后者民事法律关系与行政相对人和行政主体间的行政法律关系密切相关，从属于该行政法律关系。①

在行政执法中，除了相对人和相关人以外，还存在行政执法其他参与人，比如行政执法证人、行政执法鉴定人等，将在行政执法

① 参见肖金明、冯威主编：《行政执法过程研究》，山东大学出版社2008年版，第131～134页。

证据节中讨论。

第三题 行政执法相对人的权利与义务

法律上的权利与义务是行政执法相对人的固有属性，否则他就不是行政执法相对人。

行政执法相对人的权利义务对应于行政执法组织的职权职责，尤其是对应于行政执法职权分类，比如，针对行政处罚职权，行政执法相对人有哪些权利义务。如果把行政执法相对人权利义务作为一个整体进行分类而不是对应于行政执法职权，就行政执法实践而言缺乏针对性。对行政执法相对人的权利义务对应于行政执法职责职权类别的研究还需要进一步细化。

从不同的角度，可以从总体上归结出行政执法相对人权利义务的种类，行政执法相对人在行政执法过程中的权利主要有：申请权、参与权、知情权、正当程序权、抵制违法执法行为权，在行政监督救济中，行政执法相对人还具有批评建议权、申诉控告检举权、申请复议权、提起行政诉讼权、请求国家赔偿补偿权等。行政执法相对人在行政执法过程中的义务主要有：服从行政执法的义务、协助行政执法的义务、维护公益的义务、接受行政监督的义务、提供真实信息的义务、遵守法定程序的义务等。① 这些权利义务，在实践中都必须对应于相应的行政执法职权职责予以确定，而且要看具体的行政法律规范的规定，而不是所有行政执法相对人都具有这些权利义务。

① 参见姜明安主编：《行政法与行政诉讼法》，北京大学出版社 2011 年版，第 142 ~ 144 页。

第九节　行政执法依据（规范）*

行政执法是执行规范的活动。行政执法规范中的行政执法依据是行政执法职责职权行使的依据条件，是行政执法活动的依据要素。法律授予特定组织行政执法规范的执行权，可以就是否执行特定规范，执行哪种规范在符合其它法定条件的情况下作出决定。②

所有的行政执法依据都是行政执法规范，但不是所有的行政执法规范都是行政执法依据，两者的关系可以表述为行政执法依据是行政执法规范的主要部分。依据作为规范的主要部分是指只有规范中的法律才能设定行政执法职权，设定行政执法活动的要素和条件，其它行政执法规范并不具有这样的功能，它们只能在依据设定的要素和条件的范围内作出有限的规定。同时，所有行政执法的规范都是行政执法的内容，而只有其中的依据才具有使行政执法成为一种正当活动的功能，即依据不仅是行政执法的内容还是行政执法的标准。③

---

* 依据作为一个法学和法律术语，主要是指示一种价值，即在事实存在基础上的人们的价值取舍，而不是指事实存在。可对照第十节“行政执法根据“理解这个问题。

② 作为行政执法组织必然要执行行政执法规范，甚至可以说必须执行其职责内的所有行政执法规范，但是，在实际上，对特定规范的执行受制于组织力量、行政任务等多种因素，尤其是在依职权的行政执法中，是有优先顺序的。

③ “在拉兹看来，如果将法律视为法官的行为或对法官行为的预测就忽视了法律的规范性特征。法律不仅体现在法院作出的判决中，而且也体现在法院作出判决所依据的指引和评价规则中。在法官作出法律判决的行为背后，存在着指引其行为的规则。法官有义务遵照适用法律系统现有的法律规则，如果他们违反这一义务，就会使其判决丧失法律上的正当性。”李桂林、徐爱国：《分析实证主义法学》，武汉大学出版社2000年版，第269页。

对于行政执法规范要从事实与价值两个方面进行理解，以价值为主。我们可以称之为规范的东西，都离不开对事实的描述，并在事实之上赋予价值。不同科学所不同的是对事实状态因其价值目的不同而抽取的范围和角度不同，尤其是对相同事实赋予的价值不同，这对行政执法规范同样有效。相对于事实而言，某类规范的价值问题更能体现这类规范的性质，在行政执法规范上集中表现在实定法，表现在法律规范，“一项规则是对一个确定的具体事实状态赋予一种确定的具体后果的法令”,① 实定法的法律原则也是一样，与法律规范相比，其具有更大的适用事实范围。这种以规范确定的法律后果就是法律所要追求的价值的体现。行政执法规范是体现行政法控权本质价值的规定，这种规定本身是一种事实存在，但对行政执法活动而言，它体现的是价值意义，这种价值意义就表现在应然的规定性，它包含行政执法规范所规定的各个行政执法要素在价值上的应然，而行政执法就是要把体现价值的行政执法规范的应然变成实然。

行政执法规范在内容上主要是两套体系，即针对行政权力和行政执法相对人行为的规范体系，在形式上分为三个层次，即法律（行政执法依据）、行政规定和行政执法技术规范。

第一题　针对行政权力的规范体系

在法律上，权力就是权利，均是义务的对称。“即使在一国内，国家依法拥有的权力本身也可以被看作是一种法律权利。在现代社

---

① ［美］罗·庞德:《通过法律的社会控制法律的任务》，沈宗灵、董世忠译，商务印书馆 1984 年版，第 24 页。

会，不仅民事活动中国家与其他法律主体之间的关系是一种权利义务关系，在刑事活动、行政活动等国家占据重要地位的活动领域中，国家与其他法律主体之间的关系也是一种权利义务关系。”① 在行政法上针对行政使用权力而不是权利，主要是基于法与行政的不同以及政治对法律的影响，突出行政权力作为一种国家强制力的存在，这种强制力的存在主要表现在，行政主体与行政相对人在具体行政行为上的权利不对等进而表现出来的实现方式，即从传统行政法学观点看，行政权力的行使并不依双方或者多方协商一致，行政主体可以自己的意志强迫行政相对人实现行政主体的目标。但是，他们在法律上是平等的，即针对行政权力，也存在行政相对人权利，行政意志受法律意志制约，这是控制行政权力的法律方式。行政相对人依照法律针对行政权力享有发起权、知情权、参与权和防御权。②对应于这些权利，行政执法组织负有相应义务。

在行政执法中，我们称行政权力为行政执法权力，并因其法定性而成为行政执法职权。行政执法职权是行政执法的核心问题，无论是行政执法组织还是行政执法行为都以具有行政执法职权为条件。如前文所述，组织与权限不可分割，对于权力的规范体系也是对组织的规范体系。

法律是人民意志的形式，法律控制行政权力就是人民控制行政权力。从历史经验看，只有普遍有效地控制行政权力，尤其是控制暴力权力，厉行法治，才能持久和平、共同发展。

在人类历史上，行政权力经历了从无限到有限，从任性到受制

---

① 王莉君、孙国华：《论权力与权利的一般关系》，载《法学家》2003 年第 5 期。

② 参见肖金明、冯威主编：《行政执法过程研究》，山东大学出版社 2008 年版，第 151 ~ 158 页。姜明安主编：《行政法与行政诉讼法》，北京大学出版社 2011 年版，第 142 ~ 143 页。关于行政相对人权利的研究是一个重要课题，目前看，这方面的研究尚不充分。

的过程，以人类现有知识看，用法律控制行政权力使其变成有限是最有效的方式。行政法学和行政法律以控制行政权力为核心和使命，逐渐发展出一整套关于控制行政权力的法学理论和法律规范体系，并依赖于人们意识的觉醒和承认而富有生命力和实际效力。行政执法职权是行政权力的特殊形态，行政权力在本质上并没有法律因素，它的本性是无限扩张，而行政执法职权因为行政执法的法律性，它天生具有法律因素，它因为有了法律的规定而具有了限度范围。从这个意义上说，“依法行政”是人们在法治理念、法治思维下对行政权力的一种规定，作为一种规定要变为现实，“徒法不足以自行”，它必须转化为大众和行政执法人员不可扭转的意志，才能从应然变为实然。仅从行政权力变为行政执法权限、职权规定而言，这个过程在人类历史上就经历了几千年，人们在不同时代、不同社会为此付出了辛勤的智慧和血的代价。

权力是政治学的核心范畴，是对他人的强制支配力。当我们说行政权力的时候，从历史和本质上看，它实际上是没有法律因素的，取得权力、维系权力、运用权力的主要支撑因素是暴力、财富和知识以及由此发展出来的一套意识形态和体系制度。财富既是权力的目的之一，也是权力的基础，而暴力和知识则是取得、维系和运用权力的基本条件。“枪杆子里面出政权”，权力与暴力紧密联系在一起，突出的体现了人的动物性特征，在人还未成为人而是动物的时候，它们如现在的动物一样，主要依托力量与速度基础上的暴力求得生存，对于他的暴力对象而言，他就有了支配的权力，实际是胜者为王的“丛林法则”。当人成为人，并结成社会以后，暴力权力的动物性特征并未立即消除，也很难完全消除。进入社会以后，这种动物性特征融入社会性，变成人性的一部分，“人性的首要法则，是要维护自身的生存”,[①] 只是依靠暴力权力维护自身生存的本能由于暴力权力的惯性和其无法自拔的好处，使它已经无法控制自己了，尤其是暴力权力以行政权力的面目出现，挟国家强制力为害尤重。在暴力行政权力下，国民没有安全，没有自由，没有平等，也没有尊严。暴力一旦蔓延，它将很难终止。暴力活动在任何社会都会造成社会秩序的混乱，文明的毁损，甚至造成大规模的人员死亡，比如两次世界大战，从政治学看，就是不同权力集团争夺权力的争斗，当然借口可以是多种多样的。如果不对权力进行控制，任由暴力权力蔓延，对社会和每个人都是不利的，甚至可以毁灭人类。

那么如何控制暴力权力呢？“知识就是权力（力量）”,[②] “知识和权力是相互连带的；不相应地构建一种知识领域就不可能有权力关系，不同时预设和建构权力关系就不会有任何知识”,[③] 这就要依靠支撑权力的第三个因素即知识起作用。当人类的社会性逐渐增强，理性之光渐亮，通过时代杰出人物的思想启蒙，认知水平逐步提高，发明了很多具有社会理想的规范体系来控制人的动物性表现出来的暴力权力行为，体现了人的社会性，比如道德规范、宗教规范、法律规范等等，包括我国古代的“礼”和“律”。这些规范虽然具有控权的作用，但由于权力者本身具有的优势，这些规范不但在很长一段时间里对权力者的控制作用微乎其微，反而成为权力者控制人

① ［法］卢梭：《社会契约论》，何兆武译，商务印书馆2003年版，第5页。

② 弗朗西斯·培根语。对这句话的翻译尚有争议，参见李北方：《知识就是权力》，载《南风窗网》http：//www. nfcmag. com/article/4080. html，最后访问日期2016年8月9日。即便翻译为“知识就是力量”，通过法国哲学家米歇尔·福柯关于知识、力量和权力的关系的论述，比如“所有的力量关系都是权力关系”，“知识就是权力”的理解也是没有问题的。参见米歇尔·福柯相关著作以及对福柯的研究论文。

③ ［法］米歇尔·福柯：《规训与惩罚：监狱的诞生》，刘北成、杨远婴译，生活·读书·新知三联书店1999年版，第29页。

民的工具。这个时期，我们通常称为“神治”、“人治”时期。近代以来，在资产阶级革命前后，时代先贤为了实现对以神权为核心的封建极端暴力权力的摧毁，重新对权力的来源、权力的行使等等做了阐释，提出了自由、平等、博爱等口号，赋予了权力源于权利的意义，并以宪法和法律的方式固定下来，这突破了封建意识形态，唤起了人们的觉醒，使其成为大众的意志。在这个过程中，树立了“主权在民”思想，实现了理论上、观念上、制度上、事实上的“权力分立”和“权力制衡”，政治制度上用民主制替代君主制，选举制替代世袭制，在治理形式上实现了从人治到法治的转变。这个过程是暴力权力向知识权力转变的过程，是权力向权威的转变过程，很显然，与以暴力去支配别人相比，以知识、法理等让人信从要文明进步得多，它能给我们除社会契约基于成员同意而服从权力之外的另一个充分理由，即向权力服从是一种信从的行为（权力转化为权威），进而变成意志的行为和合法的义务，“向强力屈服，只是一种必要的行为，而不是一种意志的行为；它最多也不过是一种明智的行为而已。在哪种意义上，它才可能是一种义务呢?”。[①] 拥有权力不等于具有权威，没有权威的权力，只能是独裁和暴政，它必然被人们推翻。

对行政权力的法律控制以作为知识体系的行政法学理论为著。在行政法理论上有“控权论”、“管理论”和“平衡论”之分。[②] 它们在目的、内容、原则和方法上尽管有所区别，但是都体现了对行政权力制约的思想。即便是管理论，如果我们还承认它是行政法上

---

① ［法］卢梭：《社会契约论》，何兆武译，商务印书馆 2003 年版，第 9 页。只有向权威服从才能成为一种义务，这种义务是服从理性的道德义务。

② 参见姜明安主编：《行政法与行政诉讼法》，北京大学出版社 2007 年版，第 98 ~ 108 页。

的理论，承认其行政法律的存在和实效，它的法律规范对国家管理关系作出具体规定，哪怕只是对行政管理相对人作出规定，实际上与没有规定比较而言，也是实现了对行政权力的制约。

控权的程度从法律实践来说是一个渐进的过程，但是必须深刻理解作为行政执法标准内容的行政法律规范的控权本质，作为行政执法人员尤应如此，强权之下每个人都是弱者，包括掌权者。作为一个掌握权力的行政执法者，你不能永远的拥有所有的权力，也不能保证子孙后代永远掌权，你的权利的实现仍然需要其他权力者的合法行使，你的子孙后代想有良好的政治环境需要你正确行使权力打下基础。当然在现在还未充分法治化的中国社会里，由于传统文化中不好因素的影响以及自私心，甚至某些机制体制不合理的因素，有时还需要拖关系、额外花钱财去办事，这对双方而言都是贬损自己人格尊严的行为，所谓“一丝一毫，我之名节”，“取一文，我为人不值一文”，这也不是社会的发展方向和自食其力的生存方式。通常，人们只承认通过脑力或者体力劳动求得生存的方式是正当的，劳动与所得相适是正义的，① 单纯依靠权力、关系、地位、金钱甚至继承等不劳而获的方式谓之曰“耻”，有的称之为“罪”，世界上绝大多数国家的刑法规定的盗窃罪、抢劫罪、贪污贿赂犯罪等等，都可以视为对不劳而获行为的否定。不劳而获实际是自己没有劳动而占有了他人的劳动成果，这当然是应当予以否定的，人类所有财富都不是自在自有的，都是通过劳动创造的。

---

① 正义是一个具有复杂内涵的价值概念，是法的终极价值，也是人类不懈追求的目标。历史上无数杰出人物论述了正义概念，不尽相同，一般认为正义内涵至少包括安全、自由、平等三个维度，根据才能和劳动各得所得、各失所失是正义的，其中自身才能是基本根据，因为劳动岗位也应根据才能进行分配。参见外一篇，正义、突破限制与人生的意义。

为了自己不得到不公平的待遇，为了避免权力的危害，每个行政执法者的执法权力必须受到法律的控制，必须依法行使行政执法职权。它的意义不仅在于一时一事的依法，还在于通过不断地对依法执法的强化，包括对违法执法的严厉惩处，在行政执法人员这个庞大群体中，树立依法执法意识，形成依法执法氛围，牢固依法执法意志，落实依法执法原则，通过依法执法实现行政法治。我国三四十年前经历过“无法无天”的时期，给国家、社会和人民造成了巨大灾难，可谓教训深刻、殷鉴不远。

第二题　针对行政执法相对人行为的规范体系

无论是行政法上的“控权论”、“平衡论”还是“管理论”都涉及到针对行政执法相对人行为的规范体系。正如前文所述，无论哪种学派都体现了对行政权力的制约，这种制约实际上有两个路径，一个是关注行政权力，一个是关注行政执法相对人行为。控权论学者由于过于关注行政主体和行政行为，很少去研究针对行政执法相对人行为的规范体系，主要关注于程序控制和司法审查方式等，这是清楚地、关键的、有力的、很容易见效的控权方式，很好的诠释了行政法的形式性特征，具有极其重要的意义。

问题是，只要形式正义是不够的，是不能够完全达到行政法制约行政权力的目的的。法律程序①固然有其重要的价值，甚至是独立的价值，但是我们始终不能忽略一个问题，没有法律程序的规定，

---

① 程序即结构即形式，是内部形式。参见导论，“行政执法学与行政法学”题；第六节“行政执法事物（事项），行政执法内容、形式、本质、现象的关系”题；第十四节“行政执法行为及其程序，行政执法程序的性质——行政执法要素结构”题。

法律实体的规定依然可以单独存在，[1] 但是没有法律实体的规定，法律程序的规定就不能独存。还有一个问题就是，无论如何，如果行政执法相对人可以希冀通过实体法实现正义，而仅仅实现了程序法正义，他是不会满意的，尽管他可能理解。如果从常识我们都能判断出某一事项是否正义，我们是否还需要过多借助于法律程序？这个时候，恐怕法律程序越显得正当，就越让人怀疑实体的正当性。程序始终是为实体服务这个根本性质是永远不能忽视的，无论我们多么强调法律程序的重要，尽管它确实是必要的，我们都不能忽视法律实体问题，否则行政法就会走向唯形式主义。[2]

行政执法学不同于行政法学，它不仅要关注行政权力行使的法律程序和行政行为，更要关注以行政执法相对人的法律行为构成为重点的行政执法根据，否则它就无法开展行政执法活动，比如如果没有行政执法相对人法律行为构成，如何确定行政执法证据范围？如何实现行政执法说明理由？如果说行政法理论主要是通过程序控制来实现控权的，那么行政执法学就是既通过程序控制也通过实体构成来实现控权。

行政法针对行政执法相对人行为的规范体系，在理论上由行政执法相对人的法律行为构成表现出来，在法律上主要对应行政实体法。这种对行政权力的控制是实质的、根本的。这就在于，对不符合以行政执法相对人法律行为构成的行政执法相对人既不能科以义务，也不能给予权利，必须严格遵循行政实体法规定。对于行政执法相对人权利而言，在行政执法上我们当然可以提倡对于有利行政

---

① 但难以成为有机整体，参见第十四节“行政执法行为及程序，行政执法程序的性质——行政执法要素结构”一题。

② 这跟行政法的研究重点在于行政行为和行政程序有直接的关系，行为本身就是形式性的，而行为程序是行为的结构即内部形式。

执法相对人，并且无碍公共利益和他人合法权益的权利尽量给予行政执法相对人，但是这不能违反行政执法的绩效和简明原则，比如这个行为不能增加行政执法成本，它不是一种过度或者欠度的行政执法。

就行政执法的规范内容而言，上面是两个主要方面，还包括规定行政事实行为的规范等。总体而言，行政执法各要素均是行政执法规范的内容。

第三题 作为行政执法规范的法律

——既是一个法律形式秩序统一体也是一个法律实质秩序统一体

在本质上，法律是包括社会成员自己同意（这种同意是概括的同意，而非具体的同意）在内的公共意志，而这种同意的社会成员在一个国家中的表现，就是具有一国的国籍，在行政执法上就是，具有行政执法身份资格而成为行政执法人员。“人是自由的，尽管是屈服于法律之下，这并不是指服从某个个人，因为在那种情况下我所服从的就是另一个人的意志了，而是指服从法律，因为这时候我所服从的就只不过是既属于我自己所有、也属于任何别人所有的公共意志。”①

公共意志需要公共表达，在表达方式上，由于这种表达在一定规模的国家中，无法实现所有的公共意志都由所有的公民逐一表达，所以只有极少数关键的表达比如宪法采取这种方式外，多数的表达

① ［法］卢梭：《纽沙代尔手稿》，转引自何兆武：《社会契约论》，商务印书馆2003年版，第21页，见脚注。

方式是通过代议制。法律是公共意志，在国家作为共同体形式时，也是国家意志。因此，行政执法作为公共意志和国家意志的执行，在任何时候都不能认定这种意志是无效的，因为这种意志表达方式和意志内容是包括行政执法者在内的全体社会成员概括同意的，此时执法者是执行者的角色而非决定者角色，也就是说，在任何时候，行政执法不得对法律的实质有效性做出判断和认定，也就是说，法律对行政执法者而言，其实质效力是绝对的。当执法者对法律在实质上是否有效做出判断和认定时，他就不再是行政执法人员，而是社会成员或者国家公民了。①

这里的法律，在只有一个法律秩序的国家，就是最高民意机关制定的具有国家强制力的规范性文件，在有不止一个法律秩序的国家，针对于某一事项，就是其中有权对该事项做出决定的最高民意机关制定的具有强制执行力的规范性文件。在我国，这里的法律就

---

① 行政执法作为一个身份角色，意味着对行政执法角色道德伦理的绝对服从。一旦违背行政执法道德伦理，就意味着不再是行政执法身份角色。身份角色者否定其道德伦理，即是否定自我。但是，在不以该身份角色行事时而否定该道德伦理则不在此列，此时能否对其非难，在于国家的法律规定和社会的伦理道德。

如果将行政执法对应于特定的行政执法人员，则作为人，由于其本身负载的道德的多样性，此时对法律的服从就仅具有相对的意义，即具有对“恶法”不予执行的道德权利，当然这种道德权利是一种个人选择，是有限的，可能要付出代价的。这种观点即使是实证法学的代表人物也承认，即所谓的“良心抵抗”，参见［英］约瑟夫·拉兹：《法律的权威：法律与道德论文集》，朱峰译，法律出版社 2005 年版，第 241～252 页。

当然，我们在本书中所讨论的行政执法人员服从法律的绝对性是从基于身份地位的职业道德要求意义上的绝对性。对于“良心抵抗”，凡有职业道德与其他道德在同一个人身上冲突时的选择的正当性，似要加一个限定，即只有在不能放弃该职业时（比如它将导致生存之忧），其才有选择职业道德以外的道德行为的权利，这种选择才可以视为正当。

从本质而言，道德性是人的属性之一，尽管道德内涵在不同时代、社会、领域有所不同，而法律性并非人的属性。从法律实效看，只有具备广泛道德基础的法律才能获得真正实效，仅靠法律强力的推进是难以获得法律实效的，因为法律强力始终只能是针对少数人的。

是由全国人大及其常委会制定的法律，在广义上在地方事务方面，包括地方性法规、自治条例和单行条例，香港特别行政区、澳门特别行政区民意机关制定的法律。

对行政执法而言，法律是一整套规范体系。行政执法执行的是这个整套规范体系确定的整体法律秩序，通过行政执法使所管辖的领域与地域的社会秩序符合这个整体法律秩序，而不是执行某一特定的法律条文。在第六节我们谈到“行政执法事物”这个概念，这是我们理解法律作为一个实质性的整体秩序的关键所在。

法律以法律权利和法律义务为核心，并定义为社会行为规则，行为是指身体的动静，而“权利意味着人们可以作或不作一定行为以及可以要求他人作或不作一定行为。法律通过规定权利，使人们获得某些利益或者自由。义务意味着人们必须作或不作一定行为。义务包括作为义务和不作为义务”。[①] 在法律用语上，权利通常用“可以”来表示，义务通常用“应当”来表示。我们可以看到，法学和法律是通过权利义务与身体动静的结合来进行理论规定的。这是因为，法律作为一种相对精确、严密的科学，如果它要发挥实效，当然它必须发挥实效，就必须在构成要素上分解到不可再分解，这样它才可能精确严密，作为调整行为的规范，身体动静已经是不可再分解的了，而法律权利和法律义务就是对这种身体动静的规定。而且只有这样，才能在法律的条款项目中将一种行为规定下来。所以，我们看到的法律在形式上就是法条以及由法条组成的法典。这也造成了一个假象，就是，我们执行的仅是载有行为规范的法律条文。实质并非如此。

① 张文显主编：《法理学》，高等教育出版社2007年版，第77页。

"从语义学的观点来看，规范就是规范语句的意义。"① 这里的规范语句就是法律条文，特定法律条文所显示的意义要大于法律条文本身，那缺省的部分是什么呢？那就是特定法律条文规定的权利义务指向的行为所表示的事项的其它要素。我们可以举个例子来说明这个问题，比如行政执法相对人违法行为的构成，② 一个行政处罚事项，它的构成要件要素包含行为主体、实行行为、行为对象、行为结果、因果关系，正当防卫、紧急避险，责任能力、故意、过失、违法目的、追责时效等。在某一实体法典中，特定法律责任中的法律条文一般只规定实行行为，有的包含违法目的和行为对象，正当防卫和紧急避险可能要涉及到该法典或者其它相关法典的"总则"部分，因果关系可能就没有在法典中加以明确规定，而责任能力和追责时效多在行政处罚程序法典中作出规定，行为结果可能在实体法和程序法中均有规定。在形式上，它可以跨越宪法、法律、法规、规章。这是针对行政执法相对人行为的规范体系而言的，针对行政执法组织和权限的规范体系也是如此。一部法典，不可能将所有它要规定的事项的所有要素都写上，否则每一本法典都会成为一本书，那将是非常浩瀚难以执行的，违背法律的简洁性。正是特定事项的要素分布于不同的法典之中，使各个法典之间勾连出一整套秩序。它的基本脉络是全部法典构成的法秩序——法律规定的事项——以行为为基本内容的法律权利和法律义务。这不同于凯尔森基于规范等级形式构筑的法律秩序统一体，通过事项的勾连是一种实质意义的法律秩序统一体，只有两者兼顾，才能完整理解法律秩

① 罗伯特·阿列克西语。转引自胡建淼主编《法律适用学》，浙江大学出版社2010年版，第140页。

② 参见夏云峰：《行政执法重点实务业务工作》，中国法制出版社2015年版，第66~88页。

序统一体这个问题。[1]

在一个法律条文中，作为规范意义的事项，它的要素一定是完整的，否则就无法进行执法，作为规范语句的事项，它的要素可以是不完整的，否则就无法进行立法，这是针对一个完整事项而言的。同时，同一事项从不同性质出发，在理论和实定法上不同归类，基于同一事物产生的联系性，并因在宪法中的高度概括在实质上形成了以宪法为核心的包含各种法律事物在内的法律秩序统一体。

法律作为一个秩序统一体，基于同一行政执法事项，这种秩序统一体在行政执法中会延伸至整个行政执法规范体系，即基于法律的规定，行政执法规范体系也如法律秩序统一体一样，能够成为一个秩序统一体。

法律条文和法典是法律规范的表现形式，法律规范亦存在要素结构问题。“对法律规则的逻辑结构的分析，法学界有不同的看法，主要有三要素说和二要素说。三要素说是占主导地位的学说。主要内容是：法律规则由假定、处理、制裁三部分构成。”[2] “二要素说是20世纪90年代在批评三要素说的基础上兴起的一种新的学说。二要素说将法律规则的结构分为行为模式、法律后果两部分。行为模式是指法律规则中规定人们可以行为、应该行为、不得行为的行为方式，它可以是科以义务的，也可以是授权的。法律后果是指规

---

① 凯尔森在其所著的《纯粹法学》论述“对于个人之间接与直接的义务与权利”中涉及到了不同规范对于同一事物的规定，但是非常的简单，且并非是从实质意义上的论述。凯尔森所主要侧重的法秩序是形式意义上的规范秩序。参见［美］凯尔森著《纯粹法学》，刘燕谷译，中国文化服务社1943年版，第57页。

② 张文显主编：《法理学》，高等教育出版社2007年版，第117页。这是整体意义上的规范结构，而不是具体意义上的结构即每一规范都有假定、处理、制裁三要素。

则中指示可能的法律结果或法律反应的部分。”① 在行政执法中，我们采用二要素说，其中的行为模式就是规定作为规范意义的事项的形式，主要是规定法律行为构成要素的形式，而法律后果就是法律对该事项的法律处理的规定。当我们说同一法律规范时，就是指行为模式和法律后果在规定上相同，反之，则不是同一法律规范。行为模式规定法律行为构成要素在行政执法相对人、行政执法根据中，法律后果规定法律处理在行政执法决定中，两者在行政执法案件中会大量涉及，非常重要。同时，行政执法证据、行政执法理由，如果从规范角度说，它们连接了规范规定的行为模式和法律后果。

需要注意的是，尽管我们在行政执法中主要直接执行的是行政法律规则（同规范），事项的意义也主要从法律规则中的行为模式阐发，但是我们不能因此忽略行政法原则对规则的作用，行政法原则对规则的行为模式、事实事项和法律后果对事实事项法律处理的规定均起指导作用。

第四题　法律——行政执法依据

——行政执法规范的主要部分

行政执法依据就是行政执法正当性的凭据，它指示两个基本的含义。其一，行政执法依据是行政执法的内容，即现实行政执法活动的要素和程序就是依据所规定的行政执法的要素和程序，活动与

① 张文显主编：《法理学》，高等教育出版社2007年版，第117页。这既是整体意义上的也是具体意义上的规范结构。整体意义是说就法律制度体系整体而言可以分为行为模式和法律后果两部分，从具体意义上说就是每一规范必有行为模式和法律后果两部分。这种结构因为具有具体性，所以是法律执行的首选结构。就法规范行为模式和法律后果结构的深刻认识对行政执法非常重要。

依据完全相符，此时行政执法正当。其二，评判行政执法活动是否正当，以相应行政执法依据为准。从上面几题的讨论，我们知道行政执法依据是法律。

任一行政执法活动必有依据，它可能看起来仅仅是执行行政规定的活动，但是行政规定属于行政执法规范体系的一部分，这一部分的效力来源于法律。① 因此，没有法律依据的活动就不是行政执法，这种行为如果影响行政执法相对人的法律权利和法律义务，就不具有正当性，人们就可以不服从。② 我们说，所有的行政执法规范都是行政执法的内容，但是只有法律才是行政执法的依据，其除了内容的意义外还有标准的意义。因此在行政执法活动中，在引用规范证明自己的行为具有正当性时，只能引用法律规定，这里的法律包括国家认可的其它具有法律形式和法律效力的规范，比如我国的行政法规、规章等。同时，具有法律根据但不具备法律形式的行政规定亦可成为行政执法依据，③ 因为它是法体系的构成部分，具有法的效力，但这种行政规定单独并不构成依据，必须与其法律根据相结合方可构成依据，它从属于法律，可以认为是对某行政执法事项法律规定的细化和补充。

行政执法依据首先是价值问题、规范问题，而不是事实问题，是特定时代社会评价行为正确与否的标准。对于相同事实，在不同

---

① 参见本节第七题“行政执法规范的法律效力”。

② “自凯尔森之后，强调私人和政府官员对法律的普遍服从一直是分析实证主义法学的要点。法律调整着一切法律行为，各法律主体的行为只有符合法律的规定才能够产生他所希望的规范性后果。法律创造机关和法律适用机关的活动，只有受到法律的调整，才能够区别于强盗的犯罪行为。”李桂林、徐爱国：《分析实证主义法学》，武汉大学出版社2000年版，第278～279页。

③ 参见我国《行政诉讼法》第三十四条，第五十三条，第六十四条；《行政复议法》第七条。

的时代和社会有不同的价值取舍和规定，相同事实，在某一个时代社会可能是违法的，在另一个时代社会可能不是违法的，这就要看行政执法所执行的现行有效法律的规定内容。

其次，行政执法是依据是公共意志和国家意志，也就是说，只有民意机关才能制定或者决定哪一种规范是行政执法的依据，这既包括形式也包括内容，也就是说，行政执法组织不得在没有相应民意机关授权或者委托的情况下，自行设定行政执法依据。

第三，行政执法依据是规定行政执法事项全要素及其法律后果的规范。在内容类型上涉及时间、地点、行为主体、行为能力、实行行为、行为对象、行为结果、故意、过失等，在对象上既包含行政执法组织也包含行政执法相对人，在表现形式上是法律权利、法律义务和法律责任的具体准则和标准。依据对于特定行政执法事项要素的规定范围是固定的，不得在范围外增加要素或者在范围内减少要素。

第四，行政执法依据是行政执法组织引用的具体法律规范，通过引用相应具体的行政法律规范，也就是明确规定行政执法事项全要素和法律权利、法律义务和法律责任的行政法律规范，来证明行政执法活动，特别是影响行政执法相对人权利义务的行政执法活动的正当性。

第五，行政执法依据是推理论证依法执法的根据。这里的行政执法依据是指事实存在的法律规范。对于一个行政执法事项而言，事项的要件要素必须从行政执法依据上确定，从依据出发确定行政执法组织、根据、证据、理由、决定等。

第六，行政执法依据在形式上是规范语句，即具体的主要指向行为的法律条文，在实质上是规范语句的意义，对于行政执法依据而言，在内容上它是整个法律秩序而不是某一特定的法律条文。

第七，行政执法依据是法律依据，其执行过程在法律上指向法律适用，依照法律适用的规则执行行政执法依据。

第五题 作为行政执法规范的行政规定①

在行政执法学中，行政规定是由行政执法主体制定的有关行政执法的规范，体现行政执法主体的意志，广义的行政规定包括具备法律形式的那一部分规范，在我国比如行政法规、规章，狭义的行政规定仅指不具备法律形式的那一部分规范。行政规定不限于行政规范性文件。受委托的行政执法组织因为必须以委托的行政执法组织的名义，也就是意志行事，所以在一般情况下，其不能制定与行政执法有关的行政规定。

行政规定基于法律规定的职权和授权立法而成，可以成为法律，当然，这种行政规定必须由法定机关在法定权限内作出，且需具备立法的程序和法的形式。主体、权限、程序和形式是我们把握行政规定是否为法律的关键。但是，在行政执法活动中，一般而言，行政规定只要具备了法的形式，比如以国务院令形式颁布的行政规定，我们就认为其是广义的法律，即行政法规，而不对该行政规定是否属于法律在立法主体、立法权限和立法程序上作进一步实质性判断，因为这主要属于行政立法问题，而不是行政执法问题。也因此，行政执法不对执行具备法的形式的行政规定是否为实质上的法律承担责任，也就是，这种行政规定一旦被作为行政执法依据，因此而产生的是否为法律的适用错误，相应行政执法组织不承担违法责任。

① 在行政执法学上，我们称与行政执法有关的行政文件为行政规定，其与法律规定、行政决定成为一套体系，以更接近于行政执法实际。

但是，对违反行政执法规范冲突解决规则而产生的法律适用错误需承担违法责任。

作为法律的行政规定。作为行政执法主体的行政机关，本不是或者不应当是法律的制定主体，其作为“国家意志的执行”,① 本身不应当具有任何有别于国家意志的意志，具体地说，就是行政规定不得设定法律权利和法律义务，否则就会自己成为自己的“法官”，自己执行自己制定的“法律”。由于行政权力的暴虐传统和行政权力的扩张本性，人们对它的基本立场是不信任。行政主体只能就行政执法中法律的具体适用问题进行解释，这种解释必须符合法律本意，且不是对法律本身进行解释，我们称之为行政解释。② 再者，就是为顺利开展行政执法，规定行政执法的辅助措施，基于行政执法思维、属性、特征等等，提供体制机制、方式方法等等方面的保障。但是，由于政府存在的目的从功能上说就是为了解决社会问题，而社会问题涉及到社会生活的各个方面且变化不断，仅仅由民意机关的法律为政府解决社会问题的主要方式行政执法提供依据，很难满足现实需要。民意机关的立法程序严格，周期较长。“由于立法机关在现代社会难以独立负担全部的立法任务，而行政机关在现代法治国家没有一定的立法职能便难以管理行政事务，于是就产生了

---

① ［美］弗兰克·J·古德诺：《政治与行政》，王元、杨百朋译，华夏出版社 1987 年版，第 41 页。

② 参见《全国人民代表大会常务委员会关于加强法律解释工作的决议》、《中华人民共和国立法法》、《行政法规制定程序条例》等相关规定。行政解释既可以以行政（执法）规定的形式存在（抽象解释），也可以以行政（执法）决定的形式存在（个案解释），存在于行政执法的各个阶段，行政解释属行政执法的性质之一。“法律解释的需要往往是在执法、司法过程中适用法律解决具体的实际问题而产生的。执法、司法机关适用法律、解释法律解决具体实际问题正是其职能所在。立法机关不参与执法、司法，不可能发现这些问题。”姜明安：《行政法》，北京大学出版社 2017 年版，第 107 页。关于行政执法中的法律解释问题，另参见姜明安：《论行政执法》，载《行政法学研究》2003 年第 4 期。

立法机关授予行政机关以一定立法权的情形。”① 所以，至少从现实政府运作来看，民意机关需要给予行政机关一定的立法权限，来为行政执法提供依据，这时的行政规定具有了公共意志和国家意志的性质。但是，这种行政职权或者授权立法，是受到具体法律规定和法律保留、法律优位原则等方面控制的，不是无限的。这一类可以作为行政执法依据的行政规定属于广义的法律，在我国是行政法规和规章。

不作为法律的行政规定。正如前文所说，法律必须反映事项的属性，并因此而成为一个整体体系和秩序。当这些事项的规定，具备了法的形式的时候，我们称之为法律。如果关于这些事项的规定不具备法的形式，而是以行政执法主体行政文件的形式对行政执法事项的任一要件要素或者其结构与形式做出规定，只要是关于行政执法的，无论是关于行政执法组织还是行政执法相对人，都属于行政执法规范。

不作为法律的行政规定并不限于行政规范性文件，② 行政规范性文件有一个特征是针对社会的，而不是行政机关内部的，但是，对于行政执法而言，内部行政文件如果对于行政执法，比如说行政执法组织或者不同行政执法组织的管辖做了规定，这就涉及到了行政执法要素，那这个文件不是行政规范性文件，但属于行政执法规范。

---

① 周旺生：《立法学》，法律出版社 2004 年版，第 242 页。授权立法产生的原因和作用另参考该书第 247 ~ 248 页。赋予行政机关立法职能，虽然来源于宪法和法律的规定，但这只是一种规定的方式，是国家意志的体现。以“人民主权”理论观点来看，作为立法机关的民意机关以外的组织立法都应当是一种授权立法，包括行政机关的职权性立法。本书主要是从行政执法依据角度看授权立法，不展开讨论。

② “行政规范性文件是国家行政机关为执行法律、法规和规章，对社会实施行政管理，依法定权限和法定程序发布的规范公民、法人和其他组织行为的具有普遍约束力的政令。”姜明安：《行政法》，北京大学出版社 2017 年版，第 271 页。

通常，不作为法律的行政规定是围绕法律既有规定的细化，属于“规定”范畴，而不是“设定”范畴。在行政执法规范上，将设定与规定作为一对范畴，有其特定含义。所谓设定，是指创设行政执法事项，使行政执法事项从无到有。所谓规定，是指对已设定的行政执法事项具体化，使行政执法事项从粗到细。① 行政规定对法律规定的细化跟法律体系是否完善有直接关系，当法律体系不够完善，不能满足行政执法需要时，在有法律原则或者法律规则依据的前提下，行政执法组织仍然可以就行政执法事项的某些要素结构和形式作出一些规定，比如在正当程序原则下，针对某类行政执法法律缺失的程序作出规定，但是，不作为法律的行政规定除非具有法律根据，一般不能设定一个全新的行政执法事项，也就是，不能改变法定的行政执法事项要素，或者设定法律并未规定的行政执法事项。同时，不作为法律的行政规定主要限制在有关行政执法组织、权限和条件的规定上，而不是直接针对行政执法相对人及其行为。

在行政执法上，不作为法律的行政规定合法与具有法律根据同义，如果想在法律上有效，比如抽象行政措施和行政决定，必须是有法律上的根据②，哪怕是程序性或者实体性法律原则，而非仅仅与法律不抵触，不作为法律的行政规定是行政执法规范体系的一部分。“由于法律之所以有效力是因为它是按照另一个法律规范决定的方式被创造的，因此，后一个规范便成了前一个规范的效力的理由。调整另一个规范创造的那个规范和另一个规范之间的关系，用

---

① 参见胡建淼主编:《法律适用学》，浙江大学出版社2010年版，第218页。在本书中为了表述方便，并未严格区分使用设定和规定词语，多使用规定，需根据语境区分其内涵。

② 这里的根据是规范作为事实存在的含义。根据这一词语在行政执法中均为事实存在的含义，而依据则主要是价值的含义。

空间比喻来说，可以表现为高级和低级的一种关系。决定另一个规范的创造的那个规范是高级规范（superior norm），根据这种调整而被创造出来的规范是低级规范（inferior norm）。”① 当我们谈到“法无授权不可为”的时候，就已经暗含了这个意思。不抵触或者不违反与有根据是不同的两个概念，与法律不抵触和不违反法律的行政规定未必是符合法律规定的，而有根据本身就包含了与法律不抵触和不违反法律的含义，同时它还要求行政规定要有法律上的授权。②这是从行政规定是否可以制定而言的，在有法律上的授权可以制定以后，行政规定的内容则不得与法律相抵触。③

有法律根据的行政规定，即使不具备法的形式也具有法的约束力，它实际上是法律认可的规范，并被法纳入了法律体系。这时的

① ［奥］凯尔森：《法与国家的一般理论》，沈宗灵译，中国大百科全书出版社1996年版，第141页。

② 我国宪法第八十九条规定：“国务院行使下列职权：（一）根据宪法和法律，规定行政措施，制定行政法规，发布决定和命令；”第九十条规定：“各部、各委员会根据法律和国务院的行政法规、决定、命令，在本部门的权限内，发布命令、指示和规章。”县级以上地方各级人民政府及乡镇政府制定行政规定的根据，依照我国地方各级人民代表大会和地方各级人民政府组织法规定有两个，即本级人民代表大会（及其常务委员会，县级以上）的决议和上级国家行政机关的决定和命令，本级人民代表大会的决议具有“法律”性质且不得与法律相抵触，同时，执行本级人民代表大会决议而制定行政规定本身就是法律授权的体现。上级国家行政机关的决定和命令依照前引最终追溯至国务院行政规定也必须有宪法和法律的根据。地方各级政府部门行政规定在宪法和地方各级人民代表大会和地方各级人民政府组织法中没有具体规定，参照宪法关于国务院部门行政规定的规定执行，最终追溯至国务院行政规定也必须有宪法和法律的根据，当然这种根据是指最终的、间接的法律根据，是将行政规定作为一个体系看待的。以上是从行为法角度。从组织法角度，“职权法定”本身就是制定行政规定必须有法律根据的体现，行政执法组织必须具有法定的行政规定制定权。这里面需要考虑的问题是，作为行政执法规范的上级行政规定违法而下级行政规定又需制定，下级行政规定如何制定？对违法的上级行政规定如何执行？

③ 在行政法学上，行政行为不违反法律与有法律根据指向的是依法行政原则下的两个基本原则，即法律优先和法律保留原则。它们的具体含义和流变可以参见关保英主编：《行政法认识史》，中国政法大学出版社2008年版，第15~22页。

行政规定就如同法律一样，既可以设定行政执法事项，也可以规定行政执法事项了，当然这种设定或者规定需要在其法律根据所限定的范围之内。

第六题　行政执法技术规范①

行政执法技术规范是行政执法学非常重要的研究内容，是指行政执法组织为实现行政法律规范而制定的，以行政执法人员的行为标准和行政执法相对人的法律行为构成和主要内容的具体行政执法作业规程。在广义上，行政执法技术规范属于行政规定，由国家制定或认可并赋予强制力后可以成为法律的组成部分。行政执法技术规范既是行政执法的标准，也是行政执法的内容，其统合行政执法规范各相关因素，从而形成一个有机整体，最接近于行政执法活动，直接规定了在特定情况下，行政执法人员应当怎么做，在它与行政执法活动之间不再有其它规范。

行政执法技术规范的设计。行政执法技术规范设计应当坚持行政执法的依法、绩效、简明原则，综合考虑行政执法各方面因素，与行政执法责任制和行政执法绩效管理制度紧密结合，以国家行政执法技术标准为形式，以政府宏观调控、市场监管、社会管理、公

---

① 行政执法技术规范的性质是义务性，即它是规定行政执法组织必须为或不为的规范。对于裁量规范亦是如此，参见第七节行政执法组织，行政执法裁量职权的规范一题。

义务性如果作为第一性来适用于整个法规范可能并不妥当，但是如果仅指行政法中针对行政执法组织的规范则可能是妥当的。参见［美］凯尔森：《纯粹法学》，刘燕谷译，中国文化服务社 1943 年版，第 48 ~49 页。如果从纯粹法学乃至实证法学而言法规范的义务性作为第一性又是妥当的，因为仅规定义务的规范仍是法规范，但仅规定权利而不规定义务的规范则不是法规范（整体而言），注意这与“权利本位”从价值角度对规范区分的不同。

共服务和环境保护职能为内容分为五大行政执法技术规范类别，以行政执法类别和行政执法事项为基本分类标准，以行政执法程序为骨架，形成行政执法技术规范体系。它的主要参考体系构架示例为：

国家行政执法技术标准

宏观调控 行政执法 技术规范	市场监管 行政执法 技术规范	社会管理 行政执法 技术规范	公共服务 行政执法 技术规范	环境保护 行政执法 技术规范
|	……	……	……	……

行政处罚技术规范　　行政强制技术规范　　行政许可技术规范…….

一、总则
二、基本术语
三、行政处罚组织人员
四、行政处罚管辖
五、行政处罚事项
行政处罚事项 1，……
行政处罚事项 2，……
行政处罚事项 3，……
……
六、行政处罚标准作业流程
七、行政处罚标准文书
八、行政处罚标准语言
九、行政处罚标准仪态
十、行政处罚统计要求
十一、行政处罚案卷要求
十二、行政执法职业道德和纪律要求
十三、行政处罚保障要求
十四、违法责任
……

行政执法技术规范的模式、模型可以继续深入研究。

设计行政执法技术规范应当充分兼顾内容的稳定性和变动性，

对于容易变动的内容，应当分册设计，以便修订。

设计行政执法技术规范应当具体到行政执法活动中不可分解的因素，比如人员与行政执法岗位、职责的对应，行政执法人员的身体动静等等，充分体现行政执法技术规范的操作特征。只有在无法具体到不可分解的因素时，才可以提出较宏观的技术要求。

设计行政执法技术规范从整体上应当涵盖所有法律设定的有关于行政执法的职责职权，应当整合所有与行政执法相关的行政规定，做到“行政执法技术规范之外无行政执法规范”。

行政执法行业技术规范与行政执法地方技术规范设计是在国家标准的基础上，对有特殊要求的予以增加，不涉及的予以减少，比如行政处罚事项增减，或者对国家标准的进一步具体化。行政执法技术规范应当一直细化到具体的行政执法组织，并作为本行政执法组织的行政执法操作标准。

行政执法技术规范的制作。行政执法技术规范的制作需要大量的人力、物力，且与行政执法组织直接相关，应当由行政执法组织制作。在行政执法组织层次上，应当以中、省行政执法组织为主，市、县行政执法组织将上级行政执法组织制作的相应行政执法技术规范细化为本行政执法组织的技术规范。在制作人员构成上，应当以行政执法专家、行政法学专家、行政学专家、技术设计专家和行政执法实务人员为主。在没有上级行政执法技术规范的情况下，行政执法组织为了保证行政执法活动，可以自行制定行政执法技术规范。

行政执法技术规范的实施。行政执法技术规范是行政执法活动最直接的标准内容，是行政执法领导、指导、监督、管理、培训、考核最基本、最简明的依据，解决了行政执法活动内容缺失、不系统、不全面、不连贯、不确定、不稳定等等问题。行政执法领导机关的职责是制定行政执法技术规范，保证行政执法技术规范的落实。行政执法指导机关的职责是帮助和依规范评价行政执法组织落实行政执法技术规范活动。行政执法监督机关的职责是对照行政执法技术规范，对行政执法组织偏离行政执法技术规范的行为进行纠正和惩处。行政执法组织及其行政执法人员就是要研究、学习、落实行政执法技术规范。

不建立健全行政执法技术规范，对整个行政执法尤其是行政执法人员来说，在行政执法规范层面，在行政执法实践活动中就永远是一本糊涂账。而且，行政执法也无法有力的反作用于行政立法。

第七题　行政执法规范的法律效力

行政执法规范作为行政执法依据，必须判断其是否具有法律效力，有什么样的法律效力。不具有法律效力的行政执法规范不能作为行政执法依据。

行政执法规范作为一个以法律规范为主要内容的秩序统一体，根据凯尔森的法律规范效力理论，首先是宪法的效力问题。“如果我们问为什么宪法是有效力的，也许我们碰上一个比较老的宪法。我们终于找到这样一个宪法，它是历史上第一个宪法，并且是由一个僭位者或某个大会所制定的。这第一个宪法的效力是最后的预定、最终的假设，我们的法律秩序的全部规范的效力都依靠这一宪法的效力。”① 就宪法而言，是一个政治性与法律性的复合体，在形式上

① ［奥］凯尔森：《法与国家的一般理论》，沈宗灵译，中国大百科全书出版社 1996 年版，第 130～131 页。在凯尔森那里，宪法的效力是一种假设，这在理论上是没有问题的，但是，这不是一个完美的假设，解决这个问题的是哈特，见下文。

主要是法律性的，而在实质上主要是政治性的。我们理解宪法，不能局限于宪法规范或者说宪法条文，它首先是概念性的，是指称法律规范体系中具有最高法律效力的准则，这是说它的法律性。而在政治性上，其作为当权者的最高意志又是事实性的，这种最高意志既可能是个人意志，也可能是少数人意志，更应该是全体国民的最高意志，在法治国家我们要求它是全体国民的最高意志，但无论哪种意志，都是一种事实存在，人们可以推翻这种事实存在，① 但在这种事实存在的期间就意味着人们承认它有效，它就有事实上的最高效力。"在哈特的法律效力来源观中引入了承认规则的概念。哈特主张，法律是一种规则，而法律作为一种规则之所以有效力是因为有一种最终的承认规则，即法律效力的根本基础是人们承认它有效力。"② "最后，当人们对法规的效力发生怀疑并依据女王议会制定的就具有效力这一规则来评价时，就处于关于法律效力研究的终点：因为此时已经达到这样一个规则，它同居间的法令和法规一样，提供了评价其它规则的效力的标准，但它又同法令和法规不一样，没有任何规则提供了评价它本身的法律效力的标准。它就是最终的承认规则。"③ 对于行政执法而言，行政执法的职业道德要求行政执法人员尤其应该承认宪法的法律效力。

解决了宪法的法律效力问题以后，其它行政执法规范是否有效的问题就变得比较简单，得到宪法承认的行政执法规范即为在法律

---

① 既可能是革命性的，也可能是改良性的，还可能是脱离该宪法的效力范围的。不同宪法作为不同政治国家不同价值的集中体现，对其成员是具有选择性的，这种选择性的最低要求是不反对宪法，即对该成员有效，这是一种事实。法律本就是政治上有组织的国家的产物，参见［德］哈特穆特·毛雷尔：《行政法学总论》，高家伟译，法律出版社2000年版。

② 胡建淼主编：《法律适用学》，浙江大学出版社 2010 年版，第 172 页。

③ 胡建淼主编：《法律适用学》，浙江大学出版社 2010 年版，第 172 ~ 173 页。

上有效的行政执法规范。在不同国家，有不同的承认规则，在我国主要是：行政执法规范的制定主体合法，是指行政执法规范若想在法律上有效，必须由合法的制定主体在其权限范围内制定产生，无权制定的主体所制定的规范或者有权制定的主体超越其权限制定的规范均无法律效力。行政执法规范内容合法，是指行政执法规范的内容不得违宪、违反上位行政执法规范或者与同位行政执法规范相冲突，否则该内容在法律上无效或者属于效力待定状态，不得作为行政执法依据。行政执法规范制定程序合法，是指行政执法规范必须依照法定的制定程序产生，否则该行政执法规范不具有法律效力。对于行政执法而言，这里面重要的是行政执法规范的法定形式和生效期间，在法定形式上，比如作为行政执法依据的行政法规、规章必须以“令”的形式公布、发布。生效期间是指行政执法规范具有法律效力的时间段，即行政执法规范生效到行政执法规范废止（失效）之间的时间段。①

行政执法规范的法律效力内容是指有效的行政执法规范所具有的约束力和作用力。“所谓法律效力是指，法律及其部分派生文件、文书所具有的，以国家强制力为保证的，在所适用的时间、空间范围内，赋予有关主体行使其权利（或权力）的作用力以及约束有关主体履行其义务（或责任）的作用力之总和。”② 行政执法规范的法律效力范围是指有效的行政执法规范在属人、属地、属事和属时四个维度所具有的约束力和作用力，在属人效力上，既可能对行政执法组织有效，也可能对行政执法组织以外的个人、组织或者其它

① 胡建淼主编：《法律适用学》，浙江大学出版社2010年版，第183~184页，第328页。

② 陈世荣：《法律效力论》，载《法学研究》1994年第4期。

事实状态有效，且必居其一，在绝大数情况下，对两者同时有效。

就行政执法规范对行政执法组织的效力而言，及于行政执法活动全过程，包括行政执法组织本身，行政执法规范本身，以及行政执法的根据、证据、理由、决定等各个要素和关系，特别是行政执法管辖职责职权，① 着重表现在行政执法决定的有效上，② 具有强烈的法律规定性。就行政执法规范对行政执法组织以外的个人、组织或者其它事实状态的效力而言，从行政执法角度看就是行政执法根据，着重表现在行政执法相对人法律行为的构成要件要素上，既具有法律的确认性，也具有法律的规定性。③

第八题　行政执法规范是行政执法的标准

行政执法标准是由立法机关或者行政执法机关制定的，一定范围的行政执法共同、重复使用的判断行政执法正误的准则，在行政执法中，特指行政执法依据。

人皆以己为是，以人为非，则人人皆是，人人皆非。为了避免人人皆是，人人皆非，需要有一个统一的判断标准。标准“归纳起来不外乎①标准是衡量事物的依据和准则，②又可指作为准则的事物。实际上这两个含义是一回事，①是指示标准的内涵，实质，②则是指标准的外延，即某些表现形式。”④ 符合行政执法依据这个准则，行政执法就是正确的，不符合这个准则，行政执法就是错误的。这里的正误判断并非仅指是否合法有效，还涉及到是否达到行政执

---

① 参见第七节“行政执法组织，行政执法组织的管辖权”一题。
② 参见第十五节“行政执法成立与有效，行政执法决定有效”一题。
③ 参见第十节“行政执法根据”。
④ 曲昭力:《“标准”的词源与词义》，载《大众标准化》1995 年第 2 期。

法的行政效果和社会效果。行政执法标准的表现形式在我国是法律以及法规和规章，就其约束力而言，以法律为最，就其精确性而言，以规章为最。

第九题 行政执法规范与司法解释

“司法解释是国家最高司法机关在适用法律法规的过程中，对如何具体适用法律法规所作的有权解释。”① 司法解释与行政解释构成一对范畴，一般来说它们在各自领域内发挥法律效力，但是，以行政法规表现的行政解释在我国其法律效力高于司法解释，是行政审判的依据。

司法解释由于并非行政执法组织所为，且属于司法，主要是诉讼而非行政执法过程中的规范，它不属于行政执法规范，不能作为行政执法的依据。但是，如果司法解释的内容涉及行政执法事项，行政执法组织认为该内容有法律根据，且相关行政执法规范缺失，则在处理相关行政执法事项时，该司法解释的内容可以作为行政执法的参照。如果就同一行政执法事项，司法解释和行政执法规范规定不同，则应考察行政执法规范的形式。在我国，行政执法规范如果是法律法规或者是具有法律法规效力的行政解释，应当执行行政执法规范的规定，如系规章和非法律性行政规定形式，则应当参照司法解释的规定内容处理相关行政执法事项，但是即使在这种情况下，司法解释亦不能成为行政执法的依据，在行政执法中，司法解

① 胡建淼主编：《法律适用学》，浙江大学出版社2010年版，第291页。

释始终是以行政执法参照的地位存在的。①

① 依照我国现行行政诉讼法，行政规章在行政审判中的地位是“参照”，当行政规章与司法解释不一致时，法院依司法解释作出判断，行政审判对行政执法的法律效力具有终局性。不作为法律的行政规定在行政审判中既非审判依据也非审判参照，仅是判断行政案件是否合法的标准，而这种标准还有个是否合法的问题。司法解释在行政执法中的参照是指，当行政执法组织认为司法解释可以运用于行政执法活动时，该司法解释的内容可以作为执法标准，即直接依照司法解释的内容开展某种执法行为。这时，在行政执法文书中一般不直接引用司法解释的形式，而是直接使用其内容。此时的司法解释内容是作为行政执法解释的内容而存在的，即行政执法组织所认为的内容与司法解释内容相同。

“依据”与“参照”是一对范畴，对两者的区别的理解不很相同。如果从系统规范和权力分立制约角度理解可能容易些。一个方面，从一般而言，立法主体、行政主体和司法主体制定的规范只能在各自的立法系统、行政系统和司法系统内起作用，作为相应行为的依据，即行为的内容标准。如果跨越系统使用其他系统的规范，对于使用的系统而言，就只能是参照，即参考的意思。所谓参考，即该规范不是该行为当然的内容标准，但是该规范对行为的内容标准可以起到影响作用。所谓影响作用，系指该规范规定的事项与行为内容有关联点，在行为所属系统规范缺失该关联点规定或系统外规范对该关联点的规定更加“正确”的情况下，依照该规定行为。前提是允许系统外规范对系统内行为起影响作用。系统内规范的适用是演绎推理，对系统外规范的适用，在允许适用的前提下，是基于关联点的类比推理，具有或然性。这是由社会分工和规范性质所决定的。每个社会分工领域都有由该领域性质所决定的规则，不同社会分工领域性质不同，因此其他领域的规则不能当然作为该领域的行为依据。另一方面，在特殊情况下，从基本的权力分立制约观点看，一般而言，立法权能够制约行政权和司法权，司法权有条件制约行政权，行政权不能制约司法权，此外司法权与行政权在各自领域内各自独立运行。（有些国家的司法权和行政权可以相互制约并能有限制约立法权，但是从主权在民原则角度，以法治主义而言，这种有限制约都没有立法权对司法权和行政权制约那种“决定性”）体现立法权的法律、法规对行政权和司法权都有制约作用，所以能够成为司法审判和行政执法的共同依据。体现司法权的司法解释在行政执法案件进入行政审判时，司法解释作为司法系统的规范即审判规范对行政权有制约作用，可以通过适用于司法审判行为间接适用于被审理的行政执法案件。在行政审判之外，司法解释缺失制约条件，因此不能制约行政执法，又因为它不是行政系统领域内的规范，故司法解释不能成为行政执法依据。这是就司法解释与行政执法之间的关系而言。就行政规范与司法审判的关系而言，在行政审判中，行政规章和规范性文件不属于司法规范，当然不能作为司法审判的依据，只能作为参照。而能够作为参照，是因为行政规章和规范性文件系被审理的行政执法案件的依据，基于此，司法审判行为与行政规范建立了关联。在我国，行政法规是一个特例，其虽是行政规范但仍能作为司法审判的依据，这是由我国单一制国家结构形式决定的。

第十题　行政执法规范的执行顺序

通常情况下，就相同行政执法事项而言，法律规定、行政规定和行政执法技术规范依次规定的越来越细致，距离行政执法活动越来越近，也就越具有操作性，因此，对于行政执法规范的执行顺序，有从行政执法技术规范到行政规定，再到法律规定的特征，仅就行政执法依据而言，是从规章和地方性法规到行政法规再到法律的特征。

这其中必须注意的是，所执行的行政执法规范必须是有法律效力的，对相同行政执法事项，我们要执行最细致的行政执法规范，但必须保证它的法律效力。也就是对特定行政执法事项，对于规定这一事项的行政执法规范，必须上溯到具有最高法律效力的规范形式，并判断最细致的行政执法规范与最高法律效力的行政执法规范以及法律效力高于该行政执法规范的规范的规定的一致性，对于与上位行政执法规范抵触的行政执法规范规定不予执行。这样才能保证行政执法规范执行和法律适用的正确。行政执法规范的内在统一或者说一致性，首先是行政执法规范制定者的责任，但是法律并不免除规范执行者在执行选择上的责任。

行政执法所执行的规范，针对相同的行政执法事项，是最细致的且具有法律效力的规范。

第十一题　行政执法规范冲突的解决

行政执法规范冲突，是指具有法律效力的不同行政执法规范对相同行政执法事项有相互矛盾的规定。因此，判断行政执法规范是否冲突，首先是看该规范是否为行政执法规范，其次要从内容和形式上判断冲突规范是否为规定相同行政执法事项，是否为特定行政执法事项相同要素结构形式。在此前提下，要根据行政执法规范形式的位阶确定所要执行的规范。在我国制定法上，大体遵循法律优于行政法规、行政法规优于地方性法规和规章，地方性法规和规章优于行政规定。同时，还要遵循上级行政执法组织的规范优于下级行政执法组织规范的规则。

仅就行政执法依据即行政法律规范而言，虽然我国立法法规定了冲突解决规则，但并不能解决所有的规范冲突问题。必须在理论上进一步作出区分，法律规范冲突问题在理论上是相当复杂的，主要的解决规则是：国际法高于国内法，高法优于低法，后法优于前法，特别法优于一般法；变通法优于非变通法，行为地法优于人地法，行为时法优于处理时法，有利法优于不利法，实体从旧、程序从新。① 这种复杂的法律规范冲突解决规则让普通行政执法人员在行政执法活动中去正确运用是很不现实的，解决这个问题只能依靠制定行政执法技术规范，在这个过程中，将规范冲突问题予以解决。

行政执法规范是行政执法的内容，作为行政执法规范的法律规范是行政执法依据，是行政执法必不可少的要素之一。行政执法一切活动都是围绕分析规范、落实规范来开展的。

---

① 具体内容参见胡建淼主编：《法律适用学》，浙江大学出版社 2010 年版，第十八章法律规范冲突的类别、第二十章法律适用规则（一）、第二十一章法律适用规则（二）。

第十节　行政执法根据*

行政执法是有事实根据的活动。行政执法根据是行政执法职责职权行使的根据条件，是行政执法活动的根据要素。法律授予特定组织行政执法根据的认定权，可以就是否为行政执法根据，是哪种行政执法根据在符合其它法定条件的情况下作出决定。

行政执法根据，从规范角度，它是纳入法律调整的规定的事实状态，从存在角度，它是社会实际存在的事实状态，从行政执法组织角度，它是被认定的事实状态。就行政执法职责职权作用的对象物、人身人格、行为和精神产品而言，是对它们的法律抽象，即其上的法律权利义务在社会中的实际状态。行政执法通常就是比较法律权利义务的实际状态与规范上的应然状态来确定是否具有行政执法根据，进行行政执法活动。

---

* 根据作为一个法学和法律术语，主要指示的是一种存在，即事实存在，而不是指事实存在之上的价值，其不同于作为法学和法律术语的依据。当我们引用法典或法条时，既可以使用根据，也可以使用依据，前者的意义是被引用的法典或法条是一种事实存在，后者的意义是被引用的法典或法条不仅是一种事实存在，而且主要指向法典或法条的价值意义，通常主要是指法规范行为模式基础上的法律后果。从整体、存在意义上，应当使用根据，从个体、价值意义上，应当使用依据。参见第九节“行政执法依据（规范）”。

第一题 行政执法根据是社会中的法律事实

行政执法根据是由行政法律规范（主要是行政实体法）所确认的，行政执法据以开展的社会事实状态，主要是行政执法相对人的事实状态。①

行政执法根据在法学上指向行政执法相对方②的法律事实，“所谓法律事实，就是法律规范所规定的、能够引起法律关系产生、变更和消灭的客观情况或现象。也就是说，法律事实首先是一种客观存在的外在现象，而不是人们的一种心理现象或心理活动。纯粹的心理现象不能看作是法律事实。其次，法律事实是有法律规定的、具有法律意义的事实，能够引起法律关系的产生、变更或消灭。在此意义上，与人类生活无直接关系的纯粹的客观现象（如宇宙天体的运行）就不是法律事实。”③

行政执法根据与行政执法依据构成一对范畴，根据是依据确认的行政执法相对方事实状态，依据是对有关行政执法相对方社会事实状态的法律抽取、确认和规定并赋予其法律后果。就法律规范而言，对事实状态既有确认的成分也有规定的成分，就确认的成分而言，主要是确认哪一类事实状态纳入法律，就是事实状态的种类范围，主要在规范的行为模式中予以确认，体现行政执法根据的客观性。就规定的成分而言，是在确认的事实状态种类范围内对事实状态设定法律意义，主要在规范的法律后果中加以规定，体现行政执

① 就公共利益事实状态而言，具有行政执法组织主观目的的因素，但这种因素必然形成客观的事实状态，是可以客观判断的，且这种公共利益是法律事先允许的。

② 而非相对人，是职责职权作用对象的意义。

③ 张文显主编：《法理学》，高等教育出版社2007年版，第165页。

法根据的规范性。两者不可分割，在行政执法依据上，不存在只确认事实状态而不赋予法律后果，或者仅赋予法律后果而不确认事实状态。

行政执法根据，它主要不是指法律对事实状态的确认，而是法律以规范形式在对事实状态确认基础上的社会的事实存在，严格的说，事实是不可以规定的，它是自在的，它具有强烈的客观性。"所谓法律事实，就是法律规范所规定的、能够引起法律关系产生、变更和消灭的客观情况或现象"，[①] 这里的规定，并非对事实本身的规定，而是指这些事实的部分要素被法律抽取，被纳入法律调整。

"以事实为根据，以法律为准绳"是我国三大诉讼法确定的基本原则，但是并不局限于诉讼领域，它已经发展为一项法律原则，"应当说，'以事实为根据，以法律为准绳'原则清晰地表达了司法活动要尊重事实和法律、追求公平和正义的价值理念，因而一经确立就得到了社会大众的广泛接受和一致认可，成为一项'公理性'的法律原则。"[②] 同时，仅就行政诉讼法"人民法院审理行政案件，以事实为根据，以法律为准绳"原则和其它有关行政执法事实的规定，尽管其是属于监督救济层面，其对行政执法仍具有重要的影响力。[③] 也就是，在行政法律规范的执行和适用中都应当贯彻"以事实为根据，以法律为准绳"原则，包括行政执法。

应当注意的是，行政执法根据指向但不限于行政执法相对人的法律事实，不是仅指能够引起行政执法社会关系，即行政执法组织

---

① 张文显主编：《法理学》，高等教育出版社 2007 年版，第 165 页。

② 朱力宇、林鸿娇：《"以事实为根据，以法律为准绳"原则的形成和发展》，载《法律适用》2013 年第 2 期。

③ 关于行政执法与行政诉讼的部分关系参见第十一节"行政执法证据，行政执法证据与行政诉讼证据"一题。

与行政执法相对人、相关人法律权利义务关系产生、变更和消灭的事实状态，而是指一切能够引起行政执法活动的社会事实状态。以行政执法社会关系看待行政执法，在任何行政执法中必然存在行政执法社会关系，这与作为行政执法行为的行政事实行为不存在行政执法社会关系的实际相违背，这也是行政事实行为在行政法学中因行政法律关系而难以定位的重要原因。

第二题　作为行政执法根据的事实状态在法律上必须具有法律权利义务的意义

作为法律事实，行政执法根据不仅仅是法律调整的客观情况或现象，这种客观情况或现象在法律上必须具有法律权利义务的意义。

第一，行政执法根据具有权利的意义。当一种事实状态属于行政执法相对人法律权利在现实中的状态，可以成为行政执法的根据。法律权利通常源于法律规则（法律规范）中的行政法授权性规则，[①]也可以来源于行政规定或者以行政执法决定赋予的行政法权利。在实际事实状态上具有两层含义，即取得行政法上的权利或者对法律权利的保护。在行政执法中，有很多行政法上的权利需要行政执法相对人申请才能取得，或者进入行政执法程序才会具有，行政执法相对人的申请事实状态和处于行政执法程序之中的实际就是行政执法的根据。行政执法相对人一旦具备这种事实状态，相应行政执法活动就必须启动。同时，更多的法律权利特别是宪法规定的基本权利以及民法规定的法律权利并不需要人们额外的去做什么即自然享有，前者需要的仅是具有中华人民共和国国籍，后者仅需要满足民

---

① 参见张文显主编：《法理学》，高等教育出版社2007年版，第118～119页。

法所规定的条件。这些法律权利包括依申请已经取得的行政法上的权利受到不法侵害，且这些权利被法律规定为由行政法保护，受到不法侵害的事实状态就是行政执法根据，相应行政执法活动必须启动。这两种法律权利在实际中的状态均为行政执法根据，能够成为行政执法职责职权行使的事实条件，所以我们判断一种行政执法事实根据，通常是要看这种事实状态是否与法律权利相关。

第二，行政执法根据具有义务的意义。当一种事实状态属于行政执法相对人法定义务在现实中的状态，也可以成为行政执法的根据。法律义务通常源于法律规则（法律规范）中的行政法义务性规则，① 也可以来源于以行政执法决定设定的行政法义务。法律义务在现实中的履行和不履行状态都可以成为行政执法根据，都能成为行政执法职责职权行使的事实条件。

第三，行政执法根据具有行政执法职责职权的意义。如前文所述，职权职责也是一种法律权利义务，一种事实状态不仅从行政执法相对人看是一种权利义务在现实社会中的状态，而且还必须是行政执法职责职权可以支配处分的事实状态，这种事实状态必须是职责职权的作用对象，这种状态通常是职责职权作用对象上附着的法律权利义务的状态，比如物上之物权合法与非法的状态，人上之人权保有与侵害状态。应当注意，在行政执法上，一种事实状态可能跟行政执法相对人的法律权利义务无关，但只要其被规定为行政执法职责职权的作用对象就具有职责职权的意义，这种事实状态也是行政执法根据，据此开展的行政执法活动在行政法学上被称为行政事实行为。

---

① 参见张文显主编：《法理学》，高等教育出版社 2007 年版，第 118 ~ 119 页。

第三题　行政执法根据是行政执法组织认定的事实状态

当一种事实状态存在，行政执法组织首先遇到的问题就是判断该事实状态是否是行政执法根据，是哪一种行政执法根据。尽管行政执法根据来源于行政执法依据的规定，但在实际中还是由行政执法组织依照依据的规定进行判断认定，并在此基础上形成行政执法的证据、理由和决定。

前面我们谈到行政执法根据的法律权利义务和职责职权的意义，我们在行政执法中固然要兼顾判断，但在法学理论上和行政立法上是有侧重点的，这种侧重点就是以权利为中心，是一种“权利本位”和“社会本位”观念。① 在法学理论上，法律权利义务有价值意义上的主次之分，“在权利与义务的关系范围内，权利是目的，义务是手段，法律设定义务的目的在于保障权利的实现；权利是第一性的因素，义务是第二性的因素，权利是义务存在的依据和意义。”② “昔之强制义务，今成为同意义务，义务观念从而大减；昔之绝对义务，今成为权利之内容，权利观念从而大张。法律之基本任务亦由使人尽其义务而转向保护权利，为使权利之内容得以实现，方有义务之履行，是谓权利本位之法制。于是，权利成为法律之中心观念，个人权利之保护，成为法律最高使命。与此前以义务为中心的立法相对照，称为权利本位的立法。”③ 所谓社会本位，“义务

① 在行政法和行政执法上，相对应就是“职责本位”和“社会本位”，行政法虽然以行政权力为重心进行讨论，但其目的是控制行政权而不是扩张行政权，通过控制行政权来实现“权利本位”和“社会本位”。

② 张文显主编：《法理学》，高等教育出版社2007年版，第148页。

③ 梁慧星：《民法总论》，法律出版社2011年版，第40~41页。

之负担，不必尽由于义务人之意思，法律之任务，亦未必尽在保护各个人之权利。为使社会共同生活之增进，法律即强使人负担特定之义务，限制或剥夺其某种权利，是之谓社会本位之法制。但所谓社会本位之法制，亦仅权利本位法制之调整，绝非义务本位法制之复活。”①

在行政立法上，受权利本位和社会本位法观念的直接影响，我国行政实定法通常以维护社会秩序、公共利益和保护公民、法人和其他组织合法权益作为行政实定法的目的根据，对这三个概念的深刻认识是行政执法组织在行政执法活动中认定行政执法根据的基础，本书即以此三者之实际事实状态作为行政执法根据的基本分类展开讨论。

第四题　作为行政执法根据的社会秩序状态

社会秩序体现的是社会本位和权利本位法观念，良好社会秩序是维护公共利益和保护公民、法人和其他组织合法权益的必须条件，社会秩序的现实状态是最基本、最宏观的行政执法根据。在广义上，社会秩序亦属于公共利益之一部分。

社会秩序就其存在状态而言是一种事实，在法律对社会秩序进行确认和规定进而成为法律秩序之后，它就成为一种价值。而行政执法就是要将这种社会秩序的事实状态通过行政执法活动调整为法律秩序这种价值状态。②

社会秩序与自然界的秩序相对，“存在于人类社会中的秩序是

① 梁慧星：《民法总论》，法律出版社 2011 年版，第 41 ~42 页。
② 参见第二节“行政执法的本质属性，行政执法概念和本质属性”一题。

社会秩序，即社会在其存在、变化、发展过程中的可预测的稳定性和一致性。详言之，社会秩序是指在人类社会共同体存在、运动、变化过程中，社会结构和社会活动的相对稳定、协调的一种状态”,① 是人类社会存在的基础。社会秩序以社会规范为内核，人们以社会规范为标准，通过社会控制形成社会秩序，“良好的社会秩序是社会良性运行和协调发展的基本前提，而社会秩序的产生与维系则有赖于社会控制。”② 在现代社会，主要的社会规范是由国家强制力保证的法律规范，“在近代世界，法律成了社会控制的主要手段。在当前的社会中，我们主要依靠的是政治组织社会的强力。我们力图通过有秩序地和系统地适应能力，来调整关系和安排行为”。③ 行政法律规范是调整维护社会秩序的重要法律规范。

行政法律规范通过社会结构秩序和社会行为秩序两个方面来确认和规定社会秩序，行政执法也是通过对这两个方面的实际干预使社会秩序符合法律秩序。就社会结构秩序而言，“社会结构秩序，是指在人类共同体各基本要素之间相互联系、相互作用的过程中表现出的稳定性和一致性。”④ 行政法既确认和规定社会各基本要素，也确认和规定这些基本要素之间的关系，主要是生产力要素和生产关系，通过这些法律确认和规定并通过行政执法来确定和维护社会秩序。

行政法和行政执法的重要功能之一，就是保护和促进社会生产力。对劳动者而言，通过行政征收、行政处罚等形式，通过社会保

---

① 曲新久：《论社会秩序的刑法保护与控制》，载《辽宁公安司法管理干部学院学报》1999 年第 2 期。

② 郑杭生主编：《社会学概论新修》，中国人民大学出版社 1994 年版，第 436 页。

③ ［美］罗·庞德：《通过法律的社会控制法律的任务》，沈宗灵、董世忠译，商务印书馆 1984 年版，第 10 页。

④ 曲新久：《论社会秩序的刑法保护与控制》，载《辽宁公安司法管理干部学院学报》1999 年第 2 期。

险法的规定和执行，以明确工时法律制度、产假法律制度、职业病防治法律制度、安全生产法律制度等行政实体法的规定与执行保护劳动者。对以劳动资料和劳动对象为内容的生产资料而言，通过行政许可、行政确认等形式，以土地法、森林法、草原法、矿产资源法等行政实体法的规定与执行调整和确定生产资料的配置方式，通过行政指导等来影响行政执法相对人对生产资料的配置等等。行政法和行政执法通过这些方面，确定和维护生产力秩序。在生产关系上，在所有关系方面，通过治安管理处罚法等方式保护所有权人对生产资料的占有、使用、收益、分配。在交换关系方面，通过反不正当竞争法、反垄断法等方式，确保交换关系公平公正。在分配关系方面，通过税收征管法等方式，保证分配关系符合所有关系。在消费关系方面，通过消费者权益保护法等方式，促进消费对社会再生产的作用。除生产关系以外，经济基础之上的各种社会关系，只要关系到社会的稳定与协调，行政法和行政执法都予以确认、规定和保护，比如涉及到社会公共关系的公共安全领域、婚姻家庭领域等。可以说，行政法和行政执法涉及到生产力、生产关系和其他社会关系的各个方面，确认、规定和维护着他们的秩序。

就社会行为秩序而言，“行为秩序即社会行为的有序性，是社会依照一定的规范对人的行为加以控制而形成的一种相对稳定、协调的状态。”① 社会行为是社会秩序存在的前提条件，没有社会交互行为就无所谓社会秩序，而行政法和行政执法正是通过对社会行为的直接确认、规定和干预发挥对社会秩序的作用，这是非常明显的。当行政执法相对人行为事实状态影响社会秩序，与法律秩序不符尤

---

① 曲新久：《论社会秩序的刑法保护与控制》，载《辽宁公安司法管理干部学院学报》1999 年第 2 期。

其是违反义务性法律规范，他的行为将通过行政执法等法律方式被纠正回法律秩序并因此得到不利法律后果。

当社会现实秩序与法律规定的秩序不一致时，这种不一致的社会现实秩序就是依职权开展行政执法的根据，行政执法就要对这种不一致进行干预，使社会现实秩序符合法律规定的秩序。而对于依申请行政执法而言，关涉法律规定秩序的申请事实状态，就是据以开展依申请行政执法的根据，根据申请事实的方式和内容并依据法律规定的条件标准进行审查和决定，实现对社会现实秩序的调整，从这个意义上说，秩序行政与服务行政也是统一的。没有这些作为行政执法根据的社会现实秩序，相关行政执法就不能开展。

第五题　作为行政执法根据的公共利益状态

公共利益体现社会本位和权利本位法观念，在一定范围内是私人权益实现的必须条件或者构成部分，公共利益的现实状态是具体的行政执法根据。

尽管在行政、刑事和民事法律规范上都使用了公共利益一词，但由于实定法和法学理论没有清晰描述公共利益，目前公共利益主要还是一种事实状态。公共利益作为一种行政执法根据，由于实定法规范对其明确界定的缺失，其在实践中存在的问题较大，尤其是在对行政执法相对人重要财产行政征收方面。

什么是公共利益？在内涵确定上目前看难以统一，但是在法律界定方法上是可以实现的，比如采用列举加概括加排除加限制的方法。①

---

① 参见姜明安：《界定“公共利益”完善法律规范》，载《法制日报》2004年7月1日。

但是无论是对公共利益的程序规定还是法律规定方法，对行政执法根据而言，都不能绕开公共利益的实质含义，否则就无法开展相关行政执法活动。

从行政执法根据这个角度去分析公共利益这一事物的实质含义，需要从事物的形式内容和现象本质探寻。正如第六节“行政执法事物”中所探讨的，形式内容与现象本质是交叉关系，任何一个事物必有其形式和内容，对同一事物而言，形式与内容绝对统一。如果我们尚不能从事物内容的角度去分析它的本质，我们可以先探求它的形式本质，我们认识事物，往往都是从事物的形式开始的。公共利益作为一种事物必有它的形式，否则它就不是一种存在，无法成为认识的对象，无法作为一种法律事实，也就没有办法去讨论。而事实是，公共利益是存在的，至少在法律规定上是存在的。[①] 公共利益的形式是什么呢？它只能表现为公共物品或服务。如果公共利益不表现为公共物品或服务以供使用或享用，那么它就不是公共利益。“公共物品和公共服务是公共利益主要的现实物质表现形式。一般认为，‘公共物品是指非竞争性和非排他性的货物。非竞争性是指一个使用者对该物品的消费并不减少它对其他使用者的供应。非排他性是使用者不能被排斥在对该物品的消费之外’。如果将非排他性看作是源于产权而派生出的特性的话，那么，它在形式上保证了公共物品‘共有’的性质。而非竞争性则从实际上保证了公共物品可以是‘共同受益’的。这决定了公共物品是公共利益的物质

---

① 公共选择理论认为，由于存在着将个人偏好或利益加总为集体的偏好或利益的内在困难，在一定的社会状况下，不可能从个人选择顺序中推导出符合某些理性条件的社会选择顺序，因而公共利益实际上并不存在。也就是说，根据公共利益进行选择的过程实际上并不存在，存在的仅仅是各种特殊利益之间的“缔约”过程。参见陈其林：《公共产品、公共利益及其不确定性》，载《中国经济问题》2007 年第 4 期。

表现形式；进而，公共物品的现实性决定了公共利益也是现实的而非抽象的。”①

对于行政执法根据而言，如果法律已经清晰地规定了某类物品属于公共物品，那么它所代表的利益就是公共利益，无讨论之必要，当然对于行政立法而言还是可以讨论的。从物的权属来看，法律规定属于国家和集体所有的物品，其所代表的利益属于公共利益应该没有太大疑义，比如我国宪法和法律规定的属于国家或集体所有的作为公共财产的土地、矿藏、水流、森林、山岭、草原、荒地、滩涂等自然资源，这些公共财产作为物本身，作为一种事实存在，其代表的利益是公共利益，这种物的事实状态是行政执法的根据，比如根据矿藏被非法买卖的事实状态进行行政处罚。再者，行政法上的公共财产应当与刑法保持一致，否则会造成法律适用秩序的混乱，我国刑法规定，国有财产、劳动群众集体所有的财产、用于扶贫和其它公益事业的社会捐助或者专项基金的财产是公共财产，在国家机关、国有公司、企业、集体企业和人民团体管理、使用或者运输中的私人财产，以公共财产论。②

对于作为物的自然资源的使用进而形成的产品和服务，如果并未被法律规定为公共物品或公共财产，则其所代表的利益则需要加以讨论，有公共和私人之分，主要是人造物。比如，对集体土地上的物征收和对公民私有财产的征收征用，这些征收征用必然形成产品或服务，或者说以形成产品或服务为目的，而对这些产品或服务属于公共物品还是私人物品的判断就是我们判断公共利益的又一根

① 胡象明、董琦：《论公共利益及其本质属性》，载《公共管理学报》2006年第1期。

② 参见我国刑法第九十一条。

据。① 只有判断为公共物品，其所代表的利益才能被行政执法组织确定为公共利益。

从公共经济学角度来看，以公共物品认识公共利益主要是从需求和消费角度，而从法学看，首先是从供给角度看待这个问题，比如比较集中的行政征收，是公共物品供给中的一个环节。但是，无论从哪个角度看，公共利益必须转化为公共物品形式，通过对公共物品的界定就能够达到对公共利益界定的目的。反过来说，如果某种物品不能界定为公共物品，则其所承载的利益就不是公共利益，这种利益就不能成为以公共利益实际事实状态为根据的行政执法，比如说行政征收的事实根据。

对于公共物品的本质特征的归纳，公共经济学比较具体，主要是：使用的非竞争性、非排他性和效用的不可分性。“所谓使用的非竞争性，是指公共产品一旦被提供出来，增加一个使用人不会影响其他人对该公共产品的使用。所谓非排他性，是指公共产品一旦被提供出来，就会因为技术或经济成本太高而无法将拒绝付费的使用者排除在公共产品或服务的受益范围之外。非排他性有三层含义：第一，公共产品的供给不能因为部分使用人的拒绝付款而停止，即公共产品的供给具有强制性。第二，不愿意受益之人也不能用拒绝付款的方式将自己排除在公共产品或服务的受益范围之外，公共产品的消费具有强制性。第三，因为公共产品对供给者与使用者都有一定的强制性，因此，公共产品不适用等价交换原则，社会公众要么免费使用公共产品，要么只需要支付很少的费用。”② “效用的不

---

① 相对于法律规定的主要以产权区分的公共财产判断公共利益而言。

② 肖新喜、韩程光：《以公共产品界定公共利益的科学性分析》，载《河南教育学院学报（哲学社会科学版）》2012 年第 1 期。

可分性，是指公共产品和服务为全体社会成员提供，具有共同受益或联合消费的特点，其效用为整个社会成员所共享，而不能将其分割，不能分属于某些人或厂商享用，也不能按照谁付费谁受益的原则限定为付款的个人或厂商享用。”①

在行政执法实际中根据公共物品判断公共利益，首先，在维护公共利益层面，对于已经形成的物品，要根据法律规定的物的权属进行判断，对法律规定属于公共财产的，该财产代表的利益为公共利益。这些物本身的事实状态是行政执法的根据。法律规定公共财产以外的财产是私人财产，不代表公共利益。这是公共利益作为行政执法根据最基本最重要的方面。其次，在促进公共利益层面，对尚未形成的物品，要根据预期形成的物品的性质进行判断。具有完全非竞争性和完全非排他性的物品是纯粹公共物品，代表公共利益，其可以成为行政执法根据中的事实状态的目的因素。② 具有完全竞争性和完全排他性的物品属于私人物品，其不代表公共利益，不能成为公共利益方面的行政执法根据。具有有限的非竞争性和局部的排他性的物品是准公共物品，“公益性是准公共产品的共有属性，差别仅在于程度强弱的不同，但它们之间的这种强弱差别很难测度或评定”，③ 准公共物品的公益性的强弱主要是社会伦理学和经济学问题，对于法学而言，主要是保证准公共物品的产权、供给与消费的公正，比如在供给方面的程序控制和补偿机制，而对于行政执法根据而言，只是确定公共利益的有无，而非强弱，因此，准公共物

---

① 崔浩、李继刚、黄红华：《浙江农村公共产品供给与治理研究》，光明日报出版社2008年版。转引自上引。

② 公共物品含公共服务，比如基于税收形成的国防、行政执法等政府服务。

③ 陈其林、韩晓婷：《准公共产品的性质：定义、分类依据及其类别》，载《经济学家》2010年第7期。

品代表公共利益，其可以成为行政执法根据事实状态的目的因素。

通常来说，作为一种根据，应当是已经存在的事实，而非预期的事实。但是对于上文中的公共物品来说，基于法律规定和预期规划这种事实，就可以确定公共物品的事实状态，两者具有必然性。“必然性是客观事物联系和发展中合乎规律的确定不移的趋势，是在一定条件之下的不可避免性。”① 对于预期形成的公共物品这种事实状态，在形成之前的事实状态即为公共利益；对于将来形成的公共物品来说，是该公共物品所表现的公共利益的目的因素，这种目的因素在正常情况下必然成为事实。事实状态的目的因素，是指这种根据公共利益而行政执法必然形成公共物品这种事实状态，比如税收必然形成政府服务，土地征收等必然形成公共物品，否则应当承担严格的法律责任，比如惩处贪污公款行为，惩处公益用途的土地征收后变更为商业用途的行为等等。如果不采用基于法律规定和预期规划必然形成的事实状态作为根据，就无法以行政执法促进公共利益，就无法确定行政执法的公共利益根据，也就无法开展相关行政执法活动，这种预期和必然是由或者应当由法律严格保证的。

总之，公共财产、预期公共物品和准公共物品代表公共利益，这些物品的事实状态是行政执法的根据。

作为行政执法根据的公共利益状态不仅存在于作为行政执法行为的具体行政行为之中，还存在于作为行政执法行为的行政事实行为之中，某种事实状态只要关涉公共利益，它就可以作为行政执法公共利益根据。

---

① 马佩：《逻辑哲学》，上海人民出版社2008年版，第308页。

第六题 作为行政执法根据的公民、法人和其他组织的合法权益状态

公民、法人和其他组织的合法权益体现的是权利本位法观念，其实际状态是最具体的行政执法根据。行政法无论是对社会秩序的保护还是对公共利益的保护，归根结底都是为了增进人的权益和福祉。

行政执法学不同于行政法学的一个重要方面，就是对行政执法相对人和相关人合法权益事实状态的研究，行政法学以“控权”特别是通过程序控权为显著特征，注重行政行为的研究，不甚注重对行政相对人和相关人行为和实体权利的研究，而行政执法学不仅仅重视程序控权，而且重视实体控权，这也是行政执法实践中“事实清楚”所要求的。行政执法学通过研究行政执法根据，确定事实构成要件要素来达到研究行政执法相对人和相关人行为，实现行政权力实体控制的目的。

公民、法人和其他组织的合法权益就是法律所规定或确认的承载利益的权利。它的事实状态既可能是合法的，也可能是不合法的，这主要取决于行政执法相对人和相关人的实际行为，“对行政相对人的行为可以界定为：在国家行政活动过程中，由与行政主体对应的公民等一方所做出的、能产生行政法效果的各种行为之总称。”①因为法律调整行为，权利是可以为可以不为，所以行政执法相对人和相关人的权益事实状态实际是其行为的事实状态。因此，行政执法相对人和相关人的行为事实状态是行政执法的根据，同时，其也

① 方世荣：《论行政相对人》，中国政法大学出版社2000年版，第126页。

是上文社会秩序中社会行为秩序的事实状态。行政执法组织通过判断和干预行政执法相对人和相关人的行为事实状态，并结合法律规定，来对其权益做出处理。

在行政执法行为这一范畴中，包含行政执法组织行为与行政执法相对人和相关人行为，从行政执法这个角度看，行政执法相对人和相关人行为主要是作为行政执法根据存在的，当然行政执法相对人和相关人行为也具有很重要的独立意义。在本书中，将行政执法相对人和相关人行为作为行政执法根据讨论，而在第十四节行政执法行为及其程序中，主要从行政执法组织行为方面讨论。

行政执法相对人和相关人行为的事实状态，就是行政执法相对人和相关人作为与不作为的实际状态，与社会秩序和公共利益作为行政执法根据相比，其是行政执法根据的主要方面，基于法规范是一个实质秩序统一体，[①] 其有一系列的事实构成要素，但是作为行政执法根据，我们主要关心是有法律规定的，具有法律意义的要素。这些要素是行政执法启动和必须查明的要素，主要是对应于依职权和依申请行政执法行为的行政执法相对人和相关人行为的事实状态。

结合行政法律规范，行政执法相对人和相关人行为的事实状态，由以下一些要素构成：

时间和地点。时间和地点是事实的必须要素，任何一种事实都具有时间和地点要素，在行政执法中，无论行政法律规范是否规定，必须查明行政执法相对人和相关人行为的时间和地点，这涉及行政执法管辖。时间作为事实状态的要素，主要关涉行政执法上的属时管辖，比如行政处罚上的对违法行为人的追责时效，行政许可上的

---

① 参见第九节“行政执法依据（规范），作为行政执法规范的法律——既是一个法律形式秩序统一体也是一个法律实质秩序统一体”一题。

许可时效。地点作为事实状态的要素，主要关涉行政执法上的属地管辖，比如除法律、行政法规另有规定外，行政处罚由违法行为发生地的县级以上地方人民政府具有行政处罚权的行政机关管辖。

行为主体。行为主体是指谁做了行政法律规范规定的行为，行为主体就是行政执法相对人或相关人。基于行政法律规范，它的主要区分是个人和单位，比如行政处罚上的个人违法、共同违法与单位违法，行政许可上的个人申请、共同申请与单位申请。行为主体是必备要素。

实行行为。实行行为是指行为主体实际做了什么，是指行为主体的动静，是事实状态的核心要素。法律对事实状态的确认规定主要体现在实行行为上，并以此作为行政执法相对人和相关人法律行为分类的主要标准。思想不是实行行为。言论在有规定的情况下是实行行为。在依职权的行政执法中，实行行为主要看行政法律规范对不同种类的事实状态的不同规定，非常复杂，比如对非法行为的行政处罚，一般是有开展了应当事先取得许可而未取得的活动的事实状态。在依申请的行政执法中，主要是申请人向行政执法组织的申请行为。实行行为是必备要素。

行为对象。行为对象是指行为主体对谁做了实行行为。行为对象包括物、人身人格、行为、精神产品、组织个人等，是一种物理存在。对依职权的行政执法而言，行为对象在法律有规定的情况下是事实状态的要素，比如阻碍国家机关工作人员依法执行职务的违法类型，必须是针对国家机关工作人员依法执行职务的行为。对依申请的行政执法而言，行为对象是必备要素，因为在申请行为中，总要涉及被申请的行政执法组织，被申请的行政执法组织的错误会造成不受理或者不予受理的法律效果。同时，在具有居间性质的行政执法中，比如行政裁决，在法律有规定的情况下还需有特殊的行为对象。

行为结果。行为结果是行为主体对行为对象的实行行为所达到的状态。行为结果既可以存在于依职权的行政执法上，也可以存在于依申请的行政执法上，如行政处罚、行政强制、行政检查、行政命令、行政裁决。

因果关系。因果关系是实行行为与行为结果之间的相当条件关系，没有实行行为则无行为结果，且实行行为对行为结果的产生具有高度的可能性。在法律规定行为结果属于事实状态的要素时，因果关系是必备要素。

故意或过失。故意和过失是指行为主体实行行为时的心理状态。故意是指行为主体明知自己的行为会发生某种结果，并且希望或者放任这种结果发生。过失是指行为人应当预见自己的行为可能发生某种结果，因为疏忽大意而没有预见，或者已经预见但轻信能够避免。在法律有规定的情况下，故意或者过失属于事实状态的要素，在行政处罚中，比如故意破坏、伪造火灾现场，过失引起火灾等违法类型，行政执法组织就必须查明故意或过失要素。在行政许可中，比如申请人隐瞒有关情况或者提供虚假材料（属故意）申请行政许可的，行政机关不予受理或者不予行政许可，并给予警告；行政许可申请属于直接关系公共安全、人身健康、生命财产安全事项的，申请人在一年内不得再次申请该行政许可。在心理状态中，还有目的因素，在法律有规定的情况下，目的是事实状态的要素，比如以欺骗消费者为目的制造、销售、使用的计量器具的违法类型。

权利能力。权利能力是指公民、法人或其他组织享有行政法上的权利和承担行政法上义务的资格，分一般权利能力和特殊权利能力。就公民而言，一般权利能力与民事主体相同，平等赋予每一个公民，始于出生，终于死亡。特殊权利能力要有法律对不同公民作出的特别规定。就组织而言，一般权利能力在其成立时就具有，终于组织消亡。特殊权利能力要有法律对不同组织作出的特别规定。一般权利能力是事实状态的必备要素，特殊权利能力在法律有规定的情况下是事实状态的要素，比如依申请行政执法上，申请的公民或者组织需要具备的标准条件就是特殊权利能力。①

行为能力。行为能力是指公民、法人和其他组织以自己的行为行使行政法上的权利、履行行政法上的义务，并对自己的行为承担法律责任的资格。就公民而言，行为能力是一种法律的特殊要求，在有规定的情况下，行为能力是事实状态的要素，通常表现为以年龄为形式标准，以理智成熟状态为实质标准，比如行政处罚以年龄划分是否给予行政处罚。就组织而言，一经成立即具有行为能力，属于事实状态的要素。②

除行政实体法确认的行政执法相对方的事实状态以外，还有少量行政程序法规定的事实状态属于行政执法根据，主要是行政执法相对人和相关人程序权利行使、放弃或程序义务的不履行的事实状态，比如在行政处罚程序上，违法嫌疑人放弃陈述、申辩权的事实状态，其可以成为行政执法组织不听取违法嫌疑人陈述、申辩的事实根据。比如在行政许可程序上，对法定听证以外的重大行政许可事项，行政执法组织决定听证而行政许可申请人、利害关系人放弃听证权的事实状态，其可以成为行政执法组织不举行听证的事实根据。

上列这些要素是行政执法相对人和相关人行为事实状态的通常要素，需根据不同行政执法事项增减。行政执法相对人和相关人行

① 参见方世荣：《论行政相对人》，中国政法大学出版社2000年版，第28~29页。
② 参见方世荣：《论行政相对人》，中国政法大学出版社2000年版，第29~30页。

为事实状态要素在法律规定的要素范围内，决定行政执法的证据范围、内容和证明对象，通过证据证明这种事实状态以达到“事实清楚”，也就是，对法律规定的事实状态的要素，行政执法组织必须全部查明。同时，根据事实状态并依据法律规定，对行政执法相对人和相关人赋予权利、科以义务。确定不同行政执法根据事实状态的要件要素是部门行政执法学的重要任务。

从广义上看，作为行政执法根据的社会秩序、公共利益和公民、法人和其他组织的合法权益存在着相互关系，社会秩序，无论是社会结构秩序还是社会行为秩序，在广义上都可以成为公共利益的一部分，也是实现公共利益和公民、法人和其他组织合法权益的条件，而公共利益又是公民、法人和其他组织的合法权益的一部或者实现条件，社会秩序和公共利益最终都是为了增进人的福祉，三者呈现出越来越具体的趋势，并具有交叉性，对于大多数的行政执法，这三种根据都是交叉状态。

弄清作为行政执法根据的社会秩序状态，公共利益状态，公民、法人和其他组织合法权益状态这三个概念，对于行政执法解释和行政执法判断具有重要意义，也有利于深化对行政法“社会本位”、“权利本位”和“职责本位”法观念的认识。但要注意的是，这三种状态是作为行政执法宏观根据和目的存在的，是对行政执法职责职权作用对象的宏观抽象，在行政执法活动中并不能单凭此认定行政执法根据。基于行政执法的具体性，在行政执法活动中的行政执法根据主要的意义指向行政执法职责职权作用对象，即物、人身人格、行为和精神产品的实际状态，在行政法和行政执法理论上就表现为法律行为构成和法律事实构成。

第十一节　行政执法证据

行政执法是有证据的活动。行政执法证据是行政执法职责职权行使的证据条件，是行政执法活动的证据要素。法律授予特定组织行政执法证据的取得权，可以就是否为行政执法证据，取得哪些行政执法证据在符合其它法定条件的情况下作出决定。

行政执法证据又称行政证据，① 从静态意义看，广义上是指证明行政执法根据的事实材料，事实是行政执法证据的内容，材料是行政执法证据的形式。狭义上是指可以用于证明案件事实的材料，② 本节取其广义，行政执法证据所要证明的事实是行政执法根据。行政执法根据从实体法角度看分社会秩序、公共利益和公民、法人和其他组织的合法权益三种事实状态，从程序法角度看，是行政执法相对人及相关人行政法程序性权利义务的事实状态，行政执法证据就是证明这些事实状态的材料。同时，行政执法证据与行政诉讼证据关系密切。

---

① 对于行政证据理解又有不同，有的同于行政执法证据，有的还包括抽象行政行为中的证据。参见蔡虹：《行政证据与行政诉讼证据研究》，载《律师世界》1999 年第 2 期；袁应武：《论我国行政证据制度》，载《湖南公安高等专科学校学报》2010 年第 4 期。

② 见我国《刑事诉讼法》第 48 条。关于案件，参见第十六节“行政执法案件”。

第一题 行政执法证据与行政诉讼证据

我国行政诉讼法规定，人民法院审理行政案件，对行政行为是否合法进行审查，其中重要方面就是对行政执法证据的审查。一般而言，进入行政诉讼的行政执法案件，行政诉讼证据与行政执法证据在绝大多数和主要方面具有同一性，实际是法院对行政执法证据依照行政诉讼法进行的二次审查，行政执法证据因为进入行政诉讼而转化为行政诉讼证据。因此，行政诉讼法对行政诉讼证据作出规定，包括相关司法解释的规定，就对进入行政诉讼的行政执法证据具有法律效力，而且在实际上由于我国行政执法证据统一规定的缺失，对未进入行政诉讼的行政执法证据同样具有影响力，因为这些行政执法案件都有可能进入诉讼程序，行政执法组织必须考虑这种情况，尽管这些规定仅适用于行政诉讼。就行政诉讼的监督作用而言，应当在行政诉讼法中主要规定对既有行政执法证据的审查方式、审查标准等内容，而不是以行政诉讼证据形式对行政执法证据形式、种类、标准等等做出具体规定，但是，由于我国统一行政程序法的缺失，特别是作为审判依据的法律、法规层面的行政执法证据规定缺失，当前以行政诉讼法及其相关司法解释对行政执法证据作出间接规定也是必要的。

对于行政执法的主要问题，行政诉讼法对于行政执法证据的规定不在于对证据种类等的规定和划分，因为基于证据法学，两者区别并不是很大。对于行政执法的主要问题在于法院对进入行政诉讼程序的行政执法证据证明标准的要求。从理论上看，行政审判主要应是对行政程序法规定的行政执法证据进行复查，也就是，按照行政程序法的行政执法证据的证明标准规定再次审查行政执法证据。

由于行政程序法的缺失，法院审判又必须有证据的证明标准，因此在行政诉讼法及其相关司法解释中规定了诉讼中的证据证明标准，这也在实际上规定了行政执法证据的证明标准。行政执法证据的证明标准无论在行政诉讼法及其相关司法解释还是行政程序法中作出规定，无疑应当是相同的，否则就会造成行政审判和行政执法秩序的混乱，问题是，应当从行政执法还是从行政审判的角度对行政执法证据的证明标准作出规定？角度不同，规定不同。“行政诉讼证据规则以行政程序证据规则为基础”，[①] 显然从被监督与监督的关系看，应当从行政执法的角度去规定行政执法证据的证明标准。而实际情况是，行政诉讼法以行政审判的角度在规定行政诉讼证据证明标准时间接规定了行政执法证据的证明标准，即“证据确凿”。[②] 实际是提高了行政执法证据的证明标准，忽视了不同行政执法活动的不同性质。对于行政执法证据的证明标准问题连同证明责任属于证明论，实际是行政执法行为理由问题，在下一节中再详细展开，本节主要讨论静态的作为实体的证据问题，即证据作为行政执法要素的问题。这里只是厘清行政执法证据与行政诉讼证据的关系。它们的关系也同样适用于行政执法证据与行政复议证据的关系。

对于静态的行政执法证据，主要是要解决证据性质特征、证据范围内容和证据种类要求的问题。

---

① 徐继敏：《我国行政证据规则的形成、现状及发展》，载《中国行政法之回顾与展望——“中国行政法二十年”博鳌论坛暨中国法学会行政法学研究会 2005 年年会论文集》2005 年 8 月。

② 参见姬亚平：《论行政证据与行政诉讼证据关系之重构》，载《行政法学研究》2008 年第 4 期。证明标准是否为证据的证明标准，证据确凿是否为证明标准都值得商榷，在行政执法理由一节我们将详细分析这些问题。这里只是从行政诉讼与行政执法的关系角度大概论及一些一般观点。

第二题 行政执法证据的性质和特征

行政执法证据作为证据的一种，作为非诉证据，虽然经常被排斥在以诉讼证据为主要研究对象的证据法学之外,① 但由于行政执法不仅是法律执行的过程，也是法律适用的过程，行政执法证据与行政诉讼证据在绝大多数方面具有同一性，行政执法证据进入行政诉讼后就成为行政诉讼证据，故其依然需要符合证据的基本理论，比如关于证据性质的理论。

证据的性质通说认为具有真实性、关联性和合法性。真实性是指行政执法证据必须具有客观真实性，证据必须是一种存在，能够为人所感知，即“确凿”，是“现实世界”中的真实，而非“可能世界”中的真实。② 关联性是指行政执法证据与行政执法根据存在联系，要么证据直接源于行政执法根据，是行政执法据以开展的事实状态的一部分，要么其是行政执法根据的真实反映，每一个证据对应反映的是行政执法根据的某一方面或者整体，而不是反映其它。合法性是指行政执法证据的来源、范围、内容、形式以及取得证据的方式和程序都必须合法。③

行政执法证据与行政诉讼证据最重要的区别特征在于证据形式的形成时间。④ 对于执法和诉讼中的“决定”，均得有证据支持，但

---

① “证据法学是以诉讼中有关证据取得（即通过调查证据方法取得证据资料）与证据运用（即运用证据资料证明待证事实）的法律规范、立法及司法实践、规律方法、理论为研究对象的学科”，见陈卫东、谢佑平主编：《证据法学》，复旦大学出版社2005年版，第3页。

② 参见马佩主编：《逻辑哲学》，上海人民出版社2008年版，第308~315页。

③ 参见姜明安主编：《行政法与行政诉讼法》，北京大学出版社2011年版，第461页。

④ 从一般和普遍意义上行政执法证据需形成于决定之前，本书所指证据存在于决定之前均指此意义。另外需要注意的是，我国现行行政诉讼法并未对行政（执法）证据形式的形成时间作出明确区分，仅表述为“作出行政行为时”，不够准确。

是两者证据形成的时间要求是不同的，后者证据形式的形成时间必在“决定”之前，而行政执法证据形式即证据材料的形成时间并非都在行政执法决定之前，由于行政执法的特殊性，在少数法律有规定的情况下行政执法证据形式可以形成于决定之后，比如某些当场行政处罚、即时行政检查、即时强制。① 这种情况下，作为证据内容的证据事实与作为证据形式的证据材料同时形成且在行政执法决定之后，但是证据事实所反映的行政执法根据必存在于行政执法决定之前。

第三题　行政执法证据的范围和内容

行政执法证据范围就是行政执法组织开展行政执法活动，履行行政执法职责职权，作出行政执法决定所应当具有的证据界限。行政执法证据内容是指行政执法证据范围内的全部证据事实。

行政执法证据的范围和内容与行政执法根据的范围紧密相连，是每支配处分一行政执法职责职权所关涉的证据范围和内容。行政

---

① 一般而言，对于当场类行政执法决定在具备客观条件的情况下可以要求行政执法证据形成于决定之前，不具备客观条件的情况下宜要求作出决定后一定时间内形成证据。对即时类行政执法决定一般不宜要求证据形成于决定之前，而应要求在决定作出后一定时间内形成证据。这是从法律要求而言，但如果在行政执法实际中所有证据都能够在决定之前形成当然更好。另外，依我国行政处罚法第三十三条关于简易程序当场处罚规定和第三十六条一般程序行政处罚证据规定，似乎当场行政处罚不需要证据，这种理解是错误的。证据作为行政执法要素，存在于一切行政执法决定之中，决定前后证据形成的时间可以有不同，但是不存在没有证据的决定。当场处罚决定应当要求当事人签字（不是决定交付签字而是对违法事实确认的签字），签字即为违法行为人自认，只要是合法的自认就具有当然的法律效力，属当事人陈述证据。如违法行为人拒绝签字应当转为一般程序。如果在实际简易程序当场行政处罚中，当事人既未签字，行政执法组织又未将程序转为一般程序形成证据，则一旦进入诉讼复议，行政处罚组织就会因举证规则无法举证并导致不利法律后果。

执法根据的要素范围就是行政执法证据的最大范围，在证据范围内，证明不同行政执法根据要素的证据事实就是行政执法证据的内容。在事实上由于同一行政执法相对人的法律行为可能涉及不同的法律后果，证据最大的范围是产生所有法律后果涉及的事实要素有关证据材料的总和。这类证据范围和内容严格对应于法律规定的事实状态要素，即证明时间和地点、行为主体、实行行为、行为对象、行为结果、因果关系、故意或过失、权利能力、行为能力等的材料。与事实状态要素一样，只有在法律规定某种行政执法相对人行为构成有哪些事实状态要素的情况下才需要对应的证据，而不是每一个行政执法事项都需要全部要素的证据。同时，要注意的是，与行政执法相对人法律行为无关的事实材料行政执法组织不得收集。

第四题　行政执法证据的种类和要求

因行政执法证据与行政诉讼证据在绝大部分上具有同一性，行政诉讼法及其相关司法解释对行政诉讼证据的种类和要求的规定，同样适用于行政执法证据。无论在行政诉讼法或是在行政程序法中对行政执法证据的种类和要求作出规定都应当相同。

“在证据理论上，可以将证据作以下分类：一是原始证据与传来证据；二是言词证据与实物证据；三是本证与反证；四是直接证据与间接证据；五是定案证据与非定案证据；六是法定证据与非法定证据；七是主要证据与次要证据。”① 它们的证明力各有不同。在实践中，主要依据我国行政诉讼法及其相关司法解释分类。

根据我国行政诉讼法第三十三条和《最高人民法院关于行政诉

---

① 姜明安主编：《行政法与行政诉讼法》，北京大学出版社 2011 年版，第 461 页。

讼证据若干问题的规定》（法释〔2002〕21号），行政执法证据可以分为以下八个种类：

书证，是指以其内容、文字、符号、图画等来表达一定的思想并用以证明行政执法根据的文书材料。① 依据上述司法解释，书证的证据要求是，取得书证的原件，原本、正本和副本均属于书证的原件。取得原件确有困难的，可以提供与原件核对无误的复印件、照片、节录本；取得由有关部门保管的书证原件的复制件、影印件或者抄录件的，应当注明出处，经该部门核对无异后加盖其印章；取得报表、图纸、会计帐册、专业技术资料、科技文献等书证的，应当附有说明材料。法律、法规、司法解释和规章对书证的制作形式另有规定的，从其规定。

物证，是指以存在的外形、规格、质量、特征等自然状态等形式来证明行政执法根据的物品。依据上述司法解释，物证的证据要求是，取得原物，取得原物确有困难的，可以取得与原物核对无误的复制件或者证明该物证的照片、录像等其它证据；原物为数量较多的种类物的，取得其中的一部分。

视听资料，是指利用录音、录像、计算机存储等手段所反映出的声响、影像证明行政执法根据的资料。依据上述司法解释，视听资料的要求是，取得有关资料的原始载体，取得原始载体确有困难的，可以取得复制件；注明制作方法、制作时间、制作人和证明对象等；声音资料应当附有该声音内容的文字记录。

电子数据，是指通过电子邮件、电子数据交换、网上聊天记录、博客、微博客、手机短信、电子签名、域名等形成或者存储在电子

---

① 本题中关于证据种类的定义除另注外，参见姜明安主编：《行政法与行政诉讼法》，北京大学出版社2011年版，第462～463页。

介质中的信息证明行政执法根据的数据。存储在电子介质中的录音资料和影像资料，适用电子数据的规定。① 依据上述司法解释并《最高人民法院印发〈关于审理证券行政处罚案件证据若干问题的座谈会纪要〉的通知》（法〔2011〕225 号），电子数据的要求是，取得电子数据的原始载体，无法取得电子数据原始载体或者取得确有困难的，可以取得电子数据复制件，但必须附有不能或者难以取得原始载体的原因、复制过程以及原始载体存放地点或者电子数据网络地址的说明，并由复制件制作人和原始电子数据持有人签名或者盖章，或者以公证等其他有效形式证明电子数据与原始载体的一致性和完整性；取得电子数据应当依法制作笔录，详细记载取证的参与人员、技术方法、步骤和过程，记录收集对象的事项名称、内容、规格、类别以及时间、地点等，或者将收集电子数据的过程拍照或录像；取得的电子数据应当使用光盘或者其他数字存储介质备份，应当妥善保存至少一份封存状态的电子数据备份件；通过技术手段恢复或者破解的与行政执法根据有关的光盘或者其他数字存储介质、电子设备中被删除的数据、隐藏或者加密的电子数据，必须附有恢复或破解对象、过程、方法和结果的专业说明。

证人证言，是指了解行政执法根据的自然人以口头或者书面的方式，向行政执法组织所作的与行政执法根据有关的陈述。依据上述司法解释，证人证言的要求是，写明证人的姓名、年龄、性别、职业、住址等基本情况；有证人的签名，不能签名的，应当以盖章等方式证明；注明出具日期；附有居民身份证复印件等证明证人身份的文件。

---

① 参见《最高人民法院关于适用〈中华人民共和国民事诉讼法〉的解释》（法释〔2015〕5 号），第 116 条。

当事人陈述，是指当事人在行政执法中就其所经历的与行政执法根据有关的事实，向行政执法组织所作的陈述。对当事人陈述的证据要求与上述证人证言证据要求相同。

鉴定意见，是指由鉴定机构指派具有专门知识和专门技能的人对某些专门性问题进行分析、鉴别和判断，从而得出的能够证明行政执法根据的书面意见。依据上述司法解释，鉴定意见的要求是，鉴定意见应当载明委托人和委托鉴定的事项；向鉴定部门提交的相关材料；鉴定的依据和使用的科学技术手段；鉴定部门和鉴定人鉴定资格的说明，并应有鉴定人的签名和鉴定部门的盖章；通过分析获得的鉴定意见，应当说明分析过程。

勘验笔录、现场笔录，前者是指行政执法组织对物品、现场等进行察看、检验后所作的能够证明行政执法根据的记录，后者是指行政执法组织及其行政执法人员在执行行政执法任务过程中，对某些事项当场所作的能够证明行政执法根据的记录。依据上述司法解释，勘验笔录的要求是，勘验笔录应当记载勘验的时间、地点、勘验人、在场人、勘验的经过和结果，由勘验人、当事人、在场人签名，当事人拒绝签名或者不能签名的，应当注明原因；勘验现场时绘制的现场图，应当注明绘制的时间、方位、绘制人姓名和身份等内容。现场笔录的要求是，现场笔录应当载明时间、地点和事件等内容，并由执法人员和当事人签名；当事人拒绝签名或者不能签名的，应当注明原因，有其他人在现场的，可由其他人签名；法律、法规和规章对现场笔录的制作形式另有规定的，从其规定。

第五题　裁量证据

裁量证据在行政执法实践中往往容易被忽视，这里需要提及。

在行政执法上，裁量是指对行政执法依据的裁量，而不是对行政执法根据的裁量，对任何行政执法中的事实要素问题都因为法律的规定而应当是确定的，否则就难以达到“证据确凿”。在行政执法中，决定是否实施行政执法，决定实施何种行政执法，决定何时实施行政执法，决定怎样实施行政执法，在法律没有确切规定的情况下都由行政组织法组织裁量，这种裁量必须具有基于法律程序、立法目的和立法精神、法的基本原则、行政惯例、政策、裁量基准而形成的正当理由，① 在基于裁量权而影响公民、法人和其他组织权利义务时，还需有相应行政执法裁量证据支撑。裁量证据的范围和内容，种类和要求可以参考上面的讨论。

① 参见姜明安主编：《行政法与行政诉讼法》，北京大学出版社 2011 年版，第 217 ~ 219 页。

第十二节　行政执法理由*

行政执法是有理由的活动。行政执法理由是行政执法职责职权行使的必要关系条件。法律授予特定组织行政执法理由的形成权，可以就是否具有行政执法理由，在符合其它法定条件的情况下作出决定。

“行政行为说明理由是指行政机关在作出对行政相对人合法权益产生不利影响的行政行为时，除法律有特别规定外，必须向行政相对人说明其作出该行政行为的事实因素、法律依据以及裁量时所考虑的政策、公益等因素。”①

有理由和说明理由是不同的概念，任何行政执法都必须有正当理由，但是未必要说明理由，是否要说明理由取决于法律的规定。对于行政执法说明理由而言，行政法学主要将其定位于正当程序的要求，而对于行政执法理由而言，则必须将其作为行政执法基本的

---

* 行政执法理由能够突出的体现法律理性和行政执法理性。归纳康德和博登海默对理性的理解，可以将理性的含义归纳为：理性意味着观点和结论具有基本事实和基本价值基础上的高度说服力的必然性。在行政执法中，基本事实即为行政执法根据且由行政执法证据予以证明，基本价值即为行政执法规范尤指行政执法依据，而观点和结论就是行政执法决定，即行政执法组织支配处分具体行政执法职责职权并产生法律效果的确定主张。行政执法理由作为依据、根据、证据和决定的逻辑关系的形成过程主要是演绎逻辑过程，因而是具有高度说服力的必然性。关于理性的含义参见［美］E·博登海默：《法理学：法律哲学与法律方法》，邓正来译，中国政法大学出版社 1999 年版，第 259 ~260 页。

① 姜明安主编：《行政法与行政诉讼法》，北京大学出版社 2011 年版，第 352 页。

必要的要素之间的关系看待。行政执法要说明理由的程序要求反映行政执法理由必要关系，“说明理由制度凝结了民主法治的精神，是法律程序体现实质正义的必要条件之一。”[①] 说明的理由主要附载于影响行政相对人权利义务的行政执法文书之中，未说明的理由亦须记载在行政执法案卷之内。作为行政执法要素之间必要关系的行政执法理由，必须从更广阔的视野进行理解才能把握其真正的含义。

“没有什么东西无理由而存在”。[②] 在近现代以前的行政活动中，具有行政权力可以成为行政活动的唯一理由，有权即可为，但是在现代，行政活动还必须具有客观理由，从行政法学看，行政执法理由主要是控权的要求，是为了防止独裁专断。“理由是对武断决定的一种制约”，[③] “行政行为说明理由不仅可以防止听证制度流于形式，而且也是确保行政权正当行使强有力的法律机制。”[④] 对于行政执法而言，其作为一种理性活动，就包含了客观理由的要求。“澳大利亚大法官在 Australian Broadcasting Corporation V. Bond 一案中所言：就其本质而言，理性行为（act judicial - ly）的义务（包括程序公正和自然正义等）已经排除了行政机关专断、恣意和没有理由的行为，而且该义务要求行政机关必须考虑相关的因素和不考虑不相关的因素。这样就排除了行政机关基于偏见、怀疑和先见等作出行为的可能性。”[⑤]

---

① 尹建国：《不确定法律概念具体化的说明理由》，载《中外法学》2010 年第 5 期。

② 海德格尔语。转引自陈树生《关于充足理由思想的历史回顾》，载《江汉大学学报（人文科学版）》2009 年第 6 期。

③ 卡罗尔·哈洛、理查德·罗林语，转引自尹建国：《不确定法律概念具体化的说明理由》，载《中外法学》2010 年第 5 期。

④ 章剑生：《论行政行为说明理由》，载《法学研究》1998 年第 3 期。

⑤ 徐文星：《行政裁量权行使之理由说明——以法律论证为分析视角》，载《时代法学》2006 年第 4 期。

如果我们把行政执法依据、根据和决定视为行政执法独立的要素，从最狭义角度看，那么行政执法客观理由就只能是基于行政执法法律依据、事实根据、处理决定而形成的三者之间的逻辑关系。即使我们将行政执法理由内容归结为：合法性理由，包括事实依据和法律依据；正当性理由，包括筛选事实，选择法律；[1] 我们也必须看到这些内容之所以能够成为某一行政执法的理由，在实质上，就是基于法律依据、事实根据、处理决定而形成的三者之间的逻辑关系，脱离了这种逻辑关系就无法成为该行政执法的理由。对行政执法理由的理解不能割裂的局限于法律、事实和决定的任一方面，针对不同的行政执法事项，它们始终是变动的，只有从三者之间的逻辑关系这一恒定的状态入手去把握行政执法理由，才能从本质上理解这个问题。行政执法只有具备这种意义上的客观理由，我们才能说它是正当的，不是独裁专断的。

第一题　行政执法依据、根据、证据和决定之间的逻辑关系

行政执法的法律依据、事实根据和处理决定之间的逻辑关系是行政执法理由。由于事实根据的确定需要确凿证据予以证明，故行政执法理由实际是依据、根据、证据和决定四者之间的关系。基于演绎逻辑，在法律依据和由确凿证据证明的事实根据确定的情况下，处理决定就是确定的，因此，我们可以将行政执法理由简化为行政

---

① 参见姜明安主编：《行政法与行政诉讼法》，北京大学出版社 2011 年版，第 352～356 页。

执法依据、根据和证据之间的逻辑关系。① 这其中至少有四层含义，其一是法律依据的确定，其二是事实根据的确定，其三是确凿证据的确定，其四是前三者逻辑关系的证立，我们可以称之为“三确定一证立”。前三者中，任何一个单独方面都不构成行政执法理由，只有它们全都具备特别是建立逻辑关系才是行政执法理由。

行政执法是规范到事实的活动，首先是分析法律依据，然后通过对法律依据的分析来识别事实根据，再在此基础上取得确凿证据，最后建立三者之间的逻辑关系。法律依据规定了事实根据的种类要素和确凿证据的内容范围，使后两者具备了法律性质，事实根据是法律依据确认的事实状态并成为确凿证据的证明对象，而确凿证据将法律依据与事实根据关联，通过行政执法理由证成三者之间的逻辑关系。这其中，弄清法律依据所规定的事实状态要素是大前提，通过证据证明的事实状态是小前提，据此作出的行政执法决定就是结论，这个过程就是形式逻辑的“三段论”，这个过程形成的关系就是逻辑关系。由此，我们可以看到，行政执法理由的形成以行政执法推理为基本过程，以行政执法证明为重要前提，核心问题是法律依据、事实根据和确凿证据之间的逻辑关系的推理证立。

从理论上看，行政执法理由的核心问题就是法律依据、事实根据和确凿证据之间的逻辑关系推理证立问题，而不是前三者的确定问题。因为，从宏观上看，前三者在行政执法实际中由于要应对不同的实际事实状态，所以都是可以变动、可以选择的，但是三者之间的逻辑关系必须存在。在前三者都具备确定，但没有形成逻辑关系的情况下，我们就说没有行政执法理由，这种行政执法一定无效。而有逻辑关系但是前三者某些方面有不足，我们说是缺乏行政执法

① 参见下题。

理由，这种情况既可能是瑕疵但有效行政执法，也可能是无效行政执法，这就要看前三者之不足对于逻辑关系形成的影响，以及法律对逻辑关系的程度要求。

所有的行政执法都必须具有理由，行政执法没有是否具有理由之分，只有行政执法理由强弱之分。

行政执法理由的强弱就是行政执法法律依据、事实根据和确凿证据之间的逻辑关系的强弱，这种逻辑关系的强弱有事实上的强弱和法律规定或者说要求上的强弱之分，后者主要是由行政执法证明标准表现出来的。法律规定某种行政执法的法律依据、事实根据和确凿证据之间的逻辑关系要强，就体现在证明标准高，一般的也就是这类行政执法对行政执法相对人权利义务影响要大，反之亦然。同时，行政执法证明标准因行政执法类型的不同而应当有不同，过高的行政执法证明标准会使很多行政执法无法开展，过低的行政执法证明标准会无法形成逻辑关系。

行政执法理由的形成，主要通过行政执法的推理过程实现，行政执法证明为行政执法推理提供前提。推理与证明既有联系也有不同，“推理是由一个或几个已知判断作出一新判断的思维形式。每一个推理都由前提和结论两部分组成。依据的已知判断，叫做推理的前提；得出的新判断，叫做推理的结论。”① “从逻辑结构方面分析，任何证明都由论题、论据、论证三部分组成。论题是指需要确定其真实性的命题；论据是指用来证明论题真实性所引用的已知真实命题，论据回答‘用什么论证’的问题；论证是指根据论据进行一系列推理来确定论题真实性的过程。从证明与推理的关系来看，

① 陈为华、代美丽：《科学推理与科学证明——逻辑证明的基本规律》，载《科教文汇（上旬刊）》2010 年第 11 期。

证明必须以推理为基础，推理又总是为证明服务的。两者在结构上也是一种对应关系，证明论题相当于推理的结论，证明的论据相当于推理的前提，证明的论证方式相当于推理形式。”① 而在行政执法理由中，行政执法证明是为行政执法推理服务的，行政执法证明的论题就是行政执法根据符合行政执法法律依据预设的事实状态要素，亦即行政执法“三段论”演绎推理中的“小前提”，论据就是行政执法证据，用以论证小前提的真实性。

第二题 行政执法推理

——行政执法理由形成的基本过程②

首先，无论行政执法理由强还是弱，行政执法法律依据、事实根据和确凿证据之间必须形成逻辑关系，这种形成的方式就是通过三段论予以推理证明。推理证明的过程既可以通过瞬间达到内心确信完成，也可以通过口头、书面、乃至于对话协商的方式完成，这要看法律对不同行政执法活动的要求。

法律推理分为形式推理和实质推理两种，在制定法国家主要是形式推理，分为演绎推理、归纳推理和类比推理三种，演绎推理是行政执法中使用的推理方式。“由于演绎逻辑的形式严格，在前提真实的情况下，可得出真实的结论，因此它为法律适用中最常见、

① 陈为华、代美丽：《科学推理与科学证明——逻辑证明的基本规律》，载《科教文汇（上旬刊）》2010 年第 11 期。

② 在行政执法法律适用中，不同于法院司法，基于行政执法的依法、绩效和简明原则，只宜存在演绎推理一种形式，归纳推理和类比推理以及实质推理都不应当存在。即使是因不确定法律概念引起的对实质推理的需要，在行政执法中也应当放在行政执法技术规范中解决，而不能依赖于行政执法过程。

最基础的逻辑模式，成为法律适用的基本逻辑。"[①]

"演绎逻辑是法律适用过程中演绎推理所遵循的逻辑，又称三段论。演绎逻辑是法律规范适用的主要逻辑形式。"[②] "演绎逻辑下的法律推理，又被称为'涵摄'",[③] 涵摄的逻辑形式如下：

"法律规范（T）为大前提；

特定之案例事实（S）为小前提；

以特定法律效果之发生为其结论（R）；

T→R（具备T之构成要件的，发生R的法律效果）；

S = T（特定的涉法事实符合T所预设的事实构成要件）；

S→R（该特定的涉法事实，发生R的法律效果）。"[④]

在行政执法中，T就是行政执法依据预设的事实状态要素及其相应法律后果的规定，S就是主要由行政执法证据证明的事实状态，即行政执法根据事实状态，即认定事实（主要部分是证据事实），R就是行政执法决定，即依据规定的法律后果产生支配处分行政执法职责职权的法律效果（对行政执法相对人而言就是设定处分其权利义务）。[⑤] 行政执法依据、根据、证据和决定基于T→R，S = T，S→R建立逻辑关系，并因此而形成行政执法理由，行政执法理由形成于行政执法决定之前。[⑥]

---

① 胡建淼主编：《法律适用学》，浙江大学出版社2010年版，第21页。

② 胡建淼主编：《法律适用学》，浙江大学出版社2010年版，第20页。

③ 胡建淼主编：《法律适用学》，浙江大学出版社2010年版，第20页。

④ 胡建淼主编：《法律适用学》，浙江大学出版社2010年版，第21页。

⑤ 参见第十三节"行政执法决定，行政执法决定内涵"一题。

⑥ 行政执法理由与行政执法证据不同，其必在行政执法决定之前，这是从行政执法理由是依据、根据和决定之间的逻辑关系角度而言的。此时，并不涉及证据问题。当我们将证据这一要素引入行政执法理由后，从依据、根据和证据之间的逻辑关系角度看，由于证据可以在决定之后形成，这句话并不严谨。但是，应当看到决定之后形成的证据仍须参与行政执法依据、根据和决定逻辑关系的形成，以判断此种行政执法理由和决定的正误。关于行政执法证据的形成时间参见第十一节"行政执法证据，行政执法证据性质和特征"一题。

在形式逻辑三段论演绎推理中，“大前提正确，小前提正确，推论必定正确；大前提、小前提只要有一个错误，推论必定错误。换成法律上的术语，其逻辑规律就是：事实认定正确，法律适用正确，判决必定正确；事实认定、法律适用只要有一个错误，判决必定错误。”① 在行政执法中，行政执法依据预设的事实状态要素的规定和主要由行政执法证据证明的行政执法根据三者只有建立起逻辑关系，即形成了行政执法理由，才意味着事实认定和法律适用正确，才能够作出正确的行政执法决定。

同时，行政执法法律依据、事实根据和确凿证据之间形成的逻辑关系是多组逻辑关系，这是由于法律规定的事实状态要素种类有不同，它们是不同的多个要素。行政执法依据、根据和证据的逻辑关系是全要素关系，这其中，关于实行行为形成的逻辑关系是最重要的逻辑关系，有时，法律规定仅具有实行行为形成的逻辑关系即可开展某些行政执法活动。

上述是一般情况，在有些时候，比如说有明确规定不需要证据证明的一些事实状态，则这种实际事实状态可以不通过证据证明而直接与行政执法依据预设的事实状态要素形成逻辑关系，当然，这是极少数情况，不具有整体性和决定性意义。而且，考虑到行政执法逻辑关系的多组性，从整体上说，某一行政执法案件中没有任何证据所证明的事实是不可能的。

其次，由上可知，行政执法理由的强弱与法律依据规定的事实状态的要素多寡有直接关系。通常的，在整体上，法律规定的事实状态要素越多，逻辑关系的成立越难，则行政执法理由越强，反之

① 梁慧星：《裁判的方法》，法律出版社 2003 年版，第 9 页。转引自李秀芬：《反思“谁主张，谁举证”》，载《法学》2004 年第 1 期。

则越弱。

第三，由上可知，行政执法理由的强弱与事实根据的复杂状态有直接关系。通常的，在整体上，事实根据越复杂，意味着查明事实的难度越大，逻辑关系的成立越难，行政执法理由越强，反之则越弱。

第四，由上可知，行政执法理由的强弱与法律对证据要求和对事实的证明标准有直接关系。通常的，在整体上，对证据的要求越高、事实证明标准越高，逻辑关系的成立越难，则行政执法理由越强，反之则越弱。

第五，由上可知，行政执法理由始终围绕事实状态，包括法律依据规定的事实状态，事实根据的实际事实状态，确凿证据证明的事实状态，同时，因为证据的真实性、关联性和合法性，证据连接了法律依据规定的事实状态和事实根据的实际事实状态，行政执法理由围绕事实状态集中表现在确凿证据证明的事实状态，在行政执法依据、根据一定的情况下，行政执法理由的强弱集中表现在行政执法证据要求和证明事实标准的高低。

在上一节中，我们讨论了证据要求，这一节我们主要讨论行政执法证明及证明标准与行政执法理由的关系问题。

第三题　行政执法证明

——为行政执法推理提供小前提

行政执法证明在行政执法理由中的最重要意义是为行政执法三段论演绎推理提供真实的“小前提”。此时，我们假定的是“大前提”即行政执法依据预设的事实状态要素的规定是确定的，或者说应当是确定的，尤其是将其分解为各种构成要素之后。尽管在实际的行政执法中，我们总是在法律规范与事实状态之间不停地徘徊，但每一次徘徊必定假设其中一种是确定的，否则就无法完成任何行政执法推理，无法形成任何行政执法理由，也不能开展任何行政执法活动。

行政执法证明是指行政执法组织在行政执法过程中“运用已知的事实即证据推导的待证事实存在或得出某一结论的法律活动。”[①]待证事实即行政执法根据，某一结论即认定根据的行政执法决定，两者统一，对行政执法根据的认定属于广义的行政执法决定。在行政执法中，针对特定行政执法决定，行政执法证明与行政执法推理一样，一般发生在该行政执法活动之前，而非之后。通过行政执法证明所提供的证据事实，行政执法法律依据、事实根据和确凿证据之间建立逻辑关系，形成行政执法理由，作出行政执法决定。行政执法证明不是自在的，是因为行政执法理由的需要而存在的。

行政执法的证明主体是行政执法组织或者行政执法相对人、相关人，其中，行政执法组织是主要证明主体。在行政执法证明中，实行“谁主张、谁证明”，行政执法组织的主张源于法律规定的职责职权，不是随意主张的。行政执法主张简单地说就是行政执法决定,[②] 在行政执法证明中特指有关行政执法根据的认定。由于仅从主张来看，其完全是一种主观的东西，所以主张者对其主张必须予以证明，在行政执行法中，行政执法组织必须对自己的主张予以证明。

行政执法的证明对象就是行政执法根据，即法律规定的在社会实际中的事实状态，包括事实是否存在以及事实存在的状态。主要

---

① 陈卫东、谢佑平主编：《证据法学》，复旦大学出版社 2005 年版，第 219 ~ 220 页。

② 参见第十三节“行政执法决定，行政执法决定内涵”一题。

是实体法事实状态，也包括少量程序法事实状态。行政执法根据包括社会秩序、公共利益和公民、法人和其他组织的合法权益，因此，行政执法证明对象也包括这三类，在具体的执法中，就是行政相对人法律行为构成和行政法律事实构成。对于虽属行政执法根据但有明确规定可以不需证明的事实，可以不作为证明对象，比如众所周知的事实，自然规律及定理，按照法律规定推定的事实，已经依法证明的事实，根据日常生活经验法则推定的事实等。①

行政执法的证明方法包括行政执法推定、认知、取证、质证、认证等。行政执法推定是指法律规定或由行政执法人员根据事实之间的常态联系，以某一个或者若干个已知的事实为前提，推论出另一个或若干未知事实的存在，并允许行政执法相对人、相关人举证推翻的一种证据法则，分为法律上的推定和事实上的推定。② 需要注意的是，行政执法推定与行政执法推理不同，前者是事实到事实的推定，仅限于一部分行政执法证明，而后者是事实状态与法律规定形成逻辑关系的推理，它存在于所有行政执法活动中，前者的目的是为后者提供三段论推理的“小前提”中的某些事实状态要素，后者的目的是为了形成行政执法理由。行政执法认知是指行政执法组织在行政执法过程中依职权或者行政执法相对人、相关人要求对某些事实状态直接予以确认而无需另外证明。③ 行政执法推定和认知的事实状态通常需要法律的明确规定，不需要证据证明，可直接与行政执法依据预设的事实状态要素规定发生关系。行政执法取证是指行政执法组织依照法定程序，发现证据、收取证据并将证据予

① 参见《最高人民法院关于行政诉讼证据若干问题的规定》(法释〔2002〕21号)，第68条。

② 参见陈卫东、谢佑平主编:《证据法学》，复旦大学出版社2005年版，第233页。

③ 参见陈卫东、谢佑平主编:《证据法学》，复旦大学出版社2005年版，第242页。

以固定的行政执法活动。① 取证是行政执法权力运用的重要方面，也是行政执法程序规范的重点。比如，法律授予行政执法组织询问权，证据先行登记保存权，查封、扣押权等，大部分都是为了取证，或者与取证有关。行政执法质证是指在行政执法听证程序中，行政执法调查人员与行政执法相对人、相关人就行政执法证据通过询问、辨认、质疑、辩驳等形式，揭示证据的证明力大小并据以认定事实的行政执法活动。② 为保证行政执法绩效，行政执法只有在听证程序中才存在质证和举证的问题，除此之外的证据均由行政执法组织依法认定。行政执法中行政执法相对人和相关人陈述、申辩不属于质证。行政执法认证是指行政执法组织对与待证事实有关的证据加以审查认定，以确认其证据能力之有无和证明力强弱的行政执法活动。③ 对证据审查认证的主要标准就是证据的真实性、关联性和合法性，符合这三个标准的证据才能作为行政执法定案证据。

第四题 行政执法的证明标准

——行政执法理由强弱的关键因素

在讨论行政执法证明标准以前，我们先将前面讨论的行政执法理由若干问题作个简单的小结，以利于讨论证明标准问题。任何行政执法都必须具有客观理由，行政执法理由指向行政执法依据、根据和证据之间形成的逻辑关系，逻辑关系的形成依靠行政执法推理，行政执法推理是形式逻辑的三段论演绎推理，行政执法证明为行政

① 参见陈卫东、谢佑平主编：《证据法学》，复旦大学出版社 2005 年版，第 327 页。
② 参见陈卫东、谢佑平主编：《证据法学》，复旦大学出版社 2005 年版，第 363 页。
③ 参见陈卫东、谢佑平主编：《证据法学》，复旦大学出版社 2005 年版，第 380 页。

执法三段论推理提供小前提。行政执法理由的强弱与行政执法依据规定的事实状态要素有关，与行政执法根据的实际事实状态有关，与证据要求、证明标准有关，前三者通常是确定的，则证明标准就成为行政执法理由强弱的关键因素。我们还应当看到，除了行政执法根据的实际事实状态外，其它三个方面的规范性很强，也就是行政执法理由的强弱与我们如何规定有很重要的关系，对于行政执法证明标准的规定就能突出的显现这一点。

证明标准在证据法学界特别是刑事证据法学上是一个极其复杂的基础理论问题，证明标准是否存在，证明标准的主体、客体是什么，证明标准与本体论、认识论、价值论、方法论等方面的关系至今尚在争论。[①] 就行政执法学而言，在应用某门科学理论时，最好的是已经形成定论的理论，根据行政执法的需要赋予其一定的意义。这在很多情况下都不能，此时，只能将其中相关理论与行政执法规律结合形成确定的观点。目前，仅就行政（执法）证明标准而言，学界一般认为行政（执法）证明标准应当低于刑事证明标准，高于或者同于民事证明标准。

在讨论行政执法证明标准之前我们必须设定一个前提，这个前提就是：行政执法证明标准是在行政执法推理框架下的证明标准，这样才能具有针对性，才能形成确定观点并有利于实践。法学上很多的理论之所以有争议，其中一个重要原因就是并不是在同一个范畴内对特定意义的问题进行讨论，表面上看是在谈相同的问题，实际是在说不同的问题，容易让人特别是行政执法实务工作者无所适

---

① 参见王敏远、张继成、吴宏耀、刘荣军、卞建林、陈卫东、汪建成、樊崇义、毛立华、张建伟、魏晓娜、熊秋红、杨建广：《“证据法的基础理论”笔谈》，载《法学研究》2004 年第 6 期。以及相关论文著作。

从。行政执法学作为高度应用的科学，需要尽量避免这类问题。

首先，从最宏观的角度看，证明标准指向的是行政执法依据所预设的事实状态（即规定的行政执法根据）与实际存在的事实状态（现实的行政执法根据）的关系问题，是两种“事实”，即法定的事实与实际的事实的关系问题。由于行政执法组织要形成支配处分其行政执法职责职权的主张，为了避免主观，他必须对这种主张涉及到的事实问题进行证明，要证明什么呢？就是要证明行政执法根据属于依据所规定的根据。由于对法定事实的规定是人们认识的结果并借由语言表达，它与实际存在的事实状态是有距离的，而且实际存在的事实状态多是过去的事实状态，对其中的一些事实，人们没有办法完全确定掌握。在这种情况下，对没有办法确定掌握的实际事实状态，在什么样的程度上承认它也就是法律规定的事实状态，这就是证明标准问题。证明标准是为了解决无法确定掌握而又必要的法律事实的认定而存在的。对于可以确定掌握的法律事实不存在证明标准问题，比如前面谈到的众所周知的事实，自然规律及定理，按照法律规定推定的事实，已经依法证明的事实，根据日常生活经验法则推定的事实等，这些事实在法律上被认为是确定的，无需证明的。

对于证明标准，按照学界通说，在法律和理论上有“客观真实”和“法律真实”两个根本标准。由于在行政执法学上存在行政执法根据这个概念，它作为规范规定的事实状态，已经排除了“客观真实”这个证明标准，行政执法学上的证明标准是“法律真实”，仅限于行政执法根据。“所谓法律真实，是指在发现和认定案件事实过程中，必须尊重体现一定价值的刑事程序的要求，在对案件事实的认识达到法律要求的标准时，即可定罪量刑，否则，应当宣布被追诉人无罪。所谓法律要求的标准，这种标准可以表述为‘排除合理怀疑的标准'，但不要求是绝对的客观上的真实"。[①] 目前，我国行政诉讼法的规定体现的是对所有行政执法都采用客观真实一元制证明标准，"长期以来，学者们基于行政诉讼法的上述规定，认为我国行政诉讼的证明标准也是事实清楚，证据确实充分。"[②] "证据的确实、充分，既是对证据质的要求，也是对证据量的要求，具体体现在：一是据以定案的证据均已查证属实。二是案件事实均有必要的证据予以证明。三是证据之间、证据与案件事实之间的矛盾得到合理排除。四是得出的结论是唯一的，排除了其它可能性。这四点必须同时具备，才能认为证据已达到确实充分的程度。对此种证明标准上的要求，民事诉讼、刑事诉讼和行政诉讼概莫能外。"[③] 理论界认为，这种一元制证明标准并不适合所有的行政执法，"由于行政案件的特殊性和多样性，证明行政案件事实的方式也具有多样性，不可能适用单一的证明标准，而应当根据不同的案件类型，有针对性地分别适用不同的证明标准。"[④]

其次，无法确定掌握的法律事实存在于证据所证明的事实当中，有些证据事实可以依法确定掌握，有些由于人的认知限制，即使有证据证明也无法确定掌握，证明标准就存在于这些有证据证明但无法确定掌握的证据事实当中。证据事实之外没有证明标准问题，因

---

① 樊崇义：《客观真实管见》，载《中国法学》2001 年第 1 期。转引自陈卫东、谢佑平主编：《证据法学》，复旦大学出版社 2005 年版，第 301 页。

② 陈卫东、谢佑平主编：《证据法学》，复旦大学出版社 2005 年版，第 309 页。有学者将事实清楚、证据确凿与事实清楚、证据确实充分一样视为证明标准，关于这个问题，后文会再次讨论。

③ 陈一云主编：《证据学》，中国人民大学出版社 1991 年版，第 117 ~ 118 页；章剑生：《行政诉讼法基本理论》，中国人事出版社 1998 年版，第 121 页。转引自姜明安主编：《行政法与行政诉讼法》，北京大学出版社 2011 年版，第 477 页。

④ 姜明安主编：《行政法与行政诉讼法》，北京大学出版社 2011 年版，第 478 页。

为凡是不能确定掌握的法律事实都必须有证据证明，所以从这个角度可以说证明标准是“衡量证据的证明程度的标准”,① 但在本质上证明标准针对的是事实问题，而不是证据问题，事实与证据还是有区别的。

第三，行政执法组织认定的事实是不需要证据证明的事实，需要证据证明且可以确定掌握的事实以及基于证明标准确定的原本难以确定掌握的以证据证明的事实的总和。证据证明的事实也就是证据事实，包括确定事实与不确定事实，不确定事实需要依靠证明标准予以确定。认定的事实（主要基于证据）与依据规定的事实（依据）和实际存在的事实（根据）基于演绎逻辑推理要求必须统一，也因此行政执法依据、根据和证据才能形成逻辑关系，即行政执法理由，由此才能支配处分特定行政执法职责职权。如果三种“事实”不能统一，则依据、根据和证据不能统一，也就是说无法形成逻辑关系，就属于没有行政执法理由，就不能支配处分相应的行政执法职责职权。当证明标准高时，意味着事实统一难度大，行政执法理由就表现为要强，反之则为弱。

第四，证明标准对于难以确定掌握的基于证据的事实是一种基于主观的客观判断标准，是人为的为了应对这种必要的不确定的法律事实的认定困难而设置的一种解决办法。表面上看是在证据具备真实性、关联性、合法性的前提下，比较证据证明力大小从而确定采信的证据，实际是认定了被采信证据所反映的事实，因此认定证据就是认定事实。那么如何认定这些证据呢？在没有证明标准的情况下，这种认定行为是一种认定者完全主观的行为，是为“自由心证”，主观认定不是说就无法正确认定事实，高法律素质的认定者

① 姜明安主编：《行政法与行政诉讼法》，北京大学出版社 2011 年版，第 477 页。

和心证披露等制度也具有让人们相信的理由，但是在客观主义者的眼中这过于主观了，法律实施是一种普遍实施，而不是某一个或者某几个人在实施法律，哪有那么多高法律素质的人来普遍实施法律呢？特别是在行政执法中。人们正是无法解决他们之间的问题才借由制度规范，在某种程度上，正是基于不相信“人”，法律规范才能被构建起来，否则宗教规范和道德规范就足够了。对心证披露而言，心证披露一方面由于法律的普遍实施难以做到，另一方面披露之时亦是决定之时，即便认为不对，纠正起来也会增加法律实施成本，再者便是对披露的心证判定也需要一定的标准。为了纠正这种完全主观认定，必须设定相对客观的标准，这就是证明标准。认定者基于证明标准，对那些难以确定掌握的基于证据的事实进行认定，而评判者也基于证明标准评判认定者的认定。但是，这种证明标准仅仅是缩小或者细化了主观认定，它没有也无法取消主观认定，因为对不确定法律事实的认定始终是一种人的认识问题，是主观问题而不是一种客观问题，这是它的性质，证明标准只是为这种主观认定行为提供一定的客观判断标准而已，但是这个标准是重要的，其使完全主观的事实认定行为具有了客观性。

第五，证明标准与法律预设的事实状态规定的准确细致程度关系很大，规定的越准确细致则法律事实越容易确定，证明标准发挥作用的余地也就越小，也就越能准确认定事实。我们可以举个行政盘查的例子来说明这个问题。法律规定警察可以对违法嫌疑人进行盘查，[①] 其前提需要具有形迹可疑情形，如果哪些是、哪些不是违法可疑形迹规定的很清楚，就不存在证明标准问题，都应当是绝对确定，警察只要对照规定的可疑形迹与实际的形迹是否相符即可。

---

① 参见我国《人民警察法》第九条。

对于没有列明可疑形迹的具体情形，仅仅是概括性规定为违法嫌疑，仅仅这一句话的规定，在实际中对于需要认定的违法事实而言就是不确定的，就有证明标准问题，这里是有理由的相信。当警察巡逻时发现某人具有违法嫌疑，由于法律没有列明哪些可疑形迹是违法嫌疑，哪些不是违法嫌疑，警察只能根据主观经验判断该可疑形迹是否属于违法嫌疑，并进而作出是否进行行政盘查的行政执法决定。如果这里不规定任何证明标准，就可以任意盘查，显然容易造成滥权的现象。当我们规定盘查必须基于一定的判断标准，就可以控制滥权。这里的主观判断的客观标准就是有理由的相信，这个理由可以基于同类形迹是违法的统计数据中占比例很高的，也可以是以前警察经历过这种可疑形迹并确属违法，或者该人相貌与特定被通缉人高度相符等等。相信什么呢？就是相信这种可疑形迹就是违法形迹。由于是主观判断，在行为人异议时，警察应当说明。这就防止了完全主观任意的行政盘查。在这里，对于行政盘查而言，行政执法规范应当详细规定违法嫌疑的具体形迹，并因此在证明标准上达到绝对确定。可见行政执法证明标准与法律对事实的规定的确定细致程度关系很大，而这也是很多行政执法实务中争议的焦点。[1] 确定细致的规定事实由于立法技术的限制依靠法律规定很难达到，这主要依靠行政执法技术规范解决。

当然，无论我们怎么确定细致的规定事实，由于其是以语言形式表现的人的认识，其与实际存在的事实永远不能绝对相符，这就存在需要规定到什么样的确定细致程度的问题，这个程度只能是特定时代一般人理解可以接受的程度，而所谓的绝对确定也就是这个

---

① 参见余凌云：《对不确定的法律概念予以确定化之途径——以警察盘查权的启动条件为例》，载《法商研究》2009年第2期。

意义，此外的意义便是选择的唯一性，在一般人理解可以接受的程度上不存在第二种选择。

在行政执法上，我们必须把各种事实关系厘清。事物的实际状态即客观事实是一个问题，行政执法依据对事物状态要素的裁剪形成规定上的行政执法根据即法定事实是一个问题，在社会中实际存在的行政执法根据事实状态即法律事实是一个问题，行政执法组织对行政执法根据要素的判定并主要基于行政执法证明形成的事实即认定事实（其中还包括少部分不需证明的事实）是一个问题，由行政执法证据证明的事物事实即证据事实是一个问题。客观事实包含大于法律事实、证据事实，它们都是实际存在层面的。法律事实、认定事实、证据事实应当与法定事实相符，法定事实是规定层面的，如果从行政执法推理来讲，就是行政执法演绎推理大前提所规定的事实状态。认定事实必须属于法律事实，且同于法定事实，大于并包含证明事实、证据事实，但是在定案以前，证据事实也可能大于定案时的认定事实，因为其所依赖的证据“由于在事实上，同一行政执法相对人的法律行为可能涉及不同的法律后果，证据最大的范围是产生所有法律后果涉及的事实要素有关证据材料的总和。”①

基于以上，我们将行政执法证明标准定义为行政执法过程中对不确定法律事实证明所须达到的要求或程度。② 达到证明标准，不确定法律事实认定为确定，其作为行政执法组织的认定事实参与行政执法理由的形成。达不到证明标准，不确定法律事实不得认定为确定，不得作为认定事实参与行政执法理由形成。

---

① 见第十一节“行政执法证据，行政执法证据范围和内容”一题。

② 参见陈卫东、谢佑平主编：《证据法学》，复旦大学出版社 2005 年版，第 294 页。本定义与该书定义差距较大。

对于具体的证明标准，英美法系国家证明标准比较细致，契合行政执法的复杂性，对行政执法证明标准的确定很有启发意义，按照程度可以分为九等，“第一等是绝对确定，由于认识能力的限制，认为这一标准无法达到，因此无论出于任何法律目的均无这样的要求；第二等即排除合理怀疑，为刑事案件作出定罪裁判所要求，也是诉讼证明方面的最高标准；第三等是清楚和有说服力的证明，在某些司法区在死刑案件中当拒绝保释时，以及作出某些民事判决时有这样的要求；第四等是优势证据，作出民事判决以及肯定刑事辩护时的要求；第五等是合理根据，适用于签发令状，无证逮捕、搜查和扣押，提起大陪审团起诉书和检察官起诉书，撤销缓刑和假释，以及公民扭送等情况；第六等是有理由的相信，适用于‘拦截和搜身’；第七等是有理由的怀疑，足以将被告人宣布无罪；第八等是怀疑，可以开始侦查；第九等是无线索，不足以采取任何法律行为。”①

对于行政执法证明标准的确定，主要与三个因素有关，即行政执法决定类型及其形成过程，行政执法根据事实状态要素和对行政执法相对人、相关人权益的影响程度。行政执法证明标准对于事实状态要素而言，并非针对所有的事实状态要素，主要的指向是行政执法相对人、相关人的实行行为要素（还有极少量的故意与过失、目的等主观要素），指向的是行政执法组织需要认定的行政执法相对人、相关人的不确定实行行为，而其它的要素在法律有要求证明的情况下，一般都应当达到绝对确定，② 比如行为主体是单位还是

① 卞建林：《美国联邦刑事诉讼规则和证据规则》，中国政法大学出版社 1996 年版，第 22 页。转引自陈卫东、谢佑平主编：《证据法学》，复旦大学出版社 2005 年版，第 309 ~310 页。

② 绝对确定在本书中均为一般人理解可以接受的程度的含义。

个人，是否有权利能力和行为能力以及行为对象、行为结果等等，这些要素一般不存在证明程度的问题，也就没有证明标准的问题。区分出这一点是非常重要的。

考虑行政执法的依法执法、绩效执法和简明执法原则，以行政执法根据类型和行政执法决定类型为主要划分标准，大致可以作如下区分，基于社会结构秩序和预期公共物品、准公共物品代表的公共利益开展的行政执法活动，其证明标准应当达到绝对确定标准。比如开展例行行政检查，行政征收、征用，例行行政检查比如进入候机厅的安检，对于被安检的人员来说进入或者没有进入候机厅这种事实是绝对确定的。另外，行政执法组织签订行政合同，亦应当达到绝对确定标准。基于社会行为秩序和公共财产，公民、法人和其他组织合法权益开展的行政执法活动，要考虑行政执法决定类型和对行政相对人、相关人权益的影响程度因素，排除合理怀疑适用于限制人身自由的行政执法活动，比如行政拘留和对人身的行政强制。清楚和有说服力的证明适用于有关行政执法相对人、相关人财产权的行政执法活动，比如罚款、责令停产停业等不涉及人身自由的行政处罚，行政确认、裁决以外的依申请行政执法。优势证据标准主要适用于行政确认、行政裁决，“第一类是财产权或者人身权争议的行政裁决案件，因为这些案件在性质上属于经过行政机关处理的民事案件，因而应当适用通行的民事证明标准。”① 合理根据适用于行政指导、行政强制措施中的非人身强制、证据保全等行政执法程序性权力。有理由的相信适用于绝大部分依申请行政执法的受理，对人身的临时行政检查比如警察对有违法嫌疑的人的盘查。有理由的怀疑适用于绝大部分依职权行政执法的立案，比如行政处罚

① 姜明安主编：《行政法与行政诉讼法》，北京大学出版社 2011 年版，第 479 页。

立案。在行政执法中，最高证明标准是绝对确定，最低证明标准是有理由的怀疑。有理由的怀疑是行政执法依据、证据和根据建立逻辑关系的最低要求，在此基础上形成的行政执法理由属于最弱理由，只要有法律规定，这种理由在法律上就有效。同时，低等级的证明标准不排斥高等级的证明标准，以高标准证明低标准的事实状态更佳，行政执法理由越充足对行政执法越有利。

基于这些行政执法证明标准认定的事实，需有相应符合证据要求的证据予以证明。针对特定行政执法的证据都应当是确凿证据，在这里的证据确凿并非一种证明标准，而是指证据确实存在，不是臆想、伪造或者无法认定真伪的证据，即证据的真实性。证据在任何行政执法活动中都应当确凿，并无程度差别，有差别的只是确凿证据所证明事实的确定性程度，即使在行政执法最低证明标准即有理由的相信中的证据，也必须证据确凿，即必须真实，不能确定真实性的证据不得作为行政执法证据。同时，在行政执法学上，事实清楚是行政执法组织基于法律依据规定的事实状态要素的清楚认定，是对认定行政执法根据的要求而不是对证明的要求。行政执法学上的“事实清楚、证据确凿”是上面的特定含义，它们与行政执法证明标准有关，但是它们本身不是证明标准。

基于行政执法证明标准而认定的原本不确定的法律事实被认为在法律上是确定的，这些被证明标准确定的事实参与行政执法理由的形成。

第五题　行政执法理由的说明与不说明

任何行政执法都必须有客观理由，但有向行政执法相对人、相关人说明或者不说明的区别，这主要看法律的规定。同时，无论行政执法理由是否向行政执法相对人、相关人说明，都应当予以记载，这是行政执法理由的客观性决定的。说明的理由记载于相应的发给行政执法相对人、相关人的行政执法文书并归卷，不说明的理由记载于行政执法案卷。

法律在规定行政执法理由是否要向行政执法相对人、相关人说明时，主要考虑行政执法的绩效原则和对行政执法相对人、相关人权益的影响程度。行政执法组织说明理由“可能丧失了应有的行政效率。因此，不少国家的行政程序法都规定了行政机关可以不说明行政行为理由的若干情况。”①

对于行政执法组织说明理由的问题，在法律规定上，应当以说明理由为原则，以不说明理由为例外，这是指在某种特定行政执法行为之前或者之时。例外主要是指“情况紧急”或者“涉及国家秘密”，对于紧急情况，事后亦应当向行政执法相对人、相关人说明。以说明理由为原则，以不说明理由为例外是因为，行政执法说明理由是行政执法有客观理由的重要外在形式，一方面行政执法理由必须可描述、被记载，另一方面通过说明理由，行政执法组织可以再次检验理由是否正确，第三个方面就是向行政执法相对人、相关人展示理由的形成过程，以利于其理解行政执法，维护自身合法权益。通过行政执法说明理由，能在一定程度上保证行政执法理由正确，也就能够保证依法执法原则的落实。

行政执法理由错误和说明理由错误的法律后果不同，没有理由或者理由错误，也就是行政执法依据、根据和证据之间没有或者建立了错误的逻辑关系，这种行政执法一定无效，而不论其是否说明理由错误。未依法说明理由或者说明理由错误，但是具有正确理由，

---

① 姜明安主编：《行政法与行政诉讼法》，北京大学出版社 2011 年版，第 356 页。

这种行政执法的效力依赖于法律的规定，但是一般不能认为是无效行政执法。

第六题 行政执法理由确定的因素

前面谈到，行政执法理由形成的过程主要依赖于行政执法三段论演绎推理，大前提行政执法依据正确，小前提认定的行政执法根据正确，则行政执法决定正确，认定行政执法根据这个小前提依靠行政执法证据证明。行政执法依据、根据和证据正确的前提是它们的确定化。

对于行政执法依据而言，基于法律的确定性这个重要性质，法律概念都是或者都应当是确定的，否则法律就没有办法实施，特别是行政执法依据所规定的事实状态要素，比如行为主体、实行行为、行为对象和行为结果，尤其是实行行为要素。这主要不是一个行政执法的问题，而是一个行政立法的问题。对于不确定概念在行政执法中需要行政解释、裁量基准等行政执法技术规范予以解决。

无论是确定的法律概念还是不确定的法律概念在行政执法中都需要解释，[①] 行政执法理由形成的过程就含有法律解释的意义，当然这不是法律解释在行政执法中的全部原因，但属于主要原因。“法律解释的任务在于确定法律的内涵，为案件的处理提供明确的大前提。”[②] 法律解释的方法包括文义解释、体系解释、历史解释、目的解释、当然解释、比较法解释等。文义解释，也称字义、语法、文法、文理解释，是指从法律条文的字面意义来确定法律规范含义，

---

① 参见姜明安：《行政执法的功能与作用》，载《湖南社会科学》2004 年第 1 期。

② 胡建森主编：《法律适用学》，浙江大学出版社 2010 年版，第 414 页。

而不考虑立法者意图、社会功能、道德价值的解释方法，包括三个方面，从文字的日常含义来理解，运用反对解释规则来理解，按照专业术语的内涵来理解；体系解释，也称系统解释，是指将被解释的法律条文置于整部法律，甚至整个法律体系之中来解释法律的方法，包括四个方面，从文字所处的语境来理解，通过法律条文之间的协调来理解，运用同类解释规则，进行补正解释；历史解释，是指通过研究有关立法的历史资料来探求立法当时立法者意思的法律解释方法；目的解释，是指根据法律规范的目的，阐释法律条文真实含义的解释方法，包括限制解释，扩张解释，社会学解释三个方面；当然解释，是指对于法律未明文规定的事项，按照形式逻辑、立法目的及事物属性的常理，具有比明文规定的事项更应适用的理由时，将该事项纳入其适用范围的解释方法，举重以明轻或者举轻以明重是最主要的两种方法；比较法解释，是指通过比较其它国家或地区的立法例与判例学说，提炼体现在其中的共同法律精神，以作为阐释本国法律意义的参考因素的法律解释方法。① 法律解释如果从规范层面看，它是制定行政执法技术规范的重要方法。

行政执法根据的确定主要源于法定行政执法证明标准下的证据事实，还有一部分源于法律明文规定的不需证明的行政执法推定和认知的事实。行政执法证明标准和证据要求确定，则行政执法根据确定。这里的行政执法根据是行政执法组织认定的事实，从要求上说其是客观的事实状态的一部分，这保证了作为行政执法推理小前提的行政执法根据的真实性和正确性。

行政执法证据的确定就是行政执法证据符合证据性质、范围内容和种类要求。

---

① 参见胡建淼主编：《法律适用学》，浙江大学出版社2010年版，第414～431页。

行政执法理由的确定除了与行政执法依据、根据和证据的确定有关以外，还与行政执法类型有紧密的关系。仍以上文的行政盘查为例，对于行政盘查这种行政执法，基于法律规定的违法可疑形迹，实行行为这个事实状态要素确立起行政盘查理由，这种理由和行政执法就是正当的。但是，如果行政盘查以后发现违法并且应当给予行政处罚，则还必须在行为主体、行为对象等等事实状态要素上分别建立行政执法理由，至于要建立哪些要素理由，则要看法律规定的不同违法类型必须的构成要件要素。

第十三节　行政执法决定

行政执法是有决定的活动。行政执法决定是行政执法职责职权行使的决定条件，是行政执法活动的决定要素。法律授予特定组织行政执法决定的作出权，可以在符合其它法定条件的情况下作出决定。

从行政执法决定作为行政执法组织履行职责职权的确定主张这一实质含义看，任何行政执法活动均存在行政执法决定，确定主张是职责职权履行的表现形式，履行职责职权是确定主张的内容，因此，行政执法决定是行政执法职责职权行使的条件，是行政执法活动的要素，没有决定，就无法表现职责职权的履行。

从逻辑上看，先要形成行政执法决定，然后是行政执法决定的执行，这就像我们先要有思想然后才有行动，对于一个完整的行政执法活动而言，行政执法决定是行政执法不可或缺的要素。在有些行政执法活动，比如即时强制，① 由于其紧急性，在作出行政执法决定后就立即进入执行状态，或者说，以行政执法执行来表示行政执法决定，但不能认为这种行政执法没有行政执法决定，否则就等

① 行政即时强制是指行政执法组织根据紧迫事实状态没有余暇发布命令，或者虽然有发布命令的余暇，但若发布命令便难以达到预期行政目的时，为了创造出行政执法上必要的状态，行政执法组织不必以行政执法相对人不履行义务为前提，便可对其人身、自由和财产予以强制的行政执法行为。参见姜明安主编：《行政法与行政诉讼法》，北京大学出版社 2011 年版，第 290 页。

于说这种行政执法没有行政执法组织支配处分其职责职权的意思意志，那么这种情况下的执行从何而来呢？即便解释为直接依据法律的规定而实施，但是如果中间没有行政执法组织及行政执法人员对法律意思意志的转化恐难解释的通，毕竟行政执法组织和行政执法人员不是机械。而且，所有的行政执法活动都是直接依据法律规定实施，没有法律规定的直接依据都不能实施，并不存在间接依据法律实施的行政执法活动。所有行政执法活动在这点上并没有不同。基于法律的规定，行政执法决定的书面形式交付时间可能在执行之前，也可能在执行之后，但是实质意义上的行政执法决定一定在执行之前。

行政执法决定主要是指完整意义上的决定，即包含行政执法全要素及其关系的决定，在法规范上既体现行为模式，也体现法律后果，在法实践上就是在具备行政执法组织、依据、根据、证据和理由的前提下对行政法律事实作出了法律处理。同时，行政执法决定也包括不完整意义上的决定，即包含行政执法部分要素及其关系的决定，比如前几节就组织权限、依据根据证据、理由单独作出的决定。在方式上，既包括明示，也包括默示，应当作出决定而在法定期限内没有作出的，也是一种决定方式。行政执法决定的实质是行政执法组织支配处分职责职权的确定主张。本节所讨论的决定是完整意义上的行政执法决定。

第一题　行政执法决定的内涵

静态意义上的行政执法决定是行政执法要素，动态意义上的行政执法决定是作出行政执法决定的行为，整体意义上的行政执法决定是以作出行政执法决定为目的的行政执法全过程，规则意义上的行政执法决定是设定处分行政执法相对人法律权利义务的个别规范,[①] 实质意义上的行政执法决定是行政执法组织履行行政执法职责职权的主张，本节主要从静态意义、实质意义和规则意义上分析作为要素的行政执法决定。

“行政决定，即具体行政行为，是一种意思表示。这一概念源于德国行政法学者奥托·迈耶提出的行政行为概念，系指‘归属于行政的独断权力主张，在个案中为被统治者确定权利与义务。’”[②] 这段话有四层意思，行政决定是具体行政行为，行政决定是意思表示，行政决定是行政的独断权力主张，行政决定是为被统治者确定权利与义务。由于我们的目的是分析行政执法活动要素，因此在本节中不将行政执法决定作为一种行政执法行为看待，而是从静态意义上分析行政执法决定的内涵。尽管如此，我们仍然可以主要通过对迈耶这句话的比较分析来确定行政执法决定的概念。

首先，以传统行政法学观点看，从动态意义上说，行政决定是行政行为更确切的说属于具体行政行为，但不能等同于具体行政行为，这是显而易见的，在具体行政行为中还有很多不属于决定性质的行为，但确是行政主体行使行政权力的行为，比如对行政决定的纯粹执行行为，为行政决定作准备的行为，这些都不能看作是决定

---

① 行政执法决定也是一种规则，只不过这种规则是一种具体规则而已（即具有法律的规范性但不具有法律的一般性，它是法律执行和适用的结果），在实证主义法学上被称为个别规范，这主要是实证主义法学主要代表人物凯尔森和拉兹的观点。“拉兹继承了凯尔森的观点，认为法院在适用法律的时候所做出的法律决定也是法律规范，即个别规范。”李桂林、徐爱国：《分析实证主义法学》，武汉大学出版社 2000 年版，第 268 页，见脚注。

② 杨登峰：《行政决定效力的本质与体系》，载《行政法学研究》2013 年第 4 期。关于行政行为的含义另可参见姜明安主编：《行政法与行政诉讼法》，北京大学出版社 2011 年版，第 150 ~ 153 页。应松年主编：《行政法与行政诉讼法》，法律出版社 2009 年版，第 111 ~ 114 页。

行为。从静态意义上看，行政决定是在具体行政行为过程中作出的。

其次，行政决定是行政主体的意思表示，即行政主体行使行政权力作出的主张。决定作为作出的主张，其内容是确定的、唯一的，即行政主体行使行政权力的意思，但是它的表示形式却可能是多样的，可以表现为口头表示、书面表示、动作表示、机械信号表示，甚至不作出任何表示等。从要求上看行政决定都必须明示，默示的视为默认，即默认不行使行政权力。

在行政法学上与民法学不同，通常不太注重行政主体的意思意志，不作为行政行为成立或者有效的要件，而主要考察行政主体意思意志的表示形式，这主要源于认为行政主体的意思意志属于法律意志，行政主体的意思意志不得有别于法律意志。但是在实际上，特别是裁量行政行为中，行政主体的意思意志是现实存在的，如果我们否定行政主体的意思意志，就实际上否定了裁量行政行为，否定了具体行政行为的表示错误,① 这些都与行政主体的意思意志紧密相关。而且否定行政主体的意思意志就等于否定了行政行为，两者是内容与形式的关系，是不可分割的。如果行政主体连意思意志都没有，我们如何控权呢？控权就是控制行政主体的意思意志，行政权力只有运用才会发生效果，而运用行政权表现出的行政行为只不过是行政意思意志的表现形式，控制行政权和行政行为在实质上就是控制行政意思意志。

第三，行政决定是行政主体独断权力主张。如果我们从行政法学控权本质出发，从行政诉讼、复议审查行政行为合法性这个主要方面出发，亦即以行政行为为本位，而不是以行政相对人为本位去

---

① 参见姜明安主编：《行政法与行政诉讼法》，北京大学出版社 2011 年版，第 200 ~ 202 页。

确定行政决定的内涵，则行政决定主要是行政主体独断权力的主张。包括两个方面，独断性或者说单方性以及行使行政权力。严格的说，行政决定的独断性由于协商行政的发展有一定的松动，但是行政决定是行政主体行使行政权力所作出的主张，在行政执法上就是行政主体履行法定义务，行使法定权力的主张并没有改变。这种作出的主张就是在个案中，行政主体（行政执法组织）借助行政决定（行政执法决定）所表现出来的支配处分行政权力（行政执法职责职权）的主张。

第四，行政决定并非都是为被统治者确定权利与义务。结合第三点，行政决定是行政主体行使行政权力所作出的主张，由于行政主体的行政权力义务在多数情况下与行政相对人法律权利义务是相对应的，因此，在多数情况下行政决定是为行政相对人设定或者处分法律权利义务，设定或处分是针对行政相对人的行政决定的两种基本形式，在实质上就是在行政决定内容中涉及到对行政相对人法律权利的赋予、恢复、限制、剥夺等，使行政相对人获得或无法获得法律权利、难以实现其法律权利，或者法律义务的设定、减少、免除等使行政相对人负有新的法律义务或者减免既有法律义务。前者比如行政许可决定，后者比如行政处罚决定。这里需要特别注意的是，行政主体在为行政相对人设定或者处分法律权利义务的同时，也是在处分自己的行政权力，因为它们是对应的，没有行政主体进行的行政权力支配处分，就没有对行政相对人权利义务的设定处分。这是行政主体行使行政权力作出主张的一种情况。

另一种情况是，在行政主体行使行政权力所做出的主张中，有很多与行政相对人之间并不建立行政管理法律关系，不涉及为行政相对人设定或者处分法律权利义务，比如行政事实决定。由于这类决定缺失法律关系主体，因而游离于法律关系之外，在行政法学上不作为具体行政行为看待，但是仍属于行政行为，仍然是行政执法组织行使行政权力行为。

我们理解行政行为为被统治者确定权利与义务这句话不能从字面去理解，而应该从它的意义去理解，它的意义是什么呢？就是行政行为必须具有法律上的效果，为被统治者确定权利与义务是指这种行政行为会产生外部法律效果，而非仅指为被统治者确定权利与义务，在行政执法学上，如果从行政执法组织的角度，就是职责职权履行必须具有作用对象的意义。①

从上面的分析，我们可以确定，行政决定是行政主体支配处分行政权力并产生外部法律效果所作的确定主张。所不同的是，从行政主体的角度去理解这种支配处分的内容还是从行政相对人角度去理解这种支配处分的内容。从传统行政法学观点看，是从行政主体和行政相对人两个角度看，即行政决定必须“归属于行政的独断权力主张”且“在个案中为被统治者确定权利与义务”。如果我们仅从行政主体的角度看，则行政决定只要体现出在个案中，行政主体具体支配处分行政权力且具有外部法律效果即可。

这是一个规定性很强的问题，如何规定，就要看其理论或者现实意义。将行政决定规定为支配处分具体职责职权，可以将行政决定的内涵延伸至行政事实行为，内部行政行为，行政相关人、参与人等，可以更好更全面地体现行政法学控权本质，体现监督行政以行政行为合法性为主要方面，也能为当前进行的“公益诉讼”改革提供一些理论支撑。而且在事实上，行政法学将行政事实行为作为行政行为，也具有在这些行为当中，行政主体支配处分具体职责职

---

① 参见第七节“行政执法组织，行政执法职责职权的作用对象”一题。

权的意义。① 因此，在行政执法学上，我们将行政执法决定规定为行政执法组织支配处分具体行政执法职责职权并产生外部法律效果的确定主张。如果联系到行政执法的社会性，联系到行政执法职责职权处分必有对象，必涉及到改变作用对象的法律状态，则我们可以将行政执法决定的内涵简化为，行政执法组织支配处分具体职责职权的确定主张。

行政执法决定的法律效果要作全面理解，在具有外部效果的同时必然具有内部法律效果，是对行政执法组织法律效果和对社会法律效果的统一。决定法律效果的体现，在存在行政管理法律关系的行政决定中，主要由支配处分行政执法职责职权的法律效果和为行政执法相对人设定法律权利义务的法律效果来体现，在不存在行政管理法律关系的行政决定中，主要由支配处分行政执法职责职权的法律效果和决定改变职责职权作用对象的法律事实状态来表现。

行政执法决定的对象既可以是行政执法相对人（行政法学上的具体行政行为和双方行政行为中）、相关人、参与人，也可以是某种事实状态（行政法学上的某些行政事实行为中）。当针对行政执法相对人时，就是依法履行职责职权，为行政执法相对人设定法律权利或者法律义务以及对法律规定的行政执法相对人法律权利或者法律义务的处分，在形式上表现为行政处罚决定、行政许可决定、行政强制决定等等。比如行政处罚决定，对行政执法组织而言是支

---

① 参见姜明安主编：《行政法与行政诉讼法》，北京大学出版社 2011 年版，第 329 ~ 332 页。该书行政事实行为一节的论述由于学界对行政事实行为的研究还不深入，在理解该节表述上需要注意，比如说行政事实行为是基于行政职权而又非行政职权的行为，这实际上是指基于行政职权中的管辖权，非行政职权是因为在行政法学中行政职权一定存在于法律关系中的，要从意义角度理解。行政法学与行政执法学对于行政职责职权的理解是不一致的，行政执法学上的行政职权并不限于法律关系中，这在本书导论相关各节以及脚注中多有提及，这是需要特别注意的。

配处分行政处罚职责职权，对行政执法相对人而言就是对其违法且有责的行为进行法律制裁。当针对行政执法相关人、参与人时，就是依法履行职责职权处分其法律权利义务。当针对某种无行政执法相对人的事实状态时，就是履行行政执法职责职权处分事实状态，比如捕杀疫点染疫动物的决定等等。

行政执法决定不是仅指最终结果意义上的主张，而是在行政执法过程中履行职责职权，设定、处分行政执法相对人、相关人、参与人法律权利义务以及改变事实状态的各种具有法律效果的主张。比如在我国行政强制法出台以前，行政处罚过程中的查封、扣押，对于行政处罚而言并非是一种结果，但是它关系到了行政执法相对人的法律权利义务，即剥夺了行政执法相对人或其他权利人对该物的占有权，从而也难以实现对该物的其它权能。我国物权法第三十九条规定，“所有权人对自己的不动产或者动产，依法享有占有、使用、收益和处分的权利”，因此，行政查封决定、行政扣押决定也是行政执法决定。比如我国行政处罚法规定的证据先行登记保存，被作为证据的先行登记保存物虽然不转移占有，但是限制了行政执法相对人或其他权利人对该物的处分权，我国行政处罚法规定，对被先行登记保存物“当事人或者有关人员不得销毁或者转移证据”，因此证据先行登记保存实际也是一种行政执法决定。从这个意义上说，某一特定行政执法决定的准备行为和执行行为中也可以存在若干行政执法决定。在行政法学中，我们对某一特定行政决定准备行为和执行行为中的行政决定之所以认识不够深刻，不作为行政决定，甚至认为是一种行政事实行为，① 源于我们没有彻底、深刻的以行政主体履行职责职权并具有外部法律效果的角度看待这类行为中的

① 参见应松年主编：《行政法与行政诉讼法》，法律出版社2009年版，第348页。

决定，而是主要以行政相对人的角度，以是否具有行政法律关系的角度看待这类行为中的决定，尽管这是极其重要的。再者，就是并没有在行政执法（处理）活动中进一步区分出诸如决定之类的要素，没有从要素、要素关系角度而是仅以行为和法律关系的角度看待这些活动。即便在具体行政行为中，有时也不将这类行为中的决定作为行政决定，这与这类行为的模式化程度有关，与只有被允许诉讼和复议的行政行为才是行政决定的不当认识也有关，行政决定与哪些决定因各种因素在某一特定时期被允许诉讼和复议是不同的概念，并不是说能诉讼和复议的就是行政决定，不能诉讼、复议的就不是。在行政执法学中，我们以行政执法组织履行职责职权并具有外部法律效果为标准判断行政执法决定，这类行为无论是否被模式化，是否可诉讼复议，均是行政执法决定。

行政执法决定的法律效果对社会而言既可以是立现的，比如行政强制措施决定，也可以是潜在的，比如行政确认决定（指被确认决定影响的权利），但是对行政执法组织而言，一定是在法律上具有支配处分职责职权作用于特定对象意义的。

行政执法决定基于法律的规定有可诉不可诉之分，有可复议不可复议之别，但不能以此判断是否为行政执法决定，不可诉、不可复议的行政执法决定依然属于监督行政的范畴，只是不适用诉讼复议程序。

第二题　行政执法决定的分类

从不同的意义理解行政执法决定，按照不同的角度，对行政执法决定可以作不同的分类。

从静态和实质意义上，对行政执法决定可以做如下分类：

以行政执法决定所表示的职责职权性质和外部法律效果为标准，可以将行政执法决定分为行政处罚决定、行政许可决定、行政强制决定等等，这是行政执法决定最主要的分类。这种分类对应于行政法律规范法律后果和行政法学对于行政行为的基本分类，便于判断行政执法决定的合法性。

以行政执法决定所表示的职责职权作用对象为标准，可分为对人的行政执法决定与对物的行政执法决定。对人的行政执法决定是指决定直接针对特定的人或者组织，包括行政执法相对人、相关人，这大体对应于行政法学中具体行政行为和行政合同、行政指导行为中所作出的决定。对物的行政执法决定是指决定直接针对物，大体对应于行政法学中行政事实行为过程中所作出的行政执法决定。这种分类对应于行政法律规范行为模式，其意义在于分类分析它们的不同构成。

从动态和整体意义上，以行政执法决定是否以行政执法相对人、相关人申请为必要，可以将行政执法决定区分为依职权的行政执法决定和依申请的行政执法决定。依职权的行政执法决定，是指行政执法组织依据其所具有的法定行政执法职权即可直接作出决定，而不需要行政执法相对人、相关人申请的行政执法决定。依申请的行政执法决定，是指行政执法组织只有在行政执法相对人、相关人申请（同意）的条件下方能作出，没有行政执法相对人、相关人的申请（同意），行政执法组织便不能作出行政执法决定。这里的申请含有同意作出决定的意思，这里的同意是同意作出行政执法决定而非同意行政执法决定的内容，至于决定的内容则需要行政执法组织依法确定。这主要是化用行政法学对具体行政行为的分类，① 其中

① 参见姜明安主编：《行政法与行政诉讼法》，北京大学出版社 2011 年版，第 221 页，第 258 页。

申请的实质含义是同意。行政执法学上这样分类与行政法学依职权和依申请的行政行为分类含义不尽相同，行政法学上这种分类是在具体行政行为框架下的分类，而行政执法学上依职权的行政执法决定包括行政事实行为中的决定以及订立行政合同决定。这种分类的意义在于区分出行政执法决定是否存在相对人、相关人申请同意要件，保证行政执法决定的合法性。

从规则意义上，以行政执法决定内容看，可分为授权性决定、义务性决定和权义复合性决定，授权性决定是指示可以作为、不作为的决定。义务性决定是直接要求作为或不作为的决定。权义复合性决定指兼具授予权利、设定义务两种性质的决定。从行政执法决定形式特征上看，可分为规范性决定和标准性决定。规范性决定指决定的内容明确、肯定和具体，且可直接执行的决定，标准性决定指决定的部分内容或全部内容具有一定伸缩性，须经解释方可执行且具有一定选择性的决定。从行政执法决定的功能上看，可分为调整性决定和构成性决定，调整性决定是对已有行为方式进行调整的决定，它的功能在于控制行为。构成性决定是组织当事人按决定规定的行为去活动的决定。从行政执法决定的强制性程度上来看，可分为强制性决定和指导性决定。强制性决定指必须作为或不作为的决定。指导性决定指行政执法相对人可自己决定是否按决定指定的行为办事，决定只具有指导意义而不具强行性。① 这种分类的意义在于对应于不同的行政法律规范类型以更准确的执行法律。

根据行政执法活动和研究的需要，可以从不同意义以不同角度对行政执法决定进行分类。

本节以行政执法决定所表示的职责职权性质和外部法律效果为标

---

① 参见第五节“行政执法原则，行政执法的依法原则”一题。

准来探讨行政执法决定的不同类别。对于学界研究较多的决定类型予以简写，对研究较少的决定类型予以详写，并适当区分一些疑难决定。

第三题　行政处罚决定

行政处罚决定是特定行政执法组织支配处分其行政处罚职责职权的决定。

我国《行政诉讼法》第十二条第一款第一项规定，人民法院受理公民、法人或者其他组织提起的，对行政拘留、暂扣或者吊销许可证和执照、责令停产停业、没收违法所得、没收非法财物、罚款、警告等行政处罚不服的诉讼。我国行政复议法也有相似规定。1996年10月1日起施行的《中华人民共和国行政处罚法》规定了总则、行政处罚的种类和设定、实施机关、管辖和适用、行政处罚的决定与执行、法律责任等。基于法律的规定，行政处罚决定作为行政执法决定类别在实定法上完成了类型化。

行政处罚决定是指行政执法组织依法定职权和程序对违反行政法规定尚不构成犯罪的行政执法相对人给予行政制裁的决定。① 行政处罚决定的特性是违法前提下的制裁性，不具备这个特性的行政执法决定不是行政处罚决定。“行政处罚是一种制裁行为，以损害违法者的自由、财产能力以及其它利益为目的。行政处罚的直接目的并不是促使行政法上义务的实现，而是要造成违法者精神、自由和经济利益受到限制或损害的后果，惩罚违法者的违法行为。”②

---

① 参见姜明安主编：《行政法与行政诉讼法》，北京大学出版社2011年版，第259页。

② 应松年主编：《行政行为法》，人民出版社1992年版，第464页。转引自杨小君：《行政处罚研究》，法律出版社2002年版。

行政处罚决定的法律效果是行政执法组织支配处分其行政处罚职责职权为行政执法相对人设定行政法义务，处分其财产权、人身权等，并为行政执法组织自己设定监督行政执法相对人履行行政处罚决定所设行政法义务的职责。

违法前提下的制裁性是行政处罚决定的特性。违法是制裁的必要条件，通常对于行政处罚决定而言，其前提还必须确定为行政执法相对人违法且有责的行为，即违反行政法律规范且应当追究行政处罚法律责任。这是对形成行政处罚决定这种完整的、静态的形式而言的。

行政处罚决定的标准程序起于行政处罚立案，终于结案。在我国行政处罚法所规定的行政处罚一般程序中并未对立案和结案作出规定，而在我国一些法规和规章中作出了规定。行政处罚决定一般程序按照顺序有立案、调查、形成决定意见、对应当处罚的违法嫌疑人制作拟处罚决定书、说明理由并告知权利、违法嫌疑人陈述和申辩、对应当处罚的违法嫌疑人送达行政处罚决定书。① 行政处罚简易程序基于行政执法绩效原则，不设立案环节。简易程序主要是对行政处罚程序而言的，是简化行政处罚程序的若干环节，但它不能减少实体性要求，比如本书中所列的各种行政执法内容要素和关系，实行简易程序作出的行政处罚决定，仍然必须具备行政执法组织、依据、根据、证据、理由、决定等要素和关系。在行政处罚简易程序中，有些程序不得简化，必须具备，即表明行政执法组织和行政执法人员身份，确认违法事实并说明理由和行政处罚依据，制作行政处罚决定书并交付违法行为人，将行政处罚决定附载于行政

---

① 参见姜明安主编：《行政法与行政诉讼法》，北京大学出版社 2011 年版，第 280 ~ 283 页。

处罚案卷。[①] 实行简易程序的当场行政处罚决定宜要求违法行为人签字确认，违法行为人拒绝签字确认的，虽然不影响行政处罚决定的效力，但因进入行政复议和行政诉讼时难于证明，对这种情况，宜采用一般程序作出行政处罚决定。

行政处罚听证程序作为一个整体程序而言，在行政处罚中不具有普遍的意义，是实行一般程序作出法定行政处罚种类、行政处罚决定前的一个阶段。对于行政处罚法规定的责令停产停业、吊销许可证或者执照、较大数额罚款等行政处罚决定种类，在作出行政处罚决定之前，应当告知当事人有要求举行听证的权利。违法嫌疑人要求听证的，行政处罚组织才进行听证。行政处罚的听证目的，主要是查清案件事实，准确法律适用，确凿证据证明，其听证笔录对行政处罚决定没有法律上的约束力，但是对于违法嫌疑人提出的申辩和质证意见，行政处罚组织不予采纳的，应当说明理由，并记录于听证笔录或案卷之中。由于地区和不同行政执法系统的实际不同，较大数额罚款应当由行政执法规范予以明确，以地方政府规章或地方性法规明确为主。

在我国行政处罚法中，特别规定了两种行政处罚行为无效的情况，即第三条第二款，“没有法定依据或者不遵守法定程序的，行政处罚无效”和第四十一条，“行政机关及其执法人员在作出行政处罚决定之前，不依照本法第三十一条、第三十二条的规定向当事人告知给予行政处罚的事实、理由和依据，或者拒绝听取当事人的陈述、申辩，行政处罚决定不能成立；当事人放弃陈述或者申辩权利的除外”，行政处罚决定不能成立自然无效。这两种情况在行政

---

① 参见姜明安主编：《行政法与行政诉讼法》，北京大学出版社 2011 年版，第 279 ~ 280 页。

处罚中要特别注意。行政处罚决定在法律上是否有效的其它判断标准主要是我国《行政诉讼法》第七十五条的规定，即“行政行为有实施主体不具有行政主体资格或者没有依据等重大且明显违法情形，原告申请确认行政行为无效的，人民法院判决确认无效。”这条规定适用于包括行政处罚决定在内的所有的人民法院可以受理审判的行政执法决定是否有效的判断。

行政处罚决定通常被认为是依职权的行政执法决定，但是也有例外，有的行政处罚决定需要行政执法相关人申请或者说要求才能作出，同意是申请、要求的实质含义。比如我国《婚姻法》第四十三条规定，“实施家庭暴力或虐待家庭成员，受害人提出请求的，公安机关应当依照治安管理处罚的法律规定予以行政处罚。”我国《治安管理处罚法》第四十五条第一项规定，“有下列行为之一的，处五日以下拘留或者警告：（一）虐待家庭成员，被虐待人要求处理的”。这不是行政法学严格意义上的依职权行政执法决定（行为），依职权的行政执法决定不以行政执法相对人、相关人同意为必要条件，而属于依申请的行政执法决定。尽管很多时候行政处罚以行政执法相关人的举报、投诉为案件来源，但却不以其同意作为作出行政处罚决定的必要条件，而是直接依职权作出行政处罚决定。比如家庭关系以外的人作为行政执法相关人如受害人的举报，举报也是一种要求，对于这种受害人的举报而言，只要被举报、投诉行为人符合行政处罚构成要件就应当进行行政处罚，其独立于行政执法组织以外任何人的意志，受害人是否同意并不影响行政处罚决定的作出。而家庭成员之间的暴力或者虐待需得到受害人同意方能进行行政处罚，受害人同意可以看作是行政处罚的违法性要件要素，类似于被损害人承诺，构成违法阻却事由，其能排除行为人的违法性。①

行政处罚决定的依据是行政处罚法律规范，根据包括社会秩序、公共利益和公民、法人和其他组织合法权益事实状态，在规范上表现为由行政处罚依据所规定的行政处罚决定构成要件要素。② 行政处罚决定的证据是证明行政处罚根据的事实材料。行政处罚决定理由是行政处罚依据、根据和证据之间的逻辑关系。

第四题 行政许可决定

行政许可决定是特定行政执法组织支配处分其行政许可职责职权的决定。

我国《行政诉讼法》第十二条第一款第三项规定，人民法院受理公民、法人或者其他组织提起的，申请行政许可，行政机关拒绝或者在法定期限内不予答复，或者对行政机关作出的有关行政许可的其他决定不服的诉讼。我国行政复议法也有相似规定。2004 年 7 月 1 日起施行的《中华人民共和国行政许可法》规定了总则、行政许可的设定、实施机关和实施程序、费用、监督检查和法律责任等。基于法律的规定，行政许可决定作为决定类别在实定法上完成了类型化。

我国行政许可法规定，行政许可是指行政机关根据公民、法人或者其他组织的申请，经依法审查，准予其从事特定活动的行为。

---

① 参见夏云峰：《行政执法重点实务业务工作》，中国法制出版社 2015 年版，第 79 ~80 页。

② 参见夏云峰：《行政执法重点实务业务工作》，中国法制出版社 2015 年版，第 66 ~88 页。

这里的行政机关是指有行政许可权的行政执法主体，包括法律、法规授权的具有管理公共事务职能的组织。委托实施行政许可，应当有法律、法规或者规章的规定。

行政许可决定最主要的特性是，行政执法组织就一般禁止事项对提出申请的符合法定条件标准的行政执法相对人因许可决定而解除，不具备这一特性的行政执法决定不是行政许可决定。① 对法律绝对禁止的事项不存在行政许可问题，一经出现就是一种违法行为。对法律一般禁止的事项，因为被行政许可，从事该事项则被认为是合法行为，受到法律保护。对于一般禁止的事项未经行政许可而从事该活动，在实定法上通常使用“非法”字样加以限定，也就是，在行政处罚等行为中，一般地，对于非法活动，其前提通常是应当经过行政许可的活动，当然，非法活动也可指法律绝对禁止的事项。对一般事项的禁止并非都事先由法律明定，在我国行政许可法规定的规范形式对特定事项设定行政许可之时，就意味着该事项成为了法律上的一般禁止事项。

行政许可决定的法律效果是行政执法组织支配处分其行政许可职责职权为行政执法相对人赋予行政法权利，解除其不得从事特定活动的行政法义务，同时为对行政许可实施活动的监督机关设定监督行政执法相对人依法并依许可决定从事许可活动的职责，对行政许可实施活动的监督机关既可能是许可机关，也可能是其他法定行政执法组织。

是否为对一般禁止事项的解除这一行政许可决定特性，是判断是否为行政许可决定的主要标准，它也含有不予行政许可的含义。

---

① 参见应松年主编：《行政法与行政诉讼法》，法律出版社 2009 年版，第 178 ~ 180 页。

除了准予行政许可和不予行政许可外，我国行政许可法还规定了一些与行政许可决定相关的决定，不是严格意义上的行政许可决定，但是与行政许可决定密切相关，比如行政许可的撤销决定、注销决定，这种决定可以提起诉讼或者复议，可视为行政许可决定。对被许可人从事行政许可事项的活动进行监督检查而作出的决定，主要是符合行政检查的特性，应当属于行政检查决定。同样，如果被许可人因违反相关法律规定而被暂扣或者吊销许可证和执照等行政处罚，[①] 因其主要是行政处罚的特性，而被确定为行政处罚决定。这也是我们在第九节中所探讨的，对行政执法事物的规定，由于立法技术的原因，分散于各个法典之中，并因为事物的普遍联系而形成一个整体秩序。比如对于行政处罚这类事物，普遍的规定于各个法典之中，而非局限于行政处罚法。在行政执法中，我们去判断一个事物是什么事物，不能仅仅看其规定在哪个法典中，而要针对规范语句来分析其意义，特别是其性质，进而解决是什么的问题。就像上述所言，规定在行政许可法中的行政执法决定未必就是行政许可决定。

我国行政许可法在第四章规定了实施程序，具体包括申请与受理、审查与决定、期限、听证、变更与延续、特别规定等，在实际行政许可中依法执行即可。需要注意的是，依照第四十八条第二款的规定，即“行政机关应当根据听证笔录，作出行政许可决定”，行政许可听证笔录是行政执法证据还是行政执法根据？有学者认为是行政执法证据，并因此引申出一系列问题。[②] 从行政执法学看，

① 也可能是行政强制措施，要看其目的。

② 参见叶必丰、贾秀彦：《从行政许可法看行政听证笔录的法律效力》，载《法学评论》2005 年第 3 期；蒋建文：《论听证笔录对行政许可决定的法律效力》，载《江苏经济报》2007 年第 B04 版。

行政许可听证首先是一个行政执法程序，这个程序的目的是对行政许可组织就行政许可申请而形成的审查意见，即拟作出的行政许可决定是否正确，由行政许可相对人和相关人参与进行讨论。行政许可决定是否正确，涉及到行政执法依据、根据、证据、理由等行政执法要素和关系各个方面，而不仅仅限于证据，比如行政许可法规定的行政执法相对人、相关人在听证程序中的申辩内容，涵盖行政执法要素和关系各个方面。行政许可听证会通常要形成听证结果，即对拟作出的行政许可决定赞成还是反对，这种听证结果从实质内容上应当作为行政执法根据看待，即从行政执法事实根据认识听证会结果，并据此作出行政许可决定。如果这种听证结果违反法律规定，则不能成为行政许可根据，也就不能据此作出行政许可决定，应当重新依法召开听证会。行政许可听证笔录是对听证会过程的实时记录，仅从形式上我们可以归结为证据，因为它是行政执法根据，特别是听证会结果这种事实状态的事实材料反映。而且，将行政许可听证笔录视为书证，也恰恰说明了其内容作为整个行政许可听证会的过程包括结果是行政执法根据。

行政许可决定通常被认为是依申请的行政执法决定，但是也有例外。有的行政许可决定属于依职权的行政许可决定，不以行政执法相对人的申请同意为必要条件。比如我国《专利法》第四十九条规定，“在国家出现紧急状态或者非常情况时，或者为了公共利益的目的，国务院专利行政部门可以给予实施发明专利或者实用新型专利的强制许可。”第五十条规定，“为了公共健康目的，对取得专利权的药品，国务院专利行政部门可以给予制造并将其出口到符合中华人民共和国参加的有关国际条约规定的国家或者地区的强制许可。”

行政许可决定的依据是行政许可法律规范，根据因其承担资源配置的基础作用，主要是社会结构秩序事实状态，同时，行政许可还有控制危险和为社会提供公信力的作用，所以也包括公共利益的事实状态。[①] 因行政许可通常需申请人申请，故公民、法人和其他组织的合法权益亦是其根据。行政许可决定根据在规范上表现为由行政许可依据所规定的行政许可构成要件要素。[②] 行政许可决定证据是证明行政许可根据的事实材料，行政许可决定理由是行政许可依据、根据和证据之间的逻辑关系。

第五题　行政强制决定

行政强制决定是特定行政执法组织支配处分其行政强制职责职权的决定。

我国《行政诉讼法》第十二条第一款第二项规定，人民法院受理公民、法人或者其他组织提起的，对限制人身自由或者对财产的查封、扣押、冻结等行政强制措施和行政强制执行不服的诉讼。我国行政复议法也有相似规定。[③] 2012 年 1 月 1 日起施行的《中华人民共和国行政强制法》规定了总则、行政强制的种类和设定、行政强制措施与行政强制执行的实施程序、申请人民法院强制执行、法律责任等。基于这些法律的规定，行政强制决定在实定法上完成了类型化。

行政强制决定分行政强制措施决定和行政强制执行决定。对行政强制措施决定而言，依我国行政强制法规定，是指行政机关在行

① 参见应松年主编：《行政法与行政诉讼法》，法律出版社 2009 年版，第 180 ~ 181 页。

② 参见夏云峰：《行政执法重点实务业务工作》，中国法制出版社 2015 年版，第 88 ~ 92 页。

③ 因我国行政复议法在行政诉讼法修正以后尚未完成修改工作，并未直接将行政强制执行规定为可复议行政行为，但是依照我国行政强制法，其属于可复议范围。

政管理过程中，为制止违法行为、防止证据损毁、避免危害发生、控制危险扩大等情形，依法对公民的人身自由实施暂时性限制，或者对公民、法人或者其他组织的财物实施暂时性控制的决定。主要有限制公民人身自由，查封场所、设施或者财物，扣押财物，冻结存款、汇款，法律、法规规定的其他行政强制措施决定。行政强制措施决定的特性与其目的紧密相连，任何具有四个目的之一的对行政执法相对人人身暂时性限制或者对其财物暂时性控制的决定均是行政强制措施决定。

行政强制措施决定的法律效果是行政执法组织支配处分其行政强制措施职责职权为自己设定直接强制行政执法相对人人身或财物职责，或者为行政执法相关人设定行政法义务，处分行政执法相对人人身权、财产权等，并为行政执法组织自己设定监督行政执法相关人履行行政强制措施决定所设行政法义务的职责。

行政强制措施决定不具有制裁性，其可以以行政执法相对人违法为前提，但是行政强制措施决定的目的不是制裁违法，而是制止违法行为持续。行政强制措施决定并非一定以行政执法相对人负有行政法律规范上的义务为前提，只要存在法律规定的行政强制措施根据事实状态并具有行政强制措施证据、理由，行政执法组织即可作出行政强制措施决定。多数行政强制措施都存在明确的书面决定，在少数即时强制中，其决定与执行在表面上混同，但是不能认为行政强制措施没有行政执法决定，① 即时强制在实际上仍是先有行政执法决定后有执行。这类行政强制措施决定与执行之间没有明显时

① 参见应松年主编：《行政法与行政诉讼法》，法律出版社2009年版，第295页。该书认为行政强制措施不存在行政处理决定，是直接依据法律、法规的规定而实施的。这与如何认识行政处理决定或者说行政执法决定有关，参见本节行政执法决定内涵一题。

间间隔，行政强制决定一旦生效就立即执行，这种特点同样适用于我国《行政强制法》第五十二条规定的即时代履行。行政强制措施决定与执行并不一定是同一主体，比如冻结，对行政冻结决定的执行主体是相关金融机构，而非作出行政强制措施决定的行政执法组织。① 在社会秩序和公共利益等行政强制措施根据消失以后，行政强制措施决定应当终止。

行政强制措施决定的依据是行政强制措施法律规范，根据主要是社会行为秩序和公共利益的事实状态，保障行政执法的行政强制措施决定的根据也是如此，因为行政执法活动本身就代表公共利益。行政强制措施决定根据在规范上表现为由行政强制措施依据所规定的行政强制措施构成要件要素。行政强制措施决定的证据就是证明行政强制措施根据的事实材料，其理由是行政强制措施依据、根据和证据之间的逻辑关系。

对行政强制执行决定而言，依我国行政强制法规定，是指行政机关或者行政机关申请人民法院，对不履行行政决定的公民、法人或者其他组织，依法强制履行义务的决定。主要分为金钱给付义务的执行决定和代履行决定。行政强制执行决定的主要特性是对未如期履行行政执法决定所设义务或需立即履行行政执法决定义务而履行不能的行政执法相对人，由行政执法组织“采取法定的强制方式，强制其履行义务或达到与履行义务相同状态”②。

行政强制执行决定的法律效果是行政执法组织支配处分其行政强制执行职责职权为自己设定强制行政执法相对人履行行政法义务，或者为行政执法相对人、相关人设定行政法义务，处分行政执法相

---

① 见本题下文讨论。

② 应松年主编：《行政法与行政诉讼法》，法律出版社2009年版，第294页。

对人人身权、财产权等，并为行政执法组织自己设定监督行政执法相对人、相关人履行行政强制执行决定所设行政法义务的职责。

在行政强制执行决定中，存在两种行政执法决定，一个是先前为行政执法相对人设定义务的行政执法决定，除即时代履行外，这一行政执法决定应当书面、事先送达至行政执法相对人，并留有履行义务的期限。在即时代履行中，行政执法组织在事后通知行政执法相对人时，应当载明这一行政执法决定设定义务的内容。另一种行政执法决定是行政强制执行决定，应当依法采用书面形式，无论在一般行政强制执行还是代履行中，决定书都应当载明我国《行政强制法》第三十七条规定的内容。

通常，学界认为行政强制执行的主体只是行政执法组织和人民法院，法律（含行政强制法本身）规定由行政执法组织实施的应当由有行政强制执行权的行政执法组织强制执行，否则应当由作出设定先前义务行政执法决定的组织申请人民法院执行。但从我国行政强制法看，针对存款、汇款的行政强制执行决定和行政强制措施决定的执行主体都应当是相关金融机构，而非行政执法组织或者法院。针对存款、汇款的行政强制，不同于针对物的行政强制，比如查封、扣押，对物的行政强制，我国行政强制法实际是赋予了行政强制权的优先性，不论该物上有何种民事权利或者处于何人控制之下，行政执法组织均可在其上设定行政强制，并且可以强制占有，在遇到暴力阻止时，有人身强制权的行政执法组织可以直接或者在协助执法时依法进行人身强制，排除妨碍，它并不依赖于该物所有人或者占有人实现这种状态。而对于存款、汇款有其特殊性，从我国行政强制法来看，无论是作为行政强制措施的冻结决定，还是作为行政强制执行的划拨决定，无论是行政执法组织还是人民法院作为行政强制决定的主体，要实现行政强制，必须依赖于相关金融机构的操作，存款、汇款的所有权虽在存款人、汇款人，[1] 但是占有权却在金融机构，法律并未授予行政执法组织或者法院强制占有权，也无法对存款和汇款进行强制占有，其必须依赖于相关金融机构的操作，在金融机构拒绝相关操作时，则行政强制无法实现，所以金融机构应当属于我国行政强制法的强制执行主体之一。因对这一问题认识不够明晰，在实际的行政强制中已经产生了一些问题。[2] 在现有法律框架下，应当明晰相关金融机构在行政强制中对相关行政强制决定有且仅有形式审查的权利，此外应当无条件执行行政强制决定。另外，应当加重对相关金融机构不执行行政强制决定的法律责任。

从我国行政强制法以及上面的分析看，行政强制措施与行政强制执行都有行政执法决定问题，也都涉及到行政强制决定的执行问题，在这一点上，它们的区别是决定与执行之间是否有时间间隔。但是，这并不是主要区别，[3] 否则，就没有办法解释《行政强制法》第五十二条的规定，即"需要立即清除道路、河道、航道或者公共场所的遗洒物、障碍物或者污染物，当事人不能清除的，行政机关可以决定立即实施代履行；当事人不在场的，行政机关应当在事后立即通知当事人，并依法作出处理。"在这一条中，行政强制执行与决定之间的时间间隔似乎也不明显，它强调的是立即清除，否则就会影响社会秩序和公共利益。行政强制措施与行政强制执行的主要区别更在于对前者而言，法律并不要求行政执法相对人去履行行

---

① 参见《储蓄管理条例》第五条等相关法律规定。

② 参见《银行拒不配合法官划拨"老赖"存款 被罚 10 万元》载人民法院网，http://www.chinacourt.org/article/detail/2016/09/id/2091719.shtml，最后访问日期 2016 年 10 月 22 日。

③ 参见应松年主编：《行政法与行政诉讼法》，法律出版社 2009 年版，第 287 页。该书认为行政强制措施与行政强制执行之间的主要区别是决定与执行之间没有时间间隔。

政强制措施决定所设定的义务，而是规定由行政执法组织直接运用强制力实施，行政执法相对人是否履行相关义务，在法律上对行政强制措施没有任何影响。行政强制措施追求的是行政执法组织必然将行政强制措施决定作用于被强制对象，而不论行政执法相对人是否履行相关决定设置的义务，即使其履行相关义务，也必然作用于被强制对象。比如限制人身自由的强制，行政执法相对人即使配合，也要限制其人身自由，比如查封、扣押场所、设施和财物，即使行政执法相对人配合，也要对相关物进行查封、扣押。而对行政强制执行而言，法律要求行政执法相对人履行行政强制决定所设定的义务，且只有在未如期履行或者需立即履行而行政执法相对人履行不能时才进行行政强制执行，如果行政执法相对人履行了相关义务则不得行政强制执行，行政强制执行决定是否作用于被强制对象是或然的。

对于申请人民法院强制执行，我国《行政强制法》存在的主要问题是第五十五条规定的，由申请的行政执法组织提供“申请强制执行标的情况”，在没有法律明确授权的情况下，多数行政执法组织一般是没有权力调查公民、法人或者其他组织财产情况的，尤其是这种财产情况并非被申请执行的行政强制执行决定的根据，从这项规定看，似乎也未直接授权行政执法组织可以调查行政执法相对人财产情况，这需要在以后的立法中予以弥补，否则申请人民法院强制执行的规定将在很大程度上被空置。

我国行政强制法规定的行政强制程序是比较复杂的，尤其是行政强制执行程序，这需要靠行政执法技术规范予以解决，特别是要实行质量作业流程管理。① 在行政执法上，对于复杂问题尽管我们可以通过叙述来讨论，但是对于实际的执法而言，流程图表可能更有利。

行政强制执行决定的依据是行政强制执行法律规范，根据是第一个行政执法决定确定的先前义务未如期履行或需立即履行而履行不能的事实状态，在规范上表现为由行政强制执行决定依据所规定的行政强制执行构成要件要素。行政强制执行决定的证据就是证明行政强制执行根据的事实材料，其理由是行政强制执行决定依据、根据和证据之间的逻辑关系。

行政执法组织的行政强制决定通常被认为是依职权的行政执法决定。

第六题　行政裁决决定

行政裁决决定是特定行政执法组织支配处分其行政裁决职责职权的决定。

我国《行政诉讼法》第十二条第一款第四项规定，人民法院受理公民、法人或者其他组织提起的，对行政机关作出的关于确认土地、矿藏、水流、森林、山岭、草原、荒地、滩涂、海域等自然资源的所有权或者使用权的决定不服的诉讼。我国行政复议法也有相似规定。该项规定虽然使用了“确认”一词，但不是指行政确认，而是指行政裁决。我国土地管理法、森林法等法律规定了行政裁决，

---

① 参见夏云峰：《行政执法重点实务业务工作》，中国法制出版社 2015 年版，第 190 ~192 页，195 ~199 页，及第四章行政执法基本工作制度第一节行政执法质量管理与行政执法责任制度中相关内容。对于行政执法具体程序问题本节仅讨论有明确程序法律规定的，其他行政执法程序问题见第十四节“行政执法行为及其程序”，以及行政法学相关著作。

"根据上述法律规定，发生土地、矿藏、草原等自然资源权属纠纷的，当事人可以向相关政府申请确权，相关政府就当事人之间的土地、矿藏、草原权属民事纠纷所作的确权决定，属于行政裁决行为，依法属于行政诉讼受案范围。"① 关于行政裁决，目前我国没有独立的行政裁决法，亦无统一行政程序法对行政裁决作出规定。但是，既然我国行政诉讼法和行政复议法已经将其作为受案范围和行政复议范围，就应当认为行政裁决决定已在实定法上完成了类型化。这是因为，人民法院和复议机关对行政裁决决定能够进行审查并作出判断，就说明在实际上已经具有对该行为特性的明确认识，尽管这种认识更多依靠行政法学理论和相关实体部门法而非相关专门的行政程序法律规定。除了前述行政处罚决定、行政许可决定和行政强制决定，目前而言，其它行政执法决定类型均是如此。

从学理上看，行政裁决决定并不限于自然资源争议的裁决，而是指行政执法组织依据法律规定，对与行政管理相关且与合同无关的民事纠纷进行审查并确定权属或划分法律责任的行政执法决定。②行政裁决决定的特性是对争议民事事实状态作出具有强制执行力的权属确认或法律责任划分。

行政裁决决定的法律效果是行政执法组织支配处分其行政裁决职责职权，为行政执法相对人设定民法权利或者义务，处分其财产权等，在有法律规定的情况下并为行政执法组织自己设定监督行政执法相对人履行行政裁决决定所设民法义务的职责。

与行政管理相关的民事争议的存在是行政裁决决定的前提，行

① 江必新主编：《中华人民共和国行政诉讼法理解适用与实务指南》，中国法制出版社 2015 年版，第 63 页。

② 参见姜明安主编：《行政法与行政诉讼法》，北京大学出版社 2011 年版，第 254 页。

政执法相对人的申请是行政裁决决定的必要条件，这是与行政确认决定的重要区别。通常，行政裁决决定的申请人为具有相关法律权利的人或者合法权益受到侵害的人，其尽管针对民事争议进行，但并不依赖于争议双方申请裁决的合意，其依法定的申请人申请即启动行政裁决程序作出裁决决定。这是与行政调解决定和行政仲裁决定重要的区别，与行政调解决定的另一个区别是，行政裁决决定体现行政执法意志，具有强制执行力，“所以，行政裁决不包括单纯以调解方式处理而其调解处理协议并不发生强制性法律效力的行为。”① 这也是与行政确认决定的区别之一，行政确认决定不存在执行问题。

行政裁决决定除权属争议的确定外，对于损害赔偿争议的裁决和侵权争议的裁决具有划分法律责任的性质，对权属争议虽然不直接裁决法律责任，但是如果权属争议裁决以后涉及到损害赔偿和侵权的，行政裁决决定由于其强制执行力，在实际上也划分了法律责任。仅对损害赔偿和侵权事实进行认定而不划分法律责任属于行政确认而非行政裁决决定，这是行政裁决决定与行政确认决定的又一重要区别。

行政裁决决定通常被认为是依申请的行政执法决定。因行政裁决事项涉及民事事项与行政事项处理权限的划分问题，应当由法律进行设定。

行政裁决决定的依据是行政裁决法律规范，根据是行政执法相对人之间民事争议的事实状态，在规范上表现为由行政裁决依据所规定的行政裁决构成要件要素。行政裁决决定证据是证明行政裁决

① 参见姜明安主编：《行政法与行政诉讼法》，北京大学出版社 2011 年版，第 255 页。

根据的事实材料，行政裁决决定理由是行政裁决依据、根据和证据之间的逻辑关系。

第七题　行政征收、征用决定

行政征收、征用决定是特定行政执法组织支配处分其行政征收、征用职责职权的决定。

我国《行政诉讼法》第十二条第一款第五项和第九项规定，人民法院受理公民、法人或者其他组织提起的，对征收、征用决定及其补偿决定不服的诉讼，对行政机关违法集资、摊派费用或者违法要求履行其他义务的诉讼。我国行政复议法也有相似规定。这些规定，主要是对应我国《宪法》第十三条的规定，即“国家为了公共利益的需要，可以依照法律规定对公民的私有财产实行征收或者征用并给予补偿。”我国物权法、土地管理法、人民警察法等法律法规针对宪法的这一规定也作出了具体规定。①

在学理上，行政征收、征用决定不限于上述规定范围，是比较复杂的。学界在教科书中，通常将行政征收限定在最狭义的范围，指征税和征费，② 征收并非我国《行政诉讼法》第十二条第五项规

---

① 江必新主编：《中华人民共和国行政诉讼法理解适用与实务指南》，中国法制出版社 2015 年版，第 64 页。

② 参见应松年主编：《行政法与行政诉讼法》，法律出版社 2009 年版，第 243 页。该书将行政征收界定为行政主体为了取得国家的财政收入或因特定的行政目的，以强制方式无偿取得相对人一定金钱的具体行政行为；姜明安主编：《行政法与行政诉讼法》，北京大学出版社 2011 年版，第 269 页。该书将行政征收界定为行政主体凭借国家行政权，根据国家和社会公共利益的需要，依法向行政相对人强制地、无偿地征收税、费或者实物的行政行为；胡建淼主编：《行政法学》，复旦大学出版社 2003 年版，第 151 ~ 152 页。该书将行政征收界定为行政主体凭借国家行政权，根据国家和社会公共利益的需要，依法向行政相对人强制的、无偿的征缴一定数额金钱或实物的单方具体行政行为。

定意义上的行政征收，征费大体对应第九项规定。同时，将行政征用称为公共征用或者公益征用①，对应于我国《宪法》第十三条和《行政诉讼法》第十二条第五项的规定。

基于行政执法学主要从规范出发研究行政执法活动，为了更清晰的从规范意义上认识行政征收与行政征用决定，便于行政执法，本书将两者的区别定义为作用的权利对象不同。行政征收决定是指行政执法组织依法以强制方式取得行政执法相对人财产所有权的决定，② 包括行政征税决定、行政收费决定、公益征收决定。行政征税决定主要是指我国《宪法》第五十六条，即“中华人民共和国公民有依照法律纳税的义务”和税收征收管理法等税收法律规范规定的行政执法决定。行政收费决定主要是指我国《价格法》第四十七条，即“国家行政机关的收费，应当依法进行，严格控制收费项目，限定收费范围、标准。收费的具体管理办法由国务院另行制定”和国家发展和改革委员会、财政部《行政事业性收费标准管理暂行办法》等行政收费规范规定的行政执法决定。公益征收主要是指我国《宪法》第十三条，《物权法》第四十二条，即“为了公共利益的需要，依照法律规定的权限和程序可以征收集体所有的土地和单位、个人的房屋及其它不动产”，《土地管理法》第二条，即“国家为了公共利益的需要，可以依法对土地实行征收或者征用并给予补偿”等法律规范规定的为公益目的的征收决定。

行政征收决定的法律效果是行政执法组织支配处分其行政征收职责职权为行政执法相对人设定行政法义务，处分其财产权等，并

---

① 参见应松年主编：《行政法与行政诉讼法》，法律出版社 2009 年版，第 244 页。该书将行政征用定义为公共征用和公益征用，指行政主体为了公共利益的需要，依照法定程序强制使用相对人财产的一种具体行政行为。

② 参见胡建淼、江利红：《行政法学》，中国人民大学出版社 2014 年版，第 173 页。

为行政执法组织自己设定监督行政执法相对人履行行政征收决定所设行政法义务的职责。

行政征用决定是指行政执法组织以强制方式取得行政执法相对人财产使用权或者劳务的行政执法决定，[①] 包括行政征调决定、公益征用决定。行政征调决定指我国《宪法》第五十五条第二款，即“依照法律服兵役和参加民兵组织是中华人民共和国公民的光荣义务”和我国《兵役法》等法律规范规定的征集兵役的决定。公益征用决定指我国《宪法》第十三条，我国人民警察法、防洪法、国家安全法等法律规范规定的为公共利益征用公民、法人和其他组织私有财产和劳务的决定，包括紧急状态和突发事件中的征用决定。

行政征用决定的法律效果是行政执法组织支配处分其行政征用职责职权为行政执法相对人设定行政法义务，处分其财产权、人身权等，并为行政执法组织自己设定监督行政执法相对人履行行政征用决定所设行政法义务的职责。

在行政征收决定和行政征用决定的类型中，行政征税、收费决定都具有无偿性，行政征调、公益征收、征用决定都具有有偿性，应当依照法律规定予以补偿。行政征收、收费决定针对货币和动产，主要是货币。行政征调决定针对劳务，公益征收决定针对不动产，公益征用决定针对不动产和劳务。

行政征收决定与行政征用决定是两个相近但不从属的概念，仅从“收”与“用”的内涵而言，它们很难是一种从属关系，特别是作为行政征用决定的行政征调决定，其以劳务为内容，行政征收决

---

① 参见胡建淼、江利红：《行政法学》，中国人民大学出版社 2014 年版，第 173 页。

定更是难以涵盖。从法律规定上看，它们也不具有从属的关系。① 但是，行政征收与行政征用有共同的特性，即不因行政执法相对人违法而对其合法财产或劳务的强制取得，凡是符合法定条件的行政执法相对人及其财产都是行政征收、征用的对象，这与其它行政执法决定有着非常明显的区别。行政处罚决定中的罚款决定和行政强制执行决定中金钱给付义务的执行决定都针对行政执法相对人的合法财产，但以行政执法相对人违法为前提。行政处罚决定中的行政拘留决定和行政强制措施决定中的限制人身自由决定与行政征用决定中的行政征调决定都有限制人身自由的性质，但它们的目的不同，行政拘留决定的目的是制裁，限制人身自由的强制措施决定目的是制止违法行为、防止证据损毁、避免危害发生、控制危险扩大，而行政征调决定是为了完成法定劳务。

不因行政执法相对人违法而对其合法财产或劳务的强制取得，凡是符合法定条件的行政执法相对人及其财产都是行政征收、征用决定的对象，这是行政征收、征用决定的特性，国家为什么有权力这样做，或者说国家为什么会有行政征收权和行政征用权，这就涉及到它们的本质，从不同的科学去理解会有不同的结论。从法的角度看，行政征收、征用决定与其它行政执法决定一样，都是为了实现由法律体系构筑的法秩序，只是发挥的作用不同。行政征收、征用决定的作用是为实现法秩序提供必要的人力、物力、财力基础。如果法律是一国公民的意志，公民就要为实现自己的意志创造基础条件，国家和政府作为主体本身并不从事生产直接创造财富，其组织也是由极少量的社会成员构成，有时并不足以充分实现法秩序。

---

① 参见应松年主编：《行政法与行政诉讼法》，法律出版社2009年版，第241～242页。有观点认为行政征收包含行政征用。

在奠定实现法秩序的财力基础、物力基础以及必要的人力补充上，行政征收、征用决定不仅是必要的，而且是必须的。

行政征收、征用决定是依职权的行政执法决定。由于行政征收、征用决定涉及到非基于违法而对合法财产的强制取得、使用，对公民人身自由的限制，应当由法律设定。

行政征收、征用决定的依据是行政征收、征用法律规范，根据是社会秩序和公共利益的实际状态，在规范上表现为由行政征收、征用依据所规定的行政征收、征用构成要件要素。行政征收、征用决定证据是证明行政征收、征用根据的事实材料，行政征收、征用决定理由是行政征收、征用依据、根据和证据之间的逻辑关系。

第八题　行政给付决定

行政给付决定是特定行政执法组织支配处分其行政给付职责职权的决定。

我国《行政诉讼法》第十二条第一款第十项规定，人民法院受理公民、法人或者其他组织提起的，认为行政机关没有依法支付抚恤金、最低生活保障待遇或者社会保险待遇的诉讼。我国《行政复议法》也有相似规定。我国《宪法》第四十五条规定，“中华人民共和国公民在年老、疾病或者丧失劳动能力的情况下，有从国家和社会获得物质帮助的权利。国家发展为公民享受这些权利所需要的社会保险、社会救济和医疗卫生事业。国家和社会保障残废军人的生活，抚恤烈士家属，优待军人家属。国家和社会帮助安排盲、聋、哑和其他有残疾的公民的劳动、生活和教育。”关于行政给付的法律主要是社会保险法、残疾人保障法、消防法、兵役法、现役军官法、城市居民最低生活保障条例、农村五保供养工作条例、失业保险条例等等。①

对行政给付决定的研究，在学界主要是从行政物质帮助这种狭义的角度展开的，就是上述我国宪法第四十五条所规定的范围，是指行政执法组织基于法定职责或者服务要求，在特定相对人处于失业、年老、疾病或丧失劳动能力及其它法定的情况下，依照法律、法规、规章和其它有关行政规定，对上述相对人无偿提供物质帮助或其它优待的行政执法决定。②

行政给付决定的法律效果是行政执法组织支配处分其行政给付职责职权为行政执法相对人设定行政法权利，处分行政执法相对人财产权，并为行政执法组织设定履行行政给付决定所设给付义务的职责。

行政给付决定在当代行政中，是一种非常重要的行政执法决定，是从秩序行政向服务行政转化的重要表现。“行政给付最早是为应对贫困而出现的，而早期的贫困只是经济上的贫困，因而行政给付自然也就主要具有了经济行政的属性。随着社会发展与进步，在原有的经济贫困的基础上又增加了文化贫困。应该说，对于经济性贫困，单一的经济性供给即可获得解决。而对于文化性贫困，则需要调动国家与社会在政治、经济、文化等各方面的功能方能解决。”③随着我国经济社会发展水平大幅提高，人权意识和国家负担能力的增强，应当增强行政给付决定的研究，拓宽行政给付决定的内涵，以充分发挥行政给付对国家社会的重要作用。尤其是要将行政给付决定与政府宏观调控和公共服务基本职能紧密联系起来，就像行政

---

① 参见姜明安主编：《行政法与行政诉讼法》，北京大学出版社 2011 年版，第 240 页。

② 参见应松年主编：《行政法与行政诉讼法》，法律出版社 2009 年版，第 204 页。

③ 柳砚涛、刘宏渭：《行政给付的性质界说》，载《东岳论丛》2006 年第 1 期。

检查、行政处罚、行政许可、行政强制等行政执法决定与市场监管、社会管理、环境保护等政府基本职能的结合，只有这样才能充分发挥行政给付的重要作用。

行政给付决定是实现政府宏观调控和公共服务基本职能的重要方式，在宏观调控某些领域和公共服务基本职能上是主要方式。在规范层面，宏观调控主要是政策法规计划，在实现层面，基于市场经济的要求，在某些领域，政府主要是运用国家财政资金直接投资或者作为金融杠杆，以其增减来调控经济领域各个行业的发展，这大体对应于资助行政。① 而公共服务主要是直接或者间接运用国家财政资金创造公共产品，以满足社会需要，这大体对应于供给行政。② 同时，从更广泛的意义上，公共服务也包括运用国家财政资金直接或者间接的对特定人群的定向物质帮助，即行政物质帮助这种最狭义的行政给付，这大体对应于社会保障行政。③

从社会角度看，行政给付是一种政府职责，对行政执法相对人来说是一种授益行政，“是行政主体向行政相对人给付金钱或者实物的行为”④，仅从行政执法相对人方面来看关系其财产权。同时，对行政执法组织而言，则是一种支配国家财政资金的决定，行使的是国家财政资金的支配权，而国家财政资金从本质上说仍然源于公民的财产，对其的支配权仍属变相支配公民财产权。行政执法组织依法以直接或者间接无偿给付国家财政资金的方式来满足生存发展需要是行政给付决定的特性，这涵盖了行政物质帮助意义上的行政给付，只是在对象范围上远大于行政物质帮助。国家财政资金的支

① 参见应松年主编：《行政法与行政诉讼法》，法律出版社 2009 年版，第 204 页。
② 参见应松年主编：《行政法与行政诉讼法》，法律出版社 2009 年版，第 204 页。
③ 参见应松年主编：《行政法与行政诉讼法》，法律出版社 2009 年版，第 204 页。
④ 姜明安主编：《行政法与行政诉讼法》，北京大学出版社 2011 年版，第 240 页。

配与社会生存发展需求的平衡，是行政给付的两个角度，只有从行政执法组织方支配处分国家财政资金这个角度认识行政给付，才能从最根本上为行政给付决定的理论研究奠定基础。

行政给付决定分直接给付和间接给付决定。所谓直接给付决定，是指行政执法组织依照规定直接投入国家财政资金或者用由国家财政资金购买的实物来满足社会需要，包括使用国家财政资金建立公立学校、医院、公用道路等提供公共产品和公共服务的决定，发放抚恤金、特定人员离退休金、社会救济福利金、自然灾害救济金及救济物资等行政物质帮助提供私人产品的决定，① 以国家财政资金设立面向社会的基金及其审批决定，行政补贴决定，利用国家财政资金直接投入或者作为金融杠杆投入特定行业企业的决定等。所谓间接给付决定，是指行政执法组织依照规定将原本应属于国家财政的资金予以减免的决定。包括减免税决定，减免行政收费决定等。

基于行政给付决定的特性，其与其它行政执法决定的区分是非常明显的，主要相关的行政执法决定是订立行政合同决定，尽管它们都使用国家财政资金，但它们的区分也非常明显，它们的主要区别是，行政给付决定是单方行政执法决定，只要符合行政给付的条件，行政给付执法组织就应当予以给付，而行政合同还需要行政执法组织与行政执法相对人形成合意。行政给付决定是直接依照行政执法规范规定的数额、方式、期限等给付，而行政合同在签订时，虽然也需要依照行政执法规范进行，但是基于行政合同决定的国家财政资金给付主要是依照双方或者多方约定来确定给付的数额、方式、期限等。行政给付决定是一种无偿决定，而行政合同决定，行

① 姜明安主编：《行政法与行政诉讼法》，北京大学出版社 2011 年版，第 241 ~ 243 页。

政执法相对人一方需要提供等价物。

目前我国对行政给付和行政给付决定的研究和立法都相对滞后，确定行政给付决定的特性为行政执法组织依法以直接或者间接无偿给付国家财政资金的方式来满足生存发展需要具有重要的现实意义。国家财政资金主要通过行政征税取得，来源于全体纳税人，管理、使用好国家财政资金是各级政府的法律义务。行政给付作为政府支出，是一种给付国家财政资金的行为，在宏观上主要实行预算约束，我国《预算法》第四条第二款规定，“政府的全部收入和支出都应当纳入预算”，加强行政给付研究有利于科学编制、依法实现预算。国家财政资金在对行政系统内部使用管理上，国家建立了一系列财经制度，实行了“三公”经费公开，目前看较好的规范了国家财政资金的内部使用。但是，在国家财政资金对外即面向社会需要的管理使用上，还存在很多问题，随意性仍然很大，尤其是在实现层面，以行政权力任性分配支出财政资金的情况在不同领域不同层面依然存在，科研资金审批、园区审批、优惠政策给予、项目审批、移民扶贫、经适房廉租房等等行政给付领域还难言法治，加强行政给付研究有利于形成“法治财政”，有利于科学、依法决策。加强行政给付研究还有利于厘清不同行政执法行为、决定（行政行为、决定）的性质，比如在间接给付国家财政资金层面，就能很好的区分出行政执法组织对行政执法相对人金钱给付性质法律义务减免决定的性质，税收征收机关依法对纳税人减税、免税的决定，就是一种行政给付决定。①

行政给付决定是依申请的行政执法决定，尽管在一些行政给付

---

① 在我国取消非许可的行政审批以前，也可以将其归类为非许可的行政审批。参见夏云峰：《行政执法重点实务业务》，中国法制出版社 2015 年版，第 147 ~ 156 页。

中申请同意并不明显，比如自然灾害的紧急救助，但是我们应当看到，申请的实质意义是同意，进一步说是“想要得到”，有些是非常紧迫的，基于行政给付的授益性和非强制性，[①] 在行政给付中，只要不违反国家财政资金管理规定，行政执法相对人不拒绝被给付，应当坚持有利于行政执法相对人，对这种紧迫行政给付在制定行政执法规范和执法上不应当对其是否具有明确的申请形式以及如何申请过多进行限制。

由于行政给付决定使用国家财政资金，我国现行分税制财政体制，而国家财政资金又来源于不同地区的纳税人，宜以法律、地方性法规设定本级财政的行政给付，没有立法权的地区宜以本地人大及其常委会决定的形式设定本级财政的行政给付。

行政给付决定的依据是行政给付法律规范，根据主要是公共利益的实际状态，在规范上表现为由行政给付依据所规定的行政给付构成要件要素。行政给付决定证据是证明行政给付根据的事实材料，行政给付决定理由是行政给付依据、根据和证据之间的逻辑关系。

第九题　行政合同决定

行政合同决定是特定行政执法组织支配处分其订立行政合同职责职权的行为。

我国《行政诉讼法》第十二条第一款第十一项规定，人民法院受理公民、法人或者其他组织提起的，认为行政机关不依法履行、未按照约定履行或者违法变更、解除政府特许经营协议、土地房屋征收补偿协议等协议的诉讼。我国土地管理法、国有土地上房屋征

---

① 参见应松年主编：《行政法与行政诉讼法》，法律出版社 2009 年版，第 205 页。

收和补偿条例等法律法规也规定了行政合同。订立国有土地使用权出让合同、征收与征用补偿合同、特许经营合同、公共工程承包合同行为，一般被认为是行政合同行为,[①] 是否都为行政合同行为，需要探讨。

订立行政合同为什么是行政执法决定？因为订立行政合同是行政执法组织对其订立行政合同职责职权的履行，当法律规定某种法秩序以行政合同方式实现时，订立行政合同就是特定行政执法组织的行政执法职责职权，行政合同文本是行政执法组织履行订立行政合同职责职权确定主张的意思表示。作为行政执法决定的行政合同决定仅限于订立行政合同产生的合同文本，而履行合同以及在履行合同中行政执法组织所具有的行政执法职权是另一回事。

为了深刻理解行政合同决定，确定其特性，有必要分析在行政法学上作为行政行为的行政合同。对行政合同的定义，在学界存在较大不同,[②] 但在性质认定上，比较相似，一般认为具有行政性、合意性和法定性,[③] 但是解读的角度不同。理解行政合同不仅仅需要在行政行为框架中去探讨，还需要在民法与行政法之间的关系中进行探讨，因为行政合同行为兼具民事行为和行政行为的特征。

合同是民法学上的传统概念，是主要民事法律行为之一，需要

---

① 参见江必新主编：《中华人民共和国行政诉讼法理解适用与实务指南》，中国法制出版社 2015 年版，第 71 页。姜明安主编：《行政法与行政诉讼法》，北京大学出版社 2011 年版，第 320 页。

② 在应松年教授主编的《行政法与行政诉讼法》中，认为行政合同是以行政主体为一方当事人的发生、变更或消灭行政法律关系的合意。在姜明安教授主编的《行政法与行政诉讼法》中，认为行政合同是指行政机关以实施行政管理为目的，与行政相对人就有关事项经协商一致而成立的一种双方行为。

③ 参见姜明安主编：《行政法与行政诉讼法》，北京大学出版社 2011 年版，第 318 ~ 321 页。应松年主编：《行政法与行政诉讼法》，法律出版社 2009 年版，第 308 ~ 311 页。

受民法基本原则的调整。民法基本原则主要是平等原则、合同自由原则、公平原则、诚实信用原则、公序良俗原则、权利滥用之禁止原则。在合同上的表现就是合同主体平等、合同订立自由、合同内容公平、合同履行诚信、合同不得违背公序良俗、合同权利不得滥用。① 在行政合同中使用行政限定合同，就意味着对合同的一些原则的变通，如果全部变通，恐难再使用行政合同这一概念来概括某类行政行为，否则就会造成整个法律体系内法律概念的混乱。在这些原则中，合同主体平等可以变通，一般认为行政合同主体不平等，② 因为行政合同主体一方必为行政主体。合同订立自由是否能够变通，对行政执法相对人来说恐怕不能，它直接涉及合同的成立，原因下文讨论，这是区分行政合同与民事合同的核心问题。③ 合同内容公平可否变通，应该说基于行政合同标的的特殊性，具有一定变通的空间，也是行政合同与民事合同的一个重要区别。合同履行诚信不能变通，任何合同都必须诚实信用的履行，行政合同也不例外。至于公序良俗和权利或者说权力滥用问题不涉及变通，任何行为在法律上形成的权利或者权力行使，都不得违背公序良俗，不得滥用。

合同订立自由原则，我国《合同法》第四条规定“当事人依法享有自愿订立合同的权利，任何单位和个人不得非法干预”，即合同自由原则，该原则不仅是合同法学上的原则，也是民法学上的基

---

① 梁慧星：《民法总论》，法律出版社 2011 年版，第 46 ~ 52 页。

② 这个不平等是指法律权利义务的不对等，或者在行政管理领域行政主体与行政相对人地位不平等，但在法律上，在行政执法学中，双方法律地位平等。

③ 这里的合同订立自由是对行政执法相对人而言的，对行政执法组织而言，合同订立自由原则不适用，即便在裁量行为中，即使法律表述行政合同为行政执法组织“可以”采取的方式，这种可以也是一定条件下的“必须”。这是行政合同除标的公益性外与民事合同的区别之一，这个区别也源于标的公益性。参见第七节“行政执法组织，行政执法裁量职权的规范”一题。

本原则，“所谓合同自由原则，指参加民事活动的当事人在法律允许的范围内享有完全的自由，按照自己的自由意思决定缔结合同关系，为自己设定权利或对他人承担义务，任何机关、组织和个人不得非法干预”,① 合同自由是合同合意的实质，违背合同自由原则的合同都不是实质意义上的合同，仅具有形式意义。合同自由包括是否订立合同，和谁订立合同，订立什么样的合同，都享有合同自由权，这主要针对合同成立和有效，在合同的履行阶段，主要受已经订立的合同约定约束。在这三类合同自由中，是否订立合同及和谁订立合同对于行政执法相对人而言应当属于“绝对自由”的范畴，而订立什么样的合同则属于“相对自由”，受法律限制。如果行政执法相对人是否订立合同及和谁订立合同是法律已经限定的，不存在选择权，则这种合同绝不是实质意义的合同，因为其已经从根本上否定了合同自由原则，并非真实的“合意”，双方的意思均被法律强制，行政合同徒具形式。如果我们使用行政合同一词来概括一类行政行为，行政作为合同的限定词，仅从词语的使用而言，作为限定词的行政恐难改变作为中心词合同这一实质意义，如果我们不想指称这一实质意义上的合同，而是包括合同自由以外的以签订协议的形式的行政行为，则可能需要更换行政合同这一词语。如果不更换，则我们很难概括这种情况下的行政合同的性质。对行政合同相对方而言，只要是否订立合同，和谁订立合同这两个方面受到法律的严格限定，这都不是实质意义的合同，也不是行政合同。从这个意义上说，混合契约②中的行政征购合同、③ 行政征收征用补偿合

① 梁慧星：《民法总论》，法律出版社 2011 年版，第 47 页。

② 参见应松年主编：《行政法与行政诉讼法》，法律出版社 2009 年版，第 310 ~ 311 页。

③ 我国合同法第三十八条规定，“国家根据需要下达指令性任务或者国家订货任务的，有关法人、其他组织之间应当依照有关法律、行政法规规定的权利和义务订立合同。”

同等限定行政相对人的合同，纯粹契约中的行政执法委托合同以及假契约[①]等在实质上限定合同相对人的合同都不是实质意义上的合同。这类行为不仅行政执法相对人没有签订合同的自由，而且该行为中签订合同或者协议的行为，通常实际是重申或者进一步明确法律或者行政规定已经规定的权利义务，而不是一种设定或者处分法律权利义务的行为。合同中所约定的主要权利义务实际上在法律或者行政规定中已经明定，签订合同只是具体化这类法律权利义务，签订合同的当事人的意思在合同的成立和生效上不具有主导性，其意思已非自治，而是被法律强制，实际上这类行为属于行政命令行为。这类行为不属于实质意义上的行政合同不是说它们不受法律调整，不受监督，而是它们不能作为实质意义上的行政合同进行法律调整或者监督。对行政合同作出这样的区分是有重要现实意义的，其有利于防止行政主体通过行政合同转嫁行政责任，有利于防止行政主体以行政合同掩盖行政命令。我们所称的由行政一词限定的合同，应当是具有合同自由原则意义上的合同，而非以合同形式掩盖行政命令意义上的合同。

就合同内容公平而言，行政合同基于公益目的，享有行政优益权，具有一定的不对等性。行政合同与民事合同的主要区别不在于行政机关是否必为一方当事人，也不在于是否具有行政权力因素，这些在合同的签订和履行中都不是绝对的。行政合同与民事合同的主要区别在于合同标的的特定性和特殊性，即行政合同的标的必须具有公益性，因为当前公共利益主要由行政机关代表且公共利益优于个人利益，所以我们才说行政合同必须有行政主体作为一方当事人，为了保证公共利益的实现，行政主体才具有行政优益权，这种

---

① 参见应松年主编：《行政法与行政诉讼法》，法律出版社 2009 年版，第 311 页。

优益权如果不是基于公共利益就不得设定或者实施。除法定的行政优益权外，行政合同在内容上，应当遵循民法上的公平原则，我国合同法第五条规定，“当事人应当遵循公平原则确定各方的权利和义务”，在兼具公益与私益的行政合同中通常应当等价有偿。

在行政执法学中，基于行政执法的四个本质属性，有必要在上述范围内对行政合同作一个限定，作为行政执法行为的行政合同行为是指行政执法组织以实现行政执法目标为目的，与行政执法相对人就有关事项经协商一致而成立的一种双方行为，[①] 而所订立的合同就是行政合同决定的表现形式。行政合同决定的特性是行政执法组织与行政执法相对人间就公益事项达成的实质意义的合意，并由合意在行政执法组织与特定行政合同相对方之间设定、变更或消灭法律权利义务关系。公益事项包括行政执法目的，也包括提供公共产品和公共服务。行政执法目的可以指向提供公共产品和公共服务，而公共服务也可以指向行政执法目的。

行政合同决定的法律效果是行政执法组织支配处分其订立行政合同职责职权在与行政执法相对人形成合意的前提下，为行政执法相对人设定行政法权利义务，处分行政执法相对人财产权等，并为行政执法组织自己设定履行行政合同的职责，监督行政执法相对人履行合同的职责。

由行政合同约定不同利益，可将行政合同决定分为纯粹公益的行政合同决定和兼具公益与私益的行政合同决定。[②]

---

① 参见姜明安主编：《行政法与行政诉讼法》，北京大学出版社 2011 年版，第 318 页。

② 合同标的既可能只有私益性没有公益性，也可能只有公益性没有私益性或者两者兼而有之，其中，只要具有公益性且行政执法相对人具有订立自由的合同就是行政合同，无论其是否具有私益性。关于公共利益，参见第十节“行政执法根据，作为行政执法根据的公共利益状态”一题。

纯粹公益的行政合同决定的性质没有太大争议，主要是在范围上有不同认识。如果从实定法看，目前主要是行政和解协议和行政处罚担保协议，属于纯粹行政合同。“狭义的行政和解，仅指行政机关与相对人通过双方协商，互相让步，达成协议，以和解方式解决行政争议或预防争议发生。”① 在实定法上比如我国《反垄断法》第四十五条第一款、第二款规定，“对反垄断执法机构调查的涉嫌垄断行为，被调查的经营者承诺在反垄断执法机构认可的期限内采取具体措施消除该行为后果的，反垄断执法机构可以决定中止调查。中止调查的决定应当载明被调查的经营者承诺的具体内容。反垄断执法机构决定中止调查的，应当对经营者履行承诺的情况进行监督。经营者履行承诺的，反垄断执法机构可以决定终止调查。”行政处罚担保协议主要是指我国《治安管理处罚法》第一百零七条规定，“被处罚人不服行政拘留处罚决定，申请行政复议、提起行政诉讼的，可以向公安机关提出暂缓执行行政拘留的申请。公安机关认为暂缓执行行政拘留不致发生社会危险的，由被处罚人或者其近亲属提出符合本法第一百零八条规定条件的担保人，或者按每日行政拘留二百元的标准交纳保证金，行政拘留的处罚决定暂缓执行。”

兼具公益与私益的行政合同决定，其与行政执法组织作为民事主体所签订的民事合同的区别在于标的的公益性，以及基于公益优于私益而产生的行政执法组织单方解除、变更、终止合同权，强制履行合同权以及制裁权等“特权”，具体有哪些特别权力，需看法律的具体规定。行政执法组织在行政合同决定履行期间的特权源于标的的公益性，也必须基于公益行使该特权。这些特权应当作为合

① 江凌、卢申伟：《和谐语境下的权力运作——行政和解制度探析》，载《行政法学研究》2012 年第 1 期。

同条款，并向行政合同相对方准确释明，属于行政合同实质合意的重要内容。同时，基于这些特权的公益性和强制性，这些特权即使行政执法组织未向行政合同相对方释明，行政执法组织亦可依法行使，但应当承担一定责任。

在兼具公益与私益的行政合同决定中，行政执法组织的上述特权属于行政权还是民事权利？这要看法律的规定，因为从民法或者行政法都可以进行解释。从民法角度看，从实质合意的双方角度看，解除、变更、终止权可以是民事权利，因为这些权利虽然因法律规定而具有强制性，但属于在履行过程中的特权，与此同时的是，行政合同相对方也有权不与特定行政执法组织订立行政合同，这样行政合同就不会成立。如果订立行政合同，即使有关特权的条款未写入合同，行政合同相对方亦有知晓相关法律关于行政合同的强制性规定的义务，应当视为行政合同相对方对行政执法组织在行政合同中的特权的认可。这种合同可视为附解除、变更和终止条件的附条件合同。从行政法角度看，如果我们把具有公益性的合同定义为行政合同，行政执法组织基于公益在合同履行期间行使的权利皆为行政权。无论视为民事权利还是行政权，行政执法组织行使行政合同解除、变更和终止合同权时，行政合同相对人都应得到一个民法或者行政法上的请求权。从我国现行法律看，行政执法组织行使行政合同解除、变更和终止合同权属行政权。强制履行和制裁权属于行政权，因为其已经超出了实质合意而形成合同的范围，具有明显的公法性。

通过上面的分析，我们看到国有土地使用权出让合同、特许经营合同、公共工程承包合同具有行政合同决定的特性，但是征收与征用补偿合同存疑。以行政征收补偿合同为例，我国《国有土地上房屋征收与补偿条例》第二十五条规定，“房屋征收部门与被征收人依照本条例的规定，就补偿方式、补偿金额和支付期限、用于产权调换房屋的地点和面积、搬迁费、临时安置费或者周转用房、停产停业损失、搬迁期限、过渡方式和过渡期限等事项，订立补偿协议。”这里的行政合同虽然具有公益性，但是合同主体双方都被法律严格限定，即房屋征收部门与被征收人，被征收人是被行政征收决定限定的人员，这些人员并没有不签订行政征收补偿协议的自由，且是否签订行政征收补偿协议不影响行政征收决定的效力，条例第二十六条第一款规定，“房屋征收部门与被征收人在征收补偿方案确定的签约期限内达不成补偿协议，或者被征收房屋所有权人不明确的，由房屋征收部门报请作出房屋征收决定的市、县级人民政府依照本条例的规定，按照征收补偿方案作出补偿决定，并在房屋征收范围内予以公告。”按照行政合同相对人具有订立自由要件，行政征收补偿合同不是行政合同。

基于行政合同决定的公益性，行政执法组织只能就涉及社会的公益事项形成行政合同决定，对属于行政执法组织职责范围内的事项，不得以行政合同转嫁责任，这同样适用于行政执法组织作为民事主体以政府购买服务方式签订的民事合同。

订立行政合同的行为基于行政法律的规定，是行政执法组织执行法律的具体行为，是双方行政执法行为，属要式行政执法行为，行政合同文本是行政执法决定的主要形式，它规定了行政执法组织与行政执法相对人之间的法律权利义务，充分体现了行政执法组织的主张。

纯粹公益行政合同决定由于涉及行政权的让渡，应当由法律设定。兼具公益与私益的行政合同，由于涉及公私利益的分配，亦应当由法律设定。

行政合同决定的依据是行政合同法律规范，根据是公共利益的实际状态以及行政合同相对方的实际状态，在规范上表现为由行政合同决定依据所规定的行政合同构成要件要素。行政合同决定证据是证明行政合同根据的事实材料，行政合同决定理由是行政合同依据、根据和证据之间的逻辑关系。

第十题　行政确认决定

行政确认决定是特定行政执法组织支配处分其行政确认职责职权的决定。

对于行政确认行为，我国行政诉讼法第十二条并未作出明确的列举式规定，但是在相关部门法中已经规定了行政确认类型，比如我国土地管理法、物权法规定的土地权属初始登记，在行政法学界，行政确认行为是公认的具体行政行为。

从学理上看，行政确认决定是指行政执法组织对法律规定的行政执法相对人的地位、关系或者事实进行甄别，给予法律上的确定、认可、证明等并予以宣告的行政执法决定。行政确认决定的特性是行政执法组织对行政执法相对人既存事实状态的法律确认，并因此产生新的法律关系、法律事实和法律权利义务，未经确认这种事实状态就无法形成相应民法或行政法上的关系和事实。①“行政确认的本质在于使个人、组织的法律地位和权利取得法律上的承认。”②

---

① 有观点认为行政确认不产生新的法律关系，并认为这是行政确认与其他具体行政行为的区别所在，“行政确认决定是对现有法律事实、行为、权利、性质、资格或者关系的证明、肯定或者否定，本身并不直接产生新的权利或义务，或者创设新的法律关系。”马怀德主编：《行政法与行政诉讼法》，中国法制出版社2007年版，第194页。行政确认是否产生新的法律关系，形成新的法律权利义务在下文讨论。再一个就是行政确认是不是只与法律权利相关而不与法律义务相关，一并在下文讨论。

② 姜明安主编：《行政法与行政诉讼法》，北京大学出版社2011年版，第253页。

行政确认决定的法律效果是行政执法组织支配处分其行政确认职责职权，为行政执法相对人确认特定事实状态，并为行政执法组织自己设定履行行政确认决定所设宣告义务的职责。

行政确认决定不产生规范上的新的法律权利或义务，但是行政确认决定与其他大部分行政执法决定一样可以使行政执法相对人在现实中获得新的法律上的权利义务。首先，对于行政执法相对人来讲，由于行政确认可以产生新的法律关系，形成新的法律权利义务，在行政确认以前，行政执法相对人的地位、关系、事实等事实状态如果有法律调整，则从法律调整时起就是法律规范上的事实状态，对应着某些法律规范。在行政确认以后，在形式上，调整对应事实状态的法律规范实际上已经变更为新的主要是基于行政确认而适用的法律规范，从而形成新的法律关系和法律权利义务。还有一种情况，就是行政执法相对人的事实状态在法律规范上有规定，通过行政确认决定，让法律上的规定落实为特定行政执法相对人实际存在的法律关系和法律权利义务，从这个角度说，这类行政确认决定不产生新的法律关系和法律权利义务，不直接产生法律权利义务关系。但是从另一个角度说，这类情况也产生新的法律关系和法律权利义务，因为行政执法相对人实际的法律关系和法律权利义务如果依赖于行政确认决定为前提条件，而非仅仅是法律有规定，则与行政确认之前相比，对行政执法相对人来说，还是在事实上产生了新的法律关系和法律权利义务。其次，行政确认决定是有条件的，对符合确认条件的事实状态，才能予以确认，产生新的法律关系和法律权利义务，不符合确认条件的，不予确认，该事实状态仍由原法律规范调整，不产生新的法律关系和法律权利义务。再次，予以确认的事实状态，往往表现为基于新的法律关系而产生的更多的法律权利，法律对这些确认的事实状态给予更多的保护，在这些事实状态之中，有一些事实状态跟行政管理密切相关，这些法律事实如果想有“更多”的法律权利，那么不仅仅这些事实状态需要在法律上有所规定，而且还必须经过行政执法组织确认之后，才具有相应法律效力。如果没有经过行政执法组织依法确认，那么这种事实状态就不会受到相应的法律更多保护。实际是，通过行政执法组织的确认决定，为这种事实状态创设了“更多”的法律权利，产生了新的法律关系，没有确认，被法律调整的事实状态也可能有相应的法律权利和法律关系，但是没有因确认决定而创设多出来的法律权利和新的法律关系。总而言之，行政确认决定是产生某一特定法律关系之要件，进行特定行政确认才能产生与之相对应的特定法律关系，但是不进行特定行政确认，不代表原社会关系就不是某种法律关系。对法律事实的确认道理相同，这就在于，这种法律事实如果想产生新的法律关系和法律权利义务，则对这种法律事实的行政确认决定是这种新的法律关系和法律权利义务产生的要件。在依申请的行政确认中对行政执法相对人而言进行申请可以看作是为获得更多法律权利而应当承担的义务，在依职权的行政确认中，进行确认对行政执法组织而言也是一种职责或者称为法律义务。

对于法律有规定的事实状态，行政执法相对人可以申请行政确认，履行这种法律义务，进而享有相应的法律权利，也可以不履行这种法律义务，对应的不享有相关法律权利，由此形成的决定被称为依申请的行政确认决定。对于依申请的行政确认决定，有时法律明确要求行政执法相对人要申请行政确认，但对不申请行政确认不设定罚则，因此不会被行政处罚，[①] 这是与行政许可决定非常重要

---

① 可能构成行政违法，但不是一种“有责”的行为，行政处罚必须违法且有责，下文举例会详细说到。

的区别，行政许可决定也多是依申请的行政执法决定，法律也要求行政执法相对人要从事某种活动必须事先许可，否则就会有法律责任。与行政许可决定另一个重要区别就是行政确认决定是对既存事实状态的确认，而行政许可决定则是对未来开展特定活动的许可。依申请的行政确认决定的行政执法相对人不申请确认虽然不会被行政处罚，但是权益依然是受损的，因为他丧失了被行政确认后可以获得的法律权利。依申请的行政确认决定多与行政执法相对人的民事权利高度相关，且与行政管理相关，前者是指不进行相关行政确认则无法享有更多的民事权利，后者是指这种与民事权利高度相关的事实状态，只能通过相应行政执法组织的确认法律才予以承认，其他组织的确认不具有相同的法律效力。

对于与行政管理高度相关的事实状态，法律规定，要强制行政确认，行政执法组织不主动确认或者行政执法相对人拒绝确认的，则构成行政违法，对行政执法组织而言需追究行政责任，对行政执法相对人而言则会丧失相应的法律权利，在有法律规定的情况下，还可能受到制裁，这类行政确认决定被称为依职权的行政确认决定。对于依职权的行政确认决定，其设定和实施应当限定在与公共利益特别是公共安全高度相关，或者行政执法组织作出另一种行政执法决定之必需，或者行政执法相对人民事权利实现之必要的范围内，否则应当归为依申请行政确认或者不设定、实施行政确认。

依申请的行政确认决定和依职权的行政确认决定，我们各举一例来说明上面的讨论。由我国婚姻法设定的，并由婚姻登记条例具体规定的结婚登记是常见的依申请行政确认决定。我国《婚姻法》第八条规定，“要求结婚的男女双方必须亲自到婚姻登记机关进行结婚登记。符合本法规定的，予以登记，发给结婚证。取得结婚证，即确立夫妻关系。未办理结婚登记的，应当补办登记。”男女双方以实质夫妻关系共同生活的情形非常复杂，为了讨论的方便，我们仅取其中两种情形来进行分析。一种是单身男女双方向民政行政执法组织申请确认婚姻关系，由民政行政执法组织根据法律规定的要件进行审查，符合法定要件的，作出确认决定，颁发结婚证。这种事实状态，在法律上被称为合法有效的婚姻，男女双方因结婚登记而成为婚姻法上的夫妻，夫妻双方都享有我国婚姻法上所规定的权利，同时履行相应的义务。比如，在离婚时分割财产，我国婚姻法规定了一套对合法婚姻离婚时财产分割的法律原则和规则，以保护夫妻双方的合法权利。另一种是单身男女双方以夫妻方式生活但不向民政行政执法组织申请确认婚姻关系，则双方不享有我国婚姻法上规定的权利，亦不需履行婚姻法所规定的义务。在到人民法院起诉“离婚”时，则人民法院不予受理，得不到我国婚姻法的保护。① 但是，他们之间的纠纷，仍然可以依照其它民事法律规定，这时他们之间是普通民事法律关系，而非婚姻法上的婚姻法律关系。不申请结婚登记会构成违法，违反了我国《婚姻法》上述第八条的规定，但不会受到行政处罚。婚姻关系是重要民事关系，要想在我国婚姻法上有效，获得更多的由婚姻法设定的法律保护，就需要申请相关行政执法组织予以行政确认，未经行政确认，就不具有我国婚姻法上的婚姻关系，而是其他民事法律关系。同时，不进行结婚登记，也不会受到行政处罚，对于法律要求行政确认的依申请行政确认而不申请确认，不认为是有行政法律责任的行为。在这里，对于男女双方以实质夫妻关系共同生活这种情况，因为婚姻登记使男女

---

① 参见《最高人民法院关于适用〈中华人民共和国婚姻法〉若干问题的解释(二)》(法释〔2003〕19号)。该解释第一条规定，“当事人起诉请求解除同居关系的，人民法院不予受理。但当事人请求解除的同居关系，属于婚姻法第三条、第三十二条、第四十六条规定的‘有配偶者与他人同居’的，人民法院应当受理并依法予以解除。”

双方之间产生婚姻法上的新的权利义务关系，而非不进行婚姻登记状态下的普通民事法律关系。

对于与行政管理高度关联的行政确认，法律规定了强制确认，即依职权的行政确认，比如交通事故认定。我国《道路交通安全法》第七十三条规定，“公安机关交通管理部门应当根据交通事故现场勘验、检查、调查情况和有关的检验、鉴定结论，及时制作交通事故认定书，作为处理交通事故的证据。交通事故认定书应当载明交通事故的基本事实、成因和当事人的责任，并送达当事人。”交通事故认定行为和交通事故认定书的性质，在学理上是有争议的。在实定法上，全国人大常委会法制委《关于交通事故责任认定行为是否属于具体行政行为，可否纳入行政诉讼受案范围的意见》（法工办复字〔2005〕1号）认为，“根据道路交通安全法第七十三条的规定，公安机关交通管理部门制作的交通事故认定书，作为处理交通事故案件的证据使用。因此，交通事故责任认定行为不属于具体行政行为，不能向人民法院提起行政诉讼。如果当事人对交通事故认定书牵连的民事赔偿不服的，可以向人民法院提起民事诉讼。”如果我们将交通事故认定书视为证据，那么作为取证行为的交通事故认定行为是否为行政执法行为或者具体行政行为？显然，以行政执法学看，在行政执法过程中的履行行政执法职责职权的行为都是行政执法行为，是行政行为，行政执法组织的取证权也是一种行政执法职权，没有取证权就不能取证。法制委所言“不属于具体行政行为”应当指的是不属于行政（执法）决定行为，其目的是导出后面“不能向人民法院提起行政诉讼”的结论。为什么认定其不是具体行政行为，因为法律规定其是证据，依照行政法学理论取证行为不是行政（执法）决定。

但从行政执法学观点看，从交通事故认定行为的实际看，它并不是直接对案件事实的记述，而是建立在现场勘验笔录和当事人陈述基础上作出的认定，也就是作为交通事故认定决定的交通事故认定书是建立在证据基础上的认定，它并不直接反映案件事实，是由其它证据证明后行政执法组织认定的事实，是存在行政执法组织的主张的，并且在行政执法证据种类中，只有鉴定意见允许有条件的建立在其它证据之上，其它行政执法证据一般都不应允许“以证据证明证据”，否则就会陷入循环证明，除非证明证据的最初证据直接源于案件事实。解决“证明证据”的方式是对证据直接进行真实性、关联性和合法性审查。在实务上，交通事故认定书也主要被认为是鉴定意见，① 但从理论上看，交通事故认定书显然不是行政执法证据意义上的鉴定意见，其在行为主体、行为客体、行为内容、行为结果、行为管辖、启动程序上均不相同。② 交通事故认定行为有自己的行政执法依据、根据、证据、理由，是公安机关履行行政执法职责职权的确定主张，具有行政执法决定的意义，在实践中，也很难推翻交通事故认定书所载明的内容，其理应是一种行政确认行为，它具有行政确认“行政执法组织对既存事实状态的法律确认，并因此产生新的法律关系、法律事实和法律权利义务，未经确认这种事实状态就无法形成相应民法或行政法上的关系和事实”的特性。没有交通事故认定，当事人就在实际上无法取得相应的民事权益。尽管交通事故认定行为也对当事人的责任进行了划分，但是

① 参见《公安部关于对地方政府法制机构可否受理对交通事故责任认定的复议申请的批复》（公复字［2000］1号）。该批复认为，交通事故责任认定是公安机关在查明交通事故事实后，根据当事人的违章行为与交通事故之间的因果关系，以及违章行为在交通事故中的作用所作出的鉴定结论，在性质上应当是一种行政鉴定。实际上，所有的行政鉴定都是行政确认，限于篇幅，此问题不展开。

② 参见万尚庆、钟俊：《论道路交通事故认定行为的法律性质》，载《行政与法》2014年第4期。

这种划分不具有强制执行力，不具有行政裁决的特性，不是行政裁决。同时，它也不是对交通事故中的违法行为进行的行政处罚，不具有制裁性。将交通事故认定行为规定为行政鉴定行为而不是行政确认，将交通事故认定书确定为证据，实际是削弱了对行政执法相对人法律权利的保护。作为依职权的行政确认，公安机关交通管理部门未依法进行交通事故认定的，应当承担不作为的行政责任。行政执法相对人不配合交通事故认定的，特别是作为当事人不陈述或者虚假陈述的，不影响交通事故认定效力，同时，该当事人还会因为不陈述或者虚假陈述而承担不利的法律后果。

由于行政确认影响公民、法人和其他组织的法律权利义务，应当由法律、法规设定。

行政确认决定的依据是行政确认法律规范，根据主要是行政执法相对人的实际事实状态，在规范上表现为由行政确认依据所规定的行政确认构成要件要素。行政确认决定证据是证明行政确认根据的事实材料，行政确认决定理由是行政确认依据、根据和证据之间的逻辑关系。

第十一题　行政命令决定

行政命令决定是特定行政执法组织支配处分其行政命令职责职权的决定。

行政命令决定是一种重要的行政执法决定，广泛存在于行政实体法和行政程序法当中，比如具有“责令改正”表述或者意义的行政法律规范。由于我国行政法行政行为研究在整体上并未直接采用大陆法系命令性、形成性和确认性行政行为的分法，以及受行政法控权本质的影响，对于行政命令的研究，在我国比较薄弱。[①] 这也是行政执法实务中，有令不行、有禁不止、令而不行、以令脱责、以令代罚，以罚代令等现象普遍存在的重要原因，严重影响了法律秩序的构建。比如“小产权房”、农用地违建等问题，有的问题已经积重难返，造成相关领域管理秩序的严重混乱。

行政命令，是行政机关在社会秩序之内构建法律秩序最重要、最明确的方式；在最广义上理解，是指我国宪法所规定的各级行政机关依法发布的命令，包括行政内部命令、行政外部命令、抽象行政命令、具体行政命令；在广义上，是指行政机关对外发布的命令，含抽象行政命令和具体行政行为意义上的命令；[②] 在狭义上，是指具体行政行为意义上的命令，即“行政主体依法要求行政相对人为或者不为一定行为（作为或者不作为）的意思表示”，[③] 实际是为行政执法相对人设定义务的行政执法决定，在这个意义上，行政命令决定是行政执法决定中最直接、最明确的行政执法决定。本书采狭义。

行政命令决定的特性是依法对行政执法相对人的实体性法律义务通过行政命令的形式予以设定并要求行政执法相对人予以履行，否则将予以制裁或者强制执行，[④] 从而使规范的法律义务变为现实的法律义务，是典型的依职权行政执法决定。对于行政执法相对人

---

① 曹实：《行政命令地位和功能之再认识》，载《学术交流》2012 年第 12 期。

② 抽象行政命令即各级行政机关在职权范围内对外发布的具有普遍效力的非立法性规范，在实务中，这类规范是制定行政规范性文件行为，被纳入各级政府规范性文件监督管理之中，由各级政府法制机构依法审查。参见朱新力：《行政法基本原理》，浙江大学出版社 1995 年版，第 145 页。转引自姜明安主编：《行政法与行政诉讼法》，北京大学出版社 2011 年版，第 265 页，见脚注。

③ 参见姜明安主编：《行政法与行政诉讼法》，北京大学出版社 2011 年版，第 265 页。

④ 参见姜明安主编：《行政法与行政诉讼法》，北京大学出版社 2011 年版，第 266 页。该书未对行政命令行为设定的法律义务作实体性与程序性区分。

的程序性法律义务，除以行政检查决定设定行政执法相对人协助义务外，其它程序性法律义务对以行政执法行为构建法秩序不产生实质性影响，该义务不履行，要么行政执法相对人丧失对应的法律权利，要么由行政执法组织依照法律规定直接处分，① 从实定法看，一般也不以行政命令决定为行政执法相对人设定程序性法律义务。

行政命令决定的法律效果是行政执法组织支配处分其行政命令职责职权，为行政执法相对人设定行政实体法义务，并为行政执法组织自己设定监督行政执法相对人履行行政命令决定所设义务的职责。

以特性区分相关行政执法决定，为行政执法相对人设定法律义务而不处分其法律义务，是行政命令决定与行政处罚和行政强制执行等相关行政执法决定的重要区别，处分法律义务最重要的方式是以行政执法决定规定不利后果，行政处罚和行政强制决定等相关行政执法决定直接规定了行政执法相对人法律行为的不利后果，而行政命令作为行政执法决定，是要求行政执法相对人达到某种法定的事实状态，虽然有的行政命令也规定了不达到这种事实状态可能产生的不利后果，但是这种后果依赖于另一非行政命令的行政执法决定才能实现，并不能根据行政命令决定直接产生不利后果。除上述区别外，是否要求行政执法相对人予以履行与行政强制措施相区别，行政强制措施决定既设定也处分法律义务，但是其并不要求行政执法相对人履行，而是由行政执法组织直接实施。② 行政确认决定与

① 参见姜明安主编：《行政法与行政诉讼法》，北京大学出版社 2011 年版，第 143～144 页。

② 具体行政行为意义上的或者说行政执法行为意义上的行政命令，也同样存在行政执法组织的作为问题，作为依职权的行政执法行为，在行政命令上，行政执法组织不作为是违法的，不能说行政命令仅是通过指令相对人履行一定的作为或者不作为的义务而实现行政目的，而不是由自己进行一定的作为或者不作为，行政命令是一种作为的行政执法行为。参见参见姜明安主编：《行政法与行政诉讼法》，北京大学出版社 2011 年版，第 265 页。

行政命令相比都是只设定法律权利义务，不处分法律权利义务，但是行政命令与行政确认决定的区别是明显的，首先，前者完全是依职权行政执法决定，而后者包括依申请行政决定，其次，行政命令决定是为行政执法相对人设定法律义务，而行政确认决定是为行政执法相对人确认法律关系或者法律事实，进而形成法律权利，尽管也形成相应的法律义务，但这种义务是附带性的，只有在行政执法相对人主张实现由行政确认形成的法律权利时，才涉及到法律义务的问题。再次，行政命令决定由于是设定法律义务因而具有执行力，而行政确认决定主要在于确认法律关系或者法律事实因而不存在执行问题。

以上是行政命令决定与其它行政执法决定之间的主要区分，对于行政命令决定而言，由于其仅是设定法律义务而不处分法律义务，①其与行政规定规范上的法律权利义务行为相近，它们都需要有法律法规和规章的依据，都是行政执法组织所为，都是一种“规定”行为规则的行为，如果不能深刻认识行政命令行为与行政规定行为，会造成两者混淆。“行政命令的实质是为行政相对人设定行为规则，但这种规则属于具体规则，表现为在特定时间内对特定事项或者特定人所作的特定规范。在这一点上与抽象行政行为相区别。”② 行政命令决定作为一种行政执法决定，其具体性就在于其作为行政执法活动的具体性。③

---

① 其它行政执法决定除行政确认、行政检查外，都是一种设定且处分法律权利义务的决定，这里的设定且处分法律权利义务是指行政执法相对人的法律权利义务，但对于行政执法组织而言，所有行政执法决定均是支配处分其职责职权的决定，是一种设定处分法律权利义务的决定

② 姜明安主编：《行政法与行政诉讼法》，北京大学出版社 2011 年版，第 266 页。

③ 参见第二节“行政执法的本质属性，行政执法概念和本质属性”一题。

在行政立法和行政执法上构建行政命令决定与执行的必然性是解决行政命令这一行政执法范畴存在问题的关键所在，而不是将其与行政制裁或者说行政处罚建立起必然的联系。基于行政命令决定设定实体性法律义务，直接对构建法秩序产生实质影响，行政命令是法秩序构建的最重要的行政执法类别，行政制裁或者说行政处罚只是一种大陆法系所称的保障性措施，① 其有时难以具有弥补由于行政命令不履行而造成的法秩序缺失的功能，它只是通过行政制裁或者说行政处罚进一步迫使行政执法相对人履行行政命令决定所设定的实体性法律义务，而不能替代这种义务，除非履行行政命令决定所设定的义务不再有意义，② 而由行政处罚予以惩戒。不建立行政命令决定与执行的必然性，基于行政命令的法秩序将在很大程度上被空置，极大损害法律权威。在这一点上，我国的行政立法是有缺憾的。一是，法律法规在设定“责令改正”行政命令时，不规定明确的责令改正决定履行的最长期限，导致实践中有些行政执法组织对无限期不改正的行为放任，或者循环下达行政命令决定。二是，法律法规规定责令改正与强制执行的必然关系不够明确，我国《行政强制法》第四十四条规定，“对违法的建筑物、构筑物、设施等需要强制拆除的，应当由行政机关予以公告，限期当事人自行拆除。当事人在法定期限内不申请行政复议或者提起行政诉讼，又不拆除的，行政机关可以依法强制拆除。”第五十三条规定，“当事人在法定期限内不申请行政复议或者提起行政诉讼，又不履行行政决定的，

---

① 参见姜明安主编：《行政执法研究》，北京大学出版社 2004 年版，第 19 页。

② 主要是指即时性命令，如不能当即履行则再履行已成为不必要，或者不得再履行。比如交通信号灯显示红灯时，车辆驶过红灯标示禁止通行区域。该行为属于违反行政命令的行为，行政命令对其的约束在其违反行政命令之前，一旦违反行政命令，不得通行的义务再履行已经不必要，再履行反而会扰乱交通秩序，只能给予行政处罚。

没有行政强制执行权的行政机关可以自期限届满之日起三个月内，依照本章规定申请人民法院强制执行。”可以强制执行的规定，在实践中就容易被误认为也可以不强制执行，[①] 法律法规又不列明可以不强制执行的具体情形，放任了行政执法组织对行政命令决定的实现，行政命令决定的实现是很有难度的，行政执法组织也乐于不实现。我们一方面要看到行政执法失之于滥，另一方面也要看到行政执法失之于软，长此以往受到损害的必是法律权威本身，必是全体社会成员的根本利益。行政法控权本质的体现在行政命令上，是对其加强研究，科学立法，严控行政命令权滥用，而不能以行政法控权本质来影响行政命令对构建法律秩序正面作用的发挥。三是，法律法规规定的行政命令决定与实现的手段不配套。比如，我国《土地管理法》第八十三条规定，“依照本法规定，责令限期拆除在非法占用的土地上新建的建筑物和其他设施的，建设单位或者个人必须立即停止施工，自行拆除；对继续施工的，作出处罚决定的机关有权制止。”本条设定了责令限期拆除的行政命令，实现的保障措施是制止。作为制止违法行为的行政强制措施，土地行政主管部门并无限制公民人身自由的强制权，在执法实践中，不限制公民人身自由根本无法达到制止这类违法的效果，而有限制公民人身自由强制权的行政执法组织又不是作出处罚决定的机关。第四个方面就是在实践中对行政命令决定的实现监督不力，行政执法组织对行政命令决定的实现是一种法定职责，除非法定原因，不积极主动实现行政命令决定是一种渎职行为，应当追究法律责任，就目前行政执法形势而言，行政命令决定不能很好执行的现实已经成为构建法秩

① 当然从职责角度，规范行政裁量权角度是不可放弃的，除非具有法定原因。参见第七节“行政执法组织，行政执法裁量职权的规范”一题。

序不容再忽视的严重问题了。

行政命令决定是行政执法构建法秩序的最重要方式，法律、法规可以设定，同时，法律、法规规定一种法秩序，要求相应行政执法组织予以实现的时候，行政执法组织可以以行政规章对这种需要实现的法秩序设定相应行政命令。

行政命令决定的依据是行政命令法律规范，根据涵盖社会秩序、公共利益和公民、法人和其他组织的实际事实状态，在规范上表现为由行政命令依据所规定的行政命令构成要件要素。行政命令决定证据是证明行政命令根据的事实材料，行政命令决定理由是行政命令依据、根据和证据之间的逻辑关系。

第十二题　行政检查决定

行政检查决定是特定行政执法组织支配处分其行政检查职责职权的决定。

我国《宪法》、《行政处罚法》、《行政许可法》、《安全生产法》等诸多法律规定了行政检查决定。尽管行政检查行为是行政法律行为还是行政事实行为，是独立行政行为还是辅助行政行为在学界有争议，[①] 但是，从行政执法学看，无论是上述哪种行为，都是一种行政执法行为。从理论上看，“行政检查与其他行政行为的不同之处，在于行政检查为相对人设定的义务，属于程序性的协助义务，对相对人实体权利的处置不能采用行政检查行为进行；行政检查之

① 参见孟辉：《行政检查性质的界定》，载《金陵科技学院学报（社会科学版）》2006 年第 1 期。

后，对发现问题所作的处理，已不是行政检查行为本身”,① 由此，行政检查行为是独立的行政行为，所作出的决定是行政检查决定。

广义的行政检查，包括国家机关内部对行政执法组织行政执法活动的检查，比如人大常委会对同级和下级行政执法组织行政执法活动的检查，上级行政执法组织对下级行政执法组织行政执法活动的检查，属于监督行政范畴，还包括对行政执法相对人守法情况的检查，包括作为某一行政执法行为环节的行政调查。在狭义上，仅指行政执法组织依法对其管辖范围内的行政执法相对人行为的察看、了解和掌握其守法情况，督促其履行义务的行政执法行为,② 由此而作出的决定是行政检查决定，不包括监督行政意义上的行政检查和行政调查。本书采狭义。

为行政执法相对人设定协助程序性法律义务是行政检查决定的特性。行政检查决定的法律效果是行政执法组织支配处分其行政检查职责职权，为行政执法相对人设定行政程序法义务，并为行政执法组织自己设定履行行政检查决定所设检查义务的职责。

由于行政法学以控权为本质，以行政行为为核心，对于行政相对人的研究薄弱，偶有涉猎也多从行政相对人权利进行研究，以抵抗行政权，对于行政相对人义务特别是程序性义务的详细研究基本处于空白状态。行政法学视角下的行政管理关系，对行政相对人而言，强调的是服从和协助义务，对行政主体而言，重在行政过程中的行政程序控制和行政过程之后的诉讼监督，核心和重点并不在于行政相对人。这也就造成了哪些行政相对人的法律义务宜由行政决定设定，哪些义务宜由行政决定直接处分缺乏行政相对人方面的充

---

① 应松年主编：《行政法与行政诉讼法》，法律出版社 2009 年版，第 264 页。

② 应松年主编：《行政法与行政诉讼法》，法律出版社 2009 年版，第 261 页。

分的理论支撑。而行政执法学从行政执法规范出发，对这个问题的解决只能依照实定法。

概言之，对行政执法相对人法律义务的行政执法设定或者处分，以法秩序构建之必要为准，对构建法秩序并无实际影响的行政执法相对人法律义务，不以行政执法设定或者处分，比如提供真实信息的义务，行政执法权可以消除行政执法相对人不履行该义务对法秩序构建的不利影响，法律也不能对行政执法相对人不“自证其罪”的行为予以制裁，最多是其相关法律权利丧失。[①] 对有实质影响的行政执法相对人的实体性法律义务，按照程度，影响程度较低的，应当先设定后处分，如先予以行政命令，后予以强制执行，影响程度较高的，可以直接处分或者立即处分，比如即时强制。对行政执法相对人程序性法律义务，由于行政执法权的法定强制性的抵消效果，一般对法秩序构建并无实质影响，但其中的协助检查具有实质性影响，行政检查权对应着公民、法人和其他组织的人身自由权、财产权、通信权、住宅权等宪法性权利，行政执法职权作为行政法上的权力，即使具有法定强制性，也无法破除宪法性权利，如果法律不规定行政执法相对人的协助检查程序性义务，则行政执法组织无法掌握其守法和履行法定或行政执法决定所设定的义务情况，无法实现法秩序的建构，因此，应当由法律规定以行政检查决定设定

---

① 需要注意的是，我国《行政许可法》第七十八条规定，“行政许可申请人隐瞒有关情况或者提供虚假材料申请行政许可的，行政机关不予受理或者不予行政许可，并给予警告；行政许可申请属于直接关系公共安全、人身健康、生命财产安全事项的，申请人在一年内不得再次申请该行政许可。”该条规定对行政执法相对人不履行提供真实信息义务的行为设定了行政处罚，实质是减轻了行政执法组织对行政许可申请的实质审查责任，这与我国目前阶段行政执法组织专业化程度低，执法能力普遍底下有关。另一个方面，既然能够确定申请人隐瞒有关情况或者提供虚假材料这种事实状态，实际上也等于规定了行政许可组织负有实质审查的职责。

行政执法相对人协助检查的程序性义务。而当法律规定行政执法相对人协助检查程序性义务时，这种义务就成为宪法性义务，我国《宪法》第五十三条规定，“中华人民共和国公民必须遵守宪法和法律，保守国家秘密，爱护公共财产，遵守劳动纪律，遵守公共秩序，尊重社会公德。”第三十二条规定，“中华人民共和国保护在中国境内的外国人的合法权利和利益，在中国境内的外国人必须遵守中华人民共和国的法律。”在这时，包括行政检查权在内的行政执法职权才能作用于行政执法相对人的人身自由权、财产权、通信权、住宅权等宪法性权利。

行政检查决定作为设定行政执法相对人法律义务的行政执法决定，与其它行政执法决定的区分如同行政命令，其与行政命令决定的特性区分主要在于前者是设定程序性协助法律义务，而后者则是设定实体性法律义务。

此外，行政检查还有必要与行政调查作出区分。从行为过程看，行政调查是一个阶段性行为，是形成特定行政执法决定的形式载体，可以概括的认为，行政执法从启动开始，到决定之前，都是行政调查阶段，行政执法过程从阶段性而言，总体上可以概括为启动、调查、决定三个阶段。在依职权的行政执法行为中，通常作出的行政执法决定要有一个前置的调查阶段，比如行政处罚调查。在依申请的行政执法行为中，在法律有规定的情况下，行政执法组织对作出相应行政执法决定亦须进行调查，比如实行实质审查的行政许可调查，在法律没有规定的情况下，以保证行政执法决定合法性为标准，裁量是否进行调查，比如实行形式审查的行政许可调查，概括的说，依申请的行政执法无论是形式审查还是实质审查，都是行政调查的一种形式。从这一点上，行政调查具有一般性，通常被概括在某一特定的具有行政执法决定意义的行政执法行为之中，但行政调查本身作为一个阶段，从总体上不是一种具有行政执法决定意义的行政执法行为。从行为目的和内容看，行政调查是为作出特定行政执法决定作准备，是准备行为，其核心是确定该行政执法决定的根据，主要是围绕该行政执法决定的证据，通过行政调查形成该行政执法决定理由，对该行政执法决定具有基础的意义。从权限行使内容看，行政调查行为属于行政执法行为，但是不属于行政执法决定的执行行为。在整个行政执法调查阶段存在两种性质的行政执法行为，一种是行政执法决定的行为，另一种是不影响行政执法相对人法律权利义务的行政执法行为，对前者而言，这种行政执法决定不是目标决定，而是阶段性决定，比如行政处罚调查，其目标决定是行政处罚决定，如果在调查中使用了行政强制措施，行政强制措施决定是阶段决定，这种阶段性决定是明显的具有行政执法决定意义的行政执法行为，有自己的依据、根据、证据、理由，也存在行政调查问题，只是这种调查的阶段性不明显，容易被忽略，但是不代表不存在。从这个意义上，行政调查中也可以存在行政检查行为。① 对后者即调查中不影响行政执法相对人法律权利义务的行政执法行为而言，在学界有称行政事实行为。② 在权限行使数量方面，有的行政调查只含有一种具有行政执法决定意义的行政执法行为，有的行政调查则存在数个具有行政执法决定意义的行政执法行为，有的则全部都是不影响行政执法相对人法律权利义务的行政执法行为。从上面的分析我们可以看到，行政调查是一种程序性、混合性、阶段性、

---

① 比如我国《行政处罚法》第三十六条规定，“除本法第三十三条规定的可以当场作出的行政处罚外，行政机关发现公民、法人或者其他组织有依法应当给予行政处罚的行为的，必须全面、客观、公正地调查，收集有关证据；必要时，依照法律、法规的规定，可以进行检查。”这属于行政调查中的行政检查行为。

② 参见应松年主编：《行政法与行政诉讼法》，法律出版社 2009 年版，第 263 页。

准备性的行政执法行为，其本身并不是一种具有行政执法决定意义的行政执法行为，也不是行政法学上的具体行政行为。而行政检查行为是具有决定意义的行政执法行为，或者说是行政法学上的具体行政行为。当然，我们也可以概括的说，行政调查也是在行使行政调查权，也是一种行政执法职权，否则就不能开展行政调查，但是这种职权是混合性的、非独立的，是由若干行政执法职权构成的，本身并不能以该职权形成一种行政调查决定，① 在依职权的行政执法活动中调查因立案而引起，在依申请的行政执法活动中调查因受理而引起，其不能脱离行政执法启动或者目标决定而独立存在。

行政执法相对人不履行行政检查决定协助义务，导致的法律后果既可以是丧失相应法律权利，② 也可以是行政处罚、行政强制措施或者行政强制执行。当通过行政处罚可以弥补由于行政执法相对人对行政检查协助义务不履行而造成的法秩序缺失时，应当予以行政处罚。当有足够根据认为对不履行行政检查决定协助义务的行政处罚不足以弥补法秩序缺失，即存在高于这种行政处罚的违法行为的可能时，应当依法实施强制检查或者行政强制措施，没有行政强制检查权或者相应行政强制措施权的行政执法组织，应当申请人民法院对行政检查决定强制执行。在这方面，由于理论认识不清，亦无统一的行政检查法，在立法方面是有缺憾的。在行政执法实践中，

① 调查决定的意义已经存在于依职权的行政执法立案、依申请的行政执法受理之中。虽然不能形成调查决定，但可以形成行政调查报告，对外不发生法律效力。

② 如我国《民用航空法》第一百零二条规定，“公共航空运输企业不得运输拒绝接受安全检查的旅客，不得违反国家规定运输未经安全检查的行李。公共航空运输企业必须按照国务院民用航空主管部门的规定，对承运的货物进行安全检查或者采取其他保证安全的措施。”《民用航空安全保卫条例》第二十六条规定，“乘坐民用航空器的旅客和其他人员及其携带的行李物品，必须接受安全检查；但是，国务院规定免检的除外。拒绝接受安全检查的，不准登机，损失自行承担。”

大量存在行政执法组织依法开展的行政检查，无法进入被检查场所的情况，行政执法组织束手无策，甚至有的地方党委、政府非法限制依法开展的对企业的行政检查，[①] 严重阻碍了相关领域法秩序的建构。当然，也存在行政检查过滥等非正当检查行为，当前开展的“双随机一公开”改革就是较好的矫正方式。

行政检查权的设定比较复杂，以检查内容而言，对于人身和住宅的行政检查权应当由法律设定，其他行政检查内容又可以作出区分，一般性行政检查，在设定行政处罚、行政命令权时，一般应当一并赋予相关行政执法组织与行政执法管辖相对应的行政检查权，强制检查权应当与我国行政强制法规定的行政强制措施相对应，由法律、法规设定，因为这种强制检查具有行政强制措施的性质，涉及到对财物的暂时性控制，而且此时的强制检查已经不再要求行政执法相对人予以协助或者说履行协助义务，实际上已经由行政检查转化为行政强制措施，这种强制检查的目的已经可以解释为制止违法行为、防止证据毁损、避免危害发生、控制危险扩大，一般性行政检查一旦转化为行政强制检查，意味着性质的改变，其目的已经不再是掌握守法情况，督促履行义务的一般目的了。也就是，行政检查是指非强制性的检查，强制行政检查属行政强制措施。

行政检查决定的依据是行政检查法律规范，根据涵盖社会秩序、公共利益和公民、法人和其他组织的实际事实状态，在规范上表现为由行政检查依据所规定的行政检查构成要件要素，行政检查决定证据是证明行政检查根据的事实材料，行政检查决定理由是行政检查依据、根据和证据之间的逻辑关系。

---

① 比如有些地方以挂牌保护企业的方式限制正当的行政检查。

第十三题　行政奖励决定

行政奖励决定是特定行政执法组织支配处分其行政奖励职责职权的决定。

我国《宪法》、《国家勋章和国家荣誉称号法》、《科学技术进步法》等法律规定了行政奖励，《公务员法》、《法官法》、《检察官法》等法律规定了国家机关内部的行政奖励。行政奖励行为作为一种行政执法行为，不包括国家机关内部的行政奖励，国家工作人员包括行政人员因本职工作以外的行为受到行政奖励属于行政执法意义上的行政奖励。非国家工作人员因本职工作或者本职工作以外的工作受到的行政奖励是行政执法意义上的行政奖励。行政内部奖励属于广义的行政奖励，尽管不属于行政执法，但是也必须坚持依法原则。

行政执法意义上行政奖励决定是指行政执法组织依法对为国家、人民和社会作出贡献或者模范地遵纪守法的行政执法相对人，给予精神奖励或者精神附带物质奖励的决定。[①] 其特性在于以对行政执法相对人赋予额外权益的方式激励社会成员作出有益于社会的行为。[②] 行政奖励决定的意义，不仅在于褒奖激励被奖励人，更在于激励其他成员提升自己的社会价值，以社会价值衡量个人价值，发挥社会成员有益于社会的更大的作用。所谓额外权益，就是指行政

---

① 参见姜明安主编：《行政法与行政诉讼法》，北京大学出版社 2011 年版，第 245 ~ 246 页。

② 参见应松年主编：《行政法与行政诉讼法》，法律出版社 2009 年版，第 212 页。

执法相对人劳动报酬以外的权益,① 主要是精神权益。②

行政奖励决定的法律效果是行政执法组织支配处分其行政奖励职责职权为行政执法相对人设定行政法权利，处分行政执法相对人人格权，并为行政执法组织自己设定履行行政奖励决定所设奖励义务的职责。

行政奖励决定本身是一种构建法秩序的行政执法决定，但是其目的已经超出法秩序构建的范围，延伸到法秩序以外的社会领域，其主要目的之一是为更好的构建法秩序，而不是构建法秩序本身。在这一点上，突出的表现在鼓励行政执法相对人履行法律义务或者虽不属于法律义务但是有利于构建法秩序的行为。在鼓励行政执法相对人履行实体性法律义务方面，比如我国《教师法》第三十三条规定，“国务院和地方各级人民政府及其有关部门对有突出贡献的教师，应当予以表彰、奖励。”在鼓励履行程序性法律义务方面，比如行政悬赏,③ 我国《刑事诉讼法》第一百零八条规定，“任何单位和个人发现有犯罪事实或者犯罪嫌疑人，有权利也有义务向公安机关、人民检察院或者人民法院报案或者举报。”④ 犯罪侦查机关可以设定行政悬赏，鼓励举报犯罪行为和犯罪嫌疑人。在鼓励虽不属于法律义务但是有利于构建法秩序的行为方面，比如各级行政执法组织针对举报违法行为而设定的行政悬赏。其目的之二是为了更好地促进经济发展和社会进步。法不仅具有告示、指引、评价、预

---

① 参见应松年主编:《行政法与行政诉讼法》，法律出版社2009年版，第212页。

② 参见张慧平:《行政奖励概念辨析》，载《上海政法学院学报（法治论丛）》2013年第1期。

③ 行政悬赏是否为行政奖励有争议，下文讨论。

④ 从这条规定可以看到，对犯罪行为进行举报是公民、法人和其他组织程序性法律义务，但是，对犯罪以外的违法行为的举报不宜规定为法律义务，参见刘文静:《公民有举报义务吗》，载《检察日报》，2014年第7版。

测、教育、强制的规范作用，还有促进物质文明、精神文明、政治文明和生态文明的社会作用,① 行政奖励就是实现这种社会作用的重要方式。比如我国《国家勋章和国家荣誉称号法》第四条规定，“国家设立国家荣誉称号，授予在经济、社会、国防、外交、教育、科技、文化、卫生、体育等各领域各行业作出重大贡献、享有崇高声誉的杰出人士。”据此开展的全国道德模范评选表彰活动就是一种促进精神文明的行政奖励，法律之于道德不仅具有“保底”的作用，还有促进的作用。行政奖励决定这两个目的，是以对行政执法相对人赋予额外权益的方式激励社会成员作出有益于社会的行为特性的理论支撑，也是行政奖励的客体即社会贡献行为和模范遵纪守法行为的法律和社会内涵。

行政奖励决定本身是一种构建法秩序的行政执法决定，是因为其作为一种授益性行政执法行为，在法律或者行政规定对行政奖励作出明确规定，行政执法组织在行政奖励决定作出时，在形成行政奖励决定过程中，均存在法律权利义务问题,② 行政奖励决定是实现行政法律规范构建的行政奖励秩序的决定。

我们可以通过行政奖励决定与行政给付决定的区分，进一步认识其特性。首先在决定目的上，行政奖励是激励社会成员作出有益于社会的行为，具有“优中选优”的特征，而行政给付是为了满足社会生存发展的需要而存在，具有“差中选差”的特征，是补齐短板，促进平衡，在少数领域是促进优先发展，带动整体发展。其次，在决定内容上，行政奖励是基于人性中“向善”、“向上”的因素，

---

① 参见张文显主编:《法理学》，高等教育出版社 2007 年版，第 85 ~ 86 页。

② 参见应松年主编:《行政法与行政诉讼法》，法律出版社 2009 年版，第 219 ~ 220 页。

激发其释放出来，以有益于社会，包括促进法秩序的构建。而行政给付是基于人的生存权、发展权，这两项权利是法秩序内的固有权利，否则就不能成为法秩序，法律设定行政给付等行政执法行为实现这两项权利。第三，在实现方式上，行政奖励是精神鼓励，物质给予仅仅是精神鼓励的实现方式或者说表现形式，具有附带性，目的是加强精神鼓励的激励作用，[①] 而行政给付是纯粹物质给予，也可以采用优惠政策等方式，但是实质都是物质给予。或者说，行政奖励是解决社会主体对精神需要的方法，在行政奖励中的物质给予并不具有解决社会成员物质需要的功能，其与相对人的物质需要没有关系，而行政给付是解决社会主体对物质需要的方法，它必须满足特定相对人生存、发展的最低需要。第四，在行政执法相对人确定上，行政奖励通常在符合法定条件的基础上，还有一个评选评定的过程，符合法定条件的行政执法相对人未必都是行政奖励相对人。而行政给付依照法定条件确定，凡是符合法定条件的行政执法相对人都是行政给付相对人。第五，在申请方式上，行政奖励应当属于要式行政执法行为，行政奖励相对人应当以书面方式申请或者说申报，且须同意，而行政给付在紧急情况下，并不需要行政给付相对人书面申请。从以上的区分，我们可以将行政活动中"以奖代补"的决定作出区分，很多决定实际都是行政给付中的行政补贴决定。

行政悬赏因关系到行政执法中的行政违法举报奖励问题，需要作一些探讨。行政悬赏性质在学界有争议，主要是属于民事行为还是行政行为或者刑事行为，是哪种行政行为，有论行政奖励行为、

① 从这个角度说，将行政奖励分为物质奖励和精神奖励两类似有不妥。参见应松年主编：《行政法与行政诉讼法》，法律出版社 2009 年版，第 216 页。

有论行政承诺行为、有论行政合同行为。[①]分析行政悬赏，应当先从设定和规定行政悬赏的行为进行分析，而不能直接从实施或者说行政执法决定意义上对行政悬赏的行为进行分析。从设定和规定行政悬赏的行为看，即发布的行政悬赏规定（政府招商引资的奖励规定，违法犯罪举报奖励规定，包括通缉令等等）看，其实质并非是行政法学上的行政决定，而是行政规范性文件，它完全符合“抽象行政行为是指行政主体运用行政权，针对不特定相对人所做的行政作用，包括行政立法和行政规范性文件”[②] 特征，实施这一行政规范性文件的行为才是具体行政行为，即对已经确定的行政奖励相对人作出行政奖励决定并予以行政奖励，这才是行政悬赏行政、民事或者刑事性质的关键区分点。[③] 以往，我们对行政悬赏性质认识不清，就是因为直接把设定和规定悬赏的行为视为具体行为，认为是“行政主体为了达到某一目的而向不特定的人发出要约，对于接受和履行要约的人给予事先承诺物质利益的行为”。[④] 具体行政行为意义上的行政悬赏行为，就行政悬赏决定而言，要区分其是行政奖励决定还是行政合同决定主要在于相对人是否需要提供等价物，行政悬赏如果视为行政合同决定，只能是兼具公益与私益的行政合同，而这类合同通常要由行政执法相对人提供等价物，但是，行政悬赏相对人的行为显然不是提供等价劳务，更不是提供等价物品，行政悬赏相对人是实施了行政规定所规定的受奖行为，不存在等价物的

---

① 参见姬亚平：《对行政奖励中有关法律问题的思考》，载《商业时代》2007 年第 1 期。姜伟国：《论行政悬赏的法律性质》，载《成都理工大学学报（社会科学版）》2010 年第 3 期。

② 姜明安主编：《行政法与行政诉讼法》，北京大学出版社 2011 年版，第 153 页。

③ 其他区分点见姜伟国：《论行政悬赏的法律性质》，载《成都理工大学学报（社会科学版）》2010 年第 3 期。

④ 姬亚平：《行政奖励法治化研究》，法律出版社 2009 年版。转引自上文。

问题，也无法进行等价衡量，在属于法定义务时，比如对犯罪行为举报，是履行法定义务的行为。其次是在行为的过程中，行政执法相对人并不享有同时履行抗辩权，特别是在负有法定义务的情况下。再次，行政机关不按照行政悬赏规定实施行政悬赏，在有法律规定的情况下是违法行为，在没有法律规定的情况下，则属于违背行政法信赖保护原则的行为，而不是违反约定的行为。行政悬赏作为行政奖励存在一定的特殊性，① 其中一个重要的方面就是主要以物质奖励表示精神奖励。

在实施与构建法秩序有关的行政奖励时，是否公开奖励或者接受奖励应当依照行政奖励相对人的意愿，比如说行政悬赏中对于违法犯罪行为的举报奖励，因为这种奖励可能给相对人带来不利后果，但是在行政执法宣传上，仍然应当概括宣传，以发挥行政奖励的社会激励作用。在实施与促进经济发展和社会进步有关的奖励时，除非涉及国家秘密，② 公开奖励应当属于行政奖励的法定要件，因为行政奖励的功能更在于激励行政奖励相对人以外的社会成员，行政奖励相对人拒绝公开奖励的，应当不奖励。

行政奖励决定是依申请的行政执法决定。行政奖励权可以由法律、法规、规章或者行政规定设定，在附带物质奖励时，因涉及到国家财政资金的使用，宜由法律、地方性法规设定本级财政的行政奖励，没有立法权的地区宜以本地人大及其常委会决定的形式设定本级财政的行政奖励。

行政奖励决定的依据是相关行政奖励法律规范，根据是行政执

---

① 参见姜伟国：《论行政悬赏的法律性质》，载《成都理工大学学报（社会科学版）》2010 年第 3 期。

② 这种情况下的奖励也存在一定范围内和一定时间后的公开，也存在激励他人的意义。

法相对人的实际事实状态，在规范上表现为由行政奖励依据所规定的行政奖励构成要件要素，行政奖励决定证据是证明行政奖励根据的事实材料，行政奖励决定理由是行政奖励依据、根据和证据之间的逻辑关系。

第十四题　行政指导决定

行政指导决定是特定行政执法组织支配处分其行政指导职责职权的决定。

广义的行政指导包括行政系统内部的指导和行政执法组织对行政执法相对人的指导两个方面。我国《地方各级人民代表大会和地方各级人民政府组织法》第六十六条规定，“省、自治区、直辖市的人民政府的各工作部门受人民政府统一领导，并且依照法律或者行政法规的规定受国务院主管部门的业务指导或者领导。自治州、县、自治县、市、市辖区的人民政府的各工作部门受人民政府统一领导，并且依照法律或者行政法规的规定受上级人民政府主管部门的业务指导或者领导。”依此，行政系统内部建立法定行政指导关系。狭义的行政指导仅指行政执法组织对行政执法相对人的指导，我国《宪法》第八条第三款规定，“国家保护城乡集体经济组织的合法的权利和利益，鼓励、指导和帮助集体经济的发展。”《中小企业促进法》、《城市居民委员会组织法》、《就业促进法》、《传染病防治法》、《气象法》等很多法律法规规定了行政指导。作为行政执法的行政指导属狭义。

作为行政执法决定的行政指导，是指行政执法组织基于行政执法职权而作出的，旨在引导行政执法相对人自愿采取一定的作为或者不作为，以实现一定行政目的的行政执法决定。行政指导决定的特性在于其既是一种履行行政执法职责职权的决定，也是一种非“权力”决定。说行政指导决定是一种履行职责职权的决定，是因为法律规定了特定行政执法组织的行政指导职责职权，该行政执法组织就必须依法作出行政指导决定。在行政指导决定上，也存在是否合法合理的问题，比如越权无效的问题，气象行政执法组织只能在气象管理职能内去履行气象行政指导职责职权，作出行政指导决定，而不能去进行建设行政指导，否则该行政指导决定无效。说行政指导决定是一种非“权力”决定，是基于职权的法定强制性和执行性，行政指导决定不具有这样的特点。这也是行政法学通常不将行政指导行为作为具体行政行为，而是将其作为其他行政行为的主要原因。① 在行政执法学上，我们将行政执法组织履行职责职权的具体行为均作为行政执法行为，行政指导决定虽然是非强制性决定，但是仍受依法执法原则的指导，仍然需要依照法律规定作出，仍能够进行合法或者合理性的判断。行政指导基于其非强制性，行政指导决定通常不能纳入行政诉讼或者行政复议范围，但是其仍属于行政系统内部行政执法监督、指导和管理的对象，对于不合法合理的行政指导决定，仍应当予以纠正。同时，我们应当看到的是，如果法律规定了行政执法组织的行政指导职责职权，相应的对于行政执法相对人而言就是一种法律权利，即获得行政指导权，这个时候的行政指导就具有了法律权利义务和法律关系的意义。尽管有时行政法设置行政指导的裁量空间较大，但是不能以此否定行政执法相对人的获得行政指导权。从这个意义上说，行政指导决定的法律效果

① 参见姜明安主编：《行政法与行政诉讼法》目录部分，北京大学出版社 2011 年版，第 38 页。应松年主编：《行政法与行政诉讼法》目录部分，法律出版社 2009 年版，第 4 页。

是行政执法组织支配处分其行政指导职责职权处分行政执法相对人获得行政指导的权利，并为行政执法组织自己设定履行行政指导决定所设指导义务的职责。

行政指导决定的实施方式包括说服、建议、协商、帮助等，奖励如果作为行政指导的方式，应当遵循行政奖励的规定性。① 法定的行政指导决定能够产生法律效果，属于行政执法决定。②

行政指导决定既可以是依申请的行政执法决定，也可以是依职权的行政执法决定。

行政指导权可以由法律、法规、规章设定，在行政指导作为履行职能的行为时，是为行政执法组织自我设定义务，因此行政规定亦可设定行政指导。

行政指导决定的依据是行政指导法律规范，根据可以涵盖社会秩序、公共利益和行政执法相对人的实际事实状态三个方面，在规范上表现为由行政指导依据所规定的行政指导构成要件要素。行政指导决定证据是证明行政指导根据的事实材料，行政指导决定理由是行政指导依据、根据和证据之间的逻辑关系。

第十五题　作为行政执法决定的行政事实决定

作为行政执法决定的行政事实决定是特定行政执法组织支配处

---

① 参见姜明安主编：《行政法与行政诉讼法》目录部分，北京大学出版社 2011 年版，第 312 ~ 314 页。该书将奖励作为行政指导的方式之一，在使用行政奖励作为行政指导的方式时，只要遵循行政奖励的规定性就不发生冲突。

② 有观点认为，由于行政指导不改变法律关系、不直接产生法律效果，具有事实行为性，但不属于行政法学上的行政事实行为。参见应松年主编：《行政法与行政诉讼法》，法律出版社 2009 年版，第 336 页、第 347 ~ 348 页。

分其对特定法律事实具体处理的职责职权决定。

对于行政法学上的行政事实行为，研究成果不多，但客观存在。对于行政事实行为的认识角度不同有不同定义，目前学界有影响力的定义主要是两个，一是定义为“行政主体作出的不直接产生法律效果但产生事实效果的行为”,① 另一个是定义为“行政主体以不产生法律约束力，而以影响或者改变事实状态为目的实施的一种行政活动。”②

对于行政事实决定，第一，行政事实决定不产生行政管理法律关系,③ 但这种事实决定会产生其他法律关系，比如民事法律关系、刑事法律关系、行政法制监督关系、行政救济关系等法律关系，否则它就不具有法律意义而不能作为行政执法决定。产生什么样的法律关系要看具体的行政事实决定情况。第二，行政事实决定旨在改变的事实状态，这是一种非行政管理法律关系的法律事实，也是能够成为产生非行政管理法律关系的事实基础，它一定是能够引起某种法律关系产生、变更和消灭的事实，为相应法律规范所规定，否则也不具有法律意义。第三，行政事实决定所指的不产生法律效果是指不产生行政管理法律效果，其仍产生其他法律效果，所指不产

---

① 有观点认为，由于行政指导不改变法律关系、不直接产生法律效果，具有事实行为性，但不属于行政法学上的行政事实行为。参见应松年主编：《行政法与行政诉讼法》，法律出版社 2009 年版，第 346 页。

② 姜明安主编：《行政法与行政诉讼法》，北京大学出版社 2011 年版，第 329 页。

③ 在行政法学中，作为行政法的调整对象的行政关系是有严格区分的，主要分为行政管理关系、行政法制监督关系、行政救济关系和内部行政关系，它们基于法律的规定分别成为相应法律关系，统称为行政法律关系。为了表述的方便，在本书中，多使用行政法律关系指代行政执法中的行政管理法律关系，在行政执法中形成的行政执法组织与行政执法相对人之间的行政关系就是行政法律关系。在这里单独使用行政管理法律关系是要对行政事实行为中的法律关系作进一步的区分。关于行政法调整的行政关系参见姜明安主编：《行政法与行政诉讼法》，北京大学出版社 2011 年版，第 19 ~ 24 页。

生法律约束力是指不对行政相对人产生法律约束力，但是对行政执法组织而言，仍然产生法律约束力。第四，行政事实决定是履行行政执法职责职权的决定，其不是对行政执法相对人带有强制性或者执行性的“权力”行使决定，它不与行政执法相对人直接发生行政管理法律关系，所以也就不存在强制力或者执行力的问题。第五，我们称“行政事实”决定，这种事实之所以能够以行政一词限定，是因为这种事实是行政执法职权作用后的事实，之所以能被行政执法职权作用，是因为这种事实是行政法律事实，为行政法律所规定。经过行政执法职权作用后的事实可以成为其他法律关系的事实，但是从这种事实形成过程的角度看，它是一种行政事实。

基于以上，针对这种事实状态的行政执法决定，我们将其定义为行政执法组织履行行政执法职责职权，不产生行政管理法律关系但改变法律事实状态的行政执法决定。它的特性就是改变法律事实状态，但不产生行政管理法律关系。行政事实决定的法律效果是行政执法组织支配处分其职责职权，改变具有社会意义的法律事实状态，并为行政执法组织自己设定履行行政事实决定所设的改变事实状态义务的职责。

在行政法学上，通常将行政事实行为分为补充性行政事实行为，又称执行性行为，是行政机关为实现一个已经作出的行政行为的内容而实施的行为。即时性行政事实行为，指行政机关在执行公务过程中，为确保正常的社会秩序或者公务活动的顺利实现而采取的一种行为。建设性行政事实行为，指行政机关为避免行政相对人的合法权益受到不必要的损失，根据自己所掌握的信息资料作出的判断，而向行政相对人提出的可以实施或者不要实施某种行为的忠告、建议等。服务性行政事实行为，指行政机关基于服务行政的法律精神，基于行政职权为社会或者特定的行政相对人提供服务的行为。[1]这种分类中的决定，有的属于本节上述所讨论的决定类型，比如建设性行政事实行为决定可以包含在行政指导决定之中，有的不是行政执法决定意义上的行政事实行为。在行政执法学上，行政事实决定主要是指对物的行政执法决定，对人的行政执法决定都可以归于其他行政执法决定类别。如果按照行政法学对行政事实行为的解释和分类，不利于人们特别是行政执法人员的理解。

行政事实决定的依据是行政事实决定法律规范，根据主要是社会秩序和公共利益的实际事实状态，在规范上表现为由行政事实决定依据所规定的构成要件要素。行政事实决定的证据是证明行政事实决定根据的事实材料，行政事实决定理由是行政事实依据、根据和证据之间的逻辑关系。

---

① 姜明安主编：《行政法与行政诉讼法》，北京大学出版社 2011 年版，第 231～232 页。

第十四节　行政执法行为及其程序

上几节我们着重讨论了行政执法活动（行政法活动）的要素问题，行政执法要素、细分要素是通过行政执法程序连接并由行政执法行为表现出来的。

行政执法活动中的行为主要包括行政执法组织的行为和行政执法相对人的行为两个方面，在行政执法学中，我们将行政执法行为规定为行政执法组织的行为，而将行政执法相对人行为作为行政执法根据之一。

行政执法行为是行政执法组织为实现法律秩序，主要是行政法律秩序，履行行政执法职责职权而进行的管理、服务和控制社会的具体行为。[①] 凡由行政法律规范所规定的，由行政执法组织实施的履行行政执法职责职权的具体行为，均为行政执法行为。行政执法行为的目的，从行政执法学看，是在现实社会秩序之内实现由行政法律规范构筑的规范法秩序，进而实现法律正义。行政执法行为指向行政法学上除抽象行政行为以外的全部行政行为。

理解行政执法行为，与行政执法概念和本质属性密切相关，不能单纯从行政法学上行政主体与行政相对人具有行政法律关系进而确定为具体行政行为去理解，而应当从行政执法学上行政执法的四

---

① 参见第二节“行政执法的本质属性，行政执法概念和本质属性”一题。

个本质属性，从行政法律规范对行政执法组织的职责要求、职权授予去理解，凡是行政法律规范要求行政执法组织履行的对社会的具体义务而表现出来的职责行为，由具体权力授予而表现出来的职权行为，均为行政执法行为，所以，行政执法行为不仅指向行政法学上的具体行政行为，也指向行政事实行为和双方行政行为。

第一题 规范意义上的行政执法行为与实践意义上的行政执法行为

行政执法学认识行政执法行为与行政法学明显的区别就是基于其固有的法律性，主要是从规范出发对行政执法行为进行讨论。行政执法学的核心问题之一是如何使既定行政法律规范得到更好的实施，它通过明确行政执法原理，分析行政法律规范，实行行政执法技术，加强行政执法管理等等若干方法实现它的目的。

行政法律规范通过程序法和实体法两个方面控制行政权，通过规定行政执法行为来规定行政执法要素及结构。行政执法行为既指行政法律规范规定的行为，也指实际的行政执法行为，当实际的行政执法行为与行政法律规范不一致时，它在法律上就存在瑕疵甚至不具有效力。通常，我们分析一个实际的行政执法行为，都是要先分析与之相对应的行政法律规范对行为的规定，从而得出其是否有效的结论。因此，分析行政法律规范关于行政执法行为的规定就成为一个首要问题，这里的规定并非仅仅是“行为”的规定，而是一个行为体系的规定，是指以行政执法行为这种规定方式所表现的行政执法内容和关系的规定，即行政执法要素和程序（结构）的规定。行政执法要素、结构（程序）和形式（行为）是统一的。

第二题　行政执法行为的性质

——行政执法的形式而非内容①

对行政执法活动这个中心事物而言，行政执法行为是行政执法活动的形式，为了便于理解，我们从规范行为与实际行为两个角度理解这个问题。

前几节我们从法规范角度总结出行政执法要素及关系，它们在法规范的主要表现形式是什么呢？就是法规范对行政执法行为的规定即规范行为，法规范通过规定行政执法行为来规定行政执法要素和关系，规范行为表现规范要素及其关系所体现的要素结构，规范行为与规范要素及其结构是绝对统一的，所以学界多从法行为的角度来论述行政执法这一事物，这有它的优势，也有它的不足，优势是在某些方面，特别是行政程序方面能够更加准确，不足的是不利于全面认识行政执法这一事物，而全面认识行政执法这一事物对行政执法实践活动却又是必须的。

从法实践角度看，对于特定行政执法活动，特定行政执法行为这一运动形式反映特定行政执法活动要素及其结构，是特定行政执法活动的外在表现形式，其既反映特定组织对该特定行政执法活动所认识的行政执法要素，也反映特定组织对要素结构的认识，在这一特定行政执法活动中，特定行政执法行为与其所反映的行政执法要素及其结构也是绝对统一的。我们要作的就是，将法规范所规定的行政执法要素结构及其表现形式行政执法行为认识清楚，从而使我们的法实践意义的行政执法活动符合法规范意义的行政执法活动，

① 参见第六节行政执法事物（事项），本题重点是对第六节有关内容的强调和深化。

亦即我们在行政执法事物节中所谈到的行政执法应然与实然的关系。

有论者将行政（执法）行为作为行政（执法）活动的内容或者要素，甚至将行政（执法）程序也作为要素，这并不正确。行为作为一种运动，可以使行政执法各要素产生各种关系，其本身是一种实体存在，也可以以其作为中心事物构建系统，但是在以行政（执法）活动为中心事物时，它主要作为形式存在。从内容与形式的角度来说，行政执法行为是行政执法要素基于一定的结构运动而表现出来的一种外部表现方式，即行政执法形式，行政执法要素及其结构确定以后，作为反应行政执法内容形式的行政执法行为必然确定。基于行政执法应然与实然的关系，当现实的行政执法行为不能正确反映规定的行政执法内容即要素及其结构时，与规定的行政执法行为不一致时，必须予以改革、改正，当然对于现实存在的行政执法行为而言，其与其所表现的内容绝对统一。从事与物的关系来说，行政执法行为通过行为程序能表现行政执法各要素之间的各种关系，既体现行政执法内容要素结构，又能使作为系统的行政执法活动与行政执法环境产生各种关系，主要是行政管理法律关系。在行政执法这一事物中，所有的行政执法行为都不是要素的意义，而是形式的意义。从这个角度看，行政执法行为作为形式要服从、服务于行政执法内容。

行政执法行为作为行政执法的运动形式，它不仅从总体上表现行政执法内容要素，而且还可以分别表现行政执法要素，这在法规范和法实践层面均是如此。比如行政执法证据要素，在法规范层面就是法规范对取证行为的规定，在法实践层面就是实际存在的行政执法取证行为，行政执法决定要素，在法规范层面就是法规范对作出行政执法决定行为的规定，在法实践层面就表现为行政执法决定行为。当然即便是单独反映某一或者某些行政执法要素，行政执法行为仍是作为非集合体的行政执法的分体的表现形式存在的，它的功能作用必须放在行政执法整体角度来看待。行政执法行为作为行政执法的运动形式，它不仅能表现行政执法的内容要素，还能表现行政执法的要素结构，基于行政执法行为先后次序而表现出来的行政执法程序，就能很好的体现行政执法内容要素的结构。

第三题　行政执法程序的性质

——行政执法的要素结构

对于行政执法活动这一事物而言，行政执法程序是行政执法活动的内容，指向行政执法要素之间的有序排列，即行政执法结构。

广义的行政执法程序包括行政执法组织的设立、运转、撤销程序和行政执法行为的程序，狭义的行政执法程序仅指行政执法行为程序。对应于行政程序，行政法学通常在狭义上使用行政程序概念，也因此，在行政法学教科书中，行政程序章节往往安排在行政行为篇章之下，对于行政执法程序我们也采用狭义。

次序性是包含多个具体活动（或要素）的有机整体活动的性质，任何这种活动都具有次序性，都有先后。行政执法活动也同样具有次序性，这种次序被法律被程式化调整后进而表现为程序性。所谓程序性，是作为整体活动组成部分的各具体活动（要素）的先后次序被程式化、确定化所表现出来的有机次序。之所以能够被程式化、确定化在于活动的内在规定性，这种规定性即事物运动的客观规律，人们通过认识这种规律能够对这种有机次序加以规定。作为特定活动的行政执法活动要素之间的程序是由法规范所规定的，静态意义上的程序就是要素结构，动态意义上的程序就是要素之间的关系。从这个意义上说，行政执法程序是行政执法活动本身，行政执法的程序性是由行政执法程序表现出来的。

程序性是行政执法活动的性质，在规范行为上，行政执法程序是由法规范事先确定的各个行政执法要素之间的次序，在实践行为上，其是行政执法实际活动所表现出来的次序。如果我们以行政执法活动作为中心事物，则行政执法程序是行政执法要素之间的关系的表现形式，即内部表现形式，即结构，通过程序安排，行政执法各要素产生联系进而形成要素结构，鉴于我们将结构定义为内容，因此行政执法程序是行政执法内容。①

通过分析，我们现在知道，行政执法内容包括了前几节所述的组织、依据、根据、证据、决定要素，包括理由关系，以及由行政执法程序体现的行政执法要素结构。行政执法理由作为行政执法依据、根据、证据的逻辑关系，在表现形式上也属于行政执法结构的一部分，从要素的关系的意义角度说，理由实际也是行政执法程序这种内部形式所表现的内容，因此，我们就不难理解为什么行政说明理由总是在行政法学上被作为行政程序的一个重要方面而被论及了。由于行政执法理由具有表现行政执法理性的不可替代性和明确的行政执法要素的关联性，是行政执法必要关系，我们才在本书中单列一节加以讨论，而其它作为行政执法结构的行政执法程序并不显著的同时具有这两种性质。

第四题　作为法律行为的行政执法行为

行政执法行为是一种法律行为，但是这种法律行为并非是指行

---

① 参见第六节“行政执法事物（事项），行政执法内容、形式、本质、现象的关系”一题。

政法学上与行政事实行为相对的行政法律行为，而是指由行政法律规范所调整的除抽象行政行为以外行政执法组织的全部行政行为，是一般意义上的法理学上的法律行为概念。“应当看到，民法的‘法律行为’（Re－chtsgeschaft）只是民法知识框架内的一个特定概念，其准确汉译应为‘法律示意（表示）行为’，与‘事实行为’处于同一位阶，属于一定的法律事实。它不可能作为一个最上位的概念用来描述和解释一切法律部门（如刑法、行政法）的行为现象，否则将导致法律解释上的困难和混乱。一般意义上的‘法律行为’应是各法律部门中的行为现象的高度抽象，是各部门法律行为（如合法行为、违法行为、犯罪行为等）的最上位法学概念（或法学范畴）。这个最上位概念的德文名词是 Rechtshand－lung 或 Rechtsakt（英文 juristic act 或 legal act），它所描述的，是包括 Rechtsgeschaft 在内的一切具有法律意义的行为现象。本书所采用这样一个广义的法律行为概念，对其涵义作如下界定：所谓法律行为，就是人们所实施的、能够发生法律上效力、产生一定法律效果的行为。”① “法律行为作为一个法学范畴，其所对应的范畴是‘非法律行为’。简单地讲，所谓非法律行为，是指那些不具有法律意义的行为，即不受法律调整、不发生法律效力、不产生法律效果的行为。”② 也就是说，在法理学上，作为最上位概念的法律行为关键是看这个行为是否具有法律意义，纳入法律规范调整规定，法律规范的法律效力是否及于这个行为。这主要是从静态的、法律规范的意义上认识和规定法律行为，而不区分是否为意思行为。这与行政法借助民法学原理从意思行为意义上将行政法律行为与行政事实行为

① 张文显主编：《法理学》，高等教育出版社 2007 年版，第 151 页。

② 张文显主编：《法理学》，高等教育出版社 2007 年版，第 152 页。

区分是很不相同的。行政法律行为和行政事实行为“是借助民法学原理所作的区分，它是对前述具体行政行为的一种分类。在民法学者看来，法律行为与事实行为的核心区别在于后者不依赖于行为人的意图而产生法律后果，而前者法律后果的产生恰恰是因为行为人表示了特定意图。换言之，法律行为和事实行为分别反映了法律对社会关系的两种不同的调整方式：法律行为方式、法定主义方式。可以说，行政法律行为是指这样一种法律对行为事实的调整方式：当行政主体作出的某一意思表示行为符合法律规定的行为事实的效力要件时，根据法律规定，行为将产生以行政主体主观意图为转移的法律效果；当行政主体作出的某一意思表示行为不符合法律规定的效力要件规定时，则根据法律规定，行为或者自始不产生行政主体所期望的法律效果，或者产生使对方当事人获得一个撤销权或变更权的法律效果。行政事实行为是指这样一种法律对某种行政活动的调整方式：当行政主体作出的某一行为符合法律规定的行为事实构成要件时，根据法律规定，直接产生特定的行政法律效果，而这一过程的实现（即该行为要不要产生法律效果以及产生什么样的法律效果），不为行政主体的主观意图左右。”① 从法理学法律行为意义上，就不难理解作为高度规范性的行政执法行为为什么包括行政法学上的行政事实行为和双方行政行为了。行政法学上的行政法律行为是与行政事实行为相对应的概念，而非法理学上法律行为的概念，行政法学上的行政行为才具有法理学上法律行为的意义。

行政事实行为属于法理学上的法律行为，因为其具有法律意义，具有法律意义是指这类行为是法律的调整对象。但是，行政事实行为不属于行政法学上的法律行为，即行政法律行为，因为在行政法

① 应松年主编：《行政法与行政诉讼法》，法律出版社 2009 年版，第 117 ~ 118 页。

学上，行政法律行为被规定为基于行政权力的行政意思所形成的行政法律关系，即行政主体与行政相对人之间的法律权利义务关系中所表现的行为，而不仅仅是该行为受到行政法律规范的调整。正是基于此，行政法学将行政事实行为与行政法律行为分开，成为一对概念，它们都属于行政行为的下位概念。

行政事实行为能够成为行政行为的下位概念，是因为在行政法学上以是否履行行政职权作为是否为行政行为的标准，因为行政事实行为亦属于履行行政职权的行为，故被纳入行政行为范畴。在确定行政行为边界以后，又以是否具有行政法律关系为准，区分出行政法律行为与行政事实行为，在行政法律行为中以行为成立是否必须与行政相对人合意为要件，区分出单方行政法律行为和双方行政法律行为。在单方行政法律行为中以行为的具体性区分出具体行政行为与抽象行政行为。

从法理学上看，行政事实行为是法律行为，从行政法学上看，行政事实行为被区别为不同于行政法律行为的一类行政机关行使行政职权的行为。在行政执法学上，将行政事实行为归于行政执法行为，是因为一方面行政执法组织实施这些行为必须按照法律的规定实施，属于执行法律、履行行政执法职责职权的活动，具有行政执法的法律性、行政性和具体性。另一方面，行政事实行为被确定为“行政主体以不产生法律约束力，而以影响或改变事实状态为目的实施的一种行政活动”,① 在这个意义上，它不是一种行政法律行为，但它一定具有社会意义，对人类社会具有影响，否则，它就不能成为法律调整的对象。其一般并不基于公民、法人和其他组织的合法权益而开展行政执法活动，但其一定是具有社会秩序或者公共

① 姜明安主编：《行政法与行政诉讼法》，北京大学出版社 2011 年版，第 329 页。

利益的行政执法根据，因此它具有行政执法的社会性。在行政执法学上，行政事实行为就是法律所规定的行政执法组织履行职责职权改变法律事实状态以实现管理、服务和控制社会的具体行为，而不论其是行政法学上的法律行为还是事实行为。① 对于行政事实行为，在行政执法学上未必需要深究，法律规定主要是作为行政执法内容定位的，只要是行政执法组织履行职权执行行政法律规范的具体行为，我们都可以概括的将其纳入行政执法行为，这还包括双方行政行为等。

行政执法行为以具有行政执法权限为前提，是运用行政执法职责职权的表现形式，它对应于行政法学上的行政行为，“行政行为是指行政主体运用行政权，实现行政目的的一切活动。”② 同时，因为行政执法行为的具体性，它不包括行政法学上的抽象行政行为，即制定行政法律和行政规范性文件的行为，含制定行政执法技术规范的行为，但它们的静态形式可以成为行政执法的标准内容，其中的法律规范是行政执法要素，其仍是行政执法学的重要研究对象。

---

① 在行政法学行政事实行为中有一个重要概念暴力执法。从行政执法学看，暴力执法不是行政执法，它已经超出了行政执法的范畴，因为不论基于何种根据，均不得暴力执法。行政执法中的暴力侵权行为严格说并非行政法学上的行政事实行为，行政执法中的暴力侵权虽然属于行政权力运行过程中的侵权问题，但是并非法律适用错误或者说行政权力的错误运用，而是明显违法行为，这种行为主要基于暴力而非法定权力，基于法定权力的“暴力”存在于行政强制之中，而行政强制之中的“暴力”与暴力执法又是不同的概念。行政执法中的暴力侵权并没有明显的特殊性，其主要性质仍是侵权，不因在哪种过程中而改变，不同过程中的暴力侵权只可能对其法律后果有所影响。对于暴力执法问题主要应当放在行政救济关系、民法学、犯罪学上进行解释，而不宜放在行政管理法律关系中进行解释。很多学者认为其属于行政事实行为，几近通说。我们去解释一类事物，应当比较此类事物不同性质之间的分量，以事物的主要性质作为主要解释的角度，这样才能更有说服力。

② 姜明安主编：《行政法与行政诉讼法》，北京大学出版社 2011 年版，第 152 页。

第五题 作为法律事实的行政执法行为

行政执法行为，也是一种法律事实。从法理学看，法律行为通常都具有两重性，“法律行为可以作为法律事实而存在，能够引起法律关系的形成、变更和消灭。”① 行政执法行为作为法律事实，可以引起行政法律关系、民事法律关系、刑事法律关系、诉讼法律关系等各种法律关系的形成、变更和消灭。从行为的本身而言，非行政事实行为的行政执法行为本身就可以引起行政管理法律关系的形成、变更和消灭自不待言。作为行政执法行为的行政事实行为可以引起非行政管理法律关系的形成、变更和消灭，比如行政法制监督关系。从行为的效果而言，行政执法行为对民事法律关系的影响尤以行政确认和行政裁决为著，一部分行政合同也影响民事法律关系。比如作为行政确认的婚姻登记，其就可以使申请婚姻登记的双方形成夫妻法律关系。在刑事法律关系上，一方面，对涉嫌犯罪的行政执法案件移送，可以引起刑事法律关系形成，另一方面，行政执法行为如果涉嫌犯罪，比如非法拘禁，可以直接引起刑事法律关系。在行政诉讼中，行政执法行为虽然不能直接引起诉讼法律关系，但行政诉讼主要以行政执法行为的存在为前提，可以间接引起行政诉讼，行政执法行为在行政诉讼中是以一种行政诉讼法律事实存在的。

第六题 行政执法行为的类别与类型

在行政法学上，对行政行为的主要分类是按照该行为目标决定

① 张文显主编：《法理学》，高等教育出版社2007年版，第165页。

对行政相对人法律效果的标准来进行分类，欲追求行政制裁法律效果作出行政处罚决定的行为过程被称为行政处罚行为，欲追求对一般事项的解禁法律效果作出行政许可决定的行为过程被称为行政许可行为，这是由行政法学的法学性质所决定的，具有重要意义。在行政执法学上这种分类方法也适用，所有关于行政执法决定的分类都适用于行政执法行为的分类，因为行政执法行为是作为要素的行政执法决定的表现形式。[①] 基于在上一节中我们已经详细分析了行政执法决定并且行政法学对行政行为的研究已经很深入，在行政执法学上，我们主要不再重复分析行政法学上关于行政（执法）行为的分类，而是根据行政执法活动的特点，主要是从行为过程的角度去分析实务中不同于行政法学所指导的行政执法行为的分类问题。

在实务中，有行政执法类别和类型的不同用法。从行为角度，我们通常将已经模式化可以独立被诉的行政执法行为称为行政执法类别，而将未被模式化或不能独立被诉的行政执法行为称为行政执法类型，主要的判断实质标准就是是否独立可诉，独立可诉的行政执法行为通常都被模式化了。形式标准是实定法的规定，包括行政程序法和行政诉讼法。比如我国有独立的行政处罚法、行政许可法、行政强制法，对应的行政处罚、行政许可和行政强制被规定为独立可诉，这些就是行政执法类别，包括行政诉讼法法院受案范围列举的其他各类行政执法行为。

行政执法类别在实际中还有一个用法，即从行政执法组织与权限的角度，根据不同的部门法确定的适用范围来确定行政执法类别，实质标准是不同行政执法组织的职责职权体现的行政执法职能，形式标准就是对应部门实体法的规定。比如林业行政执法组织根据林

---

① 参见第十三节“行政执法决定，行政执法决定的分类”一题。

业法的规定，其行政执法的类别为林业行政执法。

行政执法类型在使用中，广义上包括行政执法类别，但多指行政执法类别下的不同种类，比如行政处罚中的警告、罚款等。

行政执法行为的类别和类型，都具有行政执法共有的本质属性，但是它们又有不同的区别于其他类别和类型的本质属性，即特性，这种特性的确定集中地表现在作为行政执法要素的行政执法决定上。行政执法类别和类型的特性在实际行政执法中对于区别其不同的法律性质，进而确定不同的法律规范适用是非常重要的。比如作为行政处罚法上行政处罚种类的暂扣许可证或者执照，如果单纯从行政处罚法的规定来看，属于行政处罚类别无疑，但是实际上，对于暂扣类型还必须进一步区分其性质，如果其具备行政处罚决定的特性即制裁性才属于行政处罚行为，如果其具备的是行政强制决定的特性之一比如制止违法行为，则其属于行政强制措施行为。① 通常，行政执法行为的特性以其行政执法决定的性质确定。

除了上面的行政执法类别类型外，我们还可以从行政执法要素角度，以行政执法决定要素为中心对行政执法行为类别作出区分，区分出决定准备行为，决定行为和决定的执行行为。行政执法行为作为行政执法活动的形式是与其内容密切相关的。行政执法组织、依据、根据、证据、决定要素以及理由关系都分别关联着不同的行政执法行为，又由于行政执法行为程序的安排，使这些行政执法行为成为一个有机的整体。基于行政执法的法律性，在行政执法行为中，作出行政执法决定的行为是关键行为。从行为过程的角度看，与行政执法组织、依据、根据、证据和理由有关的行为都可以称为

---

① 参见江必新主编：《中华人民共和国行政诉讼法理解适用与实务指南》，中国法制出版社 2015 年版，第 61 页。

行政执法决定的准备行为，而与行政执法决定要素直接相关的行为为作出行政执法决定的行为，后者从广义上包含为决定作准备的行为。在决定准备行为中，每一要素和理由又可以形成独立的决定行为，体现着相关行政执法职责职权的支配处分主张。

除了行政执法决定行为，还存在行政执法决定的执行行为，这种行为不同于行政执法决定行为在于其是行政执法组织实现其履行职责职权作出的主张的行为，而不是另外作出的主张，否则就是一种决定行为。比如，行政执法组织依照我国城乡规划法的规定行使限期拆除命令权，作出限期拆除违法建筑的行政命令决定后，行政执法相对人不履行，后又依照我国行政强制法行使强制执行权，作出行政强制执行决定，这是两个不同的行政执法决定行为，行使的是两种不同性质的行政执法职权，它们分别有不同的执行方式。行政执法决定的执行行为受制于行政执法决定内容和行政执法规范的规定。

对于行政执法决定的执行有几类情况，一类是行政执法决定作出之时行政执法行为即宣告完结，不需要执行。比如行政确认，作出行政确认决定之时该行政执法行为即完结。第二类是行政执法相对人自动履行行政执法决定则该行政执法行为即宣告完结，比如行政执法相对人依照行政命令决定所设定的义务行为，该行政命令行为即宣告完结。第三类是行政执法组织必须参与或者直接执行行政执法决定，该行政执法行为才能宣告完结，这是主要的决定执行行为。又分几种情况，一种是行政执法相对人不履行法定或者行政执法决定的义务，需要行政强制执行，要么行政执法组织强制执行，要么申请法院强制执行。另一种是行政执法相对人虽然履行了义务，但是还需要行政执法组织的执行行为才能使该行政执法行为完结，比如行政处罚中对没收非法财物的处理，对行政拘留决定的执行。

第三种是尽管针对行政执法相对人，但是不需要其履行行政执法决定，而是由行政执法组织直接执行，比如对行政强制措施决定的执行。第四种是不涉及行政执法相对人权利义务的行政执法决定，需要行政执法组织直接执行，比如作为行政执法决定的行政事实决定的执行，针对行政执法相关人、参与人的行政执法决定的执行等。

行政执法组织行政执法决定的执行行为，应当在行政执法决定中予以明确，在行政执法规范有规定的情况下，应当依照规范规定明确，并在执行时依照规定。在行政执法规范没有规定的情况下，应当依照行政执法原则明确行政执法决定执行行为，并在执行过程中遵守行政执法原则。

我们从行政执法组织履行行政执法职责职权角度分析了行政执法行为，存在决定准备行为、决定行为和决定的执行行为三种样态，这是有重要意义的，在实践中，我们去考察行政执法行为多从行政执法决定的意义上去讨论，比如我们考察依法执法问题，其核心问题是从行政执法行为中区分出行政执法决定行为，然后才考察其准备行为和执行行为。

第七题　行政执法行为的法定程序与非法定程序

行政执法行为程序是行政执法组织实施行政执法行为时所应当遵循的方式、步骤、时限和顺序所构成的一个连续过程。[①] 在实际行政执法中，主要有法定程序与非法定程序之分，前者直接与行政执法行为的法律效力有关，依据我国行政诉讼法，违反法定程序的行政执法行为，人民法院判决撤销或者部分撤销，并可以判决被告

① 参见姜明安主编：《行政法与行政诉讼法》，北京大学出版社 2011 年版，第 333 页。

重新作出行政执法行为。[①] 我国《行政处罚法》规定，“没有法定依据或者不遵守法定程序的，行政处罚无效。”行政执法行为的非法定程序是指行政法律规范没有规定某种行政执法行为的程序或者虽有规定但是不够细致，行政执法组织基于法律以外的行政执法规范，或者虽然没有行政执法规范但在行政执法实际行为中所表现出来的程序。非法定程序的行为虽然不具有法律规范上的依据，但是应当具有法律原则上的依据，受正当法律程序这一行政法基本原则的制约，体现行政执法的依法执法原则。

正当法律程序原则是行政法的程序性基本原则，与行政法的实体性基本原则相对，它不仅对行政执法具有理论上的拘束力，也对行政立法具有理论上的拘束力，制定法的内容违反正当法律程序原则，从自然法角度讲，该制定法相关内容无效。但在行政执法中，有法定程序的需执行法定程序，正当法律程序主要是在关于特定行政执法行为程序规定存在法律空白或者法律粗疏的情况下发挥作用。如果正当法律程序原则规定的内容，在某一行政程序法律规范中并未体现时，应当尽力在实际行政执法中弥补，特别是由规章创设的行政执法程序，因为正当法律程序所规定的内容，都是保证行政执法行为正当性最为基本的程序要求。

正当法律程序原则有广义和狭义之分，前者指整个行政法的程序性基本原则，后者仅指相当于英国行政法中“自然正义”和美国行政法中“正当法律程序”的原则。本书取其广义，在行政执法中，归结为以下规则，包括行政法学上归结的行政法程序性基本原则中的狭义正当法律程序原则和行政公开原则。第一，行政执法自己不做自己的法官，是指行政执法组织及其行政执法人员处理涉及

---

① 我国《行政诉讼法》第七十条。

与自己有利害关系的事务或者裁决与自己有利害关系的争议时，应主动回避或应当事人的申请回避。第二，行政执法说明理由，是指行政执法组织做出任何行政执法决定行为，特别是作出对行政执法相对人不利的行政执法决定行为，除非有法定保密的要求，都必须说明理由。第三，行政执法听取陈述和申辩，是指行政执法组织作出任何行政执法决定行为，特别是作出对行政执法相对人不利的行政执法决定行为，或者行政执法决定行为影响相关人重大利益，必须听取行政执法相对人、相关人的陈述和申辩或意见。第四，行政执法规范公开，是指行政执法规范的制定过程和规范内容对社会公开，听取社会意见。第五，行政执法组织及其行政执法人员公开，是指依法确定的行政执法组织以及取得行政执法资格的行政执法人员应当向社会公告。第六，行政执法行为公开，就特定行政执法行为而言，对一般行政执法行为在有法律规定的前提下应当向社会公开行政执法决定，对重大行政执法行为除非依法需要保密或者影响执法过程，应当向社会公开行政执法行为过程和行政执法决定。就行政执法行为总体而言，特定行政执法组织应当向社会公开年度行政执法总体情况，接受社会的监督、评价。行政法程序性基本原则中的公平、公正原则总体上可以归入行政法实体性基本原则。①

除在行政执法实践中法定程序与非法定程序之分外，从行政法学看，行政执法程序还可以分为主要程序与次要程序，羁束性程序（强制性程序）与裁量性程序（任意性程序），内部程序与外部程序。此外，由行政法程序性基本原则或者说行政程序法基本原则还发展出来一系列制度，比如行政回避制度，行政听证制度，行政信

① 参见姜明安主编：《行政法与行政诉讼法》，北京大学出版社 2011 年版，第 75～82 页。

息公开制度，说明理由制度等。①

第八题 如何确定行政执法行为程序

前面我们提到，程序性是行政执法活动的性质，行政执法行为程序作为行政执法内容，作为行政执法要素的结构，必然反映于行政执法行为。在行政执法上我们主要区分为法定程序与非法定程序，对于法定程序中的羁束性程序我们必须照做，对于法定程序中的裁量性程序应当通过规范裁量权来明确采取不同程序的不同情形，对于非法定程序应当符合行政法程序性基本原则。从行政执法组织采用的程序，我们可以判定行政执法组织的预期，但是，无论法定程序或是非法定程序的选择都有个基本的前提，即在实际行政执法中以什么标准来确定采用何种程序？这是行政执法行为起始时就必须明确的问题。

对于具有法定程序的行政执法行为，法律规定采用程序的标准是比较明确的，比如我国行政处罚法，凡是行政处罚类别都要按照行政处罚法规定的程序进行，还有行政许可法、行政强制法等。我们可以看到，这是以规范的法律后果作为采用程序的标准的，一如我们对行政执法决定和行为的基本分类标准，但是这里面有一个问题，就是当一种情况出现时，我们并不确切的知道它会是什么样的法律后果，也不得预定法律后果（这与有根据的预测不同），需要不断地往返于事实与规范之间并通过行政执法行为的行进作出判断，有一定的预设性。问题是，行政执法组织一开始就应当确定采用的

① 参见姜明安主编:《行政法与行政诉讼法》，北京大学出版社 2011 年版，第 334 ~ 336 页；应松年主编:《行政法与行政诉讼法》，法律出版社 2009 年版，第 354 ~ 355 页。

程序，而不是行政执法行为开始之后才作出判断，当行为开始之后，实际上就等于确定了所采用的程序。行政执法虽然允许根据变化的情况更换不同的程序，但是不允许在有明确特征可以判定特定程序时选择其它程序，而且频繁更换程序也违反绩效原则。由此，我们必须在规范上从法律后果回溯到行为模式，在实践上从行政执法根据入手来确定程序，这实际上就是行政执法案件的案由和案件构成问题。[①] 对于没有法定程序的行政执法行为的程序采用，一个方面是在行政法程序性基本原则的指导下制定相应行政执法行为程序，另一个方面可以比照既有法定程序在行政法程序性基本原则的指导下开展行政执法行为，但是无论如何，都先要从行政实体法的角度来首先正确确定案由。也就是说，行政执法行为程序问题不仅仅或者孤立的说只是程序问题，在其起始阶段主要是行政执法实体问题、要素问题，行政执法行为程序的确定离不开对行政执法根据和依据的判定。

第九题　通过采用的行政执法行为程序可以判定行政执法类别

在实践中，我们采用了一种行政执法行为程序，就说明我们认为我们将要作出这种程序所规定的行政执法决定类型。

行政执法类别虽然主要以行政执法决定所载明的法律效果作为分类标准，但在实践上，我们也可以以采用的程序法所规定的程序来判定行政执法类别。比如行政处罚，行政处罚作为一个行政执法行为过程，其未必都会形成予以处罚的决定，这时候行政执法行为属于哪种行为？主要依赖于行政执法组织采用行政处罚程序进行的

---

① 参见第十六节“行政执法案件”。

判断。对其他行政执法行为性质的判断相同。我们之所以能够以行政执法行为程序判断行为类型或者说性质，就是因为程序作为结构作为行政执法内容，它决定作为形式的行政执法行为。

第十题　行政执法行为程序与行政执法技术

行政执法技术的形式性与行政执法行为程序的形式性构成了它们之间联系的桥梁。行政执法行为程序是行政执法技术在针对行政执法实体问题技术化之外又一重要的技术化对象。

总体而言，行政执法技术针对实体与程序、规范与行为两类四方面。在行政执法实体问题上，就是要确定行政执法构成要件要素，然后在行政执法构成要件要素基础上细分各行政执法类别构成要件要素，层层细分至完全符合行政执法实际，能为一般行政执法人员理解掌握，操作实现。在行政执法行为程序问题上，首先是建立健全所有行政执法类别程序，尽快构筑统一行政程序法，在行政执法行为程序建立健全的情况下，细化每一行政执法类别程序环节，筑建行政执法标准程序，实现行政执法行为程序各环节无缝对接。在规范上，就是要分门别类的建立行政执法技术规范体系，① 赋予行政执法技术规范体系法律效力。在行为上，就是要保证行政执法技术规范体系作为行政执法领导、指导、监督、管理、培训、考核的主要内容，将行政执法技术规范落到实处。在这四个方面中，行政执法行为程序具有着十分重要的作用，这种重要作用就表现在，行政执法行为程序是行政执法技术的骨架。

行政执法程序较行政执法实体具有更高的概括性，依职权行政

---

① 参见第九节“行政执法依据（规范），行政执法技术规范”一题。

执法的程序可以概括为发现与立案、调查与审查、决定三阶段，依申请行政执法行为程序可以概括为申请与受理、审查与调查、决定三阶段，而行政执法实体的概括性就不如行政执法程序，比如行政执法类别，典型的行政执法类别多达十几种，其下的行政执法类型更是不计其数，不适合作为搭建行政执法技术的骨架。同时，行政执法行为程序作为行政执法结构即内部形式天然的具有高度形式特征，是某类行政执法类型的共有程序，其在纵向上是行政执法行为的线路图，规定着行为方法（方式）、阶段环节（步骤）、时间界限（时限）和先后次序（顺序），规定了行政执法行为的时间和空间范围。[①] 行政执法行为程序以其概括、明确和形式化特征适宜作为行政执法技术的骨架。

因此，对于行政执法技术，我们首先需要完成建立健全细化行政执法程序技术规范，然后才是细化完成行政执法实体技术规范，并将两者结合为行政执法技术规范体系，之后才能涉及到行政执法技术规范在现实中的落实问题。行政执法技术可以分类进行，对既有程序法规定的行政执法类别可以按照上述步骤先行开展行政执法技术化工作。

总之，行政执法程序是行政执法活动的结构，行政执法行为是行政执法活动的形式，行政执法要素和程序确定以后，基于内容决定形式，行政执法行为必然确定。在行政法学研究行政法活动而言，行政要素（具有行政法意义的）和行政程序确定以后，行政行为必然确定。我们要深入研究行政执法行为和行政行为，就必须深入研究其所表现的要素和程序，特别是对要素的研究作为基本内容在理论和实践上不可或缺。

---

① 参见姜明安主编：《行政法与行政诉讼法》，北京大学出版社2011年版，第333页。

第十五节　行政执法的成立与有效

行政执法的成立与有效主要是指，行政执法决定这一要素所表明的，行政执法组织对行政执法职责职权支配处分确定主张的成立与有效，因为这一要素最集中的体现了行政执法各要素及其关系，对社会具有最重要的意义。由于行政执法决定不是自有自在的，对它的成立是否有效必须追溯到整个作出行政执法决定的行为过程，在外在表现上就是行为成立是否有效。尽管如此，对行政执法成立与有效的判断的指向目标仍是行政执法决定。

行政执法决定的执行行为受限于行政执法决定的内容和法律规定，当这种执行行为符合行政执法决定的内容和法律规定时，其法律效力的判断同于所执行的行政执法决定，此时的执行行为不存在成立的问题，或者说行政执法决定的执行行为成立的唯一要件是具有行政执法决定。当行政执法决定的执行行为突破决定内容或者法律规定时，应当视为一种以行为表示的新的行政执法决定，对其是否成立有效的判断同于行政执法决定。对行政执法决定的准备行为而言，首先是区分出准备过程中具有行政执法决定意义的行为，这类行为的成立与有效问题同于行政执法决定的成立与有效，不具有决定意义的行为基于行政执法职责职权的公益性以及对行政执法相对人影响不大不具有判断成立与有效的意义。

行政执法决定的成立与有效是不同的概念。行政执法决定的成立是指在什么样的情况下，该决定是被作为行政执法决定看待的，而不是作为行政执法组织的民事行为、刑事行为或者抽象行政行为等其他行为决定，其与行政执法决定是否违法无关。行政执法决定的有效是指在行政法律规范上具有效力，并因此而具有了法律所规定的行政执法决定的公定力、确定力、执行力和拘束力,① 其与行政执法决定是否违法具有紧密的关系。

通常，我们判断一个行政执法决定，首先是从成立的角度进行判断，在成立的基础上再判断是否有效。行政执法决定的有效以其成立为前提，如果一种决定不是一个行政执法决定，则不存在该行政执法决定在行政法律规范上是否有效的问题。对一个行政执法决定，可以有三个判断结果，即不成立、成立且有效、成立但无效。

对行政执法决定是否成立的判断依赖于法定要件，主要是实体法上的要件。行政执法决定是否有效的判断主要从反面看是否具有瑕疵，既包括实体法上的瑕疵，也包括程序法上的瑕疵。

第一题　行政执法决定的成立有效与行政执法规范的成立有效

行政执法决定的成立与有效与行政执法规范的成立与有效是不同的概念，但基于行政执法决定也是一种“个别规范”，比较两者可以加深理解。

行政执法规范的成立是指该规范是否是一个有关于行政执法的规范，即规定行政执法活动的规范，但在学界一般不作为一个单独

① 参见姜明安主编：《行政法与行政诉讼法》，北京大学出版社 2011 年版，第 205 ~ 208 页。应松年主编：《行政法与行政诉讼法》，法律出版社 2009 年版，第 120 ~ 122 页。

的主题研究。参照法律规范的成立，通常学界将法律规范的公布、发布作为成立的标志，“根据我国《立法法》的相关规定，我国的立法程序包括起草、审议、表决通过和公布等环节。可见，将法律的公布看作法律成立标志比较合适”,① 行政执法规范的成立标志亦为行政执法规范的公布。而行政执法决定的成立并非仅以公布或者说其他形式的意思表示即可成立，还需要有其它要件。②

行政执法规范的有效是指这种规范必须具备法定要件才能具有法律效力，即对行政执法组织和社会的拘束力和作用力。③ 行政执法决定有效也需要若干要件，但主要是从反面从瑕疵的角度进行判断，而不是像行政执法规范有效那样从正面要件判断。同时，行政执法规范与行政执法决定之间的法律效力的含义也有很大区别。

从法律效力的内容看，有效的行政执法规范中的行政执法依据是行政执法决定是否具有法律效力的判断标准，对行政执法决定具有直接的法律效力，直接产生拘束力和作用力，违背行政执法依据的行政执法决定无法产生法律效力或者不能产生完全的法律效力，在实质上即行政执法决定意指的意图即行政执法组织的主张在法律上不能实现或者不能完全实现，即使在实际上实现了亦须纠正，在形式上表现为不具有或者不完全具有公定力、确定力、执行力和拘束力，对行政执法组织而言就是行政执法职责职权未正确履行。它的典型表现就是，对于无效的行政执法决定，自始在法律上无效，人们有权不经复议或者起诉而不遵从甚至反抗，比如明显的越权执法。有效的行政执法规范虽然也对行政执法相对人行为和其它事实

---

① 胡建淼主编：《法律适用学》，浙江大学出版社 2010 年版，第 326 页。

② 见下题。

③ 参见第九节“行政执法依据（规范），行政执法规范的法律效力”一题。

状态具有法律效力，但这种法律效力的实现必须经过行政执法决定的转化，因此是一种间接效力。有效的行政执法决定的法律效力针对的主要是行政执法组织本身和行政执法相对人，依照行政执法规范作出的行政执法决定对行政执法组织本身，行政执法相对人和其它事实状态具有了法律所赋予的公定力、确定力、执行力和拘束力，对行政执法组织而言，还具有实现行政执法规范所规定的行政执法职责职权的效果。

从法律效力的范围看，行政执法规范的效力与行政执法决定的效力都可以归结为属人、属地、属事、属时四类，但是具体的涵盖层次确有明显不同，这就表现在，行政执法规范对所有其效力所及的各个行政执法决定均有效，且是反复有效，同时，上位行政执法规范的效力及于下位行政执法规范，而一个行政执法决定对另一个行政执法决定虽然基于公定力，后一行政执法决定应当尊重承认前一相关行政执法决定效力，但是多数情况下不同行政执法决定之间并不发生直接联系，即使在前一行政执法决定是后一行政执法决定的根据时，一般也仅是一次性有效。行政执法决定对于行政执法规范而言，无论是对哪个位阶的行政执法规范都不存在对其的法律效力问题。行政执法规范对于行政执法决定的法律效力是射线型、发散型、不可逆的。

从法律效力的主体看，行政执法规范的效力主体是规范本身，而非制定规范的行为,① 也因此在行政执法中，我们对符合法定形式的行政执法规范一般认定其具有法律效力，而多不考察该规范的形成过程。同时，行政执法规范必须采用书面形式，其中的行政执法依据还必须公开才能对社会产生法律效力。而行政执法决定不同，

① 参见胡建淼主编：《法律适用学》，浙江大学出版社2010年版，第169~170页。

在行政决定的意义上，行政法学将其效力主体规定为行为，这是因为虽然在实质上我们考察的法律效力是决定这一要素，但是决定以及其它要素和关系在法规范和法实践中是以行为为表现形式的，表现这些要素和关系的行为都对决定产生影响。我们要考察决定是否具有法律效力，基于内容与形式的绝对统一，需要以行政执法行为入手，追溯到形成决定的行政执法行为全过程。但是，我们还应该看到，尽管我们考察的是行为的法律效力，但是核心和目的仍是考察行政执法决定的法律效力，行为归根结底要体现为主张，体现为决定。行政执法决定作为一种意思主张，依法有口头、书面形式，也可以直接采用行为来表示，都可以具有法律效力，同时，并不是所有的形成或者作出行政执法决定的行为都必须向社会公开，这些与行政执法规范都不相同。

第二题　行政执法决定的成立

为了便于理解行政执法决定的成立问题，我们主要从行政执法决定这一静态要素意义上讨论这个问题，而不是如行政法学那样将其作为行为来考察，同时，根据理论需要适当追溯到决定成立的行为过程。

基于本书对行政执法和行政执法决定、行为的定义，以及行政执法的法律性、行政性、社会性和具体性四个本质属性，① 行政执法职权的本质和性质，② 行政执法决定的成立应当具备以下要件：

第一，作出决定的组织具有行政执法职责职权。

① 参见第二节“行政执法的本质属性”。

② 参见第七节“行政执法组织，行政执法职权的本质、行政执法职权的性质”题。

这个要件是行政执法决定成立的主体要件，它要说的不是决定本身，而是作出决定的主体。具有行政执法职责职权的组织是行政执法组织，是行政执法活动的组织要素，这在行政执法决定成立上是不可缺少的要件。这个要件的意思是，作出决定的组织必须有权作出行政执法决定，之所以有权作出决定就是因为某行政执法规范赋予了该组织行政执法职责职权，而具有行政执法职责职权的组织是行政执法组织，因此，只有行政执法组织才能是作出行政执法决定的组织。

不是行政执法组织而作出具有行政执法内容的决定，该决定不是行政执法决定，这种情形要分不同情况，有时可能是误认本组织具有行政执法职责职权，有的则可能是假冒行政执法组织。组织是否具有行政执法以外的职能以及是否具备行政执法组织的其它法定条件不影响本要件。个人的意思主张不是行政执法决定，即使是行政执法人员在行政执法过程中的个人意思主张。

就作为行政执法决定的行政合同决定而言，因其涉及到双方合意，仅作出决定的组织具有订立行政合同职责职权还不能成立，对于纯粹公益的行政合同决定成立，相对人必须具有行政法权利能力和行为能力，对于兼具公益与私益的行政合同决定，相对人必须具有相应的民事权利能力和民事行为能力。①

第二，形成和作出决定的行为是实际履行行政执法职责职权的行为。

这个要件是行政执法决定成立的行为要件，它要说的不是决定本身，而是形成和作出决定的行为。决定成立，首先在主体上，作

① 我国《合同法》第九条规定，“当事人订立合同，应当具有相应的民事权利能力和民事行为能力。”关于行政合同的成立问题缺乏研究，依照法理应当准用合同法。

出决定的组织必须具有行政执法职责职权，我们可以理解为规范上的职责职权，同时，该组织还必须在现实当中履行了规范上的职责职权，变成了实际的行动，这个实际行动的表现可以是各种行政执法行为，但主要表现就是形成和作出决定的行为。实际行动所表现的职责职权可能并非该组织规范上的职责职权，而是其他组织的职责职权，或者说超越了该组织的职责职权范围，但是这不影响该实际行动的性质，只要其具有行政执法职责职权的性质，为行政执法规范所规定，一般而言就是其可以归为某一行政执法行为类型或类别。

在行政法学上，对于具体行政行为成立的权力要件，一般论及的仅是“行政权的实际运用”,① 即仅指权力，不涉及责任。在行政执法学上，不仅指实际履行职权，还包括实际履行职责，因为职权职责虽然多数情况下对应，但是它们并不完全对应，存在“有责无权”或者“有权无责”的情况,② 有的时候就仅是一种法律义务即职责而无对应的职权，有的时候就仅是一种法定权力即职权而无对应的职责，只有将职责行为也纳入要件范围才能更全面的理解本要件。

第三，决定的内容是对行政执法职责职权的具体支配处分。

这个要件是行政执法决定成立的内容要件，是说决定本身作为行政执法组织确定主张，该主张是对行政执法职责职权的具体支配处分。决定的作出组织必须是行政执法组织，决定的作出行为必须是履行行政执法职责职权的行为，决定的内容本身还必须是对行政

① 姜明安主编：《行政法与行政诉讼法》，北京大学出版社 2011 年版，第 192 页。这样的规定主要是针对具体行政行为成立而言的，是为具体行政行政的理论周延而设定的，也体现了行政法学上法与行政是两种事物的观点。

② 参见第七节“行政执法组织，行政执法组织的职责与职权”一题。

执法职责职权的具体支配处分，被处分的职责职权可能并不在本组织的权限内，但只要是支配处分了行政执法职责职权就构成本要件。

法律规定的行政执法职责职权虽然在规范上是概括的，但在行政执法活动中却是具体的，每一概括的职责职权的实现都通过与其对象即物，人身、人格，行为，精神产品等具体事物的结合，变成具体的职责职权，并在行政执法决定中支配处分了这一职责职权，没有支配处分任何行政执法职责职权的决定不是行政执法决定。

具体支配处分行政执法职责职权可以产生两方面的法律效果，对于行政执法组织而言，就是消灭特定行政执法根据对应的行政执法职责职权或者设立、变更行政执法职责职权。① 对于行政执法组织的相对方，对行政执法相对人而言，就是设定、处分其法律权利义务，② 对于行政法律事实，就是改变法律事实状态。

为了便于理解这一要件并深化对第二个要件的理解，我们可以举例说明。比如在某一行政处罚决定上，行政执法组织根据甲的 b 违法行为对甲作出了 1 万元罚款的行政处罚决定。形成和作出这一行政处罚决定的实际行动是履行行政处罚职责职权的行为（而不是行使民事权利或者刑事权力的行为），包括发现与立案、调查与审查、决定与送达，而作出的决定内容即对甲罚款 1 万元，是对行政处罚职责职权的具体支配处分（而不是对民事权利或者刑事权力的具体支配处分）。一个依法成立的行政执法决定具有法律赋予的效果，在本例中，对甲而言是为其设定了缴纳 1 万元罚款的行政法上的义务，对行政执法组织而言是行使了对甲的 b 违法行为予以查处的具体行政处罚职责职权，通过行使了该职责职权（以决定为表

① 参见第七节“行政执法组织，行政执法职责职权的功能”一题。

② 对行政合同相对人是在合意基础上设定处分其行政法权利义务或民法权利义务。

示），行政执法组织对甲的 b 违法行为查处的职责职权实现并归于消灭，同时，该决定也为行政执法组织设定了监督甲履行由决定所设定的缴纳 1 万元罚款义务的职责职权，在甲未如期缴纳罚款的情况下，该行政执法组织需履行加处罚款等行政执法职责职权。再比如在某一行政给付决定上，行政执法组织根据乙对其 c 事项的给付申请作出 1 万元的行政给付决定。形成和作出这一行政给付决定的实际行动是履行行政给付职责职权的行为，而作出的决定内容即准予给付乙 1 万元，是对行政给付职责职权的具体支配处分。一个依法成立的行政执法决定具有法律赋予的效果，在本例中，对乙而言是取得行政法上获得 1 万元给付的权利，对行政执法组织而言，一方面对乙 c 事项的行政给付审查处理职责职权因行政给付决定而实现并归于消灭，另一方面该决定为行政执法组织设定了使用国家财政资金兑现 1 万元给乙的职责。

在“作为”的状态下，行政执法决定支配处分职责职权是明显的，可以直观的通过为行政执法相对人设定处分法律权利义务或者改变事实状态等体现出来。在“不作为”的状态下是不明显的，包括不认为属于该行政执法组织处理，没有依据，某种事实状态不是行政执法根据，没有证据，无法建立行政执法理由等等，这也是一种行政执法决定形式，其意思主张是：不存在启动特定行政执法活动的组织条件、依据条件、根据条件、证据条件、理由条件等，这种意思主张也是对行政执法职责职权的具体支配处分，即“不支配处分”。

行政执法职责职权的具体支配处分作为行政执法决定的内容，紧密的与行政执法其它要素和关系关联，包括行政执法组织、行政执法依据、行政执法根据（含行政执法相对人行为）、行政执法证据、行政执法理由，任一完整意义上的行政执法决定必须包含这些要素关系，这些要素关系除行政执法证据外，任一要素的改变即属于不同行政执法决定，没有改变而多次作出的决定是相同内容的行政执法决定。①

每一个行政执法决定的内容都是对每一个行政执法职责职权的具体支配处分。

行政执法决定成立第二个要件和第三个要件与行政法学上具体行政行为的成立要件有不同，后者分别是“行政权的实际运用”和“法律效果的存在”。② 行政权的实际运用如上所述在行政执法学上是行政执法职责职权的实际运用，表现为履行职责职权的实际行动。法律效果的存在，如上所述，在行政执法学上是行政执法决定内容本身所具有的法律效果且侧重于对行政执法组织的法律效果。这种不同是因为行政法学只将行政执法作为一种行为看待，而行政执法学将行政执法作为活动，对这种活动又作了要素、结构（程序）和形式（行为）的细分。

为了比较行政执法决定与行政法学上具体行政行为成立的不同，我们举一例来说明。比如行政调解，“行政主体主持下达成的调解协议，属于当事人相互间的民事合同，具有法律效力，而行政主体的居间调解行为本身并不是行政权的实际运用，并非具体行政行为。但是，行政主体在调解时对当事人一方或双方的违法行为作出认定的，或者强制、强迫双方达成协议的，则是行政权的运用，可构成具体行政行为”。③ 我国《治安管理处罚法》、《道路交通安全法》、

---

① 而不是同一行政执法决定，“同一”含时间要素。

② 参见姜明安主编：《行政法与行政诉讼法》，北京大学出版社 2011 年版，第 192～196 页。

③ 参见姜明安主编：《行政法与行政诉讼法》，北京大学出版社 2011 年版，第 194 页。

《合同法》、《婚姻法》等法律法规规定了行政调解。在行政法学上，行政主体的居间调解行为不是具体行政行为，但是在行政执法学上，这种行为却可以是行政执法行为，因为其中形成了行政执法决定。行政调解所形成的调解协议不是行政执法决定的表现形式，因为调解协议本身并未对某种行政执法职责职权进行支配处分，而是当事人之间合意对他们自己的民事权利的设定处分，这其中并没有行政执法组织的意思意志，这与行政合同是行政合同决定的表现形式不同。但是，行政执法组织针对调解申请或者依职权是否进行调解以及如何调解的确定主张则是行政执法决定，因其对行政调解职责职权进行了支配处分。比如我国《治安管理处罚法》第九条规定，“对于因民间纠纷引起的打架斗殴或者损毁他人财物等违反治安管理行为，情节较轻的，公安机关可以调解处理。经公安机关调解，当事人达成协议的，不予处罚。经调解未达成协议或者达成协议后不履行的，公安机关应当依照本法的规定对违反治安管理行为人给予处罚，并告知当事人可以就民事争议依法向人民法院提起民事诉讼。”当符合法定治安调解构成要件时，治安调解就成为公安机关的职责职权，依法开展治安调解的行动就是公安机关实际履行治安调解职责职权的行为，公安机关予以调解或者不予调解的决定是对治安调解职责职权的支配处分，属于行政执法决定。在符合治安调解构成要件时，对当事人而言，进行治安调解是其享有的法律权利，也具有实在的利益，认为公安机关未依法履行治安调解职责职权的，应有权要求有关机关监督。

第四，存在决定的意思表示。

这个要件是行政执法决定成立的形式要件，是说决定本身作为行政执法组织确定主张，作为一种意思意志，必须具有外在的表现形式，能为人们所知晓和识别。“具体行政行为是行政主体的一种意志，但却应当是一种表现于外部的、客观化的意志即意思表示。行政主体只有将自己的意志通过语言、文字、符号或动作等行为形式表示出来，并告知行政相对人后，才能成为一个具体行政行为。”① 存在决定的意思表示要件适用于所有行政执法决定的成立。在作为行政执法决定的行政合同决定的意思表示形式就是行政合同文本，在作为行政执法决定的行政事实决定中，多以动作表示，或者公告等，附记于行政执法案卷之中。

行政执法决定的成立四个要件以行政执法职责职权贯穿始终，概括起来就是有职责职权，用职责职权，定职责职权，现职责职权，同时具备这四个要件的决定是行政执法决定。

第三题　行政执法决定有效②

基于法规范的规定，与行政执法决定成立主要从要素、静态意义上讨论不同，行政执法决定有效主要是从整体、动态意义上讨论，它关涉行政执法决定形成的全过程，形成决定的过程行为可以影响甚至决定行政执法决定的法律效力。

行政执法决定有效是在其成立基础上的进一步判断，是指其在法律上获得效力，行政执法决定效力的内容在形式上表现出公定力、

① 参见姜明安主编：《行政法与行政诉讼法》，北京大学出版社 2011 年版，第 196 页。

② 对于行政合同决定的有效判断除考虑本题讨论的标准外，还应考虑我国合同法规定的情形。我国《合同法》第五十二条规定：“有下列情形之一的，合同无效：（一）一方以欺诈、胁迫的手段订立合同，损害国家利益；（二）恶意串通，损害国家、集体或者第三人利益；（三）以合法形式掩盖非法目的；（四）损害社会公共利益；（五）违反法律、行政法规的强制性规定。”第五十三条规定“合同中的下列免责条款无效：（一）造成对方人身伤害的；（二）因故意或者重大过失造成对方财产损失的。”。

确定力、执行力和拘束力，对行政执法组织而言就是其职责职权的支配处分正当，并因此而免于法律责任。①

判断行政执法决定是否有效是以其是否合法为前提的，因此经常使用“合法有效”词语，并且概括出行政执法组织合法、行政执法决定权限合法、行政执法决定内容合法、行政执法决定程序合法、行政执法决定的形式合法五个要件，② 严格的说只有符合这五个要件的决定才是合法的、有效的。但在实际上，基于行政执法职责职权的公益性，行政执法决定在某些方面虽然不合法也不能一概被确定为无效，否则就会因为损害公益而得不偿失，就是说合法的行政执法决定一定有效，不合法的行政执法决定未必无效。这些不合法却有效的情形在上述各个要件中均存在，十分复杂，正是由此，从正面讨论行政执法的有效要件不易把握哪些行政执法决定有效，哪些无效，不如从反面区分出无效行政执法决定清晰，剩下的就是有效行政执法决定。这些决定不合法的情形在法学上被称为“瑕疵”，并区分出明显轻微的瑕疵、一般瑕疵和重大而明显的瑕疵三种情况，对重大而明显的瑕疵才认定为无效行政执法决定，③ 具有强烈的规定性。

明显轻微瑕疵是指“行政行为程序轻微违法，但对原告权利不产生实际影响的。”④ 明显轻微瑕疵的行政执法决定是一种违法决定，行政执法组织应承担相应违法责任，但不影响该决定的法律效

---

① 与社会、个人的“权利本位”比较而言，行政执法组织是“义务本位”或者说“责任本位”，其正确执行法律的法律后果主要就是免于法律责任。

② 参见姜明安主编：《行政法与行政诉讼法》，北京大学出版社 2011 年版，第 200 页。

③ 参见姜明安主编：《行政法与行政诉讼法》，北京大学出版社 2011 年版，第 202 ~ 203 页。

④ 见下引。为何以行政诉讼法的规定来判定行政执法决定的法律效力问题参见第十一节行政执法证据，行政执法证据与行政诉讼证据一题。

力。对具有明显轻微瑕疵的行政执法决定可以补正，无法补正或者行政执法组织拒绝补正的应承担相应法律责任。

一般瑕疵是指具有主要证据不足，适用法律、法规错误，违反法定程序，超越职权，滥用职权，明显不当等一般违法情形的行政执法决定。① 具有一般瑕疵的行政执法决定可予撤销也可不予撤销，要看具体的法律规定。② 被撤销的行政执法决定自始无效或者从某一时间往后无效，在被撤销前，除非依法停止，该行政执法决定具有法律效力。③ 需要特别注意的是，在进入诉讼和复议程序之前，行政执法组织可以依法自行撤销或停止其行政执法决定，但是进入诉讼和复议程序以后，其决定的撤销或停止须由审判机关或复议机关作出判定。被停止的行政执法决定，自停止时效力待定。对存在一般瑕疵的行政执法决定，行政执法组织依法承担相应法律责任。

重大而明显的瑕疵是指具有行政执法组织不具有作出特定行政执法决定的行政执法主体资格，没有行政执法依据，违背地域专属管辖，无法辨认作出行政执法决定的行政执法组织，未依法作出书

---

① 参见我国《行政诉讼法》第七十条。

② 我国《行政诉讼法》第七十四条规定，行政行为有下列情形之一的，人民法院判决确认违法，但不撤销行政行为：（一）行政行为依法应当撤销，但撤销会给国家利益、社会公共利益造成重大损害的；（二）行政行为程序轻微违法，但对原告权利不产生实际影响的。行政行为有下列情形之一，不需要撤销或者判决履行的，人民法院判决确认违法：（一）行政行为违法，但不具有可撤销内容的；（二）被告改变原违法行政行为，原告仍要求确认原行政行为违法的；（三）被告不履行或者拖延履行法定职责，判决履行没有意义的。

③ 我国《行政诉讼法》第五十六条规定，诉讼期间，不停止行政行为的执行。但有下列情形之一的，裁定停止执行：（一）被告认为需要停止执行的；（二）原告或者利害关系人申请停止执行，人民法院认为该行政行为的执行会造成难以弥补的损失，并且停止执行不损害国家利益、社会公共利益的；（三）人民法院认为该行政行为的执行会给国家利益、社会公共利益造成重大损害的；（四）法律、法规规定停止执行的。当事人对停止执行或者不停止执行的裁定不服的，可以申请复议一次。另见我国《行政复议法》第二十一条。

面决定，客观上不可能实施的行为，行政执法决定执行可能导致行政执法相对人犯罪等重大且明显违法情形的行政执法决定。[①] 此外，重大而明显的瑕疵还包括法律、法规明确规定的其它无效情形。[②] 这类行政执法决定无效是指“（1）自始无效；（2）永远无效；（3）对任何人无效”，[③] 无需经有权机关确认即无效，但是经有权机关确认无效有利于实现行政执法相对人其它法律权利。对存在重大且明显的瑕疵的行政执法决定行政执法组织依法承担相应法律责任。

从上面的讨论中我们看到，行政执法决定是否有效的问题是与行政执法其他要素关系密切相关的，在行政执法组织要素上，没有决定主体资格、违背地域专属管辖会导致无效，越权、滥权导致可撤销，在行政执法依据上，没有行政执法依据导致无效，适用法律、法规错误会导致可撤销，在行政执法根据（含行政执法相对人行为）和行政执法证据上，没有事实根据或者确凿证据当然无效，主要证据不足导致可撤销，在行政执法理由上，行政执法依据、根据和证据之间无法产生逻辑关系必然导致无效。从理论上总的说，如果我们把行政执法作为一个动态、整体行为过程活动，则缺少行政执法除决定外任一要素或未形成行政执法理由，该行政执法决定无效。

---

① 参见我国《行政诉讼法》第七十五条；江必新主编：《中华人民共和国行政诉讼法理解适用与实务指南》，中国法制出版社 2015 年版，第 343 页。

② 比如我国《税收征收管理法》第三十三条规定，纳税人依照法律、行政法规的规定办理减税、免税。地方各级人民政府、各级人民政府主管部门、单位和个人违反法律、行政法规规定，擅自作出的减税、免税决定无效，税务机关不得执行，并向上级税务机关报告。《城乡规划法》第三十九条规定，规划条件未纳入国有土地使用权出让合同的，该国有土地使用权出让合同无效；对未取得建设用地规划许可证的建设单位批准用地的，由县级以上人民政府撤销有关批准文件；占用土地的，应当及时退回；给当事人造成损失的，应当依法给予赔偿。行政处罚法第三条，第四十一条规定等。

③ 江必新主编：《中华人民共和国行政诉讼法理解适用与实务指南》，中国法制出版社 2015 年版，第 343 页。

以行政执法学的角度，我们在行政执法实际中要追求的是行政执法要素存在、完整且合法，做出正确行政执法决定，是从正面角度高质量执行法律的思维，而不是从监督从反面的角度去避免瑕疵。①

第四题 行政执法决定的效力内容②

行政执法决定的法律效力内容是其所载明的对其职责职权的支配处分具有法律所规定的公定力、确定力、拘束力和执行力。这种效力内容无论是否涉及行政执法相对人，都对行政执法组织产生法律效力。在实际上，行政执法决定的法律效力内容是法律的约束力和作用力在行政执法上的具体化，当法律承认行政执法决定有效时，即赋予其具体化的法律的约束力和作用力。

行政执法决定的法律效力与行政执法决定是否必然设定处分相对人法律权利义务无关，无论其是对行政执法相对人的法律权利义务的设定处分，还是对事实状态的处理都具有行政执法决定的效力问题，亦即以行政执法决定形式支配处分的行政执法职责职权所具

---

① 进入复议和诉讼的行政执法案件相对于行政执法整体而言只是一种个别和例外，三种瑕疵只是为行政审判和复议提供最低的合法判断标准，它并不是行政执法本身所要追求的标准。“埃利希认为，与日常社会生活中所完成的无数的契约和交易相比，法院的审判就只是一种例外的情况了。现实生活中，只有少数纠纷是提交享有审判权的人员去解决的。要研究活的法律，就必须去研究婚约、租契、买卖合同、遗嘱、继承的实际制度、合伙条款以及公司章程等。”［美］E·博登海默：《法理学：法律哲学与法律方法》，邓正来译，中国政法大学出版社1999年版，第142~143页。

② 对于行政合同决定的效力内容，依我国《合同法》第八条规定“依法成立的合同，对当事人具有法律约束力。当事人应当按照约定履行自己的义务，不得擅自变更或者解除合同”，表述为约束力，从内容看，在具体化后关涉行政执法决定的确定力、拘束力和执行力。但是从行政执法决定的角度看，行政合同对行政执法组织仍应具有与其他行政执法决定相同的公定力。但是，由于行政合同系双方合意行为，所以不存在先定力问题。关于先定力见下文。

有的法律效力。在实质意义上，有效的行政执法决定所载明的职责职权的支配处分是行政执法组织的意思主张，因其在法律上具有效力内容而使其意思主张得以实现，赋予行政执法决定以法律效力内容，既是法律对这种意思主张的承认，也是对这种意思主张实现的保障，一个行政执法决定如果在法律上有效，则必然具备效力内容。

由于重大且明显瑕疵的行政执法决定在法律上直接被认定为无效，因而被排除在法律效力内容讨论之外，不存在法律效力内容问题。存在法律效力内容问题的行政执法决定有两类，一类是被认定为有效的行政执法决定，通常是指进入诉讼或者复议被认定为有效的行政执法决定。另一类是被推定为有效的行政执法决定，即在有权机关将其确定为无效或者停止行政执法决定之前其被推定为在法律上有效。这不是一个周延的分类，而是从行政执法决定在现实中是否进入监督程序之中所进行的区分，大部分行政执法决定在现实中都没有进入监督程序。从理论上看，两者关系是复杂的，具有不必然的联系，两者的区别主要在于是否有一个依法再次判定的过程，一个行政执法决定可能至始至终都没有被二次依法判定，这种情况它始终被推定为有效。有的行政执法决定未在诉讼和复议期间提起诉讼和复议，但是过后可能又通过非诉讼或复议渠道要求决定的组织或其上级机关予以审查纠正，在行政执法规范没有相反规定的情况下，通常需要进入审查判定程序，① 这就需要统一行政程序法对行政执法决定效力异议提出的最长时限和具体情形作个规定，比如

① 我国《宪法》第四十一条规定，中华人民共和国公民对于任何国家机关和国家工作人员，有提出批评和建议的权利；对于任何国家机关和国家工作人员的违法失职行为，有向有关国家机关提出申诉、控告或者检举的权利，但是不得捏造或者歪曲事实进行诬告陷害。对于公民的申诉、控告或者检举，有关国家机关必须查清事实，负责处理。任何人不得压制和打击报复。由于国家机关和国家工作人员侵犯公民权利而受到损失的人，有依照法律规定取得赔偿的权利。

决定确实存在一般瑕疵怎么办，以利于法律秩序的安定，这对我国大量存在的行政信访工作也是有利的，我国《行政诉讼法》和《行政复议法》关于诉讼期限和复议期限的规定并不能适用于这种情况。推定为有效的行政执法决定包括实际上完全合法的行政执法决定，明显轻微瑕疵和一般瑕疵的行政执法决定，这三种行政执法决定基于公定力而被推定为有效，因此公定力是行政执法决定效力内容的起点，也是行政执法决定的基础效力内容。

行政执法决定的公定力是指行政执法决定具有得到所有机关、组织或个人尊重的一种法律效力，不能任意予以否认。[①] 行政执法决定的公定力基于法的安定性原则[②]和行政执法职责职权的公益性，如果不赋予行政执法决定的公定力，则任何行政执法决定都可能在现实社会不被承认，任何个人或组织均可不履行行政执法决定，最终导致的是法律秩序和社会秩序的混乱。赋予行政执法决定的公定力不代表放纵行政执法职责职权的滥用，我国行政法理论和行政实定法对明显滥权行为已经排除了法律效力，[③] 这包含排除其公定力。

行政执法决定的公定力以行政执法决定的准备行为所具有的先定力为基础，“行政行为的先定力，是指行政意志对相对人意志的支配力。它实际上是一种行政行为的形成力或者形成规则，也就是法律对形成行政意志的一种保护。”[④] “对行政行为效力的内容，有时分为四项，即行政行为的公定力、确定力、拘束力和执行力，有

---

① 参见姜明安主编：《行政法与行政诉讼法》，北京大学出版社 2011 年版，第 205 页。

② 参见应松年主编：《行政法与行政诉讼法》，法律出版社 2009 年版，第 120 ~ 121 页。

③ 见上题讨论。

④ 叶必丰：《行政行为的效力研究》，武汉大学博士学位论文，2002 年 4 月，第 38 页。

时则又将其分为五项，即行政行为的先定力、公定力、确定力、拘束力和执行力。之所以有上述区别，是因为在分为四项效力时是以‘已经成立的行政行为’为前提条件的，而先定力发生在行政行为成立之前。”① 行政执法决定的公定力蕴含“构成要件效力”，② “是指一个生效的行政行为，对作出该行政行为以外的其他行政机关以及法院所同样具有的拘束效力，即其他国家机关有义务将该行政行为当作一个既定的构成要件或一个既成的事实予以承认、接受，并作为自身管辖事务的决定基础。”③ 公定力所指的所有组织和个人对行政执法决定的尊重，不得任意否认的实质就是承认，这里的所有组织包括国家机关，对于行政执法决定而言就是，前一行政执法决定可以成为后一行政执法决定的根据。

行政执法决定的公定力，对所有机关、组织或个人有效，自然包括行政执法组织。仅就行政执法组织而言，就是行政执法组织对其之前的行政执法决定必须承认并尊重，行政执法组织内设机构必须对涉及本机构以外职责职权的本组织行政执法决定予以承认并尊重，继受行政执法组织必须对原行政执法组织的行政执法决定予以承认并尊重，某行政执法组织必须承认并尊重其他行政执法组织的行政执法决定。④

行政执法决定的确定力是指已经生效的行政执法决定对作出决

---

① 叶必丰：《行政行为的效力研究》，武汉大学博士学位论文，2002 年 4 月，第 22 页。

② 参见应松年主编：《行政法与行政诉讼法》，法律出版社 2009 年版，第 122 页。

③ 参见应松年主编：《行政法与行政诉讼法》，法律出版社 2009 年版，第 122 页。

④ 两种情况除外，（1）对该行政行为拥有合法性及合理性审查权限的机关，这通常是作出该行政行为的行政机关之上级机关。（2）由于该行政行为的作出而权限遭受侵害的真正权责机关。后一种情况实际是违背管辖权的行为，这其中违背地域专属管辖的被认为是重大且明显的瑕疵直接无效。参见同上。

定的行政执法组织和行政执法相对人所具有的不受任意改变的法律效力，这源于法安定性原则和诚信原则，① 以及行政执法职权的公益性和职责意义上的不可处分性。

行政执法决定的确定力对涉及的行政执法相对人而言，是指除无效行政执法决定外，相对人在不符合法定条件的情况下不能要求改变行政执法决定。如想通过复议或者诉讼改变或停止行政执法决定，必须符合复议或者诉讼受案范围和其它条件，在复议或者诉讼期限届满后不能再要求改变决定。对决定者而言，是指作出行政执法决定的组织不得任意改变所作的决定，如要改变必须符合法定条件，具有与原决定不同的行政执法的依据、根据，因为改变后的决定是一个新的行政执法决定，这不限于涉及行政执法相对人的行政执法决定，包括对事实状态的处理。就作为具体行政行为的行政执法决定而言，“具体行政行为是行政主体向行政相对人所作的设定、变更或消灭权利义务的一种承诺。行政主体有义务信守和兑现自己的承诺，否则就损害了行政相对人对这种承诺的信任。具体来说，对合法的具体行政行为，原则上不得改变。如果没有实定法的依据就予以改变，属于违法。在有实定法规范的明文规定时，对合法的具体行政行为也可以予以改变，但必须以补偿或赔偿为条件。无效行政行为不具有实质确定力。行政主体可随时宣告该具体行政行为无效。其他有瑕疵的具体行政行为在相对人发生信任的情况下，原则上具有实质确定力，不受任意改变。如果有正当理由而予以改变的，应当给予相对人赔偿或补偿。”② 就作为行政事实行为的行政执

① 参见姜明安主编：《行政法与行政诉讼法》，北京大学出版社 2011 年版，第 206 页。

② 参见姜明安主编：《行政法与行政诉讼法》，北京大学出版社 2011 年版，第 207 页。

法决定而言，没有法定依据、根据而改变决定的，属于违法行为，且是一种增加行政执法成本违反绩效执法原则的行为。

行政执法决定的拘束力是指已经生效的行政执法决定所具有的约束和限制行政执法组织和行政执法相对人行为的法律效力，① 还需包括对行政执法相关人的约束和限制的法律效力。② 行政执法决定的拘束力源于法律的约束力和行政执法职责职权的法定性。行政执法决定在处分职责职权时通常也设定职责职权，在涉及行政执法相对人时，同时设定处分其法律权利义务，实际也是一种行为规则，在实证法学上就被视为“个别规范”，这一点上，其与行政执法规范没有太大不同，所不同的是行政执法决定的个别性、具体性，③ 因此，行政执法决定具有与行政执法规范相同的约束力，实质是要求行政执法组织和行政执法相对人行为与决定所设定的职责职权和法律权利义务相一致。这与行政执法决定的执行力不同，执行力是要求执行，而拘束力是在执行基础上的执行行为与决定内容的一致性，决定的拘束力与执行力一道构成了对决定执行行为的法律效力来源和要求。④

行政指导决定和作为行政执法决定的行政事实决定也存在拘束力，即对行政执法组织依照决定所设定的职责职权行为的约束和限制，当执行行为与决定内容不一致时，属于新的行政执法决定。

行政执法决定的执行力是指已生效的行政执法决定要求行政执

---

① 参见姜明安主编：《行政法与行政诉讼法》，北京大学出版社 2011 年版，第 207 页。

② 见下文对执行力及于行政执法相关人的讨论。

③ 参见第十三节“行政执法决定，行政执法决定的分类”一题。

④ 参见姜明安主编：《行政法与行政诉讼法》，北京大学出版社 2011 年版，第 207 页。

法组织和行政执法相对人对其内容予以实现的法律效力,① 还需包括对行政执法相关人协助实现的法律效力。这源于行政执法职责职权的公益性、国家意志性和不可处分性。② 当行政执法决定对职责职权进行支配处分以后，就具有自己的独立性，其作为一种国家意志就具有执行的法律效力。这种执行力是一种实现力，且是借由行政执法决定对法律意志的实现力，从行政执法依据角度来说，作出行政执法决定也系实现法律意志的方式，只是这里的执行力并非指法律的实现，而是实现载有法律意志的行政执法决定。行政执法决定的执行力直接关联了各类行政执法决定所隐含的，行政执法组织保证决定实现的职责职权，在各类行政执法决定支配处分行政执法组织职责职权的同时，又基于决定的执行力，为行政执法组织自己设定了保证决定实现的职责职权。

行政执法决定的执行力中包含对行政执法相关人的协助执行力，即在法律规定行政执法相关人协助执行义务的情况下，决定的实现效力及于该行政执法相关人。比如我国现行行政强制法中规定的金融机构在冻结、划拨行政强制决定执行中负有协作义务，该金融机构是行政执法相关人，决定的执行力及于该金融机构。这不同于公定力、拘束力，公定力要求金融机构承认决定有效，而执行力要求其实现，拘束力要求其依照决定内容实现。

所有行政执法决定的法律效力都来源于法律，并具体体现在法律对行政执法职责职权规定所体现的性质上。同时，行政执法组织可以作出行政执法决定是基于行政执法职责职权行使意义上的可支

---

① 参见姜明安主编：《行政法与行政诉讼法》，北京大学出版社 2011 年版，第 207 页。

② 胡建淼主编：《行政法学》，复旦大学出版社 2003 年版，第 75 页。

配处分性，而决定能够取得法律效力则与行政执法职责职权的公益性、法定性、国家意志性、职责意义上的不可处分性等性质相关。

第五题 行政执法决定的效力时间

行政执法决定的效力时间所要分析的是决定从何时起发生法律效力，持续到何时止不具有法律效力的问题，也称行政执法决定的时间效力或者存续力。[①]

行政执法决定的效力来源于行政执法依据的效力。如果我们将行政执法决定的效力内容与行政执法依据的效力内容和效力范围相比较就会发现，上题所述的决定的效力内容即公定力、确定力、拘束力和执行力本身就规定了效力的作用范围，[②] 与规范的属人、属事、属地效力范围是基本对应的，[③] 只是归纳的角度不同，其中属地效力范围不甚明显，但也属暗含。从决定内容的属地因素上，主要是行政执法根据中的地点要素，从作出行政执法决定时的属地因素上，须考虑行政执法依据的属地效力范围，在行政执法上是行政执法地域管辖问题。在已经作出的决定效力内容所及地域范围上，从公定力、拘束力和执行力来看，对决定依据的属地效力所及地域的组织和个人行政执法决定都产生公定力、拘束力和执行力，决定依据如具有域外效力，如基于国际公法互相承认双方行政执法决定的效力，则不仅决定的公定力、拘束力和执行力及于相应的组织和

---

① 参见姜明安主编：《行政法与行政诉讼法》，北京大学出版社 2011 年版，第 208 页。决定的时间效力和存续力有区别，下文讨论。

② 在行政法学上，行政行为效力范围问题除了时间范围外一般不单独作为一个主题研究。

③ 参见第九节“行政执法依据（规范），行政执法规范的法律效力”一题。

个人，决定的确定力也及于相应的组织和个人。而本题行政执法决定的效力时间对应于行政执法依据的属时效力范围，即行政执法决定对职责职权的支配处分在什么时间内产生法律效力，这通常在行政法学中以具体行政行为的效力时间作为一个单独的主题加以讨论。

分析行政执法决定效力时间问题需要与行政执法依据的相关理论进行对比才能真切。① 前面我们谈到，行政执法决定作为一种规则设定，其与行政执法依据除了具体性外没有太大不同。法律、法规和规章一般都应当载明其生效施行时间，其效力时间即以载明的生效时间为起算点，须经批准的，批准后生效。在没有明确规定生效日期的情况下，“国内学者一般认为，如果法律既没有写明自公布之日起施行，也没有规定其它施行的时间，就属立即施行。我们也认为，若法律没有明确规定生效日期，应当推定从公布之日起施行。”② “法律的失效时间，是指已经生效的法律从何时起不再具有法律效力。”③ “法律失效有四种情况：第一，以新法取代旧法，新法生效后旧法与新法冲突的规范自然失效。这里又有两种情况，一种是新法中明确规定与其冲突的旧法无效，另一种是新法中无此规定，依据法律适用确定旧法的失效。第二，有的法在完成了其历史使命后自然失效，比如“文革”前历次政治运动产生的法律。这种情况一般发生在法制不健全的时代，应当逐步退出历史舞台。第三，立法机关专门发文规定某些法律的失效。第四，某些法律本身规定了失效的时间，自身又无延长法律效力的规定，到期自然失效。”④

---

① 所以我们不在第九节“行政执法依据（规范）”一题讨论规范的效力时间问题，而是在这里与决定的效力时间问题对比讨论。

② 胡建淼主编：《法律适用学》，浙江大学出版社 2010 年版，第 327 ~ 328 页。

③ 胡建淼主编：《法律适用学》，浙江大学出版社 2010 年版，第 179 页。

④ 胡建淼主编：《法律适用学》，浙江大学出版社 2010 年版，第 179 页。

一般来说法律、法规和规章的生效时间和失效时间是比较明确的，基于行政执法决定也是一种规则规范，对于上述法规范生效时间与失效时间的判断标准一般也适合对行政执法决定生效时间与失效时间的的判断，而此外的行政执法决定的效力时间问题稍显复杂。

行政执法决定的效力时间可以有两层意思。从表层存在的形式意义上，行政执法决定本身有一个存在期间的问题，比如以书面表示的行政执法决定书，从生效到失效它是存在的。从实质的意义上，决定的效力内容即公定力、确定力、拘束力和执行力还有个持续时间的问题，这两种意义是不一样的，需要加以区分。行政执法决定形式本身存在的时间段是决定生效至失效的时间段，在这个时间段内，行政执法决定在法律上所具有的力，我们将其称之为存续力，可以视为行政执法决定的第五个效力内容，任何依法成立无重大且明显的瑕疵的行政执法决定都具有存续力，存续力存在的期间就是形式意义上的行政执法决定效力时间。也就是我们说一个行政执法决定有效，它一定有一个形式上的存续的时间段，这个存续时间段决定所具有的法律之力即存续力，这个时间段就是决定的效力时间。另一方面，在实质意义上，行政执法决定效力时间是指决定的内在效力内容即公定力、确定力、拘束力和执行力持续的时间，这属于决定效力内容的时间范围问题。① 决定的内在效力内容存在以及持续的时间以决定具有存续力期间为前提。我们将决定的存续力期间和决定的内在效力内容持续的时间统称为决定的效力时间。

对于行政执法决定的存续力期间问题，我们要考虑的是决定何时生效，何时失效，何时中止效力。对于行政执法决定的内在效力内容持续的时间，我们要考虑的是在什么样的情况下决定具有溯及力以及在什么情况下存续力期间终结但效力内容依然存在，哪些效

① 关于行政执法决定的存续力问题有不同理解。可以理解为决定形式本身在时间上的持续性，也可以理解为决定的效力内容在时间上的持续性。决定作为行政执法组织的确定主张是一个整体有形概念，它必须以时间的形式存在，而决定的效力内容是我们分析后的结果，也可以说是决定的性质。如果我们将存续力规定认定为决定效力内容在时间上的持续性，“存续力一词与效力同义”（毛雷尔语，见下引），则存续力是公定力、确定力、拘束力和执行力本身（因为时间上的持续性是它们的性质），这个时候只能说效力内容以时间形式存在，而不能将这种时间上的持续性称为存续力，因为作为一种力，它必须有作用对象，既然存续力与效力同义，它就不能作用于效力，即不能作用于它本身。如果说存续力与公定力、确定力、拘束力和执行力一样作用于人事物，这又说不通。如我们将形式意义上即将生效至失效时间段内的决定所具有的力确定为存续力就会解决上面的问题。这种意义上的存续力与效力同义的意义是存续力与效力内容同时存在于一个决定之中。形式意义上的存续力之所以是一种“力”，就是因为它能够作用驱动其他效力内容，它作用驱动的对象是公定力、确定力、拘束力、执行力而不是像后四者那样作用于人事物，正因为如此我们才将存续力视为第五种效力而不是作为第五种效力。存续力作用于效力内容是形式作用于内容的意义，存续力之所以能够作用于效力内容是因为具有存续力意味着决定在法律上生效，存在一个形式上的有效期间。将“行政行为效力在时间上的持续性或行政行为效力在时间上的持续存在”这种实质意义上将决定的效力时间确定为存续力似有问题，见叶必丰：《行政行为的效力研究》，武汉大学博士学位论文，2002 年 4 月，第 137 页。

从更深一层，以纯粹法学的角度，凯尔森认为，法律规范的特殊存在就是它的效力，行政（执法）决定作为个别规范，其特殊存在就是其效力。联系上文可得，行政决定的特殊存在与效力同义。而作为个别规范的行政决定的特殊存在方式即属人、属事、属地、属时范围，如果这四个方面作为整体要与效力同义，就只能借助于行政决定的一般存在方式，即将行政决定作为一个实体而以时间和空间表现出来的外在存在形式，所以行政决定的存续力是其时间或空间外在存在形式的意义。

力内容可以在存续力期间终结后还会存在。①

行政执法决定自具有外部法律效果时对行政执法组织、行政执法相对人和社会同时生效，即具有存续力，但此时未必必然具有效力内容。当行政执法决定成立时不存在重大且明显的瑕疵时才具有效力内容即公定力、确定力、拘束力和执行力，也就是说某决定符合行政执法决定成立四要件且无重大且明显的瑕疵，成立时才具有效力内容。在成立四要件中，第四要件“存在决定的意思表示”对决定生效时间即存续力产生时间有影响。在具有行政管理法律关系的行政执法决定中，一般以告知或者附款规定之时对行政执法相对人产生存续力。在不形成行政管理法律关系的行政指导、行政事实行为中的行政执法决定，一般以公告和表示行为之时产生存续力。在行政合同决定中，以合同成立时生效，此时产生存续力。这三类情况，决定对行政执法组织生效，均以决定表示到达行政执法相对人或特定社会事实之时对行政执法组织生效。总之，决定具有外部法律效果时生效。

在行政执法决定失效时，意味着决定的存续力消失，此时，对于决定的效力内容是否还存在以及哪些效力内容存在是复杂的。对于行政执法决定的失效时间有两种一般情形和三种特殊情形，一般情形即决定内容已实现以及期限届满。决定内容已实现是指其职责职权支配处分状态已经达成实现，此时决定失效，对行政执法相对人而言就是决定为其所设定处分的义务已得到履行或者强制履行，

---

① 存续力消失而效力内容为什么还会存在？这就涉及到对力这个概念的理解，哲学、物理学、法学等等科学对力有不同的解释。如果通俗的去理解，一个物体作用于另一个物体使其运动，两个物体接触作用的时间段我们可以理解为存续力期间，作用时间段消失后，这种作用的效果未必会立即消失，可以表现为其中一个物体的运动，从接触结束之时到运动停止这段时间我们可以理解为效力内容存在的期间，它是存续力作用的结果，但是却超出了存续力存在期间。

权利已经得到实现。期限届满是指附期限的行政执法决定在期限届满时失效，此时无论决定是否实现都产生失效效果。[①] 这两种一般情形在决定失效时，存续力丧失，拘束力和执行力亦丧失，但其公定力，确定力依然存在。决定的失效时间还有三种特殊情形，即决定被撤销、被废止以及被终止。决定撤销是指对已经生效的决定因其在成立时存在违法情形而被法定机关予以效力终结，[②] 被撤销的决定自撤销之时丧失存续力，从决定生效之时到因撤销失效之时决定存续力一直存在，但是决定的效力内容即决定的公定力、确定力、拘束力和执行力虽然与存续力开始之时相同，但却未必及于撤销之时，因为撤销是可以追溯的，是追溯至生效时失效还是自撤销时失效或者从其间的某个时点失效由撤销决定依法确定。这里的追溯不是指对存续力的追溯，存续力是一种事实存在，这个无法追溯，这里的追溯是指对决定内在效力内容持续的时间的追溯，这里的失效也不是指存续力失效而是决定内在效力内容失效。一旦撤销决定追溯时点确定，从该时点开始，决定的效力内容即公定力、确定力、拘束力和执行力丧失，但是从该时点到撤销之时存续力依然存在，因为这是事实，尽管这是过去的事实，如果不承认这个事实，则撤销行为本身即缺乏根据。决定被撤销既可以因为行政执法组织一方决定存在一般瑕疵违法情形，也可以因为行政执法相对人一方违法，具体情形依法确定。决定废止是指对已经生效的决定因其不再适应新的需要而被法定机关予以效力终结，[③] 该决定自被废止时失效，丧失存续力以及拘束力和执行力，但其公定力和确定力依然存在。

---

① 参见姜明安主编：《行政法与行政诉讼法》，北京大学出版社 2011 年版，第 210 页。

② 参见姜明安主编：《行政法与行政诉讼法》，北京大学出版社 2011 年版，第 211 页。

③ 参见姜明安主编：《行政法与行政诉讼法》，北京大学出版社 2011 年版，第 212 页。

决定被废止可以因行政执法相对人违法，也可以因公共利益需要，[①]还可以因客观情况或者法律、法规、规章发生变化，废止决定一般应当由作出决定的行政执法组织进行。[②] 决定终止是指决定因出现执行不能等法定事由而被法定机关予以效力终结，比如标的物灭失。被终止的决定自终止时失效，丧失存续力以及拘束力、执行力，但其公定力和确定力依然存在。

无效行政执法决定因其自始无效，无论是否经过有权机关认定都不存在存续力问题，也不存在公定力、确定力、拘束力和执行力问题。无效行政执法决定实际上相当于在法律上对社会什么也没有发生过，当然相关行政执法组织和人员要承担作出无效行政执法决定的相应责任，对造成的损害要予以赔偿。

行政执法决定的中止，是指决定因出现法定事由而被有权机关暂停法律效力，待法定事由消失后恢复该决定的法律效力或者作其它处理，表现为决定的存续力中止，中止期间，决定的拘束力、执行力丧失，但其公定力、确定力依然存在，除非后续处理消灭了决定的法律效力。诉讼和复议期间对原决定停止执行的行为属于中止行为。

对上面的讨论我们可以作一个简单的小结，即行政执法决定公定力、确定力、拘束力和执行力存在，则存续力一定存在，但存续力存在，公定力、确定力、拘束力和执行力未必存在，决定的存续力不存在，则决定的拘束力、执行力一定不存在，存续力可以与各效力内容发生关系。同时，决定的撤销、废止、终止、中止如由行政执法组织作出决定，则属于一个新的行政执法决定，需遵循行政执法的一般要求，同时新决定又产生了针对新决定本身的存续力和效力内容。

---

① 参见姜明安主编：《行政法与行政诉讼法》，北京大学出版社 2011 年版，第 212 页。

② 参见胡建淼主编：《行政法学》，复旦大学出版社 2003 年版，第 111 页。

从行政执法职责职权的法定性看，行政执法决定的溯及力是指该决定的效力内容依法及于其行政执法根据之前存在的事实状态，并能改变既存法律效果。① 行政执法决定是通过对职责职权的支配处分作用于行政执法根据，发生法律效果，通常情况下决定仅作用于其根据范围内，而不能作用于根据范围之外，但在行政执法依据有规定的情况下，决定的效力内容亦可作用于该决定根据之前的事实状态，包括人事物。

不能将溯及力理解为决定的生效时间前移或者追溯，② 决定的生效时间是一个客观事实，这是不可以规定的，我们可以规定的是决定支配处分的职责职权的效力内容是否可以追溯。同时，行政执法决定的追溯力也不能像法律溯及力问题一样与其生效时间相关联，这是因为法律并没有类似于行政执法根据一样的概念，它仅是抽象规定，法能否溯及既往只能与生效时间关联。而在行政执法上，作出一个行政执法决定，之前必有行政执法根据这种事实条件，决定的效力内容必及于这种事实状态，决定必在其根据存在之后产生并生效，从时序上看都是一种回溯，都是对过去发生的事实状态赋予现在的法律效果，这不应是决定溯及力的概念，其已被决定内容所包含。行政执法决定的溯及力是指决定的法律效力是对该决定根据之前存在的事实状态的一种回溯，是法律效力作用于决定根据之前存在的事实状态。另一方面，与行政执法根据同时存在但不属于根据的事实状态亦可能被决定的法律效力作用，这种情况也是一种行政执法决定溯及力的表现形式。

在行政执法学上，行政执法决定的效力来源于行政执法依据，

① 参见胡建淼主编：《法律适用学》，浙江大学出版社2010年版，第348页。

② 参见姜明安主编：《行政法与行政诉讼法》，北京大学出版社2011年版，第209页。

因此，决定效力内容的追溯条件是必须有法律规定，我国《立法法》第九十三条规定，“法律、行政法规、地方性法规、自治条例和单行条例、规章不溯及既往，但为了更好地保护公民、法人和其他组织的权利和利益而作的特别规定除外”，是一种有利溯及，具体哪种情况可以追溯依法确定。在决定效力内容溯及范围上，通常被认为只限于执行力的追溯，① 但如果我们把拘束力理解为“拘束力所要求的是行为人的行为应当与具体行政行为相一致”，② 则随着执行力的追溯拘束力也应当追溯。

为了便于理解行政执法决定的溯及力问题，我们可以举个简单的例子予以说明。比如行政查封决定，被查封物在其所有人行政违法之前已经设定了抵押，查封该物直接关系该物的抵押状态及抵押权人，当查封决定的根据并不涉及该物的抵押状态及抵押权人时，查封决定的效力依然溯及该物之前的抵押状态及抵押权人，依照我国行政强制法和物权法规定，查封决定生效之时（存续力期间开始），对该物的直接民法效果是之上的抵押权实现限制，对抵押权人的直接民法效果是其债权确定（查封决定溯及抵押权）。

以上，就行政执法决定的效力时间问题，我们可以得出，决定本身生效时间到失效时间的存续力期间，这是决定的存在时间形式，凡有效的行政执法决定均存在存续力。存续力期间是决定效力内容持续时间的前提，决定的内在效力内容即公定力、确定力、拘束力和执行力以决定具有存续力为前提，但这四个效力内容存在持续的时间段却可各有不同，也不是必与存续力期间相一致，它可能因决定的追溯力而向前超出存续力期间，也可能因决定在一般情况下失

---

① 参见姜明安主编：《行政法与行政诉讼法》，北京大学出版社2011年版，第209页。

② 参见姜明安主编：《行政法与行政诉讼法》，北京大学出版社2011年版，第207页。

效而公定力、确定力继续存在向后超出存续力期间。正是因为两个期间存在不一致，我们才将它们作出区分，否则就没有区分的意义。

第六题　行政执法决定的表示错误

在行政执法中，正确执法是指执法活动符合依法、绩效和简明原则，但通常人们将在行政执法中使用的正确和错误含义与合法和违法相连，正确意味着合法，错误意味着违法，因此，对于行政执法决定表示未能正确反映意思主张我们称为行政执法决定的表示错误，而不称之为行政执法错误，这也可以从民法学中得到借鉴，在民法学中意思与表示不一致中，无意的不一致就包括表示错误。[①]理解行政执法决定的表示错误必须注意的是，其是以行政执法决定的真实意思为基准，而不是以错误表示的意思为基准。

所谓行政执法决定表示错误是指决定的意思表示或者为外界所理解的意思表示，与其真实意思存在明显的矛盾。[②] 决定表示错误与决定的成立和有效无关，后者主要指向的是真实意思。只要具备意思表示就可以作是否成立、有效的判断，而不论其是否存在表示错误，成立和有效的决定不因其存在表示错误而不成立或者无效。正是因此，我们才将决定表示错误放在决定成立和有效之后来讨论。

决定表示错误是一种无意表示或者说是过失表示。对于决定表示错误的判断，我们可以通过一般人通常情况下的观察，[③] 但是更严谨地说应当首先从决定表示的整体出发来判断某一错误，无法判

① 参见梁慧星：《民法总论》，法律出版社 2011 年版，第 178 页。
② 参见姜明安主编：《行政法与行政诉讼法》，北京大学出版社 2011 年版，第 200 页。
③ 参见姜明安主编：《行政法与行政诉讼法》，北京大学出版社 2011 年版，第 200 页。

断的，要追溯到决定的要素和程序之中，尤其是具有决定讨论的程序之中，在不可能的情况下，应当基于行政执法依据、根据、证据和理由综合作出判断。这是因为，如果没有这样的严谨判断过程，我们就无法确凿的说某种表示所指向的意思是否为真实意思。行政执法决定的真实意思存在于形成的过程，而不仅在于决定的意思表示。

决定的表示错误有以下几种情况。误写，包括错别字、笔误、漏字、多字等。误算，主要表现为成数、倍数及单项合计等方面发生的错误。表述不明，主要有概念不准确、用语不适当等。这三种情况存在于书面决定之中。机械故障，即以机械所载信息表示决定所产生的错误表示，比如交通指示灯故障。[①] 在以动作表示决定比如即时强制中，也存在表示错误的问题，只是这种表示错误不能如前述四种情况在更正后可以免除法律责任，故不作为表示错误的情形。

对决定表示错误的消除可以由行政执法组织自行更正和复议诉讼机关认定，界限为是否进入复议诉讼程序。此外，与特定行政执法组织具有行政执法领导、监督和指导关系的行政执法组织亦可要求更正。除法律另有规定外，自行更正应当采用与决定表示相同或者更加明确的方式，比如原用口头方式而采取书面方式更正。[②] 行政执法相对人、相关人、参与人或者行政执法领导、监督、指导机关和复议诉讼机关要求行政执法组织对相应决定表示予以更正而不予更正的，即以决定表示意思为真实意思，因为不予更正是行政执法组织对其决定表示意思真实的确认。

---

① 参见姜明安主编：《行政法与行政诉讼法》，北京大学出版社 2011 年版，第 200 ~ 201 页。

② 参见姜明安主编：《行政法与行政诉讼法》，北京大学出版社 2011 年版，第 201 页。

第十六节　行政执法案件

法律或者说法学上的案件是指基于法定事由而被法律实施机关予以独立处理的事件。案件中的法定事由是由法律实施机关所认定的并由法律所规定的、相互区别的事件性质，即案由。由于事件性质存在于事件本身，必须依靠事件表现，案由亦指事件，是一种法律事实。

由于案由是对被法律处理事件性质的判断，存在于事件当中，而每一法律案件必以事件先行存在为前提条件，没有事件就没有法律处理，从这个意义上也可以说案由是指案件的由来。正是因为存在案由，某事件才能作为一个单独的案件而被法律实施机关处理，如果不区分出一个个单独的案件，则无法开展法律实施活动，无法确定法律程序，也无法形成法律决定。除案由外，为了便于指代案件，还存在案件名称问题，此外关于案件的重要问题就是案件构成。

行政执法案件是指基于行政执法根据所认定的案由而被行政执法组织予以独立处理的事件。主要问题包括行政执法案件案名、案由、构成，相关问题主要是行政执法案卷。

第一题　行政执法案件的案名和案由

尽管有时人们将案名和案由作为同一概念，但是基于实际需要和行政执法的复杂广泛，需要对案名和案由在联系的基础上作出具体区分。从实际需要而言，比如办理案件的法律实施机关名称，归入案由显然不妥，需要在案名中予以标示。就行政执法的复杂性而言，仅从组织看，横向有若干复杂的行政执法组织，而民事审判组织和刑事侦查组织就很单一，在民事案件和刑事案件中一般不需要区分，而在行政执法案件中却是十分重要的区分方面，因为它涉及到不同行政执法组织的权限和条件问题。

首先，无论是案名还是案由，它们的主要意义是将不同案件相互区别。行政执法案件作为事件是事物的含义。① 从行政执法组织处理行政执法案件的角度，这是案名问题，而被处理的行政执法案件则是案由问题。前者从行政执法组织角度侧重行政执法行为过程，后者从被行政执法组织处理的案件角度侧重事物的性质，是一种类的概念。特定行政执法案件作为某一事物，在何种意义上是这一事物，按照何种标准区分此案件与彼案件，这种区分标准是否合理、便捷、周延等，这是研究案名和案由都需要考虑的问题。当然除了案件相互区分这种主要功能外，案名、案由还有统计功能、分析功能、归档功能等等。

其次，无论是案名还是案由，它们都来源于行政执法依据。案名和案由的关键词均由法律、法规和规章予以规定，不能由行政执法组织随意确定，具有强烈的规定性。从规范结构说，案名主要源于行政实体法律规范的法律后果，因为案名主要区分的是行政执法组织一方不同行政执法行为的法律性质，而这种法律性质主要是由规范的法律后果规定的。案由主要源于行政实体法律规范的行为模式，因为案由主要区分的是被处理的行政执法事件的性质，这种事

① 参见第六节“行政执法事物”。

件性质主要是由规范的行为模式规定的。

再次，无论是案名还是案由，它们都是行政执法组织基于行政执法根据的认定。行政执法根据是行政执法活动启动的事实条件，由规范的行为模式规定，当一种事实状态存在时，对行政执法组织而言，首先是按照行政执法依据判断认定这种事实状态是否为行政执法根据，是哪种行政执法根据，特别是根据中的实行行为的性质,① 应当采用哪种行政执法程序来处理这种事实状态，这就是案由判断认定的过程。案由的关键在于确定行政执法职责职权的作用对象，作用对象抽象概括后成为行政执法根据。案名虽然主要源于规范的法律后果，但法律后果亦是行政执法组织在根据基础上所作的法律认定。案名和案由是行政执法组织的判断认定行为，而不是相对方的行为。案名应当具有更高的概括性，因为它作为名称要指代整个案件，案由应当具有更高的准确性，因为它是对案件的定性。

由此，案名应当重点考虑行政执法组织名称、行政执法行为（决定）类别类型,② 案由应当重点考虑行政执法相对人行为的法律性质，当单纯处置物及精神产品时，应当重点考虑物和精神产品的事实存在状态。由于行政执法的复杂性，这还不足以区分，无论是案名还是案由，还必须加入特定标示因素，通常以行政执法相对人名称或物品所在地作为特定标示。案名的基本结构为：XXX（行政执法组织名称）+对+XXX（行政执法相对人名称或某地物名、精神产品名称）+XXX（行政执法行为（决定）类别或类型）+案，案由的基本结构在针对行政执法相对人行为时为：XXX（行政执法

---

① 参见第十节“行政执法根据，作为行政执法根据的公民、法人和其他组织合法权益”一题。

② 参见第十三节“行政执法决定中若干行政执法决定”专题。

相对人名称）+XXX（实行行为），单纯处置物及精神产品时为：XXX（某地物和精神产品名称）+XXX（法律规定的应予处理的事实存在状态）。

这其中比较重要的几个问题是行政执法组织名称、行政执法行为（决定）类别类型、行政执法相对人行为法律性质。行政执法组织名称在我国非常繁杂，应由有权机关作出统一标准的规定，这又涉及到组织职能的规范化称谓问题，在行政执法改革中，要充分考虑行政执法类别对于行政执法组织名称规范化的作用。行政执法行为（决定）类别类型是行政法学和行政执法学重点研究对象，应当依照法律和学理规定科学设置并根据行政执法需要分层次的细化确定。行政执法相对人行为的法律性质在实践中需要分区域分领域在行政执法类型归纳①的基础上彻底梳理，在梳理的基础上依法认定。这三个方面都是行政执法面临的艰巨任务，属于行政执法技术，是部门行政执法学的重要研究对象。

第二题　行政执法案件构成

行政执法案件是对行政执法行为案件化后的结果，② 是从事项的意义对行政执法行为进行有机归拢使其成为一项事物，而之所以能被称为一项事物是因为基于一定的性质标准，在行政执法案件而言，就是案由。因此，案件是基于案由多个要素结构和行为构成的事项，这些事项再经过细分，主要是以行政执法职责职权的作用对

① 参见夏云峰：《行政执法重点实务业务工作》，中国法制出版社 2015 年版，第 92 ~96 页。

② 参见夏云峰：《行政执法重点实务业务工作》，中国法制出版社 2015 年版，第 29 ~31 页。

象以及时间地点等事项要素为标准，从而成为一桩桩案件。案件中有多个行政执法行为，这就涉及到是从多个行为总体角度即案件的意义上分析构成，还是从其中具有决定性意义的行为个体分析构成呢？在行政执法上恐怕要以具有决定性意义的行为分析构成，即行政执法案件中多个行为中的行政执法决定行为，即行政执法案件的构成问题实际是行政执法决定的构成问题。这有两个理由。

一方面，多个行为难以分析构成。我们分析构成问题一定以某一准的为对象，对象内涵外延越小，则越容易分析越能接近真确，当以多个准的作为分析对象时，很难精确把握其构成要件要素，而不精确在法律上意义就不是很大，法律科学是要求精确的，法律具有定纷止争的作用，其首先要解决的就是法律规范本身和法律实施中的的纷争，而构成问题作为法律规范和法律实施的理论需要力求精确。

另一方面，对决定以外的行为分析构成没有法律意义。行政执法决定是行政执法组织支配处分具体行政执法职责职权并产生外部法律效果的确定主张，行政执法行为中还有很多不产生或者说不产生新的法律效果的行为，对这些行为构成分析不具有法律上的意义，当然其仍可以有技术上的意义，但在行政执法案件构成角度而言，主要是要分析具有法律意义的构成。

行政执法决定构成与行政执法决定成立不同，构成所解决的是某一决定因为什么可以成为这一行政执法决定而非那一行政执法决定，为什么是行政处罚决定而非行政许可决定，其有什么样的要件要素，是在行政执法决定的范畴内讨论构成。而成立要解决的是这是一个行政执法决定，而不是一个行政执法组织的民事行为、刑事行为或者抽象行政行为，是在法部门的范畴内讨论成立。行政执法决定构成与行政执法决定有效有关，当不符合决定构成要件要素时通常属于事实证据层面的一般瑕疵，可以依法被判定为无效。

对行政执法决定构成，从精确性的角度我们可以进一步分析，行政执法决定必须具有行政执法根据，根据既是决定的逻辑起点、事实条件也是被决定处理的对象，有什么样的根据就有什么样的决定，根据是法定且是由行政执法组织认定的事实状态，从规范角度它是行为模式，从存在角度它是事实状态，从行政执法组织角度它是被认定的事实。而决定从规范角度主要指向的是规范的法律后果，有什么样的行为模式就有什么样的法律后果，因此决定的构成问题实际上从规范角度说是行为模式的构成问题，在行政执法上就是行政执法根据构成。在作用于相对人的决定中，它是指行政执法相对人法律行为构成，① 在单纯作用于物、精神产品时就是物、精神产品的行政法律事实构成。对于构成问题，由于对犯罪认定的极端重要性，犯罪构成在法部门中研究的比较深入，我们可以在比较的基础上得出行政执法根据构成中最主要的构成即行政执法相对人法律行为构成的概念和基本特征。

所谓行政执法相对人法律行为构成是指我国行政法所规定的，决定某一具体行为为行政执法相对人在行政法上的某种特定法律行为而纳入相应行政执法处理的一切客观和主观要件的总和。② 行政执法相对人法律行为的构成与犯罪构成最大的区别在于，特定犯罪构成仅与特定罪和刑罚相关，不存在其他的法律后果，且主要集中规定在刑法典中，数量有限。行政执法相对人法律行为构成则对应庞杂的行政法后果，不同的行政执法相对人法律行为的构成要件要

---

① 参见夏云峰：《行政执法重点实务业务工作》，中国法制出版社 2015 年版，第 65 ~92 页。

② 参见高铭暄主编：《刑法学原理》，中国人民大学出版社 2005 年版，第 444 页。

素对应着不同的行政执法决定类型，且分散规定于数量巨大的行政执法规范之中。因此，需要根据不同的行政执法决定类型对行政执法构成要件要素进行具体化，但从法规范总的来说无非是与权利或者义务（责任）有关的两类法律后果。行政执法相对人法律行为构成有以下特征：①

第一，行政执法相对人法律行为的构成是一系列主客观要件的总和。任何被纳入行政执法处理的行为都包括一系列的要件，这些要件的总和就形成了某种行政执法相对人法律行为的构成。构成要件之间相互联系，相互依存，形成行政执法相对人法律行为构成的有机统一体，任何要件脱离了这一整体都将不再成为这一行政执法相对人法律行为构成的要件，同时，缺少其中任何一个要件，其它要件也将丧失作为行政执法相对人法律行为构成要件的意义，因而这一行政执法相对人法律行为构成作为整体也就不复存在。

第二，行政执法相对人法律行为的构成要件，是指对行为的性质具有决定意义，而且是该行为能够成为特定行政执法处理（职责职权作用）对象所必须的事实特征。任何行政执法相对人法律行为都可以由很多事实特征来表明，但并非每一个事实特征都是构成要件。具体到某一事实特征来说，其能否成为构成要件有一项客观的标准，即看其对于决定行为的性质以及纳入特定行政执法类型处理有无意义，是否是该行为构成特定行政执法处理所不可缺少的。如果某项事实特征对于决定行为的性质以及纳入特定行政执法类型处理并无意义，对于该行为纳入特定行政执法类型处理可有可无，则该事实特征不为该特定行政执法相对人法律行为的构成要件。

---

① 参见高铭暄主编：《刑法学原理》，中国人民大学出版社 2005 年版，第 444 ~ 447 页。

第三，行政执法相对人法律行为构成的各个要件是由我国行政实定法加以规定的，而不是由行政法、行政执法学家或者行政执法组织、行政执法人员随意确定的（因此，必须是具有依据的）。在众多的事实特征中，哪些可以作为构成要件，是由立法者加以选择之后，由行政实定法加以规定，但是不同的行政执法相对人法律行为构成在实定法上的规定方式不同，有繁简之分，但简洁的规定不是说就没有构成要件或者可以随意确定构成要件，而是在立法者看来，这些构成要件是不言自明的，或者这种要件在其它实定法中已经作了规定，或者以一般的法律认识水平即可确定该要件，或者依照行政法原则和行政执法原则清晰可见，是行政执法人员在行政执法活动中可以把握的。

行政执法相对人法律行为构成尽管与犯罪构成具有相似的特征，但是在要件种类上不能套用犯罪构成的犯罪客体、犯罪客观要件、犯罪主体和犯罪主体要件，因为犯罪侦查和犯罪审判主要是国家机关依职权的刑事执法活动，而在行政执法中，还有一大类依申请的行政执法活动。即便是在依职权的行政执法中，在要件和要素层面也要根据行政执法特点，特别是要坚持简明执法原则，分门别类的归纳各行政执法类别的要件要素，比如行政处罚的行政执法相对人法律行为构成就可以采用行为符合性、行为违法性和行为有责性三要件并确定要件要素。① 同时，还必须注意的是，在行政法上行政执法相对人同性质的法律行为对应的法律后果并非同刑法上犯罪行为对应法律后果那样相对单一，应在行政执法相对人法律行为构成前加行政执法类别类型名称加以限定区分并适当简化。比如构成特

① 参见夏云峰：《行政执法重点实务业务工作》，中国法制出版社 2014 年版，第 66 ~88 页。

定违法并非仅对应行政处罚，它还可以具有行政命令、行政强制的法律后果，在要件确定上也同样要体现出不同法律后果的区别，这其中有很大一部分属于裁量要件，也就是，在理论和实践中确定了构成要件要素，也就完成了规制裁量的部分实质性工作，这是十分重要的。

从上面的分析中，我们看到，行政执法案件构成到行政执法决定构成，到行政执法根据构成，到行政执法相对人法律行为构成，有四个节点且越来越精细，前三个节点都是因为对行政执法人员来说过于复杂不好把握，而在现阶段不能作为行政执法上的构成问题，我们可以再举例说明，比如我们以行政执法决定构成作为行政执法案件构成，这实际是行政执法类别构成，比如行政处罚构成、行政许可构成、行政强制措施构成等等。如果将这种法律后果作为构成问题加以研究，不是不可以，甚至还有更重要的意义，但现阶段不符合行政执法人员能力水平实际。行政执法类别构成要件要素包括本书所列行政执法组织、依据、根据、证据、理由、决定各要素和关系，还包括行政执法根据中行政执法相对人法律行为的构成，无行政执法相对人法律事实构成，并且在此基础上还要分十几个行政执法类别构成，在实践中是极其复杂难以把握的。如此，为了行政法律规范的有效实施，现阶段在构成问题上，我们的主要任务是深入研究行政执法相对人法律行为构成问题，在此基础上，随着行政执法人员能力水平的提高再转入行政执法类别构成问题的研究，这是部门行政执法学极其艰难而重要的任务。但是，行政执法领导、指导和监督人员则必须从行政执法决定构成甚至行政执法案件构成角度研究构成问题，否则就无法领导、指导和监督行政执法。

就行政执法相对人法律行为构成要件的要素种类而言，对于行为的事实特征种类，我们已经在行政执法根据一节作为行政执法根据的公民、法人和其他组织合法权益一题中作了探讨，除时间地点作为普遍的事实要素外，行政执法相对人法律行为构成要件要素主要在行为主体、实行行为、行为对象、行为结果、因果关系、故意过失、权利能力和行为能力等方面确定。

第三题 行政执法案卷

行政执法案卷是以文字、图形、符号等有形形式记载行政执法案件信息的有机整体。在记载载体上，既可以是纸张，也可以是计算机等电子设备，不能将行政执法案卷等同于案件的记载载体，案卷是案件信息及其载体的统一。行政执法案卷不是行政执法文书，案卷包括但不限于文书，是主要由文书这种形式构成的有机整体。文书本身可以成为整体的概念，但是在案卷的范畴里，其是作为分体存在的。对于行政执法案卷以及案卷评查等相关问题的研究不能孤立的进行，应当在行政执法及行政执法案件框架下研究。行政执法案卷具有下列特征：

第一，内容上的真实性。行政执法案卷以案件信息为内容，其内容上的真实性是指案卷对案件的记载所形成的信息与案件信息同一，即案件是什么，案卷就记载什么。案卷的真实性不是案件的真实性，也与案件的正误无关。案件不真实即案件虚假，是指虚构的案件，主要是指没有行政执法根据的案件，这属于典型的违法，但这并不影响案卷内容真实性要求，仍应当对这种虚假案件进行真实记载。当然也会存在既虚构案件也虚构案卷，但是这属于两种不同性质的行为。在行政执法上，行政执法案件正误主要是指是否合法，对不合法的案件更要要求真实记载，对案件不合法又虚构其案卷的，应当从严惩戒。案件被认定为违法、被撤销以及行政执法决定表示错误更正等等各种原因导致改变原案件信息的，不得在原记载载体上直接修正或者替换，而应当在保留原案件信息的基础上增补相关内容。还必须注意的是，案卷记载信息与案件信息同一包含时间要素，即案卷内容要与案件同步形成，除非存在难以克服的困难，困难消除后应当补记案卷，并保证案卷真实。

第二，形式上的次序性。行政执法案卷形式上的次序性是指记载案件信息的具体载体按照一定标准依次排序。在实践中，一般按照行政执法程序次序标准排列，没有程序规定的，按照时间顺序排列，这是程序性或者说一般意义上的次序性。而在实质意义上，行政执法从一定意义上可以说是围绕行政执法决定而开展的一系列活动，行政执法决定合法性是行政执法活动和监督行政的核心问题，通过行政执法决定可以集中地了解某一行政执法活动全貌，因此在案卷中，记载决定信息的载体是第一次序事物，体现决定构成信息的载体是第二次序事物，决定及决定构成信息载体形成的时间顺序是第三次序事物，以此标准排列组合似更具合理性。

第三，使用上的合法性。行政执法案卷最基础的功能是备查，谁可以查阅案卷，以何种方式查阅案卷，谁有权复制摘抄案卷，对内卷、外卷和秘密卷的设置和使用等等问题，都需要由法律明确规定并依法使用。同时，案卷使用是以案卷设立和保管为前提的，鉴于行政执法案卷的重要性和特殊性，应当在统一行政程序法中对其设立、保管和使用作出规定。

第四，过程上的封闭性。行政执法案卷与行政执法程序紧密相连，[①] 程序开始就意味着案卷立卷，程序结束就意味着案卷闭卷，案卷内容与案件信息在时间上高度一致，不允许在闭卷以后对案卷

---

① 参见倪洪涛:《行政案卷制度论纲》，载《甘肃政法学院学报》2005 年第 79 期。

进行补充、补记或其它任何实质性的改变。要注意区分案卷整理与案卷补充、补记的区别，闭卷后仍可对案卷整理归档，但闭卷后不得对案卷进行任何形式的补记和补充，因为此时案件程序已经结束，意味着案件处理已经完成，已经不存在针对该案件的案件信息。

第五，规定上的排他性。“行政案卷排他制度是指行政主体在作出行政行为前通过调查、鉴定、举行听证等形式取得的和相对人提供的用以证明待证事实的各种记录、陈述意见、鉴定结论、证人证言、物证等证据，以及程序中所依据或收到的各种法律文书按照一定的顺序组成案卷，行政主体的行政行为只能以该案卷为依据作出，卷外证据不能作为行政行为根据”,① 这源于美国行政法。案卷的排他性归根结底源于案件内容的排他性，卷外证据不能作为行政行为的根据（证据），源于案件外的证据不能作为作出行政行为的根据（证据），在案件排他性基础上，我们人为的规定卷外证据不能作为行政行为的根据（证据，案卷排他性）是为了控制行政权,② 具有强烈的规定性。行政执法案卷的排他性可以有几层含义，行政执法必须“有案有卷”，案件信息作为案卷内容对案卷具有规定性，当某一事项被确定为一桩案件以后，也就意味着确定了一宗案卷，没有案卷视为没有案件。行政执法案卷必须“一案一卷”，在案卷

---

① 毛畅：《行政案卷排他制度的理论分析》，载《广西政法管理干部学院学报》2009年第2期。

② 关于案卷的控权功能参见金承东：《论行政案卷排他原则的运作原理——正当行政程序的保障机制》，载《浙江大学学报（人文社会科学版）》2008年第4期。另参见相关论文。应当注意的是，即使我们不规定案卷排他性，我们也可以实现控权，因为围绕行政执法决定所形成的证据在实践中主要是决定之前形成的，决定之后形成的情形不具有普遍意义，而且在这一点有疑义时，行政执法组织负有证明责任。但是规定案卷排他性有利于更好的控权。还需注意的是，规定案件必须有案卷是一个问题，规定案卷具有排他性是另一个问题且以具有案卷为基础，但属于两个问题。

形成过程中，此案卷只能记载此案件信息而不能记载彼案件信息，只能记载此案件决定和决定构成以及相关的信息，而不能记载与此无关的信息。一案一卷是指针对一桩案件只设置一宗针对该案件的案卷，但可以根据情况设立分卷，而不能机械的理解为只设置一份卷宗。行政执法案卷是行政执法决定的形式根据，该卷宗所记载的决定依据、根据、证据、理由应是支持决定合法性合理性的唯一信息，当卷内信息与卷外信息发生冲突时，在保证案卷真实前提下以卷内信息为准。行政执法案卷应当完整，对于特定行政执法决定而言，特定案卷记载决定构成要件要素必须完整，但是未必协调，特别是禁止人为的协调案卷实质内容，当然在形式方面可以进行协调，属于案卷整理的范畴。

尽管我国行政实定法在法律层面并未对行政执法案卷作出明确规定，① 但从行政法的控权目的以及监督、救济行政看，必须尽快建立统一的行政执法案卷制度，特别是在我国行政诉讼法未如刑事

---

① 关于案卷，在法律层面，行政法律并无规定，但在刑诉法上，我国刑诉法第八十五条、第一百六十条、第一百七十二条、第二百二十条、第二百二十一条、第二百二十四条等条文对刑事案卷的流转使用作了规定，在实际上规定了刑事案件必须形成案卷。在行政法规层面，《行政执法机关移送涉嫌犯罪案件的规定》第八条规定，“公安机关应当自接受行政执法机关移送的涉嫌犯罪案件之日起 3 日内，依照刑法、刑事诉讼法以及最高人民法院、最高人民检察院关于立案标准和公安部关于公安机关办理刑事案件程序的规定，对所移送的案件进行审查。认为有犯罪事实，需要追究刑事责任，依法决定立案的，应当书面通知移送案件的行政执法机关；认为没有犯罪事实，或者犯罪事实显著轻微，不需要追究刑事责任，依法不予立案的，应当说明理由，并书面通知移送案件的行政执法机关，相应退回案卷材料。”这里的案卷是基于移送刑事立案需要的案卷，不具有行政执法案卷的普遍意义。在行政规章上，一些领域和地区在某些行政执法类别特别是行政处罚上对案卷作了规定，也不具有普遍意义。

同时，依据我国《行政诉讼法》第六十七条规定，“被告应当在收到起诉状副本之日起十五日内向人民法院提交作出行政行为的证据和所依据的规范性文件，并提出答辩状”的规定，可以概括的认为系对行政执法案卷的规定，但是显然不够明确且是从行政诉讼角度作出的规定。

诉讼法一样对案卷作出明确规定的情况下。在行政监督和救济上，从实践看，主要是对过去的行政执法行为进行监督救济，主要是依靠案卷判断案件，没有案卷就无法正确判断案件，案卷作为案件信息的记载在实践中有着不可替代的作用。没有案卷制度的制约，特别是有案无卷的情况将极大放纵行政权的滥用，虽然我国确定了行政执法全过程记录改革内容，有的省市也作出制度规定，但是如果不把案卷制度上升为法律制度就很难发挥行政执法案卷制约行政权的作用。要在法律上规定行政执法案卷的有案有卷，一案一卷原则，逐步确立行政执法案卷排他原则,① 确定行政执法案卷作为行政执法决定作出的形式根据，明确案卷记载主体、记载内容、记载方式格式、案卷的保管使用和法律责任，特别是对于有案无卷的情况，应当视为虚构案件，作为严重违法行为予以处理。

---

① 不应仅限于实行听证的案件。

第十七节　行政执法文书

行政执法文书作为一种静态概念，是书面表示行政执法意思意志的文书总和，其内容是行政执法组织或者行政执法人员职责职权支配处分的意思意志，其载体为纸张或者电子设备等，表示方式为书写形成的文字、图画等。对行政执法文书的理解应当以静态概念进行，如果从动态概念理解行政执法文书，应当表述为制作行政执法文书的行为，这是一种行政执法行为的概念，而非行政执法文书的概念，这就像法律、法规、规章与行政立法表述之间的关系。

第一题　行政执法文书的特征

行政执法文书作为最主要的行政执法意思意志表示方式，具有以下特征：

第一，内容上的一致性。行政执法文书作为行政执法意思意志的表示，必须正确表明行政执法组织支配处分职责职权，如何支配处分职责职权，谁在支配处分职责职权等，特别是具有行政执法决定意义的文书，应当表明行政执法依据、根据、证据、理由等行政执法组织意思意志，表明行政执法组织就该决定欲求达到的法律效果。行政执法文书所表明的意思必须与行政执法真实意思意志相一致，避免出现表示错误。

第二，形式上的规范性。行政执法文书在格式上具有高度的相似性或相同性，这为行政执法文书统一规范奠定了基础。在行政执法实践中，行政执法文书通常表现为格式化文书，一般由上级特别是中省行政执法组织统一制作，下级行政执法组织直接使用，是规范行政执法的重要方面。这种格式化文书本身并不是行政执法文书，仅属于行政执法文书的格式形式，只有在行政执法中由特定行政执法组织实际使用，具备文书要素，具有行政执法意思意志意义才是行政执法文书。

第三，主体上的特定性。行政执法文书的制作主体只能是行政执法组织或者行政执法人员，表示其对职责职权的支配处分的意思，这是行政执法文书的核心特征，这并不能包括其所“认可”的文书（这与认可特定规范为法律不同）。[①] 一个方面，认可在行政执法上有特定含义，是指行政认可这种行政执法类型，在行政认可中也存在行政执法文书，使用认可规定行政执法文书容易语义混淆。另一个方面，从实质意义上看，在行政执法过程中并非行政执法组织直接制作而是被行政执法组织“认可”的具体文书，要成为行政执法文书还必须有某一特定的行政执法文书予以确认，而具体的被“认可”的文书实际是这一行政执法文书的所表示的行政执法意思的内容，即行政执法组织承认该被“认可”的具体文书在行政执法上具有意义，被“认可”的具体文书与确认该具体文书的行政执法文书是不能等同的。我们可以举例来说明这一问题，比如作出特定行政执法决定的书证、鉴定意见，书证和鉴定意见是证据而非行政执法文书，确定某一书证、鉴定意见为特定决定的书证、鉴定意见是因

---

① 参见宋大涵主编：《行政执法教程》，中国法制出版社2011年版，第269页。该书认为行政执法文书包括被行政执法组织认可的文书。

为在行政执法决定中认可了该文书的书证、鉴定意见的意义，而非书证、鉴定意见本身是行政执法文书，在这个例子里行政执法决定书才是行政执法文书。同理，行政执法中的证人证言的记录（多以询问笔录表现）、当事人陈述的记录，勘验笔录、现场笔录等虽由行政执法组织直接制作，但这类文书属于证据，而非行政执法文书，因为这其中并不含有行政执法意思，行政执法组织只能就证人证言、当事人陈述和现场事实情况如实记录，不得添加任何行政执法组织意思的成分。从这一点上看，我们要注意行政执法文书与行政执法过程中使用的文书相区别，后者的外延要远大于前者，后者还包括各种在行政执法过程中使用但不包含行政执法意思的文书，比如上面提到的勘验笔录、现场笔录等，通常这些文书在实践中为了便于行政执法也被格式化了，统称为行政执法文书，这是后者的意义，而非行政执法学上的行政执法文书含义。

第四，法律上的有效性。行政执法文书作为行政执法意思的主要表示，其法律效力直接源于行政执法行为的效力，当我们说行政执法法律效力的问题时，是行政执法意思与表示的统一，意思依靠表示，表示表明意思，不能脱离任一方面说另一方面的法律效力问题，更不能将行政执法行为的法律效力问题等同于行政执法文书的效力。① 如果我们进一步深入分析，行政执法行为的效力是以行政执法真实意思为准的，而不是其表示，在行政执法文书存在表示错误时可以更正。② 基于此，我们说行政执法文书可以表示行政执法

---

① 参见宋大涵主编：《行政执法教程》，中国法制出版社 2011 年版，第 273～274 页。另见高金波、郎佩娟主编：《中国行政执法文书理论与实践》，法律出版社 2010 年版，第 27～29 页。该书对我国行政执法文书进行了主要是实证上的研究，具有重要意义，但是该书将行政执法文书的效力等同于行政执法行为的效力。

② 参见第十五节“行政执法成立与有效，行政执法决定的表示错误”一题。

行为的公定力、确定力、拘束力、执行力和存续力，但不能说行政执法文书本身具有这些法律效力。在法律规定必须以书面表示行政执法行为时，只有相应的行政执法文书才能表示该行政执法行为的法律效力。另外，对行政执法格式文书而言，其本身不具有法律效力，仅是一种行政执法组织系统内部的指导样式，在其由特定行政执法组织使用并具备文书要素以后才存在法律效力问题，而且这种法律效力问题是其所表示的行政执法行为的法律效力问题，而非格式文书的效力问题。

第五，使用上的多样性。行政执法文书在行政执法内外程序、各类各阶段根据行政执法需要均可使用，凡是涉及到行政执法组织及其人员表示职责职权支配处分意思均可依法以行政执法文书的方式表示，在法律规定以书面方式（多数情况，特别是行政执法决定）表示行政执法时，则必须以行政执法文书的方式表示行政执法意思意志。在法律规定口头、书面、动作、符号等方式可以选择时，应当尽量以行政执法文书的方式表示，因为文书方式意思明确且易于保存。通常在行政执法实践中，以行政执法类别划分行政执法文书类别，比如行政处罚类文书、行政许可类文书、行政强制类文书等。

第二题　行政执法文书的要素

制作行政执法文书应当根据行政执法文书的不同行政执法目的和表达的行政执法意思意志内容确定不同的要素，但总的说，所有行政执法文书均应当具备下列要素：

第一，应当具有明确的行政执法文书制作主体。任一行政执法文书必须在显著位置标明行政执法组织名称，在特定行政执法文书中还应当标明行政执法人员姓名及职务和行政执法证件号码，这关涉到行政执法主体、管辖、人员资格等问题。行政执法文书可以分为外部行政执法文书和内部行政执法文书，在外部行政执法文书中应当明确行政执法组织是文书的制定主体，而不能以行政执法人员作为主体，出现行政执法人员姓名时，一般仅具有联系有关行政执法事项的意义，而不具有行政执法文书制作主体的意义（法定要求除外)。在一般情况下，外部行政执法文书应当标明行政执法文书文号，以区别于其它同类文书。在内部行政执法文书中，既可以以行政执法组织作为文书制作主体，也可以以行政执法人员作为文书制作主体，但后者仍需标明所属行政执法组织，仍然体现行政执法意志，体现行政执法职位职务意志，而非个人意志，其法律效果首先由所属的行政执法组织承担。

第二，应当具有明确的支配处分行政执法职责职权的意思。任一行政执法文书必须具有职责职权支配处分的意思，这关涉到行政执法的成立与有效等问题。由于行政执法文书种类很多，既可以是内部的也可以是外部的，既可以是决定意义的，也可以是决定形成、执行意义的，其表示的意思意志各有不同，但都必须具有表示行政执法职责职权支配处分的意思。比如内部的立案审批表，就表明了不同行政执法人员对特定行政执法职责职权的支配处分的意思。内部行政执法文书虽然不对社会产生法律效力，但却是行政执法决定形成的基础，且对监督行政具有重要意义。原则上，内部行政执法文书的填写应当由不同行政执法人员独立完成，需要集体研究确定的事项应当明确记载不同行政执法人员的意见，防止出现问题后责任不清，因此而出现责任不清的，应当由行政执法组织主要负责人负责，因为其对行政执法内部管理负有主要责任。填写内容应当准确、完整、规范，避免只签名不写明意见的情况。比如外部的行政许可决定书，应当载明决定的各种构成要素和实施许可的要求，充分表示行政执法组织对其职责职权支配处分的意思。

第三，应当具有明确的时间。任一行政执法文书必须标明该文书形成的时间，这关系到行政执法的期限等问题，是显而易见的。

此外，外部行政执法文书必须具有行政执法组织法定标识，在我国主要是行政执法组织印章。[①] 在有法律规定的情况下，应当由行政执法组织负责人签名。[②] 同时，行政执法文书属于行政公文的，应当符合国家关于行政公文的有关规定和国家标准。[③]

第三题 行政执法文书与行政执法案卷

行政执法文书作为行政执法案卷这个整体的分体存在，是行政执法案卷的主要组成部分。

从上一节我们知道，行政执法案件信息是案卷的内容，而行政执法案件从行政执法决定而言可以包括决定的依据、根据、证据和理由等，这些内容在多数情况下是以行政执法文书表示的，即便是物证、视听资料、电子数据其能作为行政执法案件信息而进入案卷，也是因为行政执法文书赋予了其证据的意义，使其与案件发生关联。也就是说，行政执法文书不仅仅作为案卷的一部分存在，它对案卷还有联系各案卷分体的作用。在行政执法案卷上，凡是构成案卷分

---

① 参见《国务院关于国家行政机关和企业事业单位社会团体印章管理的规定》（国发［1999］25号）。

② 比如我国《行政强制法》第五十五条第二款规定，“强制执行申请书应当由行政机关负责人签名，加盖行政机关的印章，并注明日期。”

③ 参见《党政机关公文处理工作条例》（中办发［2012］14号）；《党政机关公文格式》（GB/T9704—2012）。

体的部分不能明显直接的与案件信息发生联系，均依靠行政执法文书赋予其联系案件信息的意义。

同时，在某些情况下，案卷还可以作为行政执法文书的内容，比如行政执法组织向刑事执法组织移送涉嫌犯罪的行政执法案件，在出具移送案件公函的同时应当同时移送案卷，此时的案卷既是记载该案件信息的有机整体，也是该移送案件公函的内容。

第十八节　行政执法管理

行政执法管理是以行政执法活动为对象的管理。行政执法活动本身具有管理的性质，同时行政执法活动也存在被管理的问题。对行政执法管理的情况，直接关系到行政执法活动是否能够实现为民、高效、正义的价值，是否能够实现依法执法、绩效执法、简明执法原则，是否能够实现法律、行政和社会对行政执法的一系列要求等等，行政执法管理对行政执法活动具有基础意义。

第一题　行政执法管理的概念与特征

行政执法管理是指以提高行政执法绩效为目的，对行政执法组织及其人员、行为所进行的管理活动。行政执法管理所要研究的是以行政执法活动为特定对象的管理活动特征，并以此作为采用特殊方法对行政执法进行管理的理论基础。对于管理的一般特征属于公共管理学或者说行政管理学的范畴，尽管其适用于行政执法管理活动，但却不是行政执法学的主要研究对象。

管理作为一个重要范畴是行政执法的性质之一，在前文我们谈到行政执法的基本属性行政性中包含行政执法的管理性。我们将行政执法定义为实现法律秩序，特别是行政法律秩序，不仅仅是基于我们的规定，也是基于行政执法的管理性，从哲学观点看管理的本质是从无序到有序，有序创造价值。① 就行政执法之于社会而言，其价值是行政执法对社会对为民、高效、正义要求的满足，对行政执法本身而言却必须首先落实以绩效原则为关键的行政执法原则，行政执法没有绩效就不可能实现行政执法价值。当然，我们突出的行政执法绩效是依法执法前提下的绩效，是贯穿简明执法原则的绩效。

第一，行政执法管理的基本目的是提升行政执法绩效。当我们确定以法治国为目标时，就意味着执行行政法律规范是政府的必须行为，而非可选择的行为，是政府的全面行为，而非局部行为，这就体现在依法行政这一行政原则的确立与确定。依法行政如果从最广义的角度理解，是政府所有活动都应当依法而行，包括政府的民事活动，但主要是指行政活动。对民事活动而言，政府依法而行不仅具有遵守的意义，还具有示范的意义。对行政活动而言，有行政法规则就要在行政法原则指导下执行行政法规则，在没有行政法规则的领域就要依照行政法原则行事，这其中行政法规则总体上是确定的，行政法原则总体上也是确定的，所以行政执法活动也是确定的。行政执法对确定的法律实现的程度而表现出来的效率和质量就是行政执法的绩效问题，任何行政执法组织都必须依照行政法原则和规则开展行政活动取得绩效，它们之间只应有对确定的法律实现程度的高低，即绩效高低的区别，而不应有绩效有无的差异。行政执法管理就是要通过管理行为，落实宪法要求，提高行政执法效率和质量，提升以行政执法实现法律的程度水平。

第二，行政执法绩效高低的直接标准是法律实现程度而非基于

---

① 参见曹文秀：《管理的本质——从无序变有序》，载《系统辩证学学报》2003 年第 2 期。

个人想法的满意度。① 行政执法当然要对人民负责，但是在法治国，对人民负责是对人民作为一个整体负责，对这个整体负责是通过对法律负责实现的，是服从、实现人民作为整体的意志。因为法律是人民整体意志的集中体现，是人民意志的形式表示，对法律负责就是对人民负责，两者是统一的，这是行政执法的一条重要原理，认识不可模糊，否则就会在实际执法中无所适从。人民满意度或者说社会满意度对行政执法活动而言，是全体社会成员对行政执法组织执行具体的法律情况的满意度，而非个体的、局部的社会成员个人的、片面的满意度，脱离以行政执法对具体的法律实现程度标准的评判，或者个体的、局部的满意度评价并不构成对行政执法绩效的评判，行政执法亦不应对此负责，除非这种评价具体的指向了法律实现程度。行政执法在总体上是一种法律主导的行政活动，而主要不是一种政治活动，行政执法所具有的政治性是由其法律性和行政性传导的，并非其本质属性，任何对行政执法的管理行为，比如领导、指导、监督等，都必须以行政执法法律实现程度这一客观作为标准，而不能是一种可以毫无理由的表意行为。即使我们将行政执法视为一种政治活动，它也是通过对政治意志的表现形式即法律的负责而向政治负责，否则这种负责就会因为其不确定性而难以令人信服。同时，法律非道德，我们可以在行政立法上对行政法律规范进行道德评判，但是对于行政执法，这不是一种道德执行活动，不

---

① “凯尔森的相对主义并不排除以道德标准评价法律的可能性或必要性。他只是坚持说，每种评价都只是相对于所使用的特定的道德规范才有效，而这个道德规范本身是没有客观效力的。结果是，法律的道德批判或辩护是一种个人评判或政治评判的事。他不是客观科学的事，与法律科学无关。” Joseph Raz，The Authority of Law（Oxford，Clarendon Press，1979），p. 131，转引自李桂林、徐爱国：《分析实证主义法学》，武汉大学出版社2000年版，第140页。

能以道德观念和道德规范评价法律执行，“道德规则是要在围绕其运用的周围环境中受到检验并被描绘出来的。法律不能够拿环境作为借口，而道德则可以允许这样做。两种主要社会控制工具之间的这种区别就是对依照法律进行审判产生不满的原因所在，这种不满是不可避免的。”①

第三，法律实现程度作为行政执法绩效的标准要以行政执法规范的技术化为前提。无论我们探讨的是行政执法的法律效果还是行政效果，或者社会效果，都不能离开法律实现程度这个基本问题。而法律实现程度对行政执法而言，正如本书前文有关行政执法技术的讨论，包括关于行政执法裁量问题的讨论，包括法律概念的确定化问题，要对行政执法进行判断，就必须将有关行政执法的规范全面、深入的技术化，尽最大可能的客观化、标准化、程式化、具体化，这是行政执法过程技术化的基本前提，以此尽最大可能的降低和减少对行政执法规范的不同理解、不同评判，在此基础上，才能对行政执法活动进行客观的、较为一致的评估判断。

总之，行政执法管理以提升行政执法绩效为目的，以行政执法组织、人员及其行为为对象，绩效高低以行政执法法律实现程度为标准，对绩效高低的判断是整体的、具体的、有理由的、专业的、技术性的判断。

---

① ［美］罗·庞德：《通过法律的社会控制法律的任务》，沈宗灵、董世忠译，商务印书馆 1984 年版，第 119 页。

第二题 行政执法责任管理是开展行政执法行为管理的前提

行政执法活动是行政执法学的研究对象，并由此分化为若干行政执法问题，在行政执法管理问题上，主要是针对行政执法组织、行政执法人员和行政执法行为的管理，它们是统一的，统一于行政执法活动。

如果我们要确定行政执法活动的中心问题，在形式上，按照行政法学的观点就是行政行为，在行政执法学上就是行政执法行为，因此，对行政执法管理的中心问题是对行政执法行为的管理，并以此辐射对组织及其人员的管理。当我们提到绩效的问题时，指的是组织和人员的绩效，但组织和人员的绩效是通过其行为体现出来的，其效率主要指向行为的过程，其质量主要指向行为的结果，因此，基于行政执法管理提升行政执法绩效主要是通过管理行政执法行为实现的。

就行为管理而言，行为责任是前提条件，如果一个组织或者人员不负有特定行为之责任，则无管理之理由，故此，确定行为者之责任系对行为进行管理之前提，于行政执法即行政执法责任，基于此而形成的制度为行政执法责任制。可以说，因为领域的不同，责任制度不同，但是无论在哪个管理领域现代管理的核心问题之一都是落实责任规范。

行政执法责任，在广义上是行政执法之义务，在狭义上是因违反行政执法义务所引起的不利法律后果，在我国行政执法责任制中，其主要是在广义上使用行政执法责任一词，广义的行政执法责任就是行政执法职责。[①] 广义上的行政执法责任需要明确每一行政执法组织及其人员是否有行政执法义务，有什么样的义务，这些义务依据的来源具体是什么，由谁去认定、评议这些义务，以及对义务履行情况的奖惩，这是一种过程思维，贯彻行政执法全过程。而狭义的行政执法责任强调的是行政执法组织及其人员违反行政执法义务所引起的法律的否定性评价、法律上的不利后果和违反行政执法义务所引起的“第二性义务”，即未履行行政执法职责所要承担的行政法律责任。行政法上的行政法律责任，包括行政组织与行政相对人两方面的法律责任，在行政执法上仅指向行政执法组织及其人员，就是行政执法组织及其人员不履行或者不依法履行行政执法职责而引起的行政执法责任，责任的主要承担方式就是惩罚，包括行政制裁和刑事制裁。补偿，在行政执法上就是国家赔偿中的行政赔偿。强制，即强制有关行政执法组织及其人员履行行政执法义务。狭义的行政执法责任与广义的行政执法责任之所以不同，主要是从行政执法的法律后果角度来考虑责任问题的，而非从过程角度考虑。[②]

即便是从狭义的行政执法责任考虑，从后果推导过程，从责任构成看，可以概括为行政执法责任主体、违法行为或违约行为（行政合同等）、损害结果、主观过错四方面，[③] 亦可涵盖行政执法责任

① 在本书第七节“行政执法组织”中，我们以行政执法职权为中心主要从宏观上探讨了行政执法职责，而这里的行政执法职责指的是具体到组织、人员行政执法类别、类型中的职责。

② 参见张文显主编：《法理学》，高等教育出版社 2007 年版，第 167 ~ 177 页。

③ 参见张文显主编：《法理学》，高等教育出版社 2007 年版，第 170 ~ 172 页。仅就行政执法法律责任构成而言，只有涉及到对社会承担法律责任时才有四要件问题，从严格意义上，行政执法法律责任仅具备责任主体和违法或者违约行为两要件就可以构成，因为行政执法是对规范体系的执行，违反规范体系即构成责任，损害结果和主观过错仅具有定量的意义而不具有定性的意义。

制这种广义上使用行政执法责任一词所确定的工作内容，比如梳理执法依据、分解执法职权、确定执法责任等。尤其是在责任主体的确定上，行政执法责任制是事先的、有组织的、具体化的行政执法组织及其人员的行政执法责任的制度，是一种责任前移和确定，能够有力督促行政执法的制度，并且在对行政执法责任追究时，不容易出现模糊地带。

第三题　行政执法职位角色管理是行政执法行为管理的基础

职责职权的确定、授予对象是职位而不是特定的人，特定人因具备特定职位条件而取得特定职位，在特定职位而有职责职权，并须依照职责职权的要求行为。当一个特定的人在特定的职位时，就要赋予其一个与职位相称的职务以便行使职责职权。职位是地位的概念，职务是角色的概念。

职位是社会学中的地位概念，“地位（status）指的是在某一群体或社会中某一确定的社会位置。”① 行政执法职位作为社会地位是开放性、自致性的，取得职位的观念应当是对符合职位条件人员的考核选定，而非对既定范围内人员的安排，或者选举，这是由行政执法职位的性质所决定的。

行政执法职位的性质是什么呢？这要联系我国公务员法所确定的公务员职位分类制度，将公务员划分为综合管理类、专业技术类和行政执法类等类别，将公务员职位划分为不同职位类别就是因为

① ［美］戴维·波普诺：《社会学（第十版）》，李强等译，中国人民大学出版社1999年版，第96页。

职位的性质不同，也正因为性质不同才必须实行分类管理。2016年，我国出台《行政执法类公务员管理规定（试行）》，这个试行规定对行政执法类公务员做了一个定义，是指依照法律法规对行政相对人直接履行行政许可、行政处罚、行政强制、行政征收、行政收费、行政检查等执法职责的公务员，其职责具有执行性、强制性。① 这一定义主要是从人事管理的角度吸收了行政法学关于行政执法的一些规定，具有很重要的意义，但从行政执法学角度看，如果将行政执法职位的性质视同职位之上的职责的性质，则至少具有公益性、法定性、专属性、国家意志性、优益性和支配性，以及形式上的技术性，② 而不宜强调强制性。③ 对执行性而言，任何行政活动或者说行政职位都具有执行性，这包括综合管理类和专业技术类，我国宪法规定了行政机关的执行性质。此外，何谓直接履行行政执法职责的公务员？是直接与形成行政执法决定有关的所有人员，或是仅限于直接和行政执法相对人接触的部分人员？前者包括后者，显然合理，后者显然非常狭隘，不合理，这种关于“直接”含义的确定会影响大量的公务人员是否被划分为行政执法类人员，不划分为行政执法类人员就难以纳入行政执法管理，难以提升其行政执法必备素质，特别是行政执法组织的负责人员（往往被划入综合管理类），而这些人员对行政执法恰恰负有主要的法律责任。同时，这一规定

---

① 参见国家公务员局有关负责同志就《专业技术类公务员管理规定（试行）》和《行政执法类公务员管理规定（试行）》答记者问，载《中国组织人事报》，2016年7月22日，第1版。

② 行政执法的技术性是明显而重要的，不能因为存在专业技术类职位的划分就忽略行政执法的技术性，忽略行政执法的技术性或者不对行政执法技术化在现代社会就不可能做好行政执法工作，可以说行政执法出现的一切问题都或多或少的与行政执法技术化程度过低有关。关于行政执法的技术性，参见相关各节。

③ 参见第七节“行政执法组织，行政执法职权的性质”一题。

只适用于公务员职位，在我国大量存在事业身份和工人身份的行政执法人员，基于我国的人事管理制度，它们的社会地位和福利待遇与公务员很不相同，极易造成同工不同位、同工不同酬的现象，是不公和非常有害的。人事改革和行政执法改革是交叉关系，在涉及行政执法的人事改革中要充分考虑行政执法工作、行政执法职业和行政执法类人员的特殊性、重要性和技术性。对不同种类的行政执法的管理和改革，包括对人员的管理和改革，要基本相同，统筹考虑各种身份的行政执法类人员一并改革，因为对行政执法类人员的改革涉及到几百万人，① 这还不仅仅是人员数量大的问题，更重要的是直接涉及国家绝大部分法律法规的实施，涉及到社会治理的各个方面，涉及到全面依法治国，具有很强的政治性、法律性、行政性、社会性。行政执法改革尤其是对行政执法类人员的改革要充分理性、十分慎重。

依职位条件取得职务是行政执法类人员取得行政执法职业身份的必须方式，其基本方法是考试考核，以考试为主。在准入环节，必须具备基本的行政执法知识、法律知识、行政知识、社会知识等，这是显而易见毋庸置疑的。在晋升环节，必须具备上述知识基础上的能力，任何行政执法绩效的取得都依托于与行政执法有关的知识与能力。取得了一个行政执法职位身份就意味着获得了一个行政执法社会角色，“角色（role）是对群体或社会中具有某一特定身份的

---

① 据有关机构测算，我国公务员分类管理意义上的行政执法类公务员 200 万人左右，这主要是基层的、公务员身份的。而在实际上，从事行政执法工作的人员包括事业单位人员、有编制的工人，中省行政执法人员，据本书作者概算在 600 万人左右。从行政组织（含行政机关、主要职能为行政职能的事业单位、行政公司等）执行法律的性质以及分类职位的不同性质看，公务人员中行政执法类人员在总体上应当占大多数，在有些领域应当是绝大多数属于行政执法类人员，综合管理类和专业技术类在总体上应当占少数。

人的行为期待。按照拉尔夫·林顿（Ralph Linton，1936）的说法，一个人占有的是地位，而扮演的是角色。在每一次高度结构化的社会互动中，社会都为其提供了一个‘剧本’，用以指导分配给不同社会成员的不同角色扮演。角色的学习就是要领会某一特定身份被期待的或是必需的行为，换言之，即把握好对具有某种身份的人的‘规范’。”① 在行政执法中，这种规范就是包括伦理规范在内的行政执法规范，只是在行政执法中，这种规范不是在角色取得以后才去学习把握，而是在进入这个角色之前就应当掌握，因为行政执法因需要而开展，并不会等待准备好之后才进行，况且如果不掌握这些规范并由考试考核表现出来，就无法向别人证明具备了必须的行政执法知识与能力，无法取得团队的信任，毕竟行政执法是高度结构化、组织化的工作。

对行政执法人员的管理本质上是基于职位的一种角色管理，而不是对“人”的管理，这个人应当符合行政执法角色的要求，而非这个人就是“行政执法人员”。在行政执法职位的人员并不当然就符合行政执法角色的规范要求，这是两个概念。在法治国，我们总是徘徊在体现要求的行政执法规范与实际的行政执法组织和人员的表现之间，来评判某个行政执法组织及其人员是不是真正的行政执法组织和人员，而在人治国，我在行政执法职位，我的行为就是行政执法行为，我的行政执法行为就是行政执法规范，在我的行为之外不存在其它的评判标准，或者虽有评判标准由我自己解释，旁人不得置喙，在迈向现代化的当代中国这是一种非常陈腐有害的观念和做法，是非常容易出问题的。

---

① ［美］戴维·波普诺：《社会学（第十版）》，李强等译，中国人民大学出版社1999年版，第97页。

第四题　行政执法行为管理

——效率的行为过程，质量的行为结果

对行政执法人员实行责任管理和角色管理为开展行政执法绩效管理提供了条件。前面我们谈到，绩效是由行为表现出来的，表现为效率的行为过程和质量的行为结果，行政执法管理的核心问题是绩效管理，绩效管理的核心问题是行为管理，即行政执法行为管理。

何谓行为过程，何谓行为结果？在行政执法管理上我们要做一个限定。行政执法管理上的行为结果就是行政执法决定意义上的结果，其所达到的效果的多少和程度的高低就是质量的高低，主要是法律效果、社会效果和行政效果，以法律效果为主。行政执法管理上的行为过程就是除行政执法决定以外的特定行政执法案件之行为总和，包括为行政执法决定做准备的行为以及行政执法决定的执行行为，行政执法效率是行政执法产出与投入比，比值越高，效率越高，行政执法产出主要是指行政执法行为数量，投入主要是指时间、人员、经费成本等。

效率的行为过程与质量的行为结果不是说在行为过程中就不需要质量，也不是说在行为结果上就不需要效率，而是无论过程或者结果，既需要效率也需要质量，只是在过程上要更突出效率，在结果上要更突出质量。无论我们采用哪种方式作为行政执法行为管理的手段，都必须兼顾质量与效率。

考察现有人类知识，对质量和效率的管理被广泛承认的方式是由国际标准化组织制定和发布的 IOS 质量管理体系。该体系将作业与管理集于一身，将行为管理与组织管理、人员管理集于一身，将过程管理与结果管理集于一身，可以将行政执法程序与行政执法实体集于一身，行政执法案卷与行政执法文书集于一身，体现行政执法的要素、结构及其形式，经过针对行政执法的专门改造并与行政执法技术规范对接以后，成为行政执法质量管理体系，其中大部分的文件都是对行政执法规范技术化后的结果，是保证行政执法技术规范落实的基本管理手段，能够非常适合行政执法管理的需要。①

除以行政执法质量管理体系作为行政执法基本的管理手段外，行政执法案例指导、行政执法统计分析、行政执法风险防控、行政执法培训教育等，都是行政执法管理的重要手段。②

① 参见夏云峰：《行政执法重点实务业务工作》，中国法制出版社2015年版，第171~307页。

② 参见夏云峰：《行政执法重点实务业务工作》，中国法制出版社2015年版，第307~360页。

第十九节 行政执法环境

行政执法环境是有关于行政执法的重要且复杂的问题。一方面行政执法活动因行政执法环境的需要而产生，另一方面行政执法环境又制约影响行政执法活动，甚至在某些时候和方面决定行政执法活动。同时，有关于行政执法活动的环境因素有很多，范围很广，有很多环境因素难以改变、不易把握。加强对行政执法环境的研究，改善优化行政执法环境对行政执法具有重要意义。

第一题 行政执法活动与行政执法的内部环境和外部环境

行政执法环境是相对于行政执法活动这个中心事物而言的，是指行政执法系统以外影响行政执法生存与发展的因素总和，包括外部环境和内部环境。① 以行政执法系统为中心存在两个界限来区分行政执法系统与其内部环境和外部环境。就行政执法的要素和关系组织、依据、根据、证据、理由、决定及其形式本身而言并不是环

① 参见夏书章主编：《行政管理学》，中山大学出版社 2008 年版，第 25 页。行政执法环境相对于行政环境更加具体确定，且与行政环境在内部环境方面含义不同，行政执法内部环境如果按照行政内部环境理解实际是行政执法要素结构形式的问题，而不是环境的问题，同时，行政执法还存在行政环境问题，即行政因素对行政执法的影响。在行政执法学中，我们将行政执法活动与行政执法内部环境（行政环境）、行政执法外部环境区分开来，以便于从不同角度改善优化行政执法环境。

境问题，而是行政执法系统本身问题，在这些要素结构和形式之外，影响行政执法的因素则属于行政执法环境问题，主要是影响行政执法的要素和结构问题，不能将行政执法要素与行政执法环境因素混为一谈，这是一个界限。另一个界限是将行政执法环境再加区分，分出行政执法内部环境和行政执法外部环境，以行政系统的界限为界限，在界限之内行政执法系统之外为行政执法内部环境，行政系统界限之外为行政执法外部环境，行政执法外部环境与行政外部环境同。能够作出这样的区分是因为行政活动的内涵和外延大于行政执法活动，后者是前者的一部分，属于被包含与包含的关系。这样区分的意义是基于不同的内外环境采取不同的改善优化方法，这其中，行政执法内部环境对行政执法活动作用大，行政执法外部环境对行政执法活动作用相对小。

影响行政执法的环境因素有很多，我们只能取其要者，否则我们就无法分清主次，无法采取任何改善优化措施。“构成行政系统外部环境的，只能是其中直接或间接影响行政系统性质、结构、功能、运行方式等方面的因素，即对行政系统具有主要影响的因素。至于与行政系统无大关联、影响甚微的因素，一般不应视为行政系统的外部环境因素。”①

第二题　行政执法的内部环境

行政执法内部环境是行政系统内影响行政执法存在和发展的因素总和。行政执法内部环境相对于外部环境对行政执法的影响至关

① 参见夏书章主编：《行政管理学》，中山大学出版社 2008 年版，第 25 页。这里的行政系统外部环境对应于行政执法环境而言，包括行政执法内外环境。

重要，尽管其不能决定行政执法是否存在，但是其完全可以决定行政执法是否发展。不能决定行政执法是否存在是因为，现代行政的性质是执行人民的意志，人民的意志以法律为表现，其必须执行法律，否则这种行政系统必将被人民抛弃，任何现代行政系统都不能明确的提出不执行法律，不能完全不执行法律。可以决定行政执法是否发展是因为，尽管作为行政执法依据的法律，在行政执法活动中，我们假定且必须假定它是合理合法、审时度势、极其慎重、符合时代的，但由于行政法的控权性质，行政系统在执行行政法时完全有动机、有办法阻碍行政法的执行，它本身就是行政法的执行主体，存在大量行政裁量权，对行政执法的专业监督又缺乏且不深入，有时不执行行政法的理由可以看起来非常“合理”，但实际上却是完全违法。

影响行政执法的内部环境因素有很多，按照影响行政执法各个要素和必要关系的内部因素，特别是从存在的问题角度进行分析的思路可能更具有意义，找准问题，解决的办法自然清晰可见。行政执法学作为高度应用的科学，不能对任何行政执法问题的分析过于理论化或者泛泛而谈，必须具有极强的针对性和具体性。

影响行政执法组织要素的内部环境因素主要有行政执法体制，行政执法领导、指导、监督机制，行政执法管理等方面。就行政执法体制而言，在我国建立权责统一、权威高效的行政执法体制还需很大的努力，很长的时间。脱胎于计划经济时代所形成的的行政执法体制，要适应市场经济，就必须按照现代政府宏观调控、社会管理、市场监管、公共服务、环境保护的职能集聚行政执法职责职权。同时，要建立健全行政执法的刑事保障体制，彻底解决这个问题的办法就是普遍设置从属于集聚后的行政执法组织的分类警察，比如已经设置的森林警察，但这涉及到数百万人的职务利益、思维观念，不自上而下强力推进改革就无法实现。我国目前尚未从整体上建立起如刑事执法和民事执法相似的专业有效的行政执法领导、指导、监督机制,① 这是我国行政执法问题频发十分重要的原因。如何在以经济建设为中心的前提下加强政府对行政执法的领导是当前的突出问题，有的地方政府未充分深刻认识政府执行作为人民意志的法律的性质，未将行政执法作为一项政府全局性、基础性工作加强管理，常年未从整体上研究过行政执法工作，没有从整体上解决过行政执法存在的人财物等急需问题，有的地方政府甚至阻碍行政执法，认为行政执法妨碍当地经济发展。有的行政执法组织行政领导极其缺乏法治思维，极其缺乏行政执法知识和行政执法意识，还停留在以行政办法处理法律问题的时代。在行政执法指导上，指导机制残缺不全，上下级指导存在部门利益保护，政府同级指导机构不明确、不专业、不尽职、无权威，有的行政执法业务请示一年半载没有回音，要么非正式答复。在行政执法监督上，监督主体多、监督标准滥、监督专业低、监督程度浅、监督效果差。在行政执法管理上，管理意识弱，管理手段少，管理能力低。在行政执法组织管理方面，对主要职能为行政执法的组织不规定、不确认为行政执法组织，造成很多方面的被动。在行政执法人员管理方面，存量人员行政执法意识和知识总体上不强，提升措施流于形式，效果不佳，增量人员的行政执法素质由于某种原因难以严格控制，行政执法职位管理的科学化、法治化、技术化水平不高。在行政执法行为管理方面，对行为的效率和质量没有认识、认识不清或不想有效率质量，管理对

① 刑事执法上比如各级政法委，公检法机关形成的刑事执法系统。民事执法上比如各级审判机关形成的民事执法系统，这两类执法由于有各自的系统且内部联系紧密并形成法定领导、指导、监督机制而专业有效。

象的技术化水平极低。这些内部环境因素问题在不同的行政地域和行政领域不同程度的存在，极大的影响行政执法。

影响行政执法依据要素的内部环境因素主要有统一行政程序法和行政执法技术规范（含裁量规范）。在探讨这个问题之前，我们需要先就很多论者特别是实务工作者提出的法律供给或者保障不足问题做一简要分析，这个问题实质是指有很多行政管理问题缺乏行政实体法法律依据。从行政执法学看，行政法是行政执法的依据和标准内容，有依据和执行的标准内容，其所涉及的行政管理问题就是法律认为需要以行政执法处理的问题，没有依据和执行的标准内容就是法律不认为涉及的相关问题需要以行政执法处理，这包括对行政执法强度和力度的法律规定，特别是在法律体系已经基本形成的形势下，这种观念必须得以确立，否则会在行政执法上出现很多负面问题。我们仍然可以从行政立法角度探讨行政实体法供给不足的问题，但是不能从行政执法的角度要求增强行政实体法供给。这与行政程序法供给很不相同，在有实体法律的前提下，从行政执法学看应当要求有相对应的程序法律供给。当一个实体法律依据被法律确定以后，对它的执行没有是否有程序的区别，因为任何行政执法行为必有程序，这是它的性质，只有是否为法定程序的区别，也就是说对行政执法而言，特定行政实体法依据可以作出有或者无的判断，当为有时，对于程序而言，只能作出是否有法定程序依据的判断，而不能作出是否有程序的判断。特定行政执法实体依据必须得到执行，而现实是相应的法定程序规定却大面积缺失，在十几类已经被学界和实定法模式化的行政执法类别中，仅有行政处罚、行政许可和行政强制具有统一的法定程序。剩下的大面积的缺失靠什么弥补呢，从实践看要么是行政规定，要么没有任何规定。行政规定由于众所周知的原因，其科学性、法定性、民主性都与法律相去甚远，没有任何规定更是放任行政权力，这种情况与全面依法治国形势严重不符，行政法律体系亦不完整。从目前看，经过学界十几年的努力，制定统一行政程序法的理论准备是比较充分的，经过二十多年行政执法发展,[①] 实务界对统一行政程序法的需要是比较迫切的，在2020年以前制定出台我国统一行政程序法的条件是比较成熟的。统一行政程序法主要规定行政执法的程序，同时也要规定与程序有关的行政执法要素及相关因素问题，比如我们前面探讨的行政执法体制、行政执法领导、指导、监督机制以及行政执法管理等问题。行政执法技术规范对行政执法的影响很大，尤其是对提高行政执法效率质量，但难度很高，需要自上而下统筹推进。我们当前所作的"权责清单"工作从行政执法看，属于行政执法技术规范的一部分，但是由于没有从行政执法这个角度系统的看待此问题，其系统性、科学性、准确性、专业性、具体性和认可度还较低，还有大量工作需要去做。实际上，行政实践中大量行政文件都是规定行政执法要素、结构和形式的，只是我们没有以行政执法的视角看待，没有将其进行行政执法技术化处理。裁量规范从全国范围看，还主要局限于行政处罚裁量规范，裁量规范制定及其适用还有很大的提升空间。

① 行政执法作为执行和管理从存在行政法规范开始就存在，这可以一直追溯到建国初。"从中华人民共和国成立到20世纪50年代中期，是中国行政法制开始生长和发展的时期，是我国社会主义行政法的初创阶段。这个时期，国家制定和颁布了大量的行政组织方面的法律、法规，规定各级国家行政机关的组织、职权、工作方式和责任。同时，国家还制定和颁布了大量的行政管理方面的法律、法规，规定国家机关对经济、政治、文化等事务以及人、财、物各个领域管理的权限及管理方式。1949年10月至1956年12月，国家共颁布行政管理方面的法律、法规829项。"姜明安主编：《行政法与行政诉讼法》，北京大学出版社2011年版，第81页。行政执法作为法律实施，一般以1996年《国务院关于贯彻实施〈中华人民共和国行政处罚法〉的通知》（国发［1996］13号）为标志。

影响行政执法根据要素的内部环境因素主要是还未完全确立行政执法根据要素观念，对行政执法根据构成要件要素范围认识比较狭窄。在行政执法上，根据就是根据，依据就是依据，两者有重大区别。根据是行政执法的事实基础，意味着现实存在，依据是行政执法的标准内容，意味着价值评判，在行政执法理论、规范和决定中应当准确的分清，不宜混淆使用，这不是简单的词语混淆，而是术语混淆，术语后面的知识体系混淆，行政执法应当严谨，而实际是无论在规范还是决定或是理论中，两个术语都存在大面积混淆的情况，应当逐步纠正。确立牢固的行政执法根据观念对于行政执法的意义非常重大，其属行政执法的启动事实条件，当一种根据具备时，就意味着必须为或者不为一定的行政执法行为，且属于行政执法证明对象，对行政权的控制明显而有效，是一种有力的、实体性控制。行政执法根据构成要件要素具体的执行了行政执法根据这一重要意义，由于我们对行政执法根据认识不清或者没有重点突出，在行政执法决定、文书、案卷中，大量的存在行政执法根据要件要素不完整、不准确的情况，极大的影响了行政执法的质量和信度。

影响行政执法证据要素的内部环境因素主要是对行政执法证据的独立性、全面性认识不足，行政执法证据的可信性不强。行政执法证据作为证据要符合证据的一般特征和要求，但是基于行政执法的特殊性，行政执法证据与民事证据、刑事证据、诉讼证据有很多的区别，混淆或者不加区分有害行政执法，对行政执法证据的规定要特别体现行政执法的绩效原则和简明原则。在行政执法活动中，多重视依职权行政执法特别是行政处罚证据，多轻视依申请行政执法证据，对证据范围存在大面积的模糊认识，这些都不利于行政执法。依法取得的行政执法证据具有确定的、法定的效力，任何国家机关均不得否认合法证据的证明力，但是由于有些行政执法组织本身不自信，能力不足、素质不高，有法外以公证确定行政执法证据的情况，更有甚者企图借助法律顾问以律师取证，这样发展下去行政执法证据难道还要政府采购？着实令人错愕，这是一种严重的行政执法不作为。行政执法组织理应比公证机构和法律顾问具有更高的公信力。

影响行政执法理由必要关系的内部环境因素主要是对行政执法理由的认识还不深入，说明理由的规定还不细致。对行政执法理由的内涵确定要与依据、根据、证据相区分，赋予其在行政执法上的特定含义，即三者之间的逻辑关系。行政执法理由作为行政执法的必要关系，在所有的要素关系中，其能最充分的体现法律理性，十分重要，无论是否说明理由，行政执法都必须具有理由并附记于案卷之中。大部分行政执法都需要依法说明理由，但是具体怎么样说明理由，理由的内容是什么缺乏深入研究和详细规定，由于行政执法理由是行政执法依据、根据和证据之间的逻辑关系，实际上关涉了行政执法所有要素，在广义上，说明理由就是说明案件构成，在诉讼或者复议中，需要说明行政执法决定构成，在一般情况下对行政执法相对人，说明行政执法相对人法律行为构成即可。

影响行政执法决定要素的内部环境因素主要是一般行政执法决定书过于简单，对决定的执行不适当的提前考虑。在行政执法中，普遍存在一般行政执法决定表述简单化，在依据上有的仅写明条款项目序号不载明内容，在根据上往往一句话表述事实，在证据上多数都不列明，在理由上多不说明，在法律后果上一般都不列明裁量因素。以行政执法相对人法律行为构成为内容的说理式行政执法决定的推行不全面、不普及、不深入、不严格。仅考虑法定因素，依法作出行政执法决定是行政执法组织的职责，其与决定是否被自动履行并无必然联系。然而在实际执法中，行政执法组织存在法外提前考虑决定能否被自动履行的情况，比如在行政处罚中，为了能让决定自动履行，有在法定处罚界限以下予以处罚的情况，这种情况不能说是少数。一个行政执法决定作出，需要行政执法相对人自动履行而其不履行的，行政执法组织可以依法强制执行或者申请人民法院强制执行，在多数情况下，行政强制执行并非行政执法组织的职责。行政执法组织最重要的是弄清自己的每一项行政执法职责职权与其他国家机关职责职权的界限，而不是过分“操心”，否则很可能造成违法执法等各种不利局面。

行政执法内部环境问题综合起来，既有思想观念上的问题，也有理论认识、制度规范的问题，更有利害利益的问题等，但总的说还是行政执法相关的组织、人员的责任心、素质能力和是否担当的问题。行政执法内部环境问题于行政执法最关切、最紧要，不解决好这些问题行政执法就难以发展。

第三题　行政执法的外部环境

行政执法外部环境与行政外部环境同，行政管理学认为行政外部环境包括自然环境和社会环境，自然环境指在行政系统界限外、未经人工制作存在的事物，包括地球环境和宇宙环境两个方面。社会环境指在行政系统界限之外、直接影响行政系统活动并决定其兴衰存亡的各种社会因素的总和，是行政系统赖以产生、存在和发展的社会基础，可分为国际社会环境和国内社会环境。国际社会环境包括国际关系格局、重大国际事件、战争与和平、国际组织与国际法以及其他各国共同关心的社会问题等。国内社会环境主要有政治、法制、经济、科技、教育、民族、宗教、文化、阶级与群团、人口等方面。① 对行政执法外部环境而言，我们择其要者简要讨论。

自然环境可以影响行政执法活动，比如对决定的执行行为，如我国《行政处罚法》第四十八条规定，“在边远、水上、交通不便地区，行政机关及其执法人员依照本法第三十三条、第三十八条的规定作出罚款决定后，当事人向指定的银行缴纳罚款确有困难，经当事人提出，行政机关及其执法人员可以当场收缴罚款。”不同的自然环境对行政执法保障的要求不同，比如海上、水上行政执法必须配备相应的行政执法船只，执法地域广袤、地貌环境恶劣或者与交通有关的行政执法必须配备适合的行政执法交通、通讯工具等等。

在国际社会环境方面，主要要考虑与行政执法有关的国际法和与行政执法有关的国际条约，特别是对外国人、无国籍人在我国的行政法律行为处理方面。

在国内社会环境法制环境方面，最紧要的是引导社会成员以法律方式、法律标准解决、判断、评价行政执法问题。在科技环境方面，要充分利用现代科技为行政执法提供保障，行政执法效率必须高于社会效率，特别是行政执法相对人的法律行为效率，举个最浅显的例子，违法行为人开着轿车在高速路上跑，而我们的行政执法人员还配备着自行车在后面追，这样永远无法实现行政执法目的。在教育环境方面，基于行政执法职位分类管理和几百万行政执法人员新老更替，以及行政执法的特殊性、重要性需要，应当逐步在法学教育门类下设置行政执法学科专业，培养行政执法专业人才。在行政执法相对人教育程度较低的情况下，要使用其能够听懂的语言进行行政执法。在民族环境方面，要依法配备翻译人员，解决相关经费，实践中存在因此问题而无法执法的问题，特别是对流动性、

① 参见夏书章主编:《行政管理学》，中山大学出版社2008年版，第25~26页。

聚居区外的法律行为处理。同时，要注意自治条例和单行条例作为行政执法依据的不同规定，依法尊重民族风俗习惯。在文化环境方面，要彻底摒弃传统文化中不利于行政执法人治等方面的因素，牢固树立现代法治观念。在阶级与群团环境方面，要充分重视非政府组织对行政执法的积极作用，发挥他们的积极性和专业特长，创造条件，加强在行政执法方面的合作。

行政执法与每一个相关环境因素的关系都是一个重要的行政执法专题，发挥每一环境因素的积极作用才能有力的促进行政执法发展。

第二十节　行政执法改革

改革是时代主题，发展行政执法必须进行行政执法改革。

第一题　行政执法改革的含义

行政执法改革是指以优化行政执法要素、结构、方式和行政执法环境因素来促进行政执法发展的系统过程和方法总和。

第一，行政执法改革的目的是促进行政执法发展。所谓行政执法发展是行政执法本身在效率和质量上得到质的提升，行政执法要素与行政执法环境因素的协调性得到质的增强，最终体现在以行政执法实现行政法律程度得到显著提高，法律、行政、社会三者在行政执法上实现完全的、有机的融合。

第二，行政执法改革的对象是行政执法要素、结构、方式以及行政执法环境因素。首先要完善要素，提升要素，深刻认识行政执法全要素对行政执法功能作用发挥的整体性作用，弥补要素缺失，固定要素内涵，提升要素质量。其次要优化行政执法要素结构，行政执法结构作为行政执法要素之间的关系，要分清主次关系，充分发挥法律对其它要素的决定性作用，发挥各要素对行政执法权的控制作用。要严格规范行政执法的外在表现方式，使其正确反映行政执法要素结构，在此基础上，要改进行政执法方式，使其更好地反映行政执法要素结构。对行政执法环境而言，一个方面，就是优化行政执法环境因素，增强环境因素对行政执法的支持和保障力度，另一个方面就是改善行政执法要素、结构和方式，适应行政执法环境，从两个方面增进行政执法与行政执法环境的协调。

第三，行政执法改革是系统过程和方法总和。行政执法作为一个系统，其改革也必须系统的进行，任何知识和工作如果不放在系统中审视，其正确性就难以判断，就难以保证改革发展的正确方向，也就没有意义。同时，对行政执法要素、结构和方式以及行政执法环境各因素的改革，牵扯到要素、因素之间的各种关系，必须协调各项改革的时限顺序、进度程度，如果不系统的统筹推进，极易造成顾此失彼、有失平衡，难以发挥行政执法改革的总体效果，甚至会产生负面效果。对行政执法改革而言，改革方法也非常重要，不同的改革对象有其不同的性质和特点，在坚持系统性改革的前提下，必须考虑行政执法各要素和行政执法各环境因素，采取不同的改革方法手段，以促进行政执法发展。

第二题　行政执法改革的本质

表面上，行政执法改革是针对行政执法本身和行政执法环境所存在的问题进行的，在实质上，基于经济基础决定上层建筑的原理，行政执法作为上层建筑，对其进行的改革是与经济社会情况相关联的，是行政执法要适应经济社会情况，行政执法发展要适应经济社会发展，比如行政执法要基于计划经济与市场经济的不同而进行适应市场经济的改革。但是，行政执法改革的这种本质主要是通过作为其标准内容的法律作为中介的，基于行政执法的法律性和行政性中的执行性，在未进行法制改革时，并不能单独的要求进行相关的行政执法改革，更不能要求行政执法脱离法律去进行改革，在总体上说，行政执法改革是要以法制改革为前提的。① 一般而言，行政执法与法律一样，基于其性质，其对社会的主要价值作用在于稳定秩序，当然也具有促进经济社会改革发展的重要作用，不能过于要求法律和行政执法在改革发展中发挥超越其性质价值的作用，特别是超出其改革发展作用能力的作用。②

同时，法制改革作为行政执法改革的前提不能僵化理解，在实际上，法律制度为行政执法改革留有大量的余地，比如在行政执法体制改革方面，依照我国宪法，各级政府有权依法设置、分配、调整所属部门的行政职能，也因此可以随行政职能的改变而改变相应行政执法职责职权，不能将单行法所规定的某类行政事项属某行政主管部门主管理解为特定委办厅局主管，而应当看作是具有这类职能的具体部门主管。③ 我们去看一个部门是什么样的行政部门，或者一个组织是什么样的行政执法组织，要看其所负担的职能，所具有的职责职权，而不是由其组织名称所标示的范围含义，当然作为组织名称来讲，需要有高度的概括性，但在实际中，有些组织的名称并不能完全或者很好的概括其所负担的行政执法职能和所具有的行政执法职责职权。

行政执法改革是从目前事实上达不到法律要求向达到法律要求

---

① 参见张文显主编：《法理学》，高等教育出版社2007年版，第214～218页。

② 总体而言，从法的角度看，秩序的价值要高于经济发展的价值，但是并不能就此得出法律阻碍经济发展的结论（现实中是有法阻碍发展观点和意识的），秩序乃发展的基础，法所要求的发展是理性的、可持续的发展，而不是无序的发展。由于地方政府不严格的任期制等弊端，行政首长往往更倾向于与此相反的短期行为，而这也正是法所要规范的重点。

③ 参见杨小军：《行政执法体制改革的法律问题》，载《科学发展与行政改革——首届中国行政改革论坛论文集》，第313～319页。

进行改革，期间也有极大的余地，比如法律规定了行政执法根据，而现实是并未归纳出行政执法根据，并未切实重视行政执法根据，我们在改革行政执法过程就必须完善行政执法根据要素，发挥行政执法根据的作用。比如行政执法人员资格改革，行政执法人员资格有两个基本的含义，一个是达到行政执法能力，另一个是对符合行政执法资格的人员颁发行政执法人员证件，以此在行政执法过程中证明行政执法人员身份，在改革行政执法过程中，就必须从现在的资格主要证明身份作用逐步转移到提高行政执法能力上来。

第三题 对当前行政执法改革措施的简要评述

当前我国正在进行行政执法改革的伟大实践，按照《中共中央关于全面推进依法治国若干重大问题的决定》要求，有若干行政执法改革任务要在2020年前完成，而巩固和深化改革成果则需要长期努力，同时相关的立法改革和司法改革对行政执法也会起到积极的作用，鉴于本书主旨，仅对行政执法改革措施作以简要评述。

行政执法改革的法律依据在宪法上主要表现为我国宪法规定“中华人民共和国实行依法治国，建设社会主义法治国家。国家维护社会主义法制的统一和尊严。一切法律、行政法规和地方性法规都不得同宪法相抵触。一切国家机关和武装力量、各政党和各社会团体、各企业事业组织都必须遵守宪法和法律。一切违反宪法和法律的行为，必须予以追究。任何组织或者个人都不得有超越宪法和法律的特权”，“一切国家机关实行精简的原则，实行工作责任制，实行工作人员的培训和考核制度，不断提高工作质量和工作效率，反对官僚主义”，以及我国宪法对国务院和地方各级人民政府的各项规定。比如“中华人民共和国国务院，即中央人民政府，是最高国家权力机关的执行机关，是最高国家行政机关”以及关于国务院职权的规定。比如“地方各级人民政府是地方各级国家权力机关的执行机关，是地方各级国家行政机关”，“县级以上地方各级人民政府依照法律规定的权限，管理本行政区域内的经济、教育、科学、文化、卫生、体育事业、城乡建设事业和财政、民政、公安、民族事务、司法行政、监察、计划生育等行政工作，发布决定和命令，任免、培训、考核和奖惩行政工作人员”等等。

当前我国所进行的行政执法改革主要是落实宪法和法律要求，对尚未达到宪法和法律要求的方面予以改进，其次是在宪法和法律规定的范围内整合行政执法以更好地实现法律，较少部分是基于法制改革而进行的行政执法改革。

在依法全面履行政府职能方面，完善行政组织和行政程序法律制度，推进机构、职能、权限、程序、责任法定化改革措施的关键在于尽早制定我国行政组织法和行政程序法，完善行政执法组织和决定等要素，推进行政执法结构完整。行政机关要坚持法定职责必须为、法无授权不可为，勇于负责、敢于担当，坚决纠正不作为、乱作为，坚决克服懒政、怠政，坚决惩处失职、渎职改革措施是对宪法和法律规定的行政伦理和行政要求、行政监督的重申，关系到行政执法伦理和行政执法要求、行政执法监督，并且明确规定了行政执法职责职权的行使要求，即“法定职责必须为、法无授权不可为”，这直接关系到行政执法的各个要素。行政机关不得法外设定权力，没有法律法规依据不得作出减损公民、法人和其他组织合法权益或者增加其义务的决定改革措施，明确了行政规定作为行政执法规范不得法外设定权力，行政执法决定及其他行政执法行为必须具有行政执法依据。推行政府权力清单制度，坚决消除权力设租寻租空间改革措施指向了行政执法技术规范，政府权责清单是行政执法技术规范十分重要的方面，同时也关涉行政执法责任制度。推进各级政府事权规范化、法律化，完善不同层级政府，特别是中央和地方政府事权法律制度，强化中央政府宏观管理、制度设定职责和必要的执法权，强化省级政府统筹推进区域内基本公共服务均等化职责，强化市县政府执行职责改革措施区分了中省市县的行政执法重点领域，规定了市县政府及其部门行政执法的重要职责，同时规定了行政事项、行政职能、行政职责职权之间的部分关系。

在健全依法决策机制方面，把公众参与、专家论证、风险评估、合法性审查、集体讨论决定确定为重大行政决策法定程序，确保决策制度科学、程序正当、过程公开、责任明确，改革措施规定了行政决策程序的法制化，明确了行政决策需要达到的效果。一般而言，行政执法与行政决策的区分明显，绝大部分行政执法决定不属于行政决策，但是有一部分行政决策需要以行政执法决定作出，比如重大行政许可项目的决策，此时的行政决策在应当遵循行政决策要求的同时，遵守行政执法有关的规定。建立行政机关内部重大决策合法性审查机制，未经合法性审查或经审查不合法的，不得提交讨论，改革措施突出了行政决策的合法性审查程序，以行政执法决定作出的行政决策同样需要履行该程序。积极推行政府法律顾问制度，建立以政府法制机构人员为主体、吸收专家和律师参加的法律顾问队伍，保证法律顾问在制定重大行政决策、推进依法行政中发挥积极作用改革措施明确了政府的法律顾问制度，法律顾问人员的组成和法律顾问发挥作用的领域。对行政执法而言，政府法律顾问一般不宜参与具体的行政执法过程，对行政执法规范的执行理解以及取证属于行政执法职责。政府法律顾问主要在涉及行政执法的行政决策中发挥具体的作用，在行政执法组织综合性法律事务，行政立法、行政诉讼等方面发挥作用。建立重大决策终身责任追究制度及责任倒查机制，对决策严重失误或者依法应该及时作出决策但久拖不决造成重大损失、恶劣影响的，严格追究行政首长、负有责任的其他领导人员和相关责任人员的法律责任，改革措施规定了行政决策的责任机制，涉及到行政执法的行政决策同样适用。

在深化行政执法体制改革方面，行政执法体制改革是当前行政执法改革的主要方面。根据不同层级政府的事权和职能，按照减少层次、整合队伍、提高效率的原则，合理配置执法力量的改革措施规定了行政执法人员的配置前提和原则，完善行政执法组织要素。推进综合执法，大幅减少市县两级政府执法队伍种类，重点在食品药品安全、工商质检、公共卫生、安全生产、文化旅游、资源环境、农林水利、交通运输、城乡建设、海洋渔业等领域内推行综合执法，有条件的领域可以推行跨部门综合执法，改革措施主要从优化行政执法组织结构角度规定了实行综合执法的地域和领域。完善市县两级政府行政执法管理，加强统一领导和协调改革措施，从行政执法内部环境角度规定了行政执法的领导、指导和管理。理顺行政强制执行体制和理顺城管执法体制，加强城市管理综合执法机构建设，提高执法和服务水平改革措施主要从行政执法类别角度重点强调了行政强制执行和城管执法体制的改革要求，两者系交叉关系。严格实行行政执法人员持证上岗和资格管理制度，未经执法资格考试合格，不得授予执法资格，不得从事执法活动改革措施，从行政执法组织要素角度规定了对行政执法人员的管理。严格执行罚缴分离和收支两条线管理制度，严禁收费，罚没收入同部门利益直接或者变相挂钩，改革措施重申和规定了行政处罚财产罚的执行、行政收费的财经管理。健全行政执法和刑事司法衔接机制，完善案件移送标准和程序，建立行政执法机关、公安机关、检察机关、审判机关信息共享、案情通报、案件移送制度，坚决克服有案不移、有案难移、以罚代刑现象，实现行政处罚和刑事处罚无缝对接，改革措施主要从行政执法内部环境保障和行政执法监督角度规定了行政执法案件在行政执法与刑事司法间的衔接与监督。

在坚持严格规范公正文明执法方面，依法惩处各类违法行为，加大关系群众切身利益的重点领域执法力度，改革措施主要从行政检查、行政处罚、行政命令、行政强制根据要素角度明确了重点行政执法领域。完善执法程序，建立执法全过程记录制度改革措施主要从行政执法决定要素、行为过程和行政执法案卷、文书角度规定了改革方向。明确具体操作流程，重点规范行政许可、行政处罚、行政强制、行政征收、行政收费、行政检查等执法行为，改革措施主要从行政执法行为管理和行政执法技术的角度规定了各类行政执法的规范。严格执行重大执法决定法制审核制度改革措施，实际上主要是从行政执法依据和决定要素角度规定了行政执法决定的法制审核，并关涉到其它行政执法各个要素。建立健全行政裁量权基准制度，细化、量化行政裁量标准，规范裁量范围、种类、幅度，改革措施从行政执法规范特别是技术规范角度规定了对行政执法裁量权的控制。加强行政执法信息化建设和信息共享，提高执法效率和规范化水平，改革措施从行政执法环境特别是计算机信息技术角度要求加强行政执法保障，在信息共享上，有利于行政执法各要素的互通，特别是实现行政执法根据要素互通防止漏案，实现要素互通可以提高行政执法效率。全面落实行政执法责任制，严格确定不同部门及机构、岗位执法人员执法责任和责任追究机制，加强执法监督，坚决排除对执法活动的干预，防止和克服地方和部门保护主义，惩治执法腐败现象改革措施，从行政执法责任角度为行政执法管理提供了前提，也为行政执法监督提供了更加明确的条件，同时从行政执法环境和行政执法监督角度明确禁止、排除对行政执法的非法干预，维护法制统一，不得以行政执法行地方和部门保护之实。

在强化对行政权力的制约和监督方面，加强党内监督、人大监督、民主监督、行政监督、司法监督、审计监督、社会监督、舆论监督制度建设，努力形成科学有效的权力运行制约和监督体系，增强监督合力和实效。改革措施对行政执法而言，就是建立多元行政执法监督机制，发挥行政执法监督实效。对财政资金分配使用、国有资产监管、政府投资、政府采购、公共资源转让、公共工程建设等权力集中的部门和岗位实行分事行权、分岗设权、分级授权，定期轮岗，强化内部流程控制，防止权力滥用。改革措施对行政执法而言就是要加强行政执法组织、人员和行为的管理，依法行使职责职权。完善政府内部层级监督和专门监督，改进上级机关对下级机关的监督，建立常态化监督制度。改革措施对行政执法而言就是要建立健全行政执法机制，保证行政执法内部监督专业有效。完善纠错问责机制，健全责令公开道歉、停职检查、引咎辞职、责令辞职、罢免等问责方式和程序。改革措施对行政执法而言，就是行政执法组织特别是行政首长在承担行政执法法律责任的同时也需承担行政执法政治责任。完善审计制度，保障依法独立行使审计监督权，对公共资金、国有资产、国有资源和领导干部履行经济责任情况实行审计全覆盖，强化上级审计机关对下级审计机关的领导，探索省以下地方审计机关人财物统一管理，推进审计职业化建设。改革措施对行政执法而言，一个方面审计执法是重要的行政执法类别，本身存在完善提升的问题，要符合行政执法各方面要求，另一方面其对行政执法组织及其人员有关行政执法经费、罚没款物等方面的情况负有监督职责。

在全面推进政务公开方面，坚持以公开为常态、不公开为例外原则，推进决策公开、执行公开、管理公开、服务公开、结果公开。

改革措施对行政执法而言就是要对行政执法行为过程、处理结果和总体情况依法公开。各级政府及其工作部门依据权力清单，向社会全面公开政府职能、法律依据、实施主体、职责权限、管理流程、监督方式等事项。改革措施对行政执法而言就是行政执法各个要素及其结构、形式要依法公开。重点推进财政预算、公共资源配置、重大建设项目批准和实施、社会公益事业建设等领域的政府信息公开。改革措施对行政执法而言就是要公开行政执法经费使用情况，行政征税、行政收费等情况，加强行政许可、行政给付等行政执法类别重大行政执法决定公开。涉及公民、法人或其他组织权利和义务的规范性文件，按照政府信息公开要求和程序予以公布，改革措施对行政执法而言就是要公布行政执法规范。推行行政执法公示制度改革措施就是要公示行政执法组织、人员、程序。推进政务公开信息化，加强互联网政务信息数据服务平台和便民服务平台建设，改革措施对行政执法而言就是要将行政执法公开、公示信息通过互联网信息技术向社会公布，以互联网信息技术推进便捷执法。

经济社会不断发展变化，人们对高质量高效率和平衡充分的行政执法需要与日俱增，行政执法理论创新和实践发展，行政执法改革永远在路上。

外一篇　正义、突破限制与人生的意义

把正义与人生的意义这个问题放在这里讨论是因为与本书有关但又不宜归于正文。

人生的意义是一个大题目，人们在不同的时代社会、阶段环境都可能对此有些小想法，也有很多的人一生从未思考过这个问题，行为意味本能，未来即为未知。苏格拉底说，未经审视的人生不值得活，而所审视的不过是自己人生的意义，即为什么活着？既然人生总有终点，为什么还要活着？除了活着作为动物的本能，人活着的目的是什么？我认为人生的意义就是为实现正义而不断突破限制，这源于对正义概念和人类史、社会史的不完全考察。

当我们谈论正义这个概念的时候，其实质意义总是与安全、自由和平等关联，而这三个方面又是人们不断突破限制的目的和结果。如果我们考察人类史和社会史，我们可能会有这样的印象：

第一，对人生的意义的讨论只能在人的形式有限性基础上才能建立起来，其中最大的限制就是生命时间对人的限制，再者就是自然和社会对人的限制，人和人类是时空中的存在，时空将人们紧紧的限制住了。如果人们能够在时空上不受限制，讨论人生的意义也就没有了意义。

第二，当人们作为个体不能更好的抵御时空限制而结成社会时，这首先是一个安全的问题，其次是一个自由问题。人们不是无缘无故的结成社会，结成社会是人们获得自然安全的现实选择。通过结成社会并基于合作、组织和分工，每个人可以发挥作为个体所不具备的潜力并借助别人潜力的发挥维护着自己的安全，抵御着自然的威胁和限制，这从整体上将人类安全推到一个更高的高度。结成社会对于人的自然安全的意义最直接的表现就是，人类生命时间得到了普遍的延长。结成社会是人对自然安全限制的一种有目的的突破，我们因此获得自然安全并失去了自己的自然自由，同时，也意味着我们取得了对自然的自由。

随着人类社会发展到一定程度，自然环境对人类的外在威胁和限制渐渐减少，而社会内在的安全问题却与日俱增。解决社会安全问题，以现在人类知识体系看，只能靠社会控制。

第三，谈到社会控制，这既是一个安全的问题，又是一个自由的问题。从人们结成社会的安全目的以及社会的变迁和运行来看，实际上，人们通过结成社会并发展为国家，以自己的自然自由换取了自然安全，同时带来了社会安全和国家安全问题，为此，必须进行社会控制。社会控制是人们对社会安全限制的又一种有目的的突破，我们因此获得社会安全并失去了自己的社会自由，同时，也意味着我们取得了对社会的自由。

自由，就是不受限制，不仅是指行动，也指思想。思想和行动自由以身体存在为前提，而身体存在又是一个安全问题。当我们考虑安全的时候，就没有绝对自由。

卢梭说，“人是生而自由的，但却无往不在枷锁之中。自以为是其他一切的主人的人，反而比其他一切更是奴隶。”自由是自然的，枷锁是社会的，人已经成为自然的主人，但同时却是社会的奴隶。

只有在自然状态下人才可能有绝对自由，同时也会绝对的不安全，在社会状态下人们只能有相对的自由，同时获得相对的安全。

作为人，想同时有绝对的安全和绝对的自由是不可能的。

第四，社会控制的主要方式是国家控制，同时也须控制国家。国家不是目的，国家是使人们更好生活的工具。国家这种形式能更有力的组织生产和进行社会控制，国家对社会的控制依赖于权力秩序。在一个国家只允许一个最高权力秩序存在即国家权力秩序，它完全有作恶的可能并一再被历史证明。因此，法律在作为国家权力秩序防治私权力为非作歹的同时，法律也必须作为人们抵御国家侵害的武器来严格控制国家权力，尤其是行政权力，以达到法的和平目的。

千百年来人们为什么会服从国家权力秩序？作为自然的人，天生对权力具有恐惧，它的后面是暴力，暴力威胁人的安全。作为社会的人，天生对秩序倾向顺从，它的后面是和平，和平保障人的安全。尽管基于不同人的不同情况，安全、自由、平等有着不同的优先顺序，三者可以是一种递进的价值追求且能互为目的、条件。但对一般人而言，安全是首要和基本的价值需求，安全就意味着活着，能够活着是最重要的，能够更好地活着当然更好。

第五，更好地活着通常可以被表述为幸福，有很多内涵，但至少既是一个自由的问题，也是一个平等的问题。如果只有安全没有自由或者平等，难言幸福。我们发现，一般而言，一种权力秩序如果能够保证安全，它的生命力就会长，即使它保证自由和平等的力度难以达到人们的期望，但是，当人们的自然安全和社会安全问题基本解决以后，自由和平等就会成为被多数人承认和追求的主题。自由和平等要求构成了基于安全理由对人们限制的突破，尤其是这种限制并非真的为了大家的安全，而仅仅是为了少数掌握权力秩序的人的安全。

第六，平等在很多人的眼中远不如安全和自由重要，但是对于幸福，它是重要的。就结果平等而言，一个社会和国家在没有解决安全和自由问题的情况下去实现平等是盲目和灾难性的，社会发展进步需要对不同才能与付出提供一个相应不平等结果的保证。同时，如果基本解决了安全和自由问题而不去追求社会平等，同样不利于社会进步，严重影响人们的幸福感。就机会平等而言，不仅在任何社会都是值得追求的，而且它还是人类获得安全和自由的条件。与安全和自由一样，不存在绝对的平等，脱离才能与付出去要求平等本身就是不平等，机会与才能相适，付出与所得相当即为平等。

第七，追求安全、自由和平等的过程是人们针对自然和社会不安全、不自由、不平等限制予以有目的的突破过程，这个过程就是追求正义的过程。如前所述，安全、自由和平等不是绝对的，所以只有相对正义，也正因为正义不是绝对的，它才能成为人们永远追求的目标。追求正义，在形式上要靠法律，在实质上要靠科技。法律作为权力秩序可以为人们提供一种正义的理性安排，而科技发展是人类最终意义上突破限制的必要条件，但如果没有法律调控科技，它也可以从根本上毁灭人类。

人可以有个人意义，社会意义和历史意义。人以社会的方式存在，所以也需以社会的方式追求他的意义，社会意义是社会中个人意义的集合，作为社会中的人，他的意义只能体现于社会文明正义的事业之中，如果在社会意义之上还要有些历史意义，他所追求的事业还必须成为人类历史文化的一部分。否则，他只能具有作为生物或者说自然的意义，即个人意义。

如果我们把人类社会所追求的价值解释为文明进步和正义事业，将文明进步和正义事业解释为社会更加安全、更加自由、更加平等，那么人生的意义就在于由文化所记载的为着这个目的所贡献的程度，实现这个意义的过程显然是一个有目的的突破自我限制和外在限制的过程。

法以秩序基础上的正义为最高价值，法的事业即为正义事业。

致 谢

对本书有影响的著作和文章均已列于脚注，这里不再单独列出，前辈们闪着光芒智慧的著作和文章对我的启发激励历久弥新，作为全人类的宝贵知识财富，必将随着我国法治国时代的到来而更加熠熠生辉，这些著作文章的作者必将永远被历史铭记。庞德说：“最后一个凯撒在二十多年前早已死亡，可是与第一个凯撒同时代的那些法学家们的著作，至今仍然指导着半个世界的司法。”

对我的研究和本书有帮助的人员还有，国务院办公厅：张水海。政府办公厅：姚文柱、杨天社、张钊、赵永喜、吴文博。公务员局：罗永新。编办：赵小龙、程兴旺、程维超。政府法制系统：袁雪石（国法办），宋昌斌、岳喜栋、李西安、武学志、张昭民、赵竹青、邢亢美、赵森林、梁云波、刘丰进、张胜和、林强、卫宏、吴张平、陈浩、牛力维、矫慧丽、葛小兵、范光朴等陕西省政府法制办全体同志，韦福祥（榆林）、刘军川和黄晓信（铜川）、赵德成和杨克山（安康）、吴琳（咸阳）、安延会（渭南）、罗旺京（延安）、梁少华（宝鸡）、王涛（商洛）、白正谊（西安）、门玉昆（汉中）、李峥（雁塔）、牛小虎（韩城）、吕伟（汉滨）、李宝庆（印台）、黄平军（王益）、李卫平（富县）、宫军林（太白）、张珍珠（汉阴）等陕西省政府法制系统全体同志。公安厅：周俊峰、孙晓冰、李朔、巩航、唐尧东、车强（西安）。司法厅：刘孟华、李晓惠。气象局：

赵艳丽。旅游发展委：李霆、王琳（西安）。水利厅：许灏、杨丽、赵国庆。安监局：张亚龙、寇博文。食药监局：宋健、卢晓明。建设厅：杜晓东、胡世民。交通厅：姚军、杨涛（省公路局）。知识产权局：李磊、孙振东。体育局：赵锋。通信管理局：张涛。烟草局：高宝红、袁瑞。柞水县原副县长：朱桂凤、杨吉元、李世华。柞水县原政府办人员：王博、胡增来、张智、王拥学、李浴溱、张涛、何有武、陈立德等全体同志。律协：韩永安。法制周末报社：台建林。陕西日报社：吕贵民。陕西永嘉信律师事务所：刘坚。（未特别标注单位地方的均为陕西省省级机关人员）

责编谢雯同志为本书出版发行付出了辛勤劳动，一并致谢。

陕西省行政执法战线上的同志们对本书都有贡献，本书与我在工作中百次以上检查、调研、培训互动中的受教不可分割，有赖于大家的组织和真知灼见，篇幅所限，无法一一列出，感谢！

后记

2017年大年初一在云南的一个小山村完成艰苦的全书系统改写工作，那里环境真好，没有雾霾，白天蓝天白云，夜晚繁星满天。

这本书于2010年起手，2015年形成初稿，但很不成熟。期间因实务工作者的建议，同时写了一本实务方面的书。这段时间同时写两本书，工作又非常繁忙，所以头很痛、很累，因此有时会烦躁。在行政机关做研究不似在学校或者自由学者，有很多不便，当然对于研究行政法和行政执法也有很多优势。2015年4月第一本书出版以后，一方面休息下身体，另一方面为改写这本书做些准备。改写从2016年6月份开始，夜以继日的改了200多天才改完，筋骨甚痛！2017年又慢慢磨了一年，总算付梓了！理论研究永无止境，书稿修改永无止境，实践需要和写作安排却十分紧迫，尽管自觉还有些遗憾，这本书也不得不先告一段落了。

我出身农家，因上初中时有人欠我家钱不还，打官司赢了执行不了，一个法官私人垫付，而垫付的钱就是我的学费，受此影响而选择研习法律的人生道路。大学前长于农村，一面从事农业劳动，一面艰苦求学，曾经缺衣少食，曾经连续三年每天走三十里往返学校，曾经东北的严寒酷暑，而我不以为苦。所苦者，十六七岁时经常想，人离开世界的那一刻多么的可怕，辗转难眠，所幸那时接触到我国优秀传统文化，乃知人所以生，所以死，何可为，何可成，唯有精神能够长存，这要靠做事。

人是可怜的动物，面前只有两条路，要么成为动物，要么成为人。能不能、想不想做事是人和动物的区别，而能否做好事和把事做好则是人与人的区别。成为人的意义价值在为他人、为社会的事，而不是为自己的地位财富，这只是做事的条件、结果而不是目的，否则就是社会导向、社会制度或者落实制度出了问题，而现实中，人们常常本末倒置。地位财富与做事没有必然联系，从历史看，没有优越的地位财富仍可作出很大很好的事，艰苦的环境有时还是做事的动力。人们常说能不能做事看有没有平台，而有平台的人很多很多，又有多少人作出了很大很好的事？意志都在繁碎的岁月中消磨了，很多的时候是在个人的。如果占据了地位财富而不做相应的事，则其对社会对他人就没有价值或者具有负面价值，因为其占据了别人更好做事的条件。

事与事也不相同，总的说创造性的事价值要远高于重复性、事务性等替代性强的事，不是说后者不重要，而是说前者对社会发展进步更具有决定性意义，人生有限，要努力做些有创造意义的事。

知也难，行也难，知行合一本最简单但却也是最难，尤其是做比较困难的事，关键是要弄清自己人生的意义是什么，下大决心、花大工夫、吃大苦头，专心致志，不为外物特别是名利所动，而所为即所喜是最好的、最大的动力。

必须感谢我的妻、子，很是贤淑、省心，写这本书占用了大量陪伴他们的时间，没有他们的支持理解这本书很难完成。

是为记。

图书在版编目（CIP）数据

普通行政执法学／夏云峰著．—北京：中国法制出版社，2018．3（2024．7 重印）

ISBN 978－7－5093－9199－0

Ⅰ．①普…　Ⅱ．①夏…　Ⅲ．①行政执法－中国　Ⅳ．①D922．11

中国版本图书馆 CIP 数据核字（2018）第 019806 号

责任编辑　谢　雯（xiewen629@163．com）　　封面设计　杨泽江

普通行政执法学

PUTONG XINGZHENG ZHIFAXUE

著者／夏云峰

经销／新华书店

印刷／北京虎彩文化传播有限公司

开本／880 毫米×1230 毫米　32 开　　印张／13．75　字数／306 千

版次／2018 年 3 月第 1 版　　2024 年 7 月第 5 次印刷

中国法制出版社出版

书号 ISBN 978－7－5093－9199－0　　定价：50．00 元

北京市西城区西便门西里甲 16 号西便门办公区

邮政编码：100053　　传真：010－63141600

网址：http：//www．zgfzs．com　　编辑部电话：010－63141792

市场营销部电话：010－63141612　　印务部电话：010－63141606

（如有印装质量问题，请与本社印务部联系。）